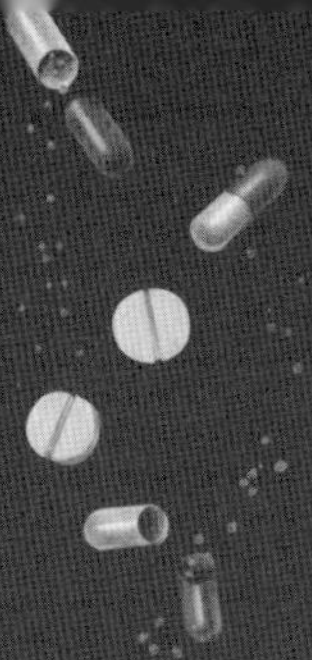

惡靈抓住你 你就倒下

一場改變醫療現場的跨文化醫病衝突

The Spirit Catches You and You Fall Down:

A Hmong Child, Her American Doctors, and the Collision of Two Cultures

Anne Fadiman
安・法第曼——著
湯麗明、劉建台、楊佳蓉——譯

Common 29

惡靈抓住你，你就倒下

一場改變醫療現場的跨文化醫病衝突（《黎亞》新版）

THE SPIRIT CATCHES YOU AND YOU FALL DOWN

A HMONG CHILD, HER AMERICAN DOCTORS, AND THE COLLISION OF TWO CULTURES

作　　者　安・法第曼（Anne Fadiman）
譯　　者　湯麗明、劉建台、楊佳蓉
苗族名詞審訂　黃淑莉
醫學名詞審訂　黃偉慈
責任編輯　賴淑玲
編輯協力　郭純靜
校　　對　魏秋綢
封面設計　陳宛昀
封面插畫　王好璇
行銷企畫　陳詩韻
總 編 輯　賴淑玲

出 版 者　大家出版／遠足文化事業股份有限公司
發　　行　遠足文化事業股份有限公司（讀書共和國出版集團）
231新北市新店區民權路108-2號9樓
電話　(02)2218-1417　　傳真　(02)8667-1065
劃撥帳號　19504465　戶名・遠足文化事業有限公司
法律顧問　華洋法律事務所　蘇文生律師
定　　價　450元
初版一刷　2023年11月

I S B N　978-626-7283-37-0（平裝）
978-626-7283-48-6（PDF）
978-626-7283-51-6（EPub）

惡靈抓住你，你就倒下：
一場改變醫療現場的跨文化醫病衝突
安・法第曼（Anne Fadiman）著；
湯麗明，劉建台，楊佳蓉譯.
－初版.－新北市：大家出版：
遠足文化事業股份有限公司發行，2023.11
面；　公分
譯自：The Spirit Catches You and You Fall Down: A Hmong Child, Her American Doctors, and the Collision of Two Cultures
ISBN 978-986-92039-4-4（平裝）
1.衝突管理 2.醫病關係 3.移民 4.美國
541.62　　104024101

目錄
CONTENTS

序……7
PREFACE

1 誕生……11
BIRTH

2 魚湯……21
FISH SOUP

3 惡靈抓住你，你就倒下……29
THE SPIRIT CATCHES YOU AND YOU FALL DOWN

4 醫生吃人腦嗎？……41
DO DOCTORS EAT BRAINS?

5 依照指示服藥……47
TAKE AS DIRECTED

6 高速皮質鉛療法……71
HIGH-VELOCITY TRANSCORTICAL LEAD THERAPY

7 歸政府所有……89
GOVERNMENT PROPERTY

8 弗雅與納高……105
FOUA AND NAO KAO

9 半西醫半巫醫……119
A LITTLE MEDICINE AND A LITTLE NEEB

10 戰爭……133
WAR

11 生死關頭……155
THE BIG ONE

12 逃亡……171
FLIGHT

13 代號X……189
CODE X

14 民族大鎔爐……201
THE MELTING POT

15 黃金與爐渣……233
GOLD AND DROSS

16 他們為何挑上美熹德？……249
WHY DID THEY PICK MERCED

17 八大問……275
THE EIGHT QUESTIONS

CONTENTS——目　錄

18 要命還是要靈魂？……289
THE LIFE OR THE SOUL

19 獻祭……305
THE SACRIFICE

十五周年版後記……317
AFTERWORD TO THE FIFTEENTH ANNIVERSARY EDITION

苗文拼音、發音與引文的注解……i

引用出處注釋……iii

參考書目……xxx

致　謝……xlvii

序
PREFACE

我在書桌底下收藏了一大箱錄音帶。雖然內容都已經轉錄為文字，我還是樂於不時拿出來聽聽。

有些錄音平靜、容易聽懂，內容都是美籍醫生的談話，以及不時插入的咖啡杯碰撞聲或傳呼機嗶嗶聲。剩下的錄音帶有半數以上都非常嘈雜，錄的都是在李（Lee）家的聲音，李家是苗族難民，一九八〇年由寮國移民到美國。在嬰兒的哭聲、孩童的嬉戲聲、關門聲、碗盤碰撞聲、電視聲、空調有氣無力的轟轟聲等背景噪音間，我聽到了母親的聲音，不時夾帶著喘息聲、鼻息及吸唾聲，或在苗語的八個音調間上揚或下滑時發出類似蜂鳴的嗡嗡聲。父親的聲音則更宏亮、更慢，情緒也更激烈。我的口譯員在苗語及英語間切換，音量較低，語氣恭謹。這些嘈雜聲喚醒了一波波感官記憶，包括紅色金屬摺疊椅的冰冷感，這張椅子是客人專用的，我一踏入李家公寓，就擺好等著我入座；還有辟邪物投出的影子，那塊物件用麻繩綁著，由天花板垂下，在微風中搖擺；以及苗族菜肴的味道，從最美味的「瓜泥刷」（quav ntsuas，類似甘蔗，帶有甜味的植物莖部），到最恐怖的「泥殺調」[1]（ntshav ciaj，生的豬血凍）。

一九八八年五月十九日，我第一次坐上這張紅色摺疊椅。同年春季稍早時，我來到李家人所居住的加州美熹德郡（Merced），因為我聽說這裡的州立醫院中，苗族病人與醫療人員之間有些不尋常的誤會。有個醫生稱這些誤會為「碰撞」，聽起來就像兩組不同的人馬砰地迎面猛撞上對方，還伴隨著刺耳煞車聲與玻璃破碎聲。然而，衝突的過程卻常是一團混亂，很少正面相對。雙方都受到傷害，卻沒有一方知道碰撞是由什麼造成，也不知該如何避免下一次撞擊。

我一直認為，最值得觀察的活動並非發生在中心，而是在交界的邊緣。我喜歡海岸線、鋒面以及國界，因為在這些地方總能看到耐人尋味的摩擦與矛盾。比起站在任何一方的中心，處在交界點上更能看清楚雙方。尤其當你站在兩種文化中間，更是如此。當我初次來到美熹德時，我對美國的醫療文化只有淺薄的認識，對苗族文化則是一無所知，我想，若自己能站在兩方之間且設法不捲入紛爭，或許便能讓兩者照亮對方。

九年前，這一切都只是紙上談兵。在我聽聞李氏夫婦之女黎亞（Lia）的病例在美熹德醫院引發該院有史以來最嚴重的衝突，在我認識她的家庭和醫師之後，我發現我對雙方同樣喜愛，也發現很難將衝突歸咎於哪一方（天知道我還真的試過），於是我不再用單一面向的觀點來分析情況。換句話說，我的思考方式在不知不覺間開始不再那麼像美國人，稍微像苗族人。湊巧的是，在寫作本書的幾年中，我的丈夫、父親、女兒和我自己也都經歷了大病。一如李家，我也在醫院待上很長時間。在候診室的漫長等待中，我常常苦思，怎樣才算是好醫生？我的兩個孩子在這九年間相繼出生，我發現我也常常問自己一個和李家故事密切相關的問題：怎樣才算是好父母？

我成年後的大多數人生都已認識書中人物。我相信，若我和黎亞的醫師素不相識，我不會是現在這樣的病人。我也相信，如果我不曾認識黎亞一家人，我將不會是現在這樣的母親。當我從書桌下拿出錄音帶，隨意播放其中片段時，便陷入回憶的洶湧波濤中，同時，我也想起至今我仍能從書中這兩種文化中學到東西。有時我在夜闌人靜時播放錄音帶，我會想像，如果將兩種錄音黏接起來，就能在一捲錄音帶中聽見苗族人與美籍醫生的談話，雙方將說著共同的語言，而那聽起來，會是什麼樣子？

1 這兩個詞的發音有點類似「kwa ntshwa」和「ntsha tya」。本書的〈苗文拼音、發音與引言的備忘錄〉一節將簡單說明、介紹書中出現的苗語字詞和片語。

1 誕生 BIRTH

假如李黎亞與她的父母及十二個兄弟姊妹同樣出生於寮國西北部的高地，母親生下她時一定是蹲在她父親搭建的房屋地板上。房屋的木板是用斧頭劈成，屋頂鋪著竹子和乾草。地板是泥地，但很乾淨。母親弗雅（Foua）會定時灑水，以免灰塵飛揚，每天早晚還會拿著用草和樹皮自製的掃把掃地。年幼的孩子還不會到屋外解便，所以她用自己編成的竹畚箕撿拾孩子的糞便，倒在樹林中。即使弗雅稱不上有潔癖的主婦，但至少她生出的嬰兒絕不會染上髒汙，因為她絕不讓嬰兒真的呱呱「落地」。直至今天，她還是為自己親手接生每個孩子而自豪。分娩時，她將手伸到雙腿間，小心翼翼拉出嬰兒的頭，然後讓嬰兒身體滑到她彎曲的雙臂中。她沒有助產士，生產過程中若是口渴，她會讓丈夫納高（Nao Kao）倒杯熱開水給她，但納高不能看到她的身體。弗雅相信，呻吟或喊叫會使生產不順，所以除了偶爾向祖先祈禱外，她總是一聲不出，安靜得即使是在夜裡分娩，一旁竹板通鋪上的孩子仍安穩香甜地睡著，只在新生的弟妹啼哭時才醒來。孩子一出生，納高會用燒熱的剪刀剪斷臍帶，並用繩子綁好。之後，弗雅用溪水替嬰兒洗澡。她通常會在陣痛初期到溪邊用竹桶汲水，用帶子綁在背上背回家。

弗雅的每個孩子都懷得輕鬆，生得也輕鬆。但中間若出了任何問題，她會用苗族的辦法解決。不孕的苗族夫妻會請一位「端公」(txiv neeb）來家裡，端公就是苗族的巫師。法術高強的端公能讓自己的靈魂出竅，召喚一群得力的兄弟，騎上飛馬，奔馳過天地間十二座山脈，越過龍棲息的大海，來到肉眼不可見的領域，與當地的靈談判（一開始先用錢及食物賄賂，若有必要，就祭上驅魔劍），要求靈恢復病人的健康。端公也能治療不孕，他會吩咐不孕的夫婦宰殺狗或貓、雞、羊獻祭。割斷祭品的喉嚨後，端公會在門柱和婚床之間拉起一條繩橋，這對夫婦未來孩子的靈魂可以越過這座橋，安然來到世上，免受惡靈糾纏。事實上，苗族婦女可以在一開始就採取某些防範措施，避免不孕。例如，女子到了生育年齡就不再踏入山洞，因為洞中可能住著某種不友善的惡靈，不但喜歡吃肉喝血，也會與女子交媾，使女子無法生育。

苗族女子懷孕時必須留意自己想吃哪些食物，以確保嬰兒健康。如果想吃薑而無法如願，孩子就會多一隻手指或腳趾。如果想吃雞肉而沒吃到，孩子耳朵旁邊會有胎記。如果想吃雞蛋而沒吃到，孩子的頭會凹凸不平。苗族婦女懷孕後還是得繼續到稻田或鴉片田做農活，但一出現陣痛就得立刻返家。返家（或者至少到丈夫的堂兄弟家）非常重要，若在家中以外的地方生產，就可能會遭惡靈毒手。如果分娩時間過長或不順，產婦必須喝下煮過鑰匙的開水，以開啟產道。產婦也可以請家人用碗盛裝聖水，在屋內擺成一排，對著聖水念誦祝詞。如果生產不順是因為產婦曾對家中長輩不敬，產婦就必須替這位長輩洗手指，並像發瘋一樣不停道歉，直到長輩開口說：「我原諒妳。」

嬰兒出生後仍與母親一起躺在火爐旁，此時父親必須盡快在家中泥地挖出坑來掩埋胎盤，深度要在六十公分以上。女嬰的胎盤埋在父母親床下，男嬰的胎盤則埋在更榮耀的地方：房屋主樑柱底處附近。主樑柱裡住著男性的靈，他是全家的守護者，撐起屋頂，看衛家中每個人。在掩埋胎盤時，胎盤的光滑面（亦即在子宮內向著胎兒的那一面）會朝上，如果反過來埋，嬰兒會吐奶。如果嬰兒的臉上長了痲子，代表胎盤在地下遭到螞蟻攻擊，這時就要將沸水倒入坑裡，殺光螞蟻。苗語稱胎盤為「外衣」，將之視為每個人生命中的第一件外衣，也是最好的一件。苗人相信，人去世後靈魂會遊走四方，重溯一生走過的行跡，直到回歸胎盤的埋葬之處，再度穿上胞衣。唯有如此，靈魂才能繼續踏上危險的旅程，旅途中潛伏著嗜殺的惡靈與有毒的巨大毛蟲，還有食人巨岩和無法橫渡的汪洋。當靈魂終於來到天外天，便與祖先結合，並在未來的某天成為另一個新生嬰兒的靈魂，再次出生。如果靈魂找不到胎盤，將注定永遠飄泊，永遠赤裸，永遠孤獨。

一九七五年，共產黨統治寮國，之後共有十五萬個苗族難民出逃，李家也從此離鄉背井。他們不知道家鄉的屋子是否仍屹立，納高把五個男孩、七個女孩的胎盤埋在那座屋子的泥地下，也不知還在不在。李家相信有半數的胎盤已經完成最終任務，因為在遷居美國前，這家人已有四個兒子、兩個女兒因故過世。他們也相信，家中其他成員的靈魂在未來的某天將得走上漫漫長途。他們已在美國住了十七年，其中十五年住在加州美熹德，所以靈魂必須從美熹德前往奧勒岡州的波特蘭（他們來美熹德之前就住在這裡），轉往夏威夷檀香山（從泰國起飛的飛機降落的第一座美國機場），然後前往泰國的兩座難民營，最後才回到寮國的家鄉。

李家的第十三個孩子梅在泰國難民營出生，她的胎盤埋在當時居住的茅草屋下。第十四個孩子黎亞在美熹德社區醫療中心出生，這是一家現代化的公立醫院，服務範圍涵蓋加州中央谷區的農業郡，許多苗族難民都移居到這裡。黎亞的胎盤火化了。有些苗族婦女會問美熹德中心的醫生，能否將孩子的胎盤帶回家。有些醫生會同意，並將胎盤裝在塑膠袋或醫院餐廳的外帶容器，讓苗人帶回去。但大多數的醫生會拒絕，有些人以為苗人想吃掉胎盤，覺得很反感，有些人則擔心胎盤會傳播Ｂ型肝炎，因為美國有十五％苗族難民是Ｂ型肝炎帶原者。而弗雅則由於不會英文，生產時現場也沒人能講苗語，因此沒想到要問。無論如何，李家公寓的地板是木製，又鋪滿了地毯，也很難埋葬胎盤。

黎亞於一九八二年七月十九日晚上七時九分呱呱落地。母親弗雅躺在不銹鋼產枱上分娩，身上蓋著消毒巾，下體塗了一層褐色的優碘，一只高瓦數的燈照著她的會陰部。產房中沒有家人，家醫科的住院醫師蓋瑞．修生（Gary Thueson）替弗雅接生。他在紀錄中注明，為加速分娩，他使用了一根一尺長的塑膠「羊水鉤」，以人工方式戳破弗雅的羊水袋。沒有上麻醉。沒有施行外陰切開術。弗雅產後做了例行的催產素靜脈注射，讓子宮收縮。修生醫師也記錄了嬰兒的狀況：「嬰兒健康，重三千八百克」，「以妊娠期論，狀況佳」（妊娠期長短僅為醫師觀察後所下的推論，因為弗雅未做產前檢查，不知道懷孕多久，即使知道，也無法告訴醫師）。弗雅認為，黎亞是她所生過的嬰兒中最重的，當然她也不太確定，因為其他孩子出生時並未測量體重。黎亞在愛普格新生兒評分的各個項目如心跳、呼吸、肌肉張力、顏色及反射等，表現都不錯。以十分為滿分，在出生後一分鐘，她得到七分，四分鐘後，她得到九分。根據紀錄，第六分鐘時她的膚色是粉紅，活動是「哭」。護士匆匆讓母親看了黎亞一眼，就將黎亞放進鋼製的保溫箱，在她的手腕繫上塑膠辨識環，並在新生兒身分認證卡上為她蓋下腳印。之後黎亞便被移到育嬰室，屁股上捱了一針維他命K，以防止出血性疾病，眼睛裡各滴了兩滴硝酸銀，以防淋球菌感染，又用消毒皂洗澡。

在黎亞的產房紀錄上，弗雅的出生日期是一九四四年十月六日。事實上，弗雅並不知道自己是何時出生。往後幾年，弗雅在各種情況下，透過會說英語的親戚（如幫她辦住院生產手續的外甥媳婦），向醫療中心的人員表示自己的生日是一九四二年十月六日，或她更常說的日期：一九二六年十月六日。辦理住院手續的人員中，沒人質疑最後這個日期，雖然這意味著弗雅生下黎亞時已經五十五歲。弗雅確定自己是在十月出生，因為她的父母告訴她，她出生時，鴉片田正進行第二輪除草，稻米則已收割，稻草堆積如山。弗雅的出生日則和生年一樣，都是為了應付檢查表格的美國人而杜撰的。李家自一九八〇年獲准來美後，為了各式表格上有些欄位無法填寫，不知道看過多少臉色。大部分苗族難民都很熟悉這種美式特點，也都以同樣的方式變通。李納高有個堂親告訴移民局官員，他的九個孩子在九年內接連出生，每個人的生日都是七月十五日，這項資訊一字不漏地記錄在居留申請資料上。

李黎亞出生三天後離開醫療中心，她的母親必須簽署一張證明文件，內容如下：

> 本人證實出院時檢查過並確定所領取的嬰兒確為本人子女。本人業已核對繫於嬰兒及本人身上之身分識別手環，號碼同為5043，並載有正確的識別資料。

弗雅看不懂英文，也不認得阿拉伯數字，自然無法遵守文件上的指令。但是在美國她必須時常簽名，已經學會用大寫英文字母拼寫名字FOUA YANG。（在苗族中，楊及李為最大的氏族，其他主要氏族為張、周、項、侯、古、羅、馬、陶、吳、熊及王。寮國的苗族人把姓氏放在名字之前，不過美國的苗族難民則入境隨俗，將姓氏放在名字之後。苗族孩子從父姓，女子婚後仍保留娘家姓。同氏族通婚是禁忌。）弗雅的簽名不易看懂，不過醫療中心裡實習住院醫師的簽名也好不到哪去，在連續值班二十四小時之後，簽出的名字看起來都像腦電圖。不過，弗雅在醫院文件上的簽名有項特色：每次的簽名看起來都不同。這次，她把姓名寫成一個字串：FOUAYANG，其中一個A往左偏，另一個往右偏，Y寫得像X，N的兩條直豎畫成優美的波浪，像小孩筆下的海浪。

弗雅個性沉穩，相信人性本善，這都是她的優點。在醫院生下黎亞，對她來說雖然是特殊的經驗，但是她對醫院的處理方式並無怨言。弗雅對於美熹德中心乃至美國整體醫療體系若有任何疑慮，也是在黎亞就醫多次後才開始累積。以這次的狀況來說，她覺得醫生很和善親切，有那麼多人在場幫她，她也很感動。雖然她認為護士用藥皂為黎亞洗澡，還不如寮國的山泉水乾淨，但她主要的不滿還是醫院的食物。產後醫院居然給她喝冰水，這點令她大吃一驚，因為苗人認為在產褥期吃冷食，子宮的血會凝住，使汙血無法順暢排出。婦人一旦觸犯這項禁忌，到了老年就會皮膚癢、腹瀉。弗雅確實喝了幾杯熱水，她記得顏色是黑的。那可能是熱茶或牛肉高湯，因為她確定不是咖啡，她見過咖啡，也認得出來。她住院期間唯一願意吞下的醫院伙食就是那黑水。納高親手為她烹調苗族婦女的月子餐，送到醫院，除了蒸熟的米飯，還有用五種特殊藥草熬的雞湯（為了這雞湯，李家在公寓後方停車場旁的空地種下這五種藥草）。美熹德中心的產科醫生對這道料理並不陌生，他們對雞湯的評價也精確反映了他們對苗人的整體看法。產科醫師拉寇兒・阿里亞斯（Raquel Arias）記憶猶新，她說：「苗族丈夫會帶著那些銀製的可愛小湯盅來醫院，裡面總是裝著雞湯，聞起來好香！」另一位醫師羅伯・史默（Robert Small）則說：「他們總是帶來一些噁心難聞的湯湯水水，聞起來像死了一個星期的雞。」弗雅從來不與人分享她的月子餐，因為要是不小心將米粒掉入湯中，也會觸犯禁忌，新生兒的小鼻子小臉頰會因此長滿白色膿皰——在苗語中，這種膿皰跟米是同一個字。

在美熹德郡，有些苗族父母會為孩子取美國名字。除了美國人常用的名字，他們也用甘迺迪、尼克森、帕加馬（Pajama，意為睡衣）、吉他、美因（Main，意為「主要的」，取自美熹德郡大街Main Street）。要不是有護士勸導，還會出現「Baby Boy」（男嬰）這種名字。原來是有位母親看到院方文件上的「Baby Boy」二字，還以為醫生已經替嬰兒取好名字。李家則替女兒取了苗族名，叫黎亞。他們在一場苗語稱為「喊魂禮」（hu plig）的儀式中，正式替女兒命名。喊魂禮是召喚靈魂的儀式，在寮國，通常於嬰兒出生後的第三天舉行。新生兒要經歷這項儀式，才會被視為完整的人。如果嬰兒不幸於三天內夭折，就不會照習俗舉行葬禮（這可能是為了順應苗族高達五十%的嬰兒夭折率，讓母親晚一些對嬰兒投入感情，如此一旦嬰兒難產或早夭，母親也不至於太傷心）。在美國，這種儀式通常較遲舉行，原因是嬰兒可能三天還出不了院，尤其生產不順時更是如此。李家存下一個月的社福補助，以及親戚用社福補助買來的禮物，才有足夠的錢舉辦黎亞的喊魂禮。

雖然苗族人相信有很多事都可能導致生病，如吃錯東西、喝了不潔的水、受到氣候變化的影響、性交時射精不徹底、疏於供奉祖先、代替祖先受過、受到詛咒、被風暴吹襲、有人用蠱術在你體內放入石頭、被惡靈吸血、撞到樹中或溪中的惡靈、在惡靈的地盤上掘井、撞見母侏儒惡靈吃蚯蚓、睡覺時被惡靈壓胸、在龍出沒的湖邊洗衣服、用手指著滿月、碰觸新生的老鼠、殺死巨蛇、在虎形岩石上便溺、尿液噴灑到或踢到屋靈，或鳥糞落在頭上等等。但最常見的病因則是失魂。雖然苗族人對於人有幾個靈魂莫衷一是（從一到三十二個不等，李家則相信人只有一個靈魂），但一致同意，不論人有幾個靈魂，掌控健康與快樂的靈魂是很容易走失的命魂。命魂會因為憤怒、悲傷、恐懼、好奇或渴望流浪而脫離肉體，新生兒剛由不可見的領域進入生命的領域，脆弱的小生命夾在兩個領域中間，岌岌可危，一旦碰上鮮豔的顏色、悅耳的聲音或芳香的氣味，都會受到吸引，因此命魂特別容易出竅。如果嬰兒覺得哀傷、寂寞，或父母愛得不夠，命魂也會出走。嬰兒的命魂會被突如其來的巨響嚇跑，或被惡靈偷走。有些苗人會很小心不要大聲稱讚嬰兒漂亮，以免被惡靈聽到。苗族嬰兒常戴著繡工精巧的小帽子（弗雅就幫黎亞做了幾頂），這樣惡靈從空中往下看時，會誤以為嬰兒是花朵。襁褓期間，母親大多用背巾（nyias）將嬰兒綁在背上。弗雅也幫黎亞做了幾條，背巾上繡著保護嬰兒靈魂的圖案，例如豬圈象徵包圍與保護。嬰兒也佩戴銀項鍊，鍊墜是把小鎖，能夠鎖好靈魂。父母若帶著嬰兒或小孩出遊，返家前會大聲召喚孩子的靈魂，以免靈魂沒跟上。人們有時會聽到美熹德的苗人在野餐後離開公園時高聲喚魂。但除非好好過舉行喊魂禮，否則這些花招都沒有用。

黎亞的喊魂禮在李家公寓的客廳舉行。那天來了許多客人，全是苗人，大多是李、楊兩家的親戚，將客廳擠得水泄不通，連轉個身都辦不到。有這麼多人到訪，恭賀弗雅與納高生下這麼健康可愛的女娃，兩人都覺得很有面子。當日清晨，納高供奉了一頭豬，好邀請黎亞的一位祖先轉世投胎到她的身體裡，這位祖先可能餓了，若收到食物會很高興。客人到了之後，楊家一位長老站在向東十二街敞開的前門，腳邊放著一個袋子，袋裡有兩隻活雞。長老開始念誦祝詞，歡迎黎亞的靈魂。跟著便將雞宰了，拔毛，除去內臟後汆燙，再由鍋中取出，檢查雞的頭骨和舌頭。如果頭骨呈半透明，舌頭向上捲，表示黎亞的新靈魂願意住在她的體內，而「黎亞」這名字也取得好（如果兆頭不佳，長老會建議改名）。觀兆完畢之後，雞又放回鍋中煮熟，再拿上桌與豬肉一同供賓客享用。用餐前，長老用一束白色短繩輕輕拂過黎亞的雙手，並念道：「諸邪不侵，百病不犯。」接著，黎亞的父母親及在場的長輩各自將一條短繩繫在黎亞的手腕上，好將她的靈魂穩穩地繫在身上。弗雅及納高許諾會好好疼愛黎亞。長輩為黎亞祈福，祝她健康，長命百歲。

2 魚湯 FISH SOUP

數年前在美熹德大學的進階法文課堂上，有項作業是上台用法語做五分鐘的口頭報告。第二位上台的是個苗族年輕小伙子。他選擇的題目是一道魚湯的食譜。他說，要做魚湯，必須先有魚，要有魚，你必須去釣魚，要釣魚，你要有魚鉤，為了選對魚鉤，你必須知道你所釣的魚是鹹水魚或淡水魚，體型多大，還有魚嘴的形狀。他如此報告了四十五分鐘，在黑板上畫滿複雜的樹狀圖，列出各種因素與選擇，成了法文版的苗族釣魚流程表。他也分享了自己的釣魚經驗與趣聞。在報告尾聲，他敘述如何清理各種魚的內臟，如何切魚，最後是如何用各種香料烹調魚湯。下課鐘響時，他對同學說，他希望這份報告夠詳盡，並祝大家順利烹調出苗式魚湯。

告訴我這段故事的法文教授說：「魚湯，這就是苗族文化的精華。」苗族有句諺語叫「萬物一體」，常用在談話的開頭，以提醒聽眾，世上有許多事看似毫無關連，實則同氣連枝，沒有任何事件是獨自發生的。只著重其中一點，難免掛一漏萬。因此，講述過程可能相當冗長。我曾聽李納高描述他所居住的寮國村莊，他說道：「這是我的出生地，也是我父親的出生與喪葬之地，也是我父親的父親的喪葬之地，但我父親的父親卻出生於中國，這故事得花一整晚才說得完。」假如苗族人要說寓言，如「動物為何不能說話」或「蟻獅幼蟲為何要推糞球」，很可能會從宇宙誕生說起。事實上，根據查爾斯・強生（Charles Johnson）編輯的雙語對照版《苗語故事：寮國苗族之民間傳說及神話故事》（*Dab Neeg Hmoob: Myths, Legends and Folk Tales from the Hmong of Laos*），上述兩個故事僅溯及宇宙的第二次誕生。當時宇宙上下倒轉，大地被洪水淹沒，只有一對兄妹逃過一劫。兩人結為夫妻，產下狀似雞蛋的孩子，然後將孩子砍成碎片。假如我是苗人，要敘述李家與美國醫療體制的故事或許也得從開天闢地說起。但既然我不是，我就只回溯到數百代之前，從苗人住在中國黃河流域時談起。

苗族自有史以來便經歷無數血戰，偶有和平，也只是曇花一現。每當遭遇迫害與同化的壓力，苗族便起身對抗或遷徙，在不同的時代、地點不斷重複同樣的模式，使得抗爭和遷徙彷彿融入苗族的血脈中，正如族人的直髮與矮小精悍的身材，代代相傳。一般認為苗族始祖來自歐亞大陸，在西伯利亞居住數千年後遷移到中國，與漢人衝突不斷。北方的出身或許可以解釋苗族的禮儀。在寮國及越南北部傳教的薩維納神父（François Marie Savina）於一九二四年記述道，苗人在新年與喪葬儀式中會提到名為Ntuj Khaib Huab的苗族故鄉，那裡終年白雪皚皚，永晝與永夜各持續六個月，樹木稀少而矮小，當地人也同樣矮小，以毛皮包裹全身。擁有歐洲血統或許解釋了苗族人為何膚色比其他亞洲人白皙、為何有雙眼皮且偶有高鼻子。然而，晚近的學者質疑這項說法，並指出薩維納神父對苗族起源故事的解譯可能有誤，這段描述指的可能是苗族神話中的冥土，而非真實存在的地點。薩維納神父的理論也可能源於他對苗族的熱愛，並囿限於他在當時當地的見聞，因而相信苗族血緣更接近歐洲，而非亞洲，是「介於白人與黃人間的獨特種族」，也就是，更像他本人。不是每個認識苗族的人，都想拉近和苗族的關係，司馬遷便如此描述：「面目手足皆人形，而胳下有翼不能飛。」直到十九世紀，還有許多中國人宣稱苗人有尾巴。

中國人所稱的「苗」帶有「野蠻人」、「鄉巴粗人」、「其聲似貓」、「未開化」之義，總而言之，是一種蔑稱。（苗人喜歡自稱「Hmong」，這個字據稱通常指「自由」，但有些學者認為這個字就如同「因紐特」、「傣」等全球各地的種族名，純粹指「人」。）苗人稱漢人為狗養的，中國人則視苗人為桀驁不馴、頑劣不屈的野人。苗人拒絕接受漢族禮制，漢人視之為恥辱。苗人始終堅持族內通婚，說苗語、穿苗服、演奏苗族樂器，並信仰自己的宗教，甚至也不用筷子吃飯。苗人認為漢人干涉太多，欺壓成性，因此不斷反抗漢人統治。雖然雙方都訴諸武力，但關係並不對等。事實上，苗族從未想過統治漢族或其他民族，只希望不受干擾。然而，苗族後來的歷史卻說明，這或許是強勢文化下弱勢者最難企及的奢望。

最早的苗漢關係記述或可追溯到中國遠古的黃帝時代。黃帝雖帶有神話色彩，但在漢族的地位非常穩固。黃帝大約於西元前兩千七百年統治中國，認為野蠻的苗族無法與其他子民適用同等律法，決定對苗人另定刑罰。苗人犯法的下場並非入獄，而是被判處死刑，或割除鼻子、耳朵，甚至睪丸。苗人造反，漢人鎮壓，苗人再造反，漢人再鎮壓，如此幾世紀，苗人漸漸撤離長江、黃河流域的河谷稻田區，越遷越南，落腳的海拔也越來越高。「這正是苗人變成高山民族的過程。他們也因此得以獨立於其他民族之外，並完整保存語言、風俗及民族精神。」史學家暨傳教士薩維納神父寫道。1

到了西元四百年左右，苗人在河南、湖北、湖南境內建立了獨立國家。依據近代在泰國傳教的法籍神父尚・摩丹（Father Jean Mottin）所述，由於苗人「厭惡任何形式（包括族群內部）的權威」，因此用村寨及地方集會的複雜系統來限制王權。王位世襲，但繼位者是由國內所有武士共同從先王的兒子中推舉。苗族採一夫多妻制，國王更是后妃成群，子嗣眾多，王位候選者通常就幾乎跟民主選舉的候選人一樣多。苗族王國建立五百年後終究遭漢人擊潰，苗人再度遷徙，這次西遷至貴州與四川山區。不過苗人的反抗並未停止。有些苗族戰士以使用毒箭著稱，有些則身披銅製或水牛皮製的戰甲，手持長矛與盾牌，口啣短刀。有些苗人用的弓弩大到三個人才拉得動。到了十六世紀，明朝為了防範苗族由貴州入侵，修築了一條一百六十公里長、三公尺高的小長城，派人戍守。苗族一度受到遏制，卻不受控制。根據十七世紀耶穌會傳教士麥加蘭（Gabriel de Magaillans）的記載，「苗族人不向（中國）皇帝進貢，也不歸降。中國對苗族提心吊膽，屢次征伐未果，見識到苗族的驍勇善戰之後，也只能任其自由發展。」

中國曾企圖綏靖、漢化苗族，命令苗人繳械，改穿漢服，男子必須剪掉頭髮，禁止以水牛為牲禮。歸順中國的苗人名為「熟苗」，反之則是「生苗」。當時生苗的人數遠多於熟苗。一七三〇年左右，數百名苗族戰士殺死自己的妻兒，堅信無後顧之憂更能奮勇作戰。（這項做法收得一時之效。無所羈絆的他們攻占數條交通要道，切斷中國的補給，直到一一被俘或戰死。）

無怪乎在十九世紀初期，許多苗人無法再忍受中國統治。苗人不僅飽受迫害，土地也逐漸變得貧瘠，而且當時傳染病肆虐，稅捐也逐年繁重。雖然大部分苗人仍留在中國（現今中國境內約有五百萬苗人，遠多於其他國家），但也有將近五十萬人收拾家當、驅趕牲口，翻山越嶺遷往中南半島。一如往昔，他們遷往高地，在現今的越南、寮國一帶安頓下來，之後又遷往泰國。苗人多半在無人願意居住的地方建立村寨，但如果當地部族反對他們或要求進貢，苗人會用燧發槍或赤手空拳反抗，往往能獲勝。尚・摩丹神父引用一個官員的描述：「我親眼目睹苗人抓著我兒子的腳，將他甩向營房的柱子，摔斷他的脊椎。」一八九〇年代，法國人控制中南半島，對苗族苛徵暴斂，苗人發動了一連串反抗行動，其中一場戰役從一九一九年持續到一九二一年，稱為「狂人之戰」。此戰的苗人首領名為帕查（Pa Chay），他習慣爬上樹幹，接受上天直接下給他的軍令。他的部屬用樹幹做成三公尺長的大砲，擊潰大量殖民地駐軍。一九二〇年，法國坦承最佳的苗族政策是任其自治，將苗族居住地畫為特別行政區。此後，寮國苗族這個中國境外最大的苗族族群才得以安定下來，耕種高山稻米、鴉片。他們盡量不與法國人、低地寮族和其他低地居民往來，平安度過數十年。

任何與苗族往來的人都可以從苗族歷史中得到一些教訓。最明顯的不外乎：苗族不喜歡聽命於人，也不喜歡打敗，寧可逃跑、抵抗甚至死去，也不願降服。苗族不會因為敵眾我寡而膽怯，而即便是比苗族強大的種族，也幾乎無法說服苗族，自己的風俗比苗族優越。被激怒的苗人可能很危險。這些特質究竟是令人惱火或值得讚賞，端看你是否要強迫苗族做違心之事。凡是想打敗、欺騙、統治、管理、限制、同化、威嚇、降服苗族的人，全都極端厭惡苗族，幾無例外。

另一方面，許多歷史學家、人類學家和傳教士都對苗族極具好感（只要他們不強迫苗人信教，苗族即使不總是能接納這些人，通常也會以禮相待）。薩維納神父寫道：「苗人的勇氣與膽識過人，雖無法安居一地，也從未淪為奴隸。」澳洲人類學家威廉·葛德斯（William Robert Geddes）在一九五八至一九五九年間大多待在泰北地區的苗族村寨（雖然寮國、越南的苗人比較多，但半世紀以來，西方研究人員仍選擇在政局較安定的泰國工作）。威廉發現他的田野調查並不容易，原因是苗族村民太驕傲，不願意賣食物給他，也不願受雇興建房舍。他必須用馱馬運送物資，從山下雇用吸食鴉片的泰國人替他蓋房子。然而，苗族最終還是贏得威廉由衷的敬重。他在《山地移民》（*Migrants of the Mountains*）一書中寫道：

苗族即使被打散成許多小部落，零星分布於廣大地域，或被不同種族包圍，仍能保有民族認同，歷久不衰。以上種種和猶太民族相比，毫不遜色。若考慮到苗族沒有文字與宗教教義的凝聚力，以及苗族似乎保留了更多樣的民族特色，那麼，苗人的表現甚至比猶太人出色。

英國人類學家羅伯·庫柏（Robert Cooper）費時兩年，研究泰北四個苗人部族資源短缺的現象。他對苗人的描述是：

有禮而不諂媚，自尊卻不自大，好客但不強勢，尊重他人自由，也只要求他人同樣尊重自身自由。不偷竊，不說謊。永遠自給自足，自得其樂。遇到外地人口口聲聲說想過得像苗人，卻擁有昂貴的摩托車、錄音機、相機，而且不必工作謀生，他們也毫無妒意。

尚・摩丹神父曾在泰北苗族村寨凱諾伊（Khek Noi）工作，他在《苗族歷史》（*History of the Hmong*，這本著作的英文版譯筆十分生動，譯者是愛爾蘭修女，曾擔任泰國王儲的家庭教師。本書在曼谷付梓，但印得相當模糊）中寫道：

苗人雖然身材矮小，卻十分偉大。這支少數民族時常受強國壓迫，卻總是能努力生存，這點特別令我讚歎。試想，中國以兩百五十倍人口的優勢，尚且無法併吞苗族。苗族從未擁有自己的國家，從未有過名副其實的君王，卻能歷經幾世紀考驗，保有他們所希望的生活方式。這一切在在表明：任何自由人都有權利活得像苗族。誰不欽羨苗族這一點？

苗族民間故事常有孤兒的角色，往往是父母雙亡的青少年，憑著機智獨自生活。查理・強生編纂的故事集中有則故事是，一個孤兒招待兩姊妹到他簡陋的家裡。姊妹一個善良，另一個自大，自大的姊姊說：

什麼？跟你這麼骯髒的孤兒住？哈！瞧你穿得破破爛爛、衣不蔽體的樣子。你的下體沾滿了灰塵，想必你是在地上吃飯，在泥坑裡睡覺，過得像頭水牛！我不信你有什麼好菸好酒可以招待我們！

或許孤兒下體並不乾淨，但他聰明伶俐、精力充沛，勇敢又堅忍不拔，而且擅長演奏蘆笙。蘆笙是很受苗人珍愛的樂器，由六根彎曲的竹管與木製風箱組成。孤兒雖然在社會邊緣自力更生，受盡奚落，但他始終明白，自己比奚落他的人更加優秀。強生指出，這個「孤兒」當然象徵了苗族。故事裡，孤兒娶了心地善良的妹妹，因為她能看見孤兒真正的價值。兩人建立了家業，還產下後代，而自大的姊姊最後嫁給住在洞穴裡飲人血、使婦人不孕的惡靈。

1 薩維納用「Miao」稱呼苗人並無輕視之意。「Meo」和「Miao」二字向來廣泛使用，直到一九七〇年代初期苗人學者楊道發起正名運動，成功讓大眾以「Hmong」一字稱呼苗人。更多近代學者指出，儘管「Miao」和「Hmong」二字時常相互替換使用，中國也用「Miao」來稱呼境內苗族以外的少數民族，而且可能有兩個以上。作者注

3 惡靈抓住你，你就倒下
THE SPIRIT CATCHES YOU AND YOU FALL DOWN

黎亞大約三個月大時，有一回姊姊葉兒（Yer）大力甩上公寓前門，不一會，黎亞突然翻白眼，雙手高舉過頭，跟著昏了過去。李家人對發生了什麼事倒沒什麼疑惑。儘管黎亞的靈魂已在「喊魂禮」中安置妥當，但關門的巨響還是太嚇人，把黎亞的靈魂嚇得飛出軀體，迷失了。苗族稱這種現象為「qaug dab peg」，意思是「惡靈抓住你，你就倒下」。這裡的 dab 指的是竊取靈魂的惡靈，peg 指的是抓住或攻擊，quag 則是指根還在土裡，身體卻倒下了，就像穀粒因風吹雨打而墜落。

在苗英字典裡，qaug dab peg 大多譯為「癲癇」。苗族人普遍熟知這種疾病，且又愛又恨。一方面，這種疾病公認為嚴重且帶有潛在危險。美熹德郡在一九七九年至一九八九年間的代表國會議員湯尼．科維歐（Tony Coelho）就是癲癇患者。湯尼頗得苗族人心。幾年前，有些苗人得知湯尼深受 qaug dab peg 之苦，十分關切，自願找端公為湯尼舉行招魂儀式。不過苗人頭目委婉勸阻了，因為他猜想湯尼身為葡萄牙裔天主教徒，可能不希望有雞或豬為了自己犧牲。

另一方面，苗人認為這是一種光彩的疾病，這件令湯尼驚訝的程度恐怕不亞於殺雞獻祭。湯尼踏入政壇前，原本打算當耶穌會傳教士，卻因教規明定癲癇患者不能擔任神職而未能如願。令湯尼失去天主教神職人員資格的疾病，在苗人眼中卻格外適合擔負神職。患有癲癇的苗人往往成為巫師，而癲癇發作就證明了他們有能力感知其他人無法看見的事物，也表示他們能夠靈魂出竅，這是踏入不可見領域的必要條件。這些人由於患有疾病，自然會同情他人的苦難，擔任治療者時，在情感上也容易得到求助者的信任。成為端公並非個人選擇，而是種天命。罹患qaug dab peg，或其他病徵包括顫抖和疼痛的疾病，都代表受到神召。當端公被找來診斷時，可能從這些症狀推斷出病人（通常是男性）已被選為「neeb」（也就是醫靈，「端公」即指「擁有醫靈之人」）的附身之所。患者無法拒絕這項職業，一拒絕，就會喪命。但無論如何，也很少人會拒絕。受神召而成為巫師的過程非常艱辛，必須接受師父多年訓練，學習主持各種儀式和念誦祝詞。正因如此，這項職業在族人間的地位相當崇高，端公也會被視為有德之人，畢竟醫靈不會找平庸之輩附身。癲癇患者即使未被選為端公，這種超乎俗世的疾病也帶有令人激動的光環，使病人變成重要人士。

李家對黎亞癲癇發作的態度，就反映出這種融合了擔憂與驕傲的情結。苗人以善待孩子聞名。德國民族誌學家雨果・博那茲克（Hugo Adolf Bernatzik）在一九三〇年代和泰國苗族同住了幾年，他寫道，他研究的苗人把小孩視為「至寶」。在寮國，嬰孩片刻不離母親。嬰兒不是睡在母親懷中，就是被母親背在背上。由於苗人相信，惡靈一旦看到孩子被父母虐待，就會認為這是沒人要的孩子，因此兒童很少受到虐待。住在美國的苗族父母大多也延續這項傳統，照料孩子異常周全。明尼蘇達大學的一項研究發現：和白種嬰兒相比，出生不滿一個月的苗族嬰兒比較不焦躁，也更依戀母親。研究員把這現象歸因於母親的態度。苗族母親對嬰兒發出的任何訊號都更敏感、更能接納、更能充分回應，也更能細心配合，毫無例外。奧勒岡州波特蘭市的研究則指出，苗族母親比白種母親更常擁抱、撫摸孩子。第三份研究來自明尼蘇達州的漢尼平郡立醫學中心（Hennepin County Medical Center），運用艾格蘭母子評量表（Egeland Mother-Child Rating Scale）比較孩子在學步階段的苗族母親與白種母親。報告指出，在社經地位相當的情況下，苗族母親從「回應孩子緊張情緒與哭泣的速度」到「逗孩子開心」的十四個評量項目中，表現都勝過白種母親。

弗雅和納高用傳統的苗族方式養育黎亞（兩人一定能在「逗孩子開心」這項拿到特別高分），一想到有任何事可能危害黎亞的健康和幸福，自然格外憂慮，因此兩人常希望能治癒黎亞的發作，然而兩人又認為這疾病是一種殊榮。熟悉李家的社工珍妮・希爾特（Jeanine Hilt）告訴我：「兩人覺得黎亞有點像受膏者，像皇室成員。在苗族文化中，黎亞是相當特別的人，因為她體內有靈，未來可能成為巫師。有時黎亞的父母會認為，黎亞的狀況與其說是醫療問題，倒不如說是神恩。」（我訪談過四十多位曾與黎亞家人接觸的美籍醫生、護士，以及美熹德郡的政府機構員工，有幾位約略知道此病與靈有關，但只有珍妮確實詢問過李家如何看待黎亞的病因。）

在李家，黎亞特別受父母疼愛，這種無意識的選擇過程就像任何形式的迷戀一樣神祕難解。黎亞是父母心中最美的孩子，也得到最多擁抱與親吻。黎亞所穿的，是最精緻的衣物（弗雅戴著廉價眼鏡用她最細的繡針繡上花紋）。黎亞究竟是一出生就受到這樣的疼愛，或是因為她身染神聖的疾病，或單純只因為生病而特別受雙親憐愛，弗雅和納高都不願也無法思考。但有件事很明顯，父母多年來偏疼黎亞的代價，有部分是由姊姊葉兒承受。「兩人責怪葉兒大力甩門。我多次解釋這和關門無關，但兩人都不相信。我想，黎亞的病讓兩人太過傷心，長久以來對待葉兒就不如其他孩子。」珍妮說。

黎亞的癲癇在出生後幾個月裡發作了至少二十次。其中兩次讓弗雅和納高非常擔心，只好把她抱到三個街口外的美熹德社區醫學中心急診。就像大多數苗族難民，兩人對西方的醫療技術沒有信心。兩人住在泰國湄林（Mae Rim）的難民營時，兒子中唯一倖存的成（Cheng）以及六個倖存的女兒中的潔（Ge）、梅（May）和楚（True）都病得很重。潔病死了，兩人帶著成、梅和楚到營裡的醫院求診。成和梅很快就康復，楚轉到比較大的醫院後也終於痊癒。（李氏夫婦覺得孩子的病可能是惡靈作祟，因此也同時搬到新的小屋。李家舊住處底下埋了一個死人，他的靈魂可能意圖傷害新的居住者。）經歷這次事件，兩人仍舊相信苗族傳統信仰解釋病因與治療的方式，但兩人也開始相信，西醫有時能提供額外協助，不妨兩面下注。

郡立醫院通常給人擁擠、老舊、骯髒的印象。但是李家往後數年時常求診的美熹德郡立醫院卻完全不同。美熹德社區醫療中心一翼是一萬多坪的現代醫學大樓，外型肖似現代藝術風格的郵輪，裡面有心臟科、加護病房和轉診中心，容納一百五十四張病床和手術床，配有最先進儀器的醫學和放射線實驗室，還設有血庫。醫院的候診室和附設診所有潔淨無臭的洗手間，地板刷洗得一塵不染，雜誌既無缺頁也無捲角。美熹德中心是教學醫院，和加州大學台維斯分校合作，工作人員有一部分是該校家庭醫學實習計畫的教授和住院醫師。這項實習計畫聞名全國，每年的第一年住院醫師名額僅有六個，申請人數卻超過一百五十人。

美熹德中心就像許多鄉鎮醫院，很可能在成為都市醫院前就出現財政困難。近二十年來，美熹德中心一直有財務危機。該中心收容所有病患，不論病人能否負擔醫藥費，其中只有二十%的病人有個人保險，其餘病人大部分都接受加州醫療補助計畫、醫療照顧計畫及貧困成人醫療計畫（Medically Indigent Adult programs）的補貼，還有一小部分（但仍對醫院造成沉重負擔）病人既沒有保險，也未獲得任何聯邦或州政府補助。近幾年來，美熹德中心收到的補助金不是被刪減，就是受到限制。自費病人能夠讓醫院有較多進帳，而美熹德中心雖然想吸引更多自費病人，好「改善其付費者組合」（借用管理階層之語），但種種努力卻不太成功。（較富裕的美熹德郡民就醫時通常選擇美熹德中心以北五公里處的天主教醫院，或是鄰近城市如弗瑞斯諾的大醫院。）美熹德中心在一九八〇年代晚期經歷一段相當艱難的時期，並在一九八八年降到谷底，赤字達三百一十萬美元。

同一時期，美熹德中心因病患人口改變而付出了昂貴的代價。一九七〇年代末開始，東南亞難民大量移入美熹德。在美熹德六萬一千名居民中，苗人超過一萬兩千名。換句話說，每五個美熹德郡民就有一個是苗人。苗人對醫院多半敬而遠之，在美熹德中心的病患名單上，苗人的比例也較低，但在各個診間幾乎還是每天都能看到。由於照顧苗族病患通常需要更多時間和心力，且院方還必須聘請雙語員工，協助醫護人員與苗族病患溝通，因此接下苗族病患不僅無法改善醫院的「付費者組合」（八成以上的苗族病患依靠加州醫療補助計畫），甚至比接下一般貧困病患更消耗醫院經費。

由於醫院並未特別編列雇用翻譯人員的預算，因此行政部門採用權宜之計：雇用苗人當實驗室助理、護士助手和搬運工，讓苗人在難得的空檔，如驗血、倒便盆、協助術後病人上輪床時協助翻譯。一九九一年，聯邦政府撥了一筆短期補助款，讓美熹德中心能夠聘請專業口譯員廿四小時輪班。然而這計畫只執行了一年便告中止。除了那段期間，醫院夜間通常沒有員工能說苗語。產科醫師必須執行剖腹產或外陰切開術時，請在學校學過英語的病人之子充當翻譯，令這些青少年尷尬不已。還有十歲小女孩必須翻譯病危者是否要急救的一連串討論。但有時甚至小孩都找不到。所以醫生輪急診室夜班時，常不知道如何寫病歷，也不知如何詢問病患問題，如：你哪裡痛？痛多久了？感覺如何？發生了什麼事故？有嘔吐嗎？有發燒嗎？是否曾失去意識？是否懷孕了？服了什麼藥嗎？對藥物過敏嗎？剛吃過東西嗎？（若是需要接受緊急手術的人，最後一個問題尤其重要。若病人胃中仍有食物就接受麻醉，消化未完全的食物會吸入肺部，病人一旦噎到或支氣管內部被胃酸腐蝕，很可能送命。）我問一個醫生如何應付這種情況，他表示：「只好像獸醫一樣醫！」

一九八二年十月二十四日，弗雅和納高第一次將黎亞送入美熹德中心急診室。那時美熹德中心不論日班或夜班，不論在法律上或實際上，都尚未聘請口譯。當時醫院裡只有一個人有能力偶爾為苗族病患翻譯，那人是管理員，寮國移民，寮語相當流利。但很少苗人懂寮語，他的苗語說得結結巴巴，說起英語更是吃力。那天無人協助翻譯，可能是這名管理員沒空，或急診室的人沒想到要找他，住院醫生只好「像獸醫一樣醫」了。弗雅和納高無法解釋發生了什麼事，而黎亞到達醫院時也已經發作結束，明顯的症狀只有咳嗽和胸部鬱悶。住院醫師為她照X光，放射線治療師推斷黎亞得了「初期的支氣管肺炎或氣管支氣管炎」。他不可能知道黎亞的支氣管堵塞是癲癇發作時吸入唾液或嘔吐物所致（這是癲癇患者常見的問題）。醫生照慣例開了一些安必西林（ampicillin）和抗生素，便請這家人離開。黎亞的急診掛號資料上寫著父親姓「楊」，母親婚前姓「弗雅」，主要溝通語言苗語誤寫成「Mong」。納高只認得英文字母，但無法說也無法讀英文，卻在黎亞出院時簽下文件。文件內容為：「我已了解上述服藥指示。」服藥指示則為：「依指示服用安必西林。床邊需置噴霧器。十日內回診，電話三八三－七〇〇七。」「十日」指的是納高應在十天內致電家醫中心，確認複診。但是納高不知道自己究竟簽了些什麼，當然就沒打電話。到了十一月十一日，黎亞再度發作，納高和弗雅再次把她送進急診室，同樣狀況重演，醫生又一次誤診。

一九八三年三月三日，弗雅和納高第三度把黎亞送進急診室。這一次的狀況有三點不同以往：第一，三人到達醫院時，黎亞仍在發作。第二，有一個會說英文的親戚陪同。第三，當時的值班醫生中，有一個是家醫科住院醫生丹．墨非（Dan Murphy）。在美熹德中心工作的醫生中，丹公認是對苗人最感興趣且了解最多的人。但在那時，他到美熹德才七個月，因此雖有興趣，知識卻嫌不足。丹和妻子辛蒂搬到美熹德前並未聽過「苗」這一詞。但幾年過後，辛蒂教苗人成人英語，丹則請苗族長者到醫院與住院醫生分享難民經驗。更重要的是，墨非夫婦與一個姓熊的苗族家庭結下深厚友誼。熊家有個女兒想在暑假前往優勝美地國家公園工作，父親熊查理起先反對，擔心女兒會被獅子吃掉，於是丹親自陪熊查理去優勝美地，證實那裡沒有獅子，並說服他，這工作對他女兒有好處。四個月後，查理因車禍喪生，辛蒂為了張羅葬禮四處奔波，直到找到葬儀社願意讓熊家連續三天焚香、打鼓和吹蘆笙。她買了幾隻活雞在葬儀社的停車場獻祭，還有一頭小牛和豬用於其他地點的祭祀。丹第一眼看到李家人就認出他們是苗人，他心想：「這病例不會無聊。」

多年後，矮小和藹，有一臉艾米許式鬍子及開朗笑容的丹回憶起這段相遇：「我還記得黎亞的父母站在急診室門內，抱著胖嘟嘟的圓臉女嬰。當時黎亞正處於泛發性發作，眼珠往後翻，意識不清，四肢稍稍來回抽搐，呼吸次數相當少。她的胸腔不時停止起伏，你聽不見她呼吸的聲音。這絕對會令人不安憂鬱。她是我遇過年紀最小的癲癇病患。當時她父母看起來頗受驚嚇，但不到嚇壞了，換作是我的孩子，我恐怕會嚇壞。我推測那是髓膜炎，得幫黎亞做脊椎穿刺，她父母極力反對，我也忘了我是怎麼說服兩人的。我記得當時我非常焦慮，因為孩子真的病得很重，我有必要透過那個不是很會翻譯的親戚向兩人解釋清楚，但又覺得我似乎沒時間這麼做了，因為我們得在黎亞的頭皮上注射煩寧（Valium）點滴來制止發作，可是黎亞又發作了，點滴非但沒注入血管，還跑到皮膚內，重新插針的過程也十分困難。稍晚我得知黎亞前兩次求診時發生了什麼事，或說不曾發生什麼事，感覺好過了些。發現別人疏忽的事為我帶來某種亢奮感。尤其身為住院醫生，總要找些理由讓你自認為比其他醫生還聰明。」

丹在黎亞的病歷和身體檢查紀錄上寫道：

目前病史：病患是個八個月大的苗族女嬰。家人發現她不斷顫抖、呼吸不正常，約持續二十分鐘，便送她到急診室。根據家人所說，病患過去有多次類似情形，但因語言障礙，一直無法向急診室醫生說明。今晚有一個會說英文的親戚協助，表示病患在入院二、三日前有反覆發燒、咳嗽。

家庭及社會史：因語言障礙，無從得知。

神經病學方面：病童對疼痛與聲音無反應。病童頭部偏向左側，上肢有間歇性僵直陣攣發作（一開始僵硬，接著抽動）。發作時呼吸受到抑制。給予三毫克煩寧點滴後，才出現呻吟聲。

丹無從得知，弗雅和納高診斷黎亞患了一種叫做「惡靈抓住你，你就倒下」的疾病。弗雅和納高也無從得知丹把黎亞的病診斷為癲癇，這是最常見的神經失調疾病。雙方都注意到相同的症狀，然而丹若聽到這是因靈魂走失所引起，他應該會相當驚訝。另一方面，黎亞的雙親如果聽到黎亞的病是大腦細胞不正常放電所引起，也會同樣吃驚。

根據丹在醫學院所學，癲癇是偶發性的腦部功能異常，有時輕微，有時嚴重，有時會惡化，有時會自癒。病因可追溯至嬰兒在孕期、分娩時或出生後缺氧，也可能來自頭部受傷、腫瘤、感染、發高燒、中風、代謝失調、藥物過敏，或中毒反應。有時病因非常明顯，例如病人有腦瘤或吞下番木鱉鹼（strychnine），或頭部撞上擋風玻璃。不過，十件病例中有七件原因不明。癲癇發作時，大腦皮質中許多受損細胞會異常運作，同時傳遞混亂的神經脈衝。當發作僅限於腦部的小區域，即局部發作時，癲癇患者可能產生幻覺、痙攣或疼痛反應，但仍有意識。當不正常放電的範圍擴大，成為泛發性發作時，病患就會失去意識，若是短暫發作，便稱為小發作或失神發作，非常強烈則稱為大發作。癲癇只能透過手術治癒，但風險極大，因此是最後手段。在大多數情況下，抗抽搐藥物能夠完全或部分控制病情。

至於是否要壓抑癲癇症狀，除了苗人之外，不少人也有很好的理由舉棋不定。希臘人也將癲癇視為「神聖的疾病」。丹的診斷將黎亞加入癲癇的耀眼名單中，名單上的人包括齊克果、梵谷、福樓拜、路易斯．卡羅及杜斯妥也夫斯基，他們就如同許多苗族巫師，在發作過程中體驗到強烈的壯嚴與靈性激情，並在恢復後感受到沛然莫之能禦的創作欲。正如杜斯妥也夫斯基小說《白癡》中的人物米希金所問：「疾病又如何？假使在健康時回憶並分析後發現，發病的結果是感受到極致的美與和諧，以及一種無比匹敵的、無法想像的感受，完滿、平衡、合諧，狂喜與虔誠在生命頂點的交融，即使以上一切全源於異常的緊張，又如何呢？」

儘管在丹的粗淺認識中，苗族的超自然世界觀兼容了力與美，但他的整體醫學觀相當理性，尤其是對癲癇的看法，與醫療中心的同事並無二致。醫學之父希波克拉底在公元前四百年對癲癇的本質提出的質疑，大約可以總結丹的參照系統。「對我來說，癲癇並不比其他疾病神聖，這病就和其他疾病一樣，都是源於自然因素。人們之所以認為癲癇神聖，是因為不了解，但若把每件不了解的事都歸為天賜，那神聖的事物真是數也數不完。」[1]

黎亞是大發作，丹唯一想做的，就是止住痙攣。他讓黎亞住院。在住院的三天中，黎亞做過許多檢查，包括脊椎穿刺、電腦斷層掃描、腦電圖、胸部X光，還有全面的血液檢查。弗雅和納高填了幾份表格，授權並同意手術或特別診斷、療程。前兩份文件都長達數百字，是否有人為兩人翻譯，不得而知，即使有，該如何將「醫生要求用電腦斷層掃描攝影術為她做腦部掃描」這句話翻成苗語？這些檢查沒有一項查出發作的原因。醫生都認定黎亞的癲癇屬於「自發性」，即病因不明。醫生也檢查出黎亞右肺有病變，但這次正確診斷為癲癇引起的吸入性肺炎。弗雅和納高輪流在醫院守夜，就睡在黎亞床邊的摺疊床上。黎亞住院的最後一晚，護士在巡房紀錄上如此寫道：「零時一分，皮膚涼爽乾燥，臉色佳，呈粉紅。母親陪著嬰兒，正在哺乳。母親接受囑咐替嬰兒加蓋毯子，因嬰兒有些涼。」「早上四點，嬰兒靜靜休息，沒有明顯不適，母親間歇哺乳。」「六點，睡眠中。」「七點半，已醒，臉色佳，母親已哺乳。」「十二點，母親抱著。」

黎亞在一九八三年三月十一日出院，院方透過會說英文的親戚囑咐黎亞的父母每日要餵食二百五十毫克安必西林兩回，以減輕黎亞的肺炎，另加二十毫克癲能停（Dilantin）抑制抽搐，每日兩回，以防再次大發作。

1 儘管希波克拉底（或是被歸成希波克拉底所寫的無名醫師著作）早就試圖去除癲癇病症的神聖標籤，相較於其他病症，癲癇仍被描述成病因超乎自然的一種病。醫學史學家 Owsei Temkin 指出，癲癇具有歷史上的重要地位，是巫術與科學意涵間的角力。許多癲癇的療法都有超自然關連。希臘術士要求病人禁食薄荷、大蒜、洋蔥，和許多肉類，包括羊肉、豬肉、鹿肉、狗肉、公雞肉、斑鳩肉、鴇肉、鯡魚肉，以及鰻魚肉，要求病人穿黑衣披山羊皮，要求病人將手腳交盤，這些禁忌在許多層面來說都與冥間神祇有所關連。羅馬的癲癇病患則被勸吞食受傷角鬥士的肝臟塊屑。在中世紀，癲癇被認為是被惡魔附身，療法包括禱告、齋戒、配戴護符、點燃蠟燭、拜訪聖人墓地，以及用病患小指取出的鮮血書寫三賢者名諱。這些精神性療法直到十七世紀仍在實行，遠比當代的「醫學」療法（用熱鐵烙頭、在頭骨鑿洞釋出致病氣體）來得安全。

4 醫生吃人腦嗎？ DO DOCTORS EAT BRAINS?

苗族女性陶瑁在一九七五年逃離寮國，一九八二年來到泰國的班維乃（Ban Vinai）難民營，她在此居住了一年，如今定居明尼蘇達州聖保羅市。陶瑁是多年來第一個重訪班維乃難民營的美裔苗人。聯合國難民事務高級專員辦事處負責管理此營的官員邀她回營與難民談談美國生活，足球場上聚集了大約一萬五千個苗人，這表示班維乃三分之一以上的難民都出席了。座談會為時將近四小時。難民提出各式各樣的問題，包括美國是不是禁止病人找端公治病？美國醫生為何從病人身上取出那麼多血？為何醫生要將死者的頭殼打開，把腦子拿出來？美國醫生是不是會吃苗族病人的肝、腎臟和腦？苗人在美國過世後是不是被切成一塊塊，做成罐頭食物賣？

這些問題指出了美國醫療保健系統的種種事蹟經口耳相傳來到亞洲後，變得令人退避三舍。苗人在難民營附設醫院或診所接觸到的西方醫療概念或常識非常有限，何況他們早已習慣找巫醫治病，西醫很難建立信心。端公在病人家中可能待上八小時，西醫卻不管病人病得多重，一定要病人親自到醫院，在病人身邊也不過待個二十分鐘。端公溫文有禮，不會問東問西，西醫卻會問病人許多生活上的問題，既唐突又觸犯隱私，甚至連性生活和排泄都不放過。端公能夠立即診斷，西醫卻需要血液樣本（甚至要求病人將排泄物裝在小瓶子裡），還要照X光，等上幾天才有報告。而且即使經過這一番折騰，西醫可能還是查不出病因。端公從不要求病人脫衣，西醫卻要病人脫光衣服，有時還把手指伸進女性病患的陰道。端公知道，只治療身體卻不治療靈魂是很愚蠢的事，西醫卻絕口不提靈魂。端公即使無法讓病人的病情好轉，也不影響聲譽，因為問題在於惡靈不願妥協，而不是擔任協調者的端公能力不佳。假使端公必須與惡靈對抗，名聲甚至會因此提升。但西醫一旦未能治癒病人，就是西醫自己的過失。

更糟的是，西醫的某些做法似乎不僅無法治癒病人，反而令病情惡化。苗人大多相信人體的血量是固定，失去的無法再補回來，所以不斷抽驗血液，尤其是抽孩子的血，很可能致人於死。人意識不清時，靈魂就不受束縛，因此麻醉可能導致疾病或死亡。如果身體被切割、拆解，或損失一部分，就永遠停留在不平衡的狀態，而殘缺的人以後不但會常生病，轉世投胎後也可能四肢不全，所以手術是禁忌。人死後若失去重要器官，靈魂就無法重生進入新身體，可能會向在世的親戚報仇，因此解剖、防腐處理都是大忌。（班維乃難民營的難民之所以問某些問題，顯然是因為他們聽說在美國解剖屍體及屍體防腐處理有如家常便飯。苗人聽說美國醫生會切除器官，就相信他們會吃下這些器官，這跟美國醫生以為苗人吃嬰兒胎盤相比，或許同樣瘋狂，但苗人的想像確實恐怖多了。）

在泰國難民營，至少有些苗族難民欣然接受抗生素療法，口服或注射都可以，但也僅限於此。苗人大多不怕打針，或許是因為許多治療者（不包括端公，端公不碰觸病人身體）會用針灸或其他施行於皮膚上的療法來驅熱或解毒，如按摩、刮痧、拔罐或火療等。受感染後到醫院注射抗生素，第二天便能痊癒，因此苗人可以接受。但如果還未生病就要打預防針，則另當別論。在南耀難民營附屬醫院當志工的法國醫師尚皮耶・維倫（Jean-Pierre Willem）在《自由的未竟之路》（*Les Naufragés de la liberté*）一書中敘述：有一次傷寒大流行，苗族難民起初不肯接受疫苗注射，直到有人告訴他們，只有打過預防針的人才能領取配給米，便有一萬四千人來醫院打針，其中至少一千人來了兩次，只為了領兩次米。

弗雅與納高把三個生病的孩子帶到湄林難民營醫院，在許多難民心中，這樣的舉動毫無疑問非常反常。難民認為醫院不是治病的地方，而是停屍間，在該處過世的人，靈魂全擠在那裡。這些寂寞的靈魂渴望有更多人加入。凱薩琳・培克（Catherine Pake）是政府公衛人員，在伐納尼宏難民營（Phanat Nikhom，寮國、越南、柬埔寨難民前往永久居留國前的最後一站）工作了六個月。她研究醫院日誌後得出結論：「苗族難民的人均就診率是所有種族中最低的。」（她也發現，苗族使用民俗療法的頻率極高，包括請巫師作法、使用草藥，以及刮痧、拔罐等。她在《民族生物學期刊》發表文章，列出她在幾個苗族草藥師指導下收集的二十種藥草。這些藥草在使用前需要剁碎、碾碎、曬乾、撕碎、磨粉或煎煮，或用熱水或冷水浸泡，或與灰攪拌，或混些硫磺，或加入雞蛋，或用來燉雞，功效則不勝枚舉——可治燙傷、發燒、虛弱、視力減退、骨折、胃痛、小便灼熱、子宮脫垂、奶水不足、關節炎、壞血症、肺結核、狂犬病、疥癬、淋病、痢疾、便秘、性無能，甚至可以對抗叢林惡靈的侵襲。苗人認為叢林惡靈受到打擾時會製造瘟疫，這時就要將桐油樹種子壓碎，用杯子盛裝萃取出的油，不是給病人吃，而是拿來供奉叢林惡靈。）

教育顧問溫蒂・華克莫法（Wendy Walker-Moffat）在伐納尼宏和班維乃一面教書，一面從事營養及農業方面的計畫，長達三年。她指出，苗人之所以不去難民營附屬醫院，是因為有許多醫療人員是基督教慈善機構的熱心志工，「他們到難民營提供醫療服務，但一方面也是為了傳教，只是不會明目張膽地做。接受西方醫療在某種程度上就等於接受傳教。我在班維乃難民營的醫療區工作時聽到一段談話，永生難忘。有個醫護團體正和一個苗人談話，這個苗人在他們的努力下已經改信基督教，並被委任為牧師。他們認為，要吸引苗人來醫院，就必須讓傳統治療者，也就是巫師，在醫院為病人治病。我知道他們都認為巫師就是用法術治病的人。他們告訴這個苗族牧師，巫師在醫院看診只能開草藥，不能主持與靈魂有關的儀式。這時他們問這個可憐的牧師說，『你現在不再找巫師治病了吧？』這個苗人已經成為基督徒，知道不可說謊，所以他說：『還是會。』但是當他見到這些醫生護士的錯愕反應時，便改口說：『不，不，我不去了，我只是聽說有人會去。』至少就我個人看來，他們並不了解，沒有任何苗人會徹底改信基督教。」

一九八五年，國際救援委員會指派杜威・康克古（Dwight Conquergood）為班維乃難民營設計一份環境健康計畫。康克古是年輕的民族學家，對巫術和表演藝術很有興趣，日後他寫道：

> 我一次次聽難民親口描述到醫院就醫有多恐怖。他們說，護士會在看診前剪斷他們手腕上的安魂繩環，因為「這些繩環不衛生，上面有細菌」。醫生也會二話不說剪掉嬰兒頸項上安定生命魂用的繩圈。他們不但不與巫師合作，反而百般駁斥巫術，

否認巫師的權威，也難怪苗族部落普遍將難民營醫院當成求醫的最後選擇。在苗族的價值觀中，去找巫師或傳統草藥師，或是在難民營外的泰國市集中買藥，都比去難民營醫院好，也更體面。難民告訴我，只有無親無故、一無所有的人才去難民醫院。說難民營醫院未獲充分利用，都算客氣的。

康克古不像其他義工那樣住在外國人特區，每天花一小時通車來難民營。他堅持住在班維乃難民營，並與七隻雞、一頭豬共同住在小茅屋裡。來到難民營的第一天，他注意到一個苗族女人，她坐在長板凳上唱著苗族民謠，臉上裝飾著小小的藍色月亮及金色太陽。他認出這些月亮、太陽原本是藥瓶上的貼紙，是診所專為不識字的病人設計的，用來標示每種藥的服用時間。康克古從這個有趣的景象看到苗人在服飾設計上的創意，而非不服從醫囑的表現，這點說明了何以他設計的計畫是班維乃難民營中最成功的（可能也是唯一成功的）。

康克古的第一個挑戰是狂犬病防治。當時營區爆發狂犬病，醫療人員大力宣導飼主替狗兒打預防針，但無人理睬。院方要求康克古想個新的宣導方式。他決定舉辦「狂犬病大遊行」，請人穿著自製戲服扮演苗族民間傳說中的重要角色：老虎、雞、惡靈，走在隊伍前方。遊行隊伍及觀眾全是苗人。隊伍在營區蜿蜒，老虎一面跳舞，一面吹蘆笙，惡靈擊鼓唱歌，雞則用擴音器向眾人解釋狂犬病的病理知識（在苗族傳說中，雞有預知能力，因此由雞擔起這項重責大任）。第二天早上，接種站擠滿了狗，有的抱在飼主手裡，有的繫著繩子被飼主拉來，有的則坐著二輪推車前來，工作人員只能加快注射，簡直應接不暇。

康克古的下一個傑作是環境衛生宣導，一隊孩童在「清潔媽媽」（一具擔在竹架上咧嘴狂笑的塑像）及一個衣衫襤褸、身上沾滿垃圾的「垃圾寶貝」帶領下，唱著歌，教導大家如何使用廁所，如何處理垃圾。這個活動也造成轟動。

康克古在班維乃待了五個月，期間自己也接受苗族的草藥，醫好腹瀉與腳趾的傷口。有一回他得了登革熱，也訴諸傳統療法。端公說他的靈魂思鄉成疾，逕自飄回了芝加哥，所以替他殺了兩隻雞獻祭，召喚靈魂歸來。康克古認為自己與苗人的關係屬於某種等價交換，雙方維持「能夠鼓舞彼此的有效對話，沒有哪一方主導或勝出」。他認為班維乃的醫護人員之所以不得人心，是因為他們與難民的關係是單向的，還表現出「掌握所有知識」的西方人姿態。他相信，這種態度不改，醫院提供的服務依然會受抵制，苗人不但不視為贈與，反而會認為是脅迫。

5 依照指示服藥
TAKE AS DIRECTED

黎亞自八個月大至四歲半，共進出美熹德中心十七次，進入家庭醫療中心的急診室和小兒科超過一百次。住院病摘為「Hmong ♀」，後來「本院開始熟悉Hmong ♀」，再後來「本院非常熟悉Hmong ♀」。有時「Hmong」拼成了「H'mond」，或「Mong」。有一次，整理住院醫師錄音的工作人員過於疲倦，聽到這個發音怪異、醫學字典中查不到的字時，還自動改為「Mongoloid」（蒙古人種）。在「如何到達醫院」一欄，總是寫著「母親抱來」，「初步診斷印象」總是寫著「癲癇發作，原因不明」，有時則是「發燒，肺炎或中耳感染」。在「給付」欄下，千篇一律是「醫療補助」，自付額總是「零」。幾乎所有入院紀錄上都注明「語言障礙」。某個西班牙姓氏的護士助理在評估表上寫著：「unable to obtain parient speak no english」[1]。另一張表格的空白處則注有「溝通困難」，有個護士直接用一個字總結狀況，就是「Hmong」。

弗雅與納高總能得知黎亞即將發作，因為黎亞自己會有感覺。癲癇、偏頭痛及心絞痛患者的預兆各有不同，由輕微的不適感（如突然感受到味道或氣味、發麻、面紅，產生似曾相識感或陌生感[2]）到致命的恐懼。十八世紀的醫生稱這些可怕的預兆為「靈魂劇痛」，苗人或許能夠認同這種說法。黎亞在倒下前會跑到父母親面前要求擁抱。當然她在正常時也常這麼做，但弗雅與納高能由她驚嚇的神情看出狀況有異，這時兩人會小心抱起她，將她放在為病發而預備的床墊上（這也是客廳唯一的家具）。有時候黎亞的身體會半側抽搐，通常是右側。有時她兩眼發直，有時像是產生幻覺，雙眼快速掃視空中，並伸手亂抓。隨著黎亞成長，腦部異常放電的範圍愈來愈大，大發作也更加頻繁。發作時她若仰躺著，背部會劇烈向上弓起，全身肌肉僵硬，只有腳跟和後腦勺接觸床墊，其餘部位全部懸空。一、兩分鐘後，她會開始胡亂揮動雙手、雙腿。在第一階段，呼吸器官的肌肉常與身體其他部位一同痙攣，使她無法呼吸，嘴唇及指甲開始發青。有時她高聲喘氣，口吐白沫，嘔吐，或大小便失禁。有時會接連發作幾次，在發作間隔中身體緊繃，腳趾僵直，發出低沉怪異的哭聲。

最嚴重的情況是持續不斷發作，意識無法回復。醫學上稱這種情況為「癲癇重積狀態」，通常持續二十分鐘甚至更久，這是美熹德中心急診室醫師最怕遇到的情況。這時醫師必須以靜脈注射注入大量抗抽搐藥劑，才能幫助黎亞脫離發作狀態。要把針頭插入抽搐的嬰兒靜脈，就像射擊一個體積極小的移動目標。此時黎亞的腦部正處於缺氧狀態，若有哪一個年輕住院醫師不幸當班，在他／她焦頭爛額地找血管插針的同時，一定會強烈意識到秒針運行的滴答滴答聲。我問過一個護士，這種情況是否會損害腦部，他說：「若想知道癲癇發作五分鐘是什麼感覺，可以試試將頭部完全浸入水中五分鐘，然後做幾次深呼吸。」數年來，美熹德中心的每個住院醫師都為黎亞看過診，有些甚至看過許多次。值夜班時碰到半夜三點的黎亞急診，令人心驚膽寒，但在此受完三年訓之後，全美大概沒有其他家庭醫學科的住院醫師團隊比他們更熟悉如何處理小兒癲癇大發作。

不過，這些住院醫師也只是第一道防線。尼爾·恩斯特（Neil Ernst）和佩姬·費爾普（Peggy Philp）都是小兒科醫師，也是家庭醫學科住院醫師的指導醫師。每一次的黎亞急診，兩人之中一定有一人會收到傳呼，不論時間多晚，一定會立即飛車來到醫院（車速剛好低於時速限制時，就能在七分鐘內趕到）。黎亞第一次登記入院時，丹就曾向佩姬請教。黎亞出院後六天，她做了些紀錄，部分如下：

> 此嬰兒的右側局部發作病史相當值得研究。此次右側局部發作導致大發作，我推測是大發作引起吸入性肺炎，進而導致呼吸停止，因此該病童出現在急診時非常痛苦。該童服用癲能停的反應明顯良好，雖然仍有右側局部發作……推測病童可能患有嬰兒局部發作。這種狀況並不常見，但往往屬於良性。由於很可能演變為泛發性發作，病童應持續接受癲能停以避免大發作。我將檢驗病童體內的癲能停劑量，確保癲能停能發揮療效……我認為孩童日後可有良好的智力發展。

數年後回顧這份樂觀的紀錄，佩姬解釋道：「大部分的癲癇患者都很容易用藥物控制病情。但黎亞的狀況比一般癲癇嚴重多了。」黎亞的病歷最後累積到厚厚五卷，比任何曾在美熹德中心就診的病童都多，重達六公斤，比她的出生體重還要重。有一次，尼爾與佩姬與我一起看病歷影本。整整七晚，兩人就像平常閱讀診斷檢查報告一樣，明快而有效率地將數千頁排好，快速略過無關部分，但絕不跳過（其實還常常特別指出）一些自認為沒有做到盡善盡美的細節，並不時停下動作，看著病歷上的許多錯誤，發出懊惱的苦笑。（這些錯誤往往出自抄寫者，可能是護士或其他醫師，由兩人經手的部分則毫無錯誤，字跡甚至往往清晰易讀。）「『有人看到虱子從她鼻子出來。』虱子（lice），可能嗎？還是冰（ice）或老鼠（mice）？米飯（rice）！天哪！沒錯，是米飯。」有時尼爾會盯著某一頁良久，那一頁的內容我通常無法理解，尼爾則會搖頭，嘆氣道：「喔我的天，黎亞！」我們依序讀過黎亞最初幾次的急診紀錄後，他開始來回翻看這幾頁，有些惱火。他已經忘了黎亞在初次來到醫院診療之前，癲癇發作已經有五個月之久，他揣想著，如果醫院一開始便提供黎亞最合適的醫療照顧，黎亞的人生是否會完全改觀。

尼爾與佩姬是對夫妻檔醫生，輪流負責夜間待命，但都暗自希望黎亞急診的電話響起時，不是輪到自己下床。尼爾與佩姬都出身醫生世家，高中都是全班第一名畢業，在柏克萊大學也都以「斐陶斐榮譽學會」（Phi Beta Kappa）會員的身分畢業。兩人身材高　、外型出眾，認識時分別是十九歲與十八歲，都是醫學院的預科生，也都是運動健將，並在對方身上看到自己的影子：理想遠大，熱愛工作，而這兩點使兩人成為同輩中的佼佼者。兩人的生命與黎亞交會時，已經一起開業，也共用辦公室及傳呼機，並在許多期刊共同發表論文。尼爾的履歷上列滿學術上及專業上的輝煌成就，但也是我見過唯一將婚姻和子女排在第一優先的人。夫妻倆排好時間表，確保兩個兒子下午回家時家中有人。每天早晨，鬧鐘會在五時四十五分響起。每逢周一、三、五，就是尼爾起床，慢跑十二．八公里。如果是二、四、日，就輪到佩姬，跑十二．八公里。星期六則輪流跑步。兩人各自的跑步時間，是生活中僅有的完全獨處時間。兩人既不曾錯過，也不曾交換任何一次晨跑時間，即使前天晚上兩人大半時間都在夜診，也不例外。「我是非常自律的人，幾乎到達一絲不苟的地步。」有一晚尼爾這樣告訴我，當時我坐在兩人農莊式房屋的客廳裡，家中打掃得一塵不染。所有家事都是兩人平均分攤。當天佩姬正在醫院值班。「佩姬很多地方都和我很像。我們處得不錯，真的很不錯。在醫學工作上，我們可以互補。我的專長是傳染病、哮喘和過敏，佩姬的專長是血液學，她對兒童發展也懂得比我多。當你面臨困難的抉擇時，能有個判斷力足以令你信服的討論對象是很幸運的。我可以問她，我這樣想對嗎？妳能提供別的意見嗎？我還有替代方案嗎？如果我覺得自己像狗屎，在她面前也不用隱瞞。我們不必假裝或逞強。如果有一天我的生命中沒有了她，我可能真的需要好一陣子來調適。」

泰瑞莎．加拉漢（Teresa Callahan）與班尼．道格拉斯（Benny Douglas）是一對家醫科住院醫師夫妻，兩人都在尼爾和佩姬手下受訓，也和尼爾夫婦一樣在外執業。有一次我問兩人對尼爾夫婦的看法。泰瑞莎說：「很難將兩人分開談。」班尼說：「兩人在我們心中就是尼爾與佩姬。尼爾與佩姬是完美的，無所不知，從不犯錯。任何問題只要請教尼爾與佩姬，一定有辦法解決。」泰瑞莎接著又說：「尼爾與佩姬很自制，尤其是尼爾，簡直就像超人。有一次我聽他說，發怒或哭泣這一類的事都會讓他很不自在。但這不表示他缺乏同情心。他對這他診所的病人有些很難相處，有些只說西班牙話，但他都能和病人建立良好關係。他對這點相當自豪。病人大多把他與佩姬的話奉為聖旨，兩人怎麼說就怎麼做。我認識的人當中，很少有人像兩人一樣投注這麼多心力照顧黎亞。兩人常常掛念黎亞。每次休假前，總是告訴所有住院醫師：『要是那個胖嘟嘟的苗族小女孩又發作的話……』」

黎亞確實胖嘟嘟的。由她的生長曲線圖來看，雖然她的身高通常在同年齡層的第五百分位（就苗族孩子而言，並非不尋常），體重卻高達第七十五百分位。黎亞厚厚的皮下脂肪讓急診室的醫師面臨更大的挑戰。尼爾在診斷紀錄中注明，除了癲癇發作的問題外，「黎亞的另一個麻煩是過重，發作時很難做靜脈注射。我們已經非常努力控制黎亞的體重，但是她的父親顯然喜歡她現在的模樣，絲毫不認為體重是問題。」（寮國因為食物普遍缺乏，所以苗人認為孩子胖嘟嘟的就代表身體健康、受到妥善照顧。）

藏匿在脂肪下的血管很難觸診。就像用毒者因為不斷注射，靜脈血管已經不能用了。黎亞多次接受急救，醫生拚命地找下針點，後來乾脆將靜脈切開後處理，然後再包紮起來，所以到了最後，黎亞左右手臂的靜脈血管和左足踝的隱靜脈都不能再用。她多次住院期間，插上點滴管的手或腿都固定在板子上，有時甚至整個人都固定在病床上。「黎亞注射的點滴非常珍貴，她動得愈少，點滴持續得愈久。」尼爾解釋道。一份護理紀錄如此寫道：「半夜零時。點滴注射右肘前，每小時三十毫升經由幫浦吸收。父在場。綁左臂，零時十五分父鬆綁，置於地板上嬰兒床。將童放回床上，綁右臂。向父解釋綁臂原因，但無法溝通。」

納高不了解護士為何綁住他的女兒，後來發生的事也讓他更加無法信任醫療人員能夠好好照顧黎亞。在護士寫下以上紀錄的當天早晨，納高於清晨四時離開醫院，回家補睡兩、三小時，在七點半回到醫院，發現黎亞前額有一塊鵝蛋大小的瘀青。原來就在他回家的短短數小時內，黎亞就從床上摔下來。醫院這些人既然口口聲聲說自己比李家更懂得照顧黎亞，為何黎亞會在院方的照料下受傷？在李家眼中，這些人對這次意外的反應莫名地冷酷。弗雅與納高相信，黎亞病痛要讓她平安舒適，最好的方法就是讓她像平日在家一樣睡在父母身邊，一哭就有人哄。然而護理人員為了避免悲劇重演，還是決定在黎亞的小床外加上一層網，將她圍住。但如此一來，父母就抱不到她了。

「對病童父母來說，醫院是可怕的地方。」方達．克羅斯（Vonda Crouse）醫師說。他是弗瑞斯諾山谷兒童醫院的醫師，也是美熹德中心家醫科住院醫師。「你看到自己的孩子從睡夢中被叫醒，量血壓、體溫、脈搏、呼吸，有時身上還套個袋子，用來測量大小便的量。當你的小孩住院時，突然間就改由別人餵食，褲子也由別人換，孩子何時、如何洗澡也都由別人決定。就算是醫療經驗豐富的父母也只能靠邊站。如果你來自不同文化，不了解這些舉動的目的，就更難受了。」

黎亞住院期間，除了摔腫頭的那一次，她的父母總會廿四小時輪流陪她。護理紀錄常可見以下陳述：「不喜歡與母親分開，母親抱她時才能放鬆。」「除非由母親抱著，否則哭鬧不休。」「病童愉快，牙牙學語，玩玩具。母親在身邊，孩子滿足快樂。」「父親用背巾背她。」「母親在，急切地吸吮母奶，沿著床邊打轉，發出聲音。」「不眠。父親陪伴病童散步至走廊後回床。父親哄她入睡。」「嬰兒坐床上，泛發性發作持續了一分鐘。父親立即抱起她，未受傷。」「母親抱著。本次輪班中無發作。站在母親懷中，揮手說『拜拜』。」

美熹德中心的護理人員和黎亞變得很熟，事實上，是熟到超乎其中某些人所願。黎亞學會走路之後，會在身體狀況較佳時下床，在小兒科的樓梯間上下走動，拍打門板，闖進其他病房，在護理站亂開抽屜，一手抓住鉛筆、表格、處方箋往地板上亂扔。護士助理莎倫．葉慈（Sharon Yates）回想起那時的情景，「只要黎亞在急診室，你一定會聽見她。你會叫：

『黎亞，黎亞，拜託！不要讓她上來！』但她還是會上來。」另一個護士艾芙琳・馬索（Evelyn Marciel）說：「黎亞是漂亮的小女孩，軟綿綿的，很可愛，動作也很快。她母親不肯讓她斷奶，她也離不開母親的奶。她像個小小脫逃大師，任何東西都綁不住，就算把她的手腕綁起來，她還是會弄傷自己，你就是不能放她一個人。」護士葛蘿莉亞・羅德里奎茲（Gloria Rodriguez）說：「她很容易分心。我們教她說拜拜，玩拍手遊戲，她笑一笑再拍手，但她離不開人的懷抱，總是舉高雙手要人抱她，因為在家裡父母就這樣抱她。一般苗人家庭都重男輕女，父親會說，女孩死了沒關係，我們要多幾個男孩。但這個家庭要她活下來，父母就是疼她。」好幾個醫師很喜歡黎亞，因為黎亞跟其他病人不一樣，她總是用肢體表達情感。曾照顧黎亞的住院醫師克里斯・哈特維（Kris Hartwig）說：「她很喜歡摸人，甚至當我幫她插點滴時，她還是不停捏我的手臂，捏了又捏。你說，來抱一個，她一定會抱你。」佩姬說：「許多小孩經歷這些治療之後只會放聲大哭，躲在角落或任何東西後面，但是黎亞非常勇敢，她不怕你。所以你多少都會喜歡她，她是這麼不同的孩子，就算讓你心煩，讓你難過，你還是喜歡她。」

黎亞不喜歡吞藥。有些護理紀錄寫著：「餵藥，但討厭吃藥。」「餵食苯巴比妥（Phenobarb），試圖吐掉。緊閉嘴唇，不肯服藥。」「奮力餵藥，甚至將苯巴比妥搗碎摻入蘋果汁餵食。全部吐掉。」「病人擅於吐藥，將手抓住，口捏開，慢慢餵食。」「將藥混入搗碎的冰棒，吐掉。重新將藥混入草莓冰淇淋，全部吃下。」李家夫婦不願意綁住黎亞，也不願意灌藥，要讓黎亞吃藥就更困難了。即使黎亞合作，弗雅與納高也不確定該給她吃哪種藥。一段時間之後，黎亞的藥方變得非常複雜，處方不停改變，即便是能讀懂英文的家庭，也很難每天按時餵正確的藥物。李家被餵藥一事搞得昏頭轉向。

佩姬開的抗抽搐藥原先是癲能停，這種藥一般用於控制大發作。黎亞第一次進美熹德中心的三個星期後，有一次可能因為發燒而在候診室發作，於是佩姬將處方改為苯巴比妥，這種藥比癲能停更能控制發燒性發作。接下來兩周內，黎亞又發作了幾次，看來單獨使用任何一種藥的效力都不夠，所以佩姬將兩種藥物合併使用。會診的神經科醫師後來又開了另兩種抗抽搐藥，癲通（Tegretol，最初與癲能停及苯巴比妥一同服用，後來與苯巴比妥一同服用）與帝拔癲（取代之前所有的抗抽搐藥）。由於黎亞發作時常會引起肺部與耳朵感染，所以處方中也常出現抗生素、抗組織胺，和擴充支氣管的藥。

到了黎亞四歲半時，醫生囑咐納高和弗雅在不同時間餵泰諾林（Tylenol）、安必西林、安莫西林（amoxicillin）、癲能停、苯巴比妥、紅黴素（erythromycin）、西克洛、癲通、鹽酸二苯胺明（Benadryl）、威磺素（Pediazole）、唯他寧含鐵綜合維他命、喘樂克（Alupent）、帝拔癲（Depakene）和煩寧。這些藥物在處方中的組合、分量、服用次數各異，在不到四年內，黎亞的處方改變了二十三次。有些藥劑如維他命、抗抽搐藥，無論黎亞的情況是好是壞都應該天天服用，服完後應該再去拿藥。有些藥如抗生素，應該於特定期間服用，雖然是針對特定症狀開立，但即使黎亞已不再表現該種症狀，藥還是應該服完（但不用再拿藥）。抗發燒性發作藥是為了預防發燒引起的癲癇發作，僅限於發燒時服用，如果黎亞的父母會看體溫計，這個藥方更能奏效。其中有幾種藥具有不同藥劑形式，有時是藥水（呈粉紅或紅色，裝在圓瓶中），有時是藥錠（幾乎全是白色，裝在圓瓶中）。當然，弗雅與納高看不懂標示。即使拿藥時有親戚或醫院工友在旁翻譯，但由於李家夫婦既不通英文，也不會寫字，所以無法記下服藥須知。又因為處方常常改變，兩人往往會忘記醫生的交代。如何服用正確劑量也是個問題。李氏夫婦看不懂滴管或量匙的刻度，也就無法量藥水。藥片也有藥片的問題。黎亞兩歲時，有一陣子必須服用四種藥劑，一天兩次，全是藥片，但每顆藥片都是成人的劑量，必須將一顆藥分成數份。黎亞又不喜歡吞藥，每一份藥都得用湯匙搗成粉末，混入食物中吃。假使黎亞沒吃完，就無從知道她究竟服用了多少劑量。

一開始，黎亞的醫師都沒想到李家人無法讓黎亞正確服藥。最初的處方箋上只寫著「依照指示服藥」。到了一九八三年五月，黎亞第一次住院後的兩個月，驗血報告顯示黎亞體內的苯巴比妥含量未達標準，佩姬以為黎亞已服下她所開的藥量，便將劑量提高。次月，測出的劑量仍然偏低，她開始懷疑黎亞的母親說有依照指示餵藥，究竟是沒搞清楚狀況，或是說謊？佩姬非常沮喪。要找到最適合黎亞的藥物配方與劑量，唯一的方法是觀察黎亞每次發作的程度，並反覆檢查她血液中的藥物含量。但是如果醫生無法確實知道黎亞服用的藥量，只憑驗血也無法得到可靠的結論。

佩姬說：「黎亞接二連三地發作，但她究竟是因為血液中的苯巴比妥含量不足而發作，或是即便含量足夠也會發作？此外，如果黎亞的父母沒有依照指示餵藥，究竟是因為沒聽懂，或不願配合？我們都一無所知。」缺乏良好的口譯員，只是溝通問題的一部分而已。尼爾覺得，納高刻意築起一道「石牆」，有時還蓄意欺瞞。佩姬則覺得弗雅「若不是笨蛋，就是瘋子」，因為她的應答即使經過正確的翻譯，也常不知所云。這對醫生夫婦無法確定，自己無法讓李氏夫婦理解狀況，究竟是因為李氏夫婦智力不足（一如他們所猜測），或性格偏差，抑或文化的鴻溝。尼爾日後回想當時情景：「我覺得好像有一層保鮮膜或其他東西把我們與他們隔開，我們不斷努力靠過去，像是踏入他們的領域了，卻無法接觸到他們。結果我們的努力終究還是落空了，還是照顧不到黎亞。」

一九八三年六月二十八日，美熹德中心請美熹德郡衛生部派護士在口譯員陪同下拜訪李家，目的是讓李家遵守用藥指示。這是公共衛生護士第一次探訪李家，往後四年還有多次這樣的家訪。艾菲・邦奇（Effie Bunch）是持續探訪李家最久的一位，她告訴我：「大家的看法永遠一致：發燒性發作，母親不配合，母親不配合，母親不配合，護理紀錄也一樣，總是這樣開頭：『本次家訪計畫為……』我們都曾嘗試解決黎亞的問題，結果每個人都筋疲力盡。」家訪的護士試著為瓶子貼上標籤，藍色代表早上吃藥，紅色代表中午，黃色代表晚上。對於藥水，她們在塑膠管或滴管上畫線，標明正確的分量。對於藥片，則在牆上貼圓餅圖，教導如何正確分藥。她們也試過在月曆上貼每種藥片的樣本，上面還畫了太陽、落日和月亮。她們也將藥放在有隔間的塑膠盒中，一格是一天的分量。艾菲說：「我記得我到黎亞的家，請她母親讓我看看那些藥。而藥就在廚房一角，用一些瓶罐裝著，排在番茄與洋蔥旁邊，彷彿是裝飾品。我很容易就看出黎亞的父母非常不喜歡這種醫療照顧。黎亞服藥的劑量很高，所以幾乎每星期都要去看費爾普或恩斯特醫師。去以前的兩三天要驗血，之後的兩三天也可能要再驗一次，而且每次去都會有好多改變，讓人暈頭轉向。我相信黎亞的爸媽並不真的了解痙攣對腦部的傷害。我也不知道還有什麼方法能讓他們知道，他們必須餵黎亞吃藥。我認為，他們真心覺得我們打擾到他們了，他們也認為，如果能以他們自認為最好的方式來照顧孩子，孩子就會好起來。他們非常有禮貌，但非常頑固。他們告訴我們的，是我們想聽的。而我們對他們的了解，其實少得可憐。」

以下是美熹德郡衛生部的護士在黎亞一歲多時家訪後，寫在訪談表上的部分筆記：

與口譯員同訪。父母說孩童狀況無變化。不知今日小兒診所有約。搞不清餵藥分量與餵何種藥……冰箱中放有數種過期藥物，包括安莫西林、安必西林及一瓶標籤不清的藥。聯絡恩斯特醫師，詢問苯巴比妥及癲能停的正確劑量。示範正確用藥。過期藥丟棄。

母表示曾赴美熹德中心為黎亞驗血，但無翻譯，無法向中心人員說明來意，也找不到檢驗室。願意擇期再約。表明孩童無痙攣，抗生素已服用完畢。自動停用苯巴比妥，父母表示因為病童服藥不久即腹瀉。母親表示對美熹德中心有恐懼感，但願意繼續治療。

不願餵藥，仍餵食苯巴比妥及癲通，但不願餵癲能停，表示癲能停讓孩子「精神」有異，面容改變……每種藥都放在小格中，標示了服用日期及時間，但服用日期仍搞錯。

再次偕同口譯員探訪，向母親解釋每日三次按時服藥的重要性（家中牆上掛有標示，注明服藥種類、分量、時間），及不服藥引發的癲癇發作可能造成的傷害。母親似乎聽懂，表示願繼續餵食苯巴比妥及癲通，但早上二十五毫克及下午五十毫克的癲能停，她要改為上下午都是二十五毫克。願意繼續來小兒科就診。

偕同口譯員再訪。沒有孩子的醫療補助卡，故未赴診。不知醫療補助卡在哪兒。母親決定在早上餵二百毫克癲通及二十五毫克癲能停，晚上餵六十毫克苯巴比妥。母親看似焦躁。

父親外出購物。母親似乎仍對醫療人員為女兒所做的決定感到不悅。口譯員說母親確實不悅，公共護理人員由其說話音調、動作也可看出。向母親保證，星期一即使沒有醫療補助卡，也可赴小兒科看診。

偕同口譯員探訪，與父親討論病童的照顧。口譯員轉述父親也不信任醫療制度，希望參考其他意見，但未說明是何人或何方意見。

母親表示早上去過醫院……院方未告知女兒必須住院，但仍開立抗生素。母親表示該天早上已餵食癲通及苯巴比妥，但認為這兩種藥物無效，因此不必要餵藥，而且（之前開立的）癲能停會使孩子撒野。

不用多久，衛生所的護士就可以回答佩姬，李家之所以不配合，是因為不了解用藥須知，或不願讓孩子服藥（答案是兩者兼有）。黎亞兩次接受抗白喉、百日咳、破傷風的例行性疫苗接種，但就跟許多小孩一樣，出現發燒和身體短暫不適的副作用，因此並未加強黎亞父母對藥物的信心。其實黎亞服用的所有抗抽搐藥物都會帶來更嚴重也更持久的副作用。苯巴比妥有時會造成過動，黎亞每次住院時護士所觀察到的精力旺盛，也可能和這種藥劑有關。近來某些研究指出這種藥物與智商降低有關。癲能停則會使全身毛髮不正常生長，牙齦腫大出血。服用過高劑量的苯巴比妥、癲能停和癲通，則可能造成患者重心不穩，甚至昏迷。雖然弗雅和納高誤把黎亞的「撒野」歸咎於癲能停，而不是苯巴比妥，但兩人確實正確看出這些藥並非完全無害。兩人在一九八四年四月三日所得到的結論，確實其來有自。一個公共衛生護士寫道：「父親愈來愈不願意讓女兒服用任何藥物，他覺得是這些藥使黎亞痙攣、發燒。」

病人或家屬認為醫生開來治癒或治療疾病的處方藥，不但不能治病，反而會致病，這樣的狀況並非每個醫生都會碰上。醫生很習慣聽病人說某種藥使他們身體不舒服，令人不適的各種副作用往往也是病人停止服藥的主因。但無論如何，在醫生解釋藥物為何會先使人感到不適後，大部分人都能接受，而且即使病人不願意服用醫生所開的藥方，至少會相信醫生開藥完全是出於善意，而不是要害他們。但是為苗族看病的醫生就不能期望病人也表現出這種態度。不僅如此，苗族病患一旦認為醫療過程會帶來傷害，而醫生又堅持病人接受的話，醫生將驚覺自己要面對的，是苗族數千年文化中那股寧死不屈的意志力。

在美熹德執業的家庭醫師約翰．艾爾曼（John Aleman）就曾經治療一個患有嚴重黃疸的苗族嬰兒。為了決定是否只需使用特殊螢光燈照射治療，或仍需要部分換血，艾爾曼醫生必須重複抽血，以便測量嬰兒的膽紅素。但抽血兩三次後，嬰兒的父母說，再抽血，孩子可能會死去。醫生透過翻譯解釋，人體能製造新血，並倒了一毫升的水在湯匙上，表示所抽的血只有這麼一點點。令人意外的是，嬰兒的父母反而更反對抽血。兩人說，如果醫生不顧反對繼續抽血，兩人就自盡。幸運的是，艾爾曼醫生詢問了苗族翻譯該怎麼做（黎亞就醫的前幾年還沒有好的翻譯，她的醫生也就無人可諮詢）。這個翻譯自願撥電話給一個受過西方教育的苗族頭目，這個頭目應該能了解醫生的治療方案，而這個頭目又撥了電話給病人家族的長老，家族長老致電嬰兒的祖父，嬰兒的祖父再打給嬰兒的父親，嬰兒的父親和嬰兒的母親討論。由於是兩人熟識且敬重的長輩要求嬰兒接受治療，兩人便在保住面子的情況下退讓了。嬰兒驗血後，順利地用光線療法治癒了。

一九八七年，住在弗瑞斯諾的兩歲苗族男童王亞尼（Arnie Vang）經山谷兒童醫院診斷得了睪丸癌。（亞尼在喊魂禮使用的真名是「桐」〔Tong〕，但他的父親叫他亞尼，因為這名字聽起來比較有美國味。）他的父母都是青少年，都上過美國高中，英文說讀能力也還不錯。兩人雖然同意醫生用手術方式切除出問題的睪丸，但還是有些不情願。亞尼的醫師是印度籍腫瘤學家，這是她第一次接觸苗族病患。她在手術後解釋接下來要做一連串放射線治療，給了孩子父母一張清單，上面列出會用到的所有藥物和可能的副作用。她的預期很準確，手術前看起來相當健康的亞尼，在接受第一周期的放射線治療後，原本烏黑閃亮的頭髮在三星期內掉光，而且每次服藥後必定嘔吐。亞尼的父母認定是放射線治療使亞尼病情惡化，不再帶他到醫院繼續接受治療。醫師警告王家，並在三天期限過後通知專門處理兒童受虐的兒童保護局。兒童保護局派了兩個社工和兩個警察到亞尼的家。

事後，亞尼的母親熊笛雅（Dia Xiong）告訴我：「他們來的時候，我先生不在家。我說要等我先生。但他們說不能等。我說，請你們離開。我抱著我的小孩。我抱得很緊。我說，還我兒子。兩個警察把我的手扣在背後。我不能動。我很害怕。我的兩個女兒一直哭。警察抓著我的手，他們把我兒子帶走！我又哭又叫。然後我從臥室的櫃子裡拿出我先生的槍。那是兩把長槍。我們買來射松鼠和鹿，不是用來射人的。我說，如果你們不把他帶回來，我就殺死自己和兩個女兒。我不斷大叫，請把我的兒子還給我。我說，還給我！我要抱著我的兒子！」結果，特警隊被召來現場，王家周圍的道路封鎖了三個小時。最後，警察把亞尼從醫院帶回來，熊笛雅一看到他就放下槍，戴上手銬，被帶到當地醫院的精神病房。她第二天就獲釋了，也未被起訴。亞尼的醫生完成了剩下的三個放射線治療周期中的一個，並同意破例不再做另外兩個。現在亞尼的病情仍在控制中。但他的醫生在往後數年中，每想到當年為了救一個人差點賠掉三條命，還是捏了把冷汗。她淚光閃閃，聲音顫抖地對我說：「而且對於要救的那條命，那療法甚至不保證絕對有效。」

某晚李黎亞再度被送到美熹德中心急診室，那時已經數不清是第幾次急診，但當天有個口譯員在場。值班的丹談到處方中的抗抽搐藥物，黎亞的母親告訴他，她覺得不需要持續吃藥。（弗雅和納高在亞洲看過的唯一西藥，很可能就是藥效快速的抗生素。）丹回憶道：「我記得我看著他們，而他們非常堅決，你知道的，就是那個樣子，好像在說我們所做的，是我們認為對的事情。他們不願再聽任何鬼話。我感覺到他們真的非常關心黎亞，而且盡心盡力，以他們所知道最妥善的方式照顧小孩，這就是他們給我的感覺。我不記得自己當時曾感到憤怒，不過我記得自己驚覺到，我們看世界的角度竟然如此不同。即使面對專家的意見，他們仍堅守立場，這是我從未見過的。尼爾和佩姬顯然是這地區最好的小兒科醫師，但黎亞的父母毫不遲疑地拒絕了兩人的要求，無論是更改劑量或做任何尼爾及佩姬覺得對的事。我們之間還有一點不同，就是我所認為的重大災難，在他們眼中似乎只是生命正常流動的一部分。對他們而言，癲癇不是問題，療法才是。我認為止住癲癇並確保不再發作是我的職責，而他們的想法卻是，該來的還是會來，你知道的，他們認為，自己不可能掌控每件事，我們也不可能。」

這次事件後不久，在一九八四年一月二十日的傍晚，黎亞在一次大發作中來到急診室，恰好又輪到丹值班。他在紀錄上提到：「病患是十八個月大的苗族嬰兒，有長期癲癇發作病史。嬰兒的父母說因為嬰兒情況一直很穩定，三個月前便已停止給她服藥。」丹並沒有太多時間思考這則警訊，因為他讓黎亞住院並開始注射苯巴比妥點滴後不久，隨即被叫去支援另一件急診。急診病患並未救活，他又立即被召到婦產科接生。晚上十一點二十分，他的三十三小時輪班中的第十三個小時，黎亞又癲癇發作，而且極為嚴重，於是丹又被叫來。由於黎亞一開始對苯巴比妥注射反應良好，因此丹並沒有呼叫尼爾或佩姬。結果是他必須獨自應付黎亞最嚴重的一次癲癇發作。他多加了兩劑大量的苯巴比妥，不過，丹說：「有時你為了控制痙攣而加重的藥量，甚至會讓患者的呼吸停止，而這件事真的發生了。」黎亞臉色開始發青。丹先為她做口對口人工呼吸，黎亞沒有恢復呼吸，他決定將一根呼吸管伸入黎亞的氣管。「黎亞是第二個我必須在緊急狀況下做呼吸道插管的小孩，我不是非常有把握。因為你所使用的工具就像附有刀片的手電筒，得把舌頭推開，以免傷到，而且問題在於，如果你不是非常清楚自己在做什麼，很可能把應該伸入呼吸道的管子伸進食道，等你開始供氧時，患者其實完全得不到氧氣。基本上，這是孤注一擲。如果插對了，患者可能會恢復，插錯了，可能會死。這一次我清楚看到我必須看到的，然後順利插管，效果非常好。我當時真的很高興，我想我愈來愈有醫生的樣子了。」

當丹為黎亞插管時，黎亞的父母就站在病房外。「兩入走進病房時，黎亞還沒恢復意識，嘴上插著呼吸管。我記得兩人很不高興，黎亞的媽媽臉色很難看。」由於美熹德中心沒有嬰兒用的輔助呼吸器，黎亞每隔一陣子就必須由工作人員用一個手動的袋子供氧，因此丹決定將黎亞轉到支援的山谷兒童醫院，該院位在美熹德郡以南一〇五公里的弗瑞斯諾。黎亞在山谷兒童醫院恢復意識，並在呼吸器輔助廿四小時後自主呼吸。她在那裡住院九天，期間因罹患吸入性肺炎和腸胃炎而高燒不斷，不過卻沒有再發作。她的病歷及檢查表的姓名欄上寫著「李賴」，離院許可上則寫成「雷李」。弗雅和納高有個會說英語的親戚陪同前往弗瑞斯諾，住院醫師透過該親戚得知黎亞已經一周沒有服藥（而不是丹所記錄的三個月），因為當初給的藥已經用完了，而她的父母並未再去取藥。住院醫師寫下：「我不能完全確定病歷無誤。」但並無嘲諷之意。

兩個月後，佩姬在「醫生的非臥床照護報告」中寫道，現年二十個月大的黎亞沒有說過任何話（原本還會說幾個字）。她在診療書中寫下令她擔憂已久的結論：「發展遲緩？」像黎亞這樣經常嚴重發作的孩童，不是不可能出現智障前兆，但是尼爾、佩姬覺得黎亞的情況特別不幸，因為兩人相信這是可以避免的。兩人已經可以預見黎亞的未來，除非李家開始固定給黎亞服用抗抽搐藥物，否則她的智能會持續下降。而即使李家這麼做，她的智能還是可能繼續降低，因為一開始沒有依照指示服藥，已對黎亞的腦部造成了傷害，使得她的發作情況比一開始就循指示服藥還要更難醫治。關於黎亞的智能減退程度，尼爾和佩姬的判斷比探訪李家的公共衛生護士嚴重得多（雖然仍屬輕微）。艾菲說：「醫生只有在她發作時見過她，而沒有見過家居生活中的她。我們去看她的時候，她有時會因為服用苯巴比妥而變得很好動，有時剛發作完又安靜得像是放在角落的麵團。但有時她很有精神，很頑皮，活躍地玩耍，開心、愉快，或在媽媽身上爬來爬去，笑笑鬧鬧的。」要測量黎亞的智商非常困難，過動使她很難專心，加上必須借助能力並不可靠的翻譯來口述醫生的指令和黎亞的回答。尼爾及佩姬在黎亞十四個月大時所做的「丹佛發展篩檢測驗」顯示她一切正常，但黎亞廿二個月大時雖然通過了「和施測者玩球」、「玩拍拍餅遊戲」、「模仿說話的聲音」和「捏起葡萄乾」等項目，卻沒有通過「用湯匙舀東西，盡量不潑出來」、「洗手並擦乾」、「用手指一個有名稱的身體部位」、「說出爸爸、媽媽以外的三個字」和「把八個方塊堆起來」。

黎亞兩歲大時，一個神經科的指導醫師建議她服用癲通，繼續服用癲能停，並慢慢減少苯巴比妥的量，因為這種藥是造成黎亞過動的部分原因，甚至全部主因。不幸的是，黎亞的父母比較屬意苯巴比妥，兩人不喜歡癲能停，對癲通則又愛又恨。有一次，家訪的護士發現黎亞吃了過量苯巴比妥而出現失神、步履蹣跚的現象（苯巴比妥會增加病患的活力，但服用過量則有反效果）。隔天黎亞被帶到小兒科就診時，恰好住院醫師是為她接生的蓋瑞。他記錄道：「父母顯然認為，如果苯巴比妥有效，給予兩倍劑量效果會更好，所以昨天給了她兩倍的藥。」一九八四年七月二十日，尼爾在小兒科診療紀錄上寫著（副本抄送衛生部）：

母親表示，她在家裡不會給孩子服用癲能停。她也表示，已將苯巴比妥的劑量增加到六十毫克，每日兩次。最後她表示，癲通已經服完，已有四天未給孩子服用。母親帶了一大袋藥瓶，我親自檢查，發現袋子裡有三瓶半滿的癲通。母親聲稱，她沒有注意到這些藥是癲通。此外，她也無法辨別癲能停的藥瓶，並把藥瓶交給我，說她不要放這種東西在家裡。

事隔多年，尼爾閱讀這段文字時，說他還記得當時寫下紀錄的憤怒感。尼爾和佩姬都以異常鎮靜聞名，兩人很清楚這點，甚至有些自豪，但卻想不出還有什麼事曾讓自己如此憤怒。佩姬說：「我記得自己曾經想使勁搖醒這對父母。」黎亞癲癇發作時，尼爾有幾次給了弗雅安慰的擁抱。但從黎亞十八個月大到三歲半這段期間，他通常因為太氣憤這對父母的做法，而很難同情兩人。他說：「對黎亞的母親，我也許最多能做到憐憫，但是我並沒有憐憫她，我也知道自己並不打算這麼做。這種讓人惱火的情況太常發生了，就像用頭不停撞牆，情況卻沒有任何進展。想想每次的夜間急診，每次所花的時間和精神，還有那種難受、無法掌控的情況，真讓人挫折。我的意思是，每次我看到黎亞就會有種感覺，你知道的，就是非常強烈的挫折感！每當她發作來到急診室時，我的憤怒就會到達極點，但是緊接而來的又是恐懼感，恐懼我無法照顧病得這麼重的孩子，連為她插入靜脈導管都那麼困難。」佩姬補充說：「也有一部分的憤怒來自那裡，來自我們自己的恐懼。」

如此辛苦地工作，卻得不到一句感謝，是件非常教人難受的事，事實上兩人的努力總是換來怨懟。尼爾和佩姬從不把黎亞的診療費放在心上，因為兩人選擇在美熹德工作的原因之一，套句尼爾的話，就是「服務這社會照顧不足的人，無論他們以何種方法付費」。黎亞的家人不曾為黎亞所受的數百小時照護付過一毛錢，這點無可否認，而且兩人對醫療補助及尼爾、佩姬的慷慨付出也不曾表示感激。這兩個醫師所收到的補助金非常少，實際上有部分像是在做義工（當時在美熹德執業的其他小兒科醫生都不願意收醫療補助的病患）。再者，即使是最不合作的美國病人，對醫生多少有些敬意，李家卻一絲也沒有，彷彿尼爾和佩姬的四年醫學院求學生涯、三年實習、所得的獎項、發表的論文、透過電話向神經科醫師尋求的諮詢，甚至花數小時在美熹德公共圖書館閱讀舊《國家地理雜誌》的苗族報導，都不值得一提。而這個病例最令人痛心的是，身為認真負責的醫師和盡心盡力的父母，這四個人都只能眼睜睜看著黎亞（或任何小孩）無法得到妥善照顧，獲得正常生活的機會。而這情況似乎永遠不會好轉。但不論兩人多麼受挫，也不曾想過放棄黎亞。除非黎亞去世，否則兩人可以預見未來幾年裡，自己不時得在深夜開車衝到急診室，直到黎亞長大，轉給內科醫師治療為止。想到這裡，兩人已經開始有點同情那個未來的內科醫師了。

一九八四年六月，尼爾和佩姬發現弗雅又懷孕了。兩人嚇壞了。這將是她第十五個小孩，而她只有八個孩子活了下來。弗雅的實際年齡不明，不過在產科掛號單上寫的是五十八。美熹德中心沒有人懷疑過這個數字，但尼爾和佩姬相信弗雅應該已經過了更年期。尼爾回憶道：「我們發現她又懷孕了，我們想，這怎麼可能？這一定是最後一個能受孕的卵子，而且真的受孕了。我們一直擔心這個嬰兒的健康狀態。這個嬰兒可能會有唐氏症和心臟方面的問題，然後我們就必須一次應付兩個來自這家庭的病童。這真是太棒了。黎亞的母親拒絕接受羊膜穿刺檢查，而那絕不是因為她打算墮胎。」弗雅也激烈反對接受輸卵管結紮手術，那是一個護士建議她做的，這個護士認識黎亞，也擔心李家又生出一個天生患有癲癇的小孩。弗雅懷孕期間，仍照常為黎亞哺乳。一九八四年十一月十七日，黎亞兩歲半時，李盼（Pang Lee），一個健康碩壯、完全正常的女嬰出生了。產後弗雅同時為黎亞和盼哺乳。根據一份兒童福利報告書，她心力交瘁，而且「撐不住了」。

一九八五年四月三十日，黎亞第十一次住進美熹德中心的四天後，一個家訪的公共衛生護士發現，李家人給了黎亞兩倍分量的癲通藥片，他們之前將這些藥片存放在舊的苯巴比妥藥瓶裡。五月一日，護士寫下，黎亞的父親「現在無論如何都不願意給黎亞吃癲通」。尼爾在同一天的紀錄中寫道，黎亞就診時，「這家人透過翻譯對我說，他們五天前停止給她吃苯巴比妥，而孩子顯然出院後就沒有再服用苯巴比妥。孩子的母親聲稱，癲通和苯巴比妥的組合『太強了』，她決定不再餵藥。」

尼爾把這份紀錄的副本寄給衛生部和孩童保護機構。他在紀錄中也寫道：

> 此例由於父母不太遵從醫囑，顯然可歸入兒童受虐的範圍，特別是忽略兒童需求一項……除非在攝取藥物時能遵從某些形式的醫囑，控制兒童的癲癇，否則可能導致兒童出現癲癇重積狀態，對腦部造成無法恢復的傷害，並有致死之虞。我認為這個兒童應該交給寄養家庭，以確保完全遵守醫療指示。

加州高等法院立刻執行尼爾的請求，宣布李黎亞歸少年法庭監管，將她從父母的監護下帶走。

1 該句拼寫有誤，意思應為「無法得知，父母不說英語」。譯注

2 似曾相識感（déjà vu）指經歷陌生情境時卻感到依稀熟悉，陌生感（jamais vu）則指對熟悉情境感到陌生，兩者皆是大腦功能或結構受損害所導致。譯注

6

高速皮質鉛療法

HIGH-VELOCITY TRANSCORTICAL LEAD THERAPY

在泰國的難民營裡，人們口耳相傳，說美國的苗人不僅找不到工作，也不得舉行宗教儀式，還會被黑幫搶劫、毆打。還有謠傳苗族婦女被迫為奴、與美國男子性交，甚至獸交。美國不止有恐龍，還有各種鬼怪、妖魔與巨人。既然有這麼多事要擔憂，這一萬五千個聚集在班維乃足球場的苗人在表達對美國生活的深切恐懼時，為何獨獨關注「醫生」？

在我首次讀到該場聚會相關紀錄的一年後，某次我在整理厚厚一疊的筆記、剪報、書籍內頁影本，以及足以裝滿好幾個抽屜的論文檔案夾時，突然體認到，我眼前有數百頁的資料，卻不知如何分類建檔，應該收入醫療類檔案夾，還是心理健康類？還是泛靈論？或是巫術？或社會結構、身心靈平衡？我手上拿著一頁頁資料，舉棋不定，發現自己陷入一大碗「魚湯」裡。對苗人而言，醫療就是宗教，宗教就是社會，社會就是醫藥，即便是經濟活動，也混入這碗魚湯中（萬一有人病了，即使借錢也得買隻豬或牛來獻祭），音樂亦然（葬禮上若無蘆笙聲，靈魂便無法投胎，也會使親人生病）。我認為，苗人的健康觀正好與一般美國人背道而馳。美國醫療分工細密，各專業領域少有交集。苗人則把整體論推到極致。我建立的相互參照網絡交織得愈加厚密時，我得到一個結論：苗人對醫療問題的關注，也就是對生命的關注（還有死亡，以及死後生命）。

當一個苗族男性因為胃痛走進家庭醫學中心時，無論他是姓熊、姓李或姓馬，醫生若不能明白病人的問題其實是整個宇宙失去了平衡，那麼，他一定無法令病人滿意。美熹德中心的年輕醫生便常常遭遇這樣的狀況。究竟該怎麼做？你很難要求他們像康克古一樣，在美熹德中心的走廊上舉行老虎與惡靈的大遊行。你也很難要求醫生「尊重」病人的醫療信仰體系（如果醫生有足夠的時間和翻譯員協助，或許有可能），畢竟醫學院從來沒告訴他們，疾病是靈魂出竅所引起，只要斬斷雞首便可治癒。醫科學生花數百小時在大體解剖上，將自己訓練到一眼就能分辨鼠蹊韌帶和十二指腸懸韌帶，可惜卻沒上過哪怕是一小時的跨文化醫學課程。對大部分醫師而言，苗人對驗血、脊椎穿刺、手術、麻醉和驗尿等現代醫學基本手段的種種禁忌，就像一種自取滅亡的無知。醫生無從知道這些禁忌對苗人而言，是個人的神聖守護，說得更確切些，就是靈魂的守護。而醫生所謂的診療效率，對他們而言只是冰冷無情的自大傲慢。即使醫生的診療並未侵犯苗人的禁忌，但是由於苗人來美國前已經累積了太多負面想像，自然會用最糟的角度來解讀醫生的作為。

我一有機會與美熹德中心的苗人說話，就會問他們對自己和親友接受的醫療照護有何感想。

「美熹德中心的醫師都是些年輕的新手，他們為所欲為。醫師還想看女人身體裡面，女人又痛又難過，但醫師只想利用她來練習醫術。」

「有個女士一直哭一直哭，她不想讓醫生看她的身體，但這個國家就是這樣規定，如果想要留下來，就得讓醫生檢查身體。」

「很多老人家寧願不看醫生，他們覺得，醫生可能只是想拿他們做研究，並不是真的想幫他們解決問題，他們很害怕。而且只要去過一次就得再去，如果不去或不遵照醫生指示，醫生就會生氣。醫生比天高比地大，在他眼中，你只是難民，什麼都不懂。」

「我們光是等著看醫生，就得花上一個小時，那些有錢人不用等，就會得到醫生非常好的照顧。」

「有個女士嘴巴裡長了水泡，醫生跟她說要開刀。她說不，我只想要些止痛藥就好，結果醫生說，我懂的比妳多！他根本不理會那個女士的要求。」

「我堂兄的身體又腫又癢，醫生就告訴他，嘿，你得了癌症，要動手術。我堂兄雖然簽了字，卻不想做。但是他說，他已經簽了字，如果反悔，醫生就會送他去坐牢。」

「苗人可不能在美熹德中心簽任何字，那些實習醫師只想拿這些窮人做實驗，他們會害死這些窮人。」

「醫生很忙，既然收了病人，就要醫好他們，如果他不把人醫好，他的收入就有問題。但苗人要的是醫生好好向他解釋，安慰他。這種情形在這裡從來沒見過，我不怪醫生，美國的制度就是這樣。」

以上發言的人說的都是英語，在美熹德郡的苗人社會中，算是受過最多教育、最美國化的一群，也是最可能理解、尊重西方醫療的一群。然而，他們口中的現實幾乎全與醫生的說法不符。從醫生的角度看來，美熹德中心的確是教學醫院沒錯，但這對患者有百利而無一害，正因為是教學醫院，所以吸引了許多優秀的教職人員，這些人為了教學，不斷更收知識及技術。年輕的住院醫師全都是正式醫生，而非學生。在候診室裡，不但苗族病患得等上老半天，其他病人也一樣要等。改變心意不動手術的病人不會坐牢。醫生不會拿病人當實驗品，也不會殺了病人，不過有時病患還是會因病過世。苗人病患若總是把醫院看做龍潭虎穴，非不得已才到醫院冒險一搏，死於疾病的機率當然就會變高。

美熹德中心的醫生大多不知道苗族病患的明確評語，他們不大可能去問，即使問了，苗族病患也不見得據實以告。不過醫生都明白，苗人不喜歡他們，而這也使得醫病關係更加惡化。這些住院醫師或許常常疲累不堪（他們的值班時間最高長達廿四小時，幾年前甚至是卅三小時），也總是來去匆匆（約診時間往往只有十五分鐘），但他們不貪心、沒有惡意，他們也知道自己不是這種人。他們選擇收入最微薄的家醫科，就是想造福人群。「當然，有些專科醫生會說，我們選擇家醫科，是因為我們不夠聰明，無法當泌尿科或眼科醫師。」美熹德中心前總住院醫師比爾．塞維奇（Bill Selvidge）說：「要是我們真的是泌尿科醫師，就能賺大錢了，也不必老在大半夜被人叫起來。」

比爾是我大學的老同學，第一個告訴我美熹德地區苗人的正是他。他說那些苗族病患確實很難醫治，他的一些同事甚至認為，最適合苗人的療法應該是「高速皮質鉛療法」。（我問比爾這是什麼療法，他解釋說：「應該一槍射穿病人的頭。」）但比爾卻不認為苗族病患像他同事所說的那般惹人厭，這或許是因為他曾隨聯合國和平團在密克羅西尼亞待過兩年，對文化相對論略有所知。他說，苗人不會比他在美熹德的鄰居更古怪，他的白人鄰居是基督教基本教義派，曾經砸壞家中的電視機，繞著電視殘骸大跳吉格快步舞。（那家人的小孩曾想幫比爾砸他的電視，他禮貌地拒絕了。）比爾是那種我會想向他求診的醫生，到美熹德之前，我無法想像他的苗族病患竟不對他心悅臣服。

在八〇年代早期，寮國難民定居美熹德郡之前，美熹德中心的醫生從未聽過「苗」這個字，也對這些新病患一無所知。苗人衣著古怪，往往穿著童裝，或許是因為在社區的慈善二手店中，只有童裝他們穿起來才合身。當苗人脫掉衣服作檢查時，常可見女性穿著四角褲，男性穿著粉紅小蝴蝶花樣的比基尼底褲。他們脖子上掛了護身符，手腕戴著綿繩（病情愈嚴重的病人，手上這類繩子就愈多）。身上有樟腦膏、小護士、萬金油和其他草藥的味道。住院時會自備食物和藥。尼爾曾經有一個腸胃炎男童病患，他的父母就把點滴瓶內的液體換成一種綠色黏液狀的自製草藥，醫生並不清楚其中的成分。苗族病患會製造許多聲響，有時還試圖在醫院內宰殺活體動物。前美熹德中心住院醫師湯姆．索德（Tom Sault）回憶：「他們不停敲打某種樂器，美國病人會抗議，最後我們不得不警告他們，不准敲鑼打鼓，病房裡不准有死雞。」

尼爾和佩姬曾經意外發現，有幾個小兒科病患的腹部和手臂上有許多廿五美分硬幣大小的傷痕，有紅色的，也有淡紅色的，看來像燙傷。有些傷痕已經痊癒，有些還有硬痂，表示病患的皮膚不止受創一次，尼爾和佩姬即向兒童保護局回報自己發現了幾起虐童案。在這些案件起訴之前，兩人從舊金山的一個醫生那兒得知，這些傷痕是刮痧或拔罐造成的，這是某些亞洲民族常見的傳統療法，並非虐待。（我曾參加一個東南亞醫療保健的會議，會中一個知名醫師展示了一些硬幣刮痧的幻燈片，並告訴聽眾「這不痛」，坐在我身旁的年輕寮國女子輕聲說：「明明很痛。」）丹回憶自己還是住院醫師時，聽過一個故事：有個住在弗瑞斯諾的苗人父親因為小學老師發現他兒子胸前有瘀青，被判入獄。後來這個父親在牢中上吊自盡。這故事很可能是捏造的（雖然至今仍廣為流傳），但丹和其他醫生都相信是真的，他們驚覺到，處理苗族病患一旦用錯方法，後果不堪設想。

不過，犯錯的機會實在太多了。醫生和苗人家庭交涉時，都比較喜歡找看起來已相當美國化、塗口紅、說英語的少女，而不是默不吭聲、蹲在角落的老人。但是，這種做法違反了苗族男尊女卑、長幼有序的傳統階級結構，不止侮辱了整個家族，也因為未直接把問題交給有權做決定的人，而把問題變得複雜。此外，醫生若為了表現友善而直視對方的眼睛（這是種冒犯）、未經許可就碰觸成年人的頭部（這是莫大的侮辱）、用彎曲的手指示意召喚（召喚動物才用這樣的手勢），也都會顯得很無禮。若醫生看起來沒有架子，苗人也會因此不尊重他。美熹德中心的年輕住院醫師向病人自我介紹時，總喜歡用名字，而不用姓氏，白袍下穿著牛仔褲，用小背包裝病歷，用看似兒童隨身杯的杯子裝咖啡喝，看起來毫無威嚴。同樣地，如果醫生忽略了苗人的宗教信仰，也會惹上麻煩。例如，千萬別大聲讚美嬰兒的外貌，以免惡靈偷聽到，會忍不住取走嬰兒的靈魂。此外還有其他類似情形，曾有個十七歲的苗人病患問，她不孕是不是惡靈害的？因為有個惡靈常來到她的夢中，有時會坐在她的床邊，甚至與她性交。所幸當時的婦產科值班醫師冷靜地聽她說完，沒把她當成精神錯亂，送去上鎖的病房。話說回來，有時費心留意文化差異未必有用。有一次，比爾為頭痛欲裂的中年苗族婦女看病，他推測她的病可能有部分源於文化上的不適應，或許接受傳統治療能提振精神，因此建議她去找端公。但後來比爾在診療紀錄中寫道：「她不願意找巫師治病，部分是因為她改信天主教，也有部分是因為求助巫師或傳統療法得在家裡殺很多雞或豬，或者都得殺。這些方法她以前可能試過，因為她提到之前家人殺豬獻祭時驚動了鄰居報警，結果她被房東趕走。」比爾有些失望，只好開了阿斯匹靈給她。

和其他常進出美熹德中心的病人相比，苗族病患不僅難搞，病情也比較嚴重。苗人大多是高血壓、貧血、糖尿病、B型肝炎、肺結核、寄生蟲、呼吸道感染及齲齒的高危險群。當中有些人是在寮國內戰或戰後受傷或患病，包括槍傷或長期背負M16步槍造成的肩痛，還有砲彈爆炸造成的耳聾。一個不勝其煩的醫生曾問：「你頭痛多久了？」病人據實以告：「從頭部中彈後。」另一個醫生曾經懷疑某個苗人病患不尋常的精神問題可能是營養不良所引起，後來得知病患逃往泰國時曾在叢林待上好幾個月，以昆蟲為食。

跟其他國家的難民一樣，所有苗人在獲准入籍美國前，都要接受國際移民局醫師的體檢。醫師替這些辦簽證的人檢查，在表格上簽名，證明他們已接受檢查，並未患有八種傳染疾病（麻瘋病、肺結核及五種性病，一九八七年以後加上愛滋病毒抗體陽性反應），也要證明他們沒有八種精神狀態，包括「性偏差」、「變態人格」以及「曾發作一次或更多次精神錯亂」等。前舊金山總醫院難民診所的主任保羅・迪雷（Paul DeLay）向我解釋：「一般以為在泰國便會仔細檢查這些健康問題，但事實上，那裡每項檢查大概只花十秒鐘。那裡只提供梅毒和愛滋病的血液篩檢、麻瘋病的快速皮膚檢測，以及結核病的X光片檢查。早期你還可在黑市買到沒問題的X光片。到了一九八一年，就比較麻煩了，因為移民局官員會將當事人的照片釘在X光片上，但還是有漏洞可鑽。此外，儘管表格上有精神狀態的檢測項目，但是肯定沒有人執行這類檢查。在早期，醫療人員會在飛機走道上巡視，發現看似精神異常的人就請下飛機，有的家庭擔心患有精神病的親人會被趕下去，就餵他們吃鴉片，讓他們熟睡。」保羅指出，雖然很少有難民因為健康問題無法入境，但若家中真有病患，只要遇到一次就麻煩了——一旦因健康問題被可能的庇護國拒絕，其他國家也會比照辦理。「總歸一句話，難民害怕醫生不是沒有道理的。」保羅說。

法律並未要求入境美國的難民接受健康檢查，因此，即使大部分的州都有難民健康計畫，很多苗人就是不願去檢查，只有碰到緊急狀況，才會開始和美國醫療體系打交道。在美熹德地區，新來的居民可以自願接受郡政府公共衛生部門的檢查，這類檢查以結核病和寄生蟲為主。然而，由於經費拮据，這類檢查也只能草草行事，而且只限於上半身，孕婦或明顯有健康問題的人就會被轉到醫院或診所。

美熹德郡前健保局主任理查．威爾許（Richard Welch）表示，美熹德健保局也得負責「處理社區中別人不想碰的工作」。例如，美熹德地區一度盛傳，有個苗人家庭養老鼠來吃，公共衛生部的員工只得前往拜訪。在衛生部傳染病防治計畫組服務的護士凱倫．奧莫斯（Karen Olmos）回想當時情況：「那戶家庭有個孩子得了痢疾，問題就來了，那些老鼠有沒有沙門氏桿菌或志賀氏桿菌？我告訴那個員工，千萬別闖進去說你要看老鼠！所以她找了個藉口登門造訪，果然看到裝著老鼠的籠子。那些老鼠又大又肥，看得出是從寵物店買來的，不是在水溝裡抓來的。為了不讓那戶人家難堪，她只建議他們改養兔子。兔子飼養成本低，繁殖快，蛋白質含量又高。」另一個狀況則是，衛生部調查了六十個痢疾急診的苗人病患，發現他們都參加了一場大熱天宴會，現場有一隻受沙門氏桿菌感染的豬，宰殺後在烈陽下放了六小時，然後做成多道菜餚上桌，包括帶血的生絞肉。

一九八〇年代中期，衛生部與醫院的正職員工若非認命，就是成了和苗人打交道的老手，每年會帶著一批新的住院醫師從頭學起。由於難民人口眾多，美熹德中心變得有點像聯合國和平團（不過有美味的漢堡）。這些新進醫師發現苗族病患大多時候只是盯著地板，也只會說一些單音字，最常聽到的就是「是」，因此大失所望。他們過一陣子才明白，「是」只表示這些病患有在聽醫生說話，並不代表他們同意或明白醫生的談話內容。苗人病患總是一副很順服的樣子，他們以此來隱瞞自己的無知，維護自尊，也給醫師留面子，然後一離開醫院，便將醫生以為他們已經同意的事拋到腦後。

沒有口譯員在場時，醫生和病患便一起陷入誤解的重重迷霧中。病人如果會講一點英文，反而更糟，平白讓醫生誤以為病人已經收到有用的資訊。口譯員在場時，看診時間自然會增加為兩倍（甚至三倍、百倍。大部分醫療名詞在苗語中並沒有相應的辭彙，往往得花工夫解釋。最近出版的苗英醫療字彙表中，「寄生蟲」一詞的苗語譯文就多達廿四個字，「荷爾蒙」有卅一字，「X染色體」有四十六字）。這種慢如牛步的問診效率，對於長期身心疲憊的住院醫師簡直是揮之不去的夢魘。即使偶有完美的翻譯品質，也不保證就能互相了解。不過，根據一九八〇年代後期在美熹德中心擔任住院醫師的戴夫．施奈德（Dave Schneider）所說，「語言的藩籬是最明顯的問題，卻不是最嚴重的問題，最大的問題在於文化藩籬。和苗人相處與和其他人相處有天壤之別。」丹表示：「我們有許多觀念對苗人而言是不存在的，例如，你不能告訴他們，得糖尿病是因為胰臟無法運作。苗人的文化中沒有胰臟這個字，也沒有這個概念。苗人不會解剖死者，而是全屍安葬，因此大多數苗人不知道他們在動物體內看到的器官跟人體的器官是一樣的。他們知道有心臟，因為可以感覺到心跳，除此之外，就連肺也很難向他們解釋清楚。如果沒有看過肺臟，怎麼可能憑直覺知道體內有肺臟？」

苗人病患或許對醫師的診斷一知半解，可是一旦鼓起勇氣就診，就希望知道自己生了什麼病，而且要拿到藥，尤其是藥效快的抗生素。若苗人的問題是症狀不明確的慢性疼痛時（經常如此），醫生就很難滿足這些期待。戴夫醫師說：「每當有病人說他感到疼痛時，我就會問同樣的問題：什麼情形下比較痛？什麼情形下比較不痛？是劇痛？是悶痛？是鑽痛？是撕裂痛？是刺痛？是持續的痛？這痛會向四周擴散嗎？你可以用一到十的數字來衡量疼痛程度嗎？是突然發生的嗎？還是斷斷續續的？什麼時候開始的？持續多久？我想辦法要口譯員問苗人病患這些問題，口譯員聳聳肩說，『他就只說痛而已』。」

二次大戰帶來一個廣為人知的後遺症，那就是各國難民由於承受巨大心理創傷，有不少人得了心身症，亦即精神方面的毛病卻表現在生理上。做過多次胃腸檢查、心電圖、驗血及斷層掃描後，美熹德中心的醫師才發現，許多苗人病患所抱怨的不適根本不是來自身體器官，然而疼痛卻真實存在。正因為醫生能為他們做的如此有限，也因為和他們接觸很令人洩氣，所以這些「全身痛」的苗族病患往往是診所裡最不受歡迎的病人。我聽過住院醫生想說服內科醫師助理接收他的病人。那助理回答：「不，史提夫，我才不要一個神情沮喪又抱怨連連的苗族老太太。我可以接收你的咳嗽病人、背痛病人，但就是不要這種病人。」為了讓病患知道，醫生並非不把他們的病當一回事，一些醫師還開立了所謂的「苗人雞尾酒療法」，包括莫疼錠（消炎藥）、安米替林（抗憂鬱藥）和維他命B 12。但這些人的病情並沒有起色，比爾解釋道：「對那些潛藏的問題，我無法提供任何治療。」

要是苗族病患離開家醫診所時，沒有拿到處方箋（例如，當他們感冒時），他們就會覺得受騙了，還會懷疑是否受到歧視。但是就算開處方箋給他們，也無從得知他們會不會照醫囑服藥。診所護士瑪莉．莫可斯（Mari Mockus）說：「你若是說，服用一湯匙的藥，他們會問，什麼是一湯匙？」有一次，有個病人不肯吃藥，因為藥丸的顏色不吉利。慢性病的治療一直都很麻煩，例如，抗結核藥必須服用一整年，當病症不明顯時尤其如此。但不管處方箋或藥瓶上的指示怎麼寫，對苗人來說都不是必須遵守的命令，而是可變通的建議。苗人擔心，這些藥品是專為體型高大的美國人設計的，對他們而言藥性可能太強了，於是有些苗人就把劑量減半，也有人為了早點痊癒而把劑量加倍。醫師開立具有潛在風險的藥物時總是戒慎恐懼，深怕病人誤用。有個可怕的知名案例是，一個苗人大家庭從泰國前往夏威夷，登機前有人給父母一瓶暈機藥。他們不經意讓子女吃了太多劑量，大一點的孩子只是沉睡，而嬰孩在飛機降落時已經死亡。負責的醫務檢察官不敢讓父母得知孩子真正的死因，怕他們一旦得知真相，會自責承受不了這種打擊。

苗族病患住院時，是由美熹德中心的護士負責給藥，因此醫生不必擔心病患服藥的劑量過高或過低。而且醫生還有大把的事要操心。苗人病患一踏進醫院，便得忍受一大群親戚七嘴八舌的意見。病人要做任何決定，尤其事關手術等觸犯苗族禁忌的醫療程序時，往往得花上好幾個小時。妻子得詢問丈夫，丈夫得詢問兄長，兄長又得詢問族內長老，有時族內長老還得打跨州長途電話詢問更德高望重的領袖。在緊急狀況下，醫生常得擔心在緊急時刻，他的病人可能還沒等到他取得急救同意就失去性命了。而十之八九，醫生得到的答案就是不准動手術。丹注意到，「他們不會因為哪個位高權重的人說去做，就去做……他們會坐下來，慢慢觀察，深思熟慮一番，結果可能做或不做。這種態度使得苗人數千年來在文化上能順應環境而變通，我想這種態度現在還是可以走遍天下的，但用在醫療上，後果不堪設想。」

泰瑞莎曾在急診室見到一個子宮外孕，急需切除輸卵管的病人，「我一再告訴她，如果她在家裡時輸卵管突然破裂的話，可能來不及趕到醫院就一命嗚呼了。我找到她的丈夫、父母，和她的祖父母，結果他們全說不。他們最在乎的是，要是她少了條輸卵管，以後就可能不孕，他們知道這點後，給的答覆就是不行、絕對不行。她寧可去死。我只能看著她帶著一顆不定時炸彈走出醫院。」（幾天後，這名婦女去看了弗瑞斯諾一名泰籍醫師後便同意接受手術。泰瑞莎不知道這名醫師是如何說服她的。）另一個婦人在將近分娩前做了檢查，得知胎位不正，需要剖腹。雖然胎位不正在寮國代表母子皆會喪命，這名婦女還是想在家中生產，不願意接受手術。但她未能如願。當救護車送她到醫院時，是戴夫醫師值班。他回想當時情景：「我在早上三、四點時接到呼叫：『戴夫醫師快到急診室，有個孕婦胎位不正，嬰兒出不來。』醫護人員用輪床推著這名婦女，她沒有發出任何聲音，只是驚恐地甩頭，毯子蓋著部分身體。我清楚記得，掀開毯子後看見一雙藍青色的小腳，一動也不動地露在她的產道外。」戴夫用手撐開嬰兒頭部上方的子宮頸，把嬰兒從陰道接出來。母親活了下來，孩子卻因缺氧而死了。

大部分苗族婦女都會上醫院生產，因為她們以為在家出生的孩子無法成為美國公民。醫生在婦產科看到她們的機會比在醫院任何其他部門要高得多，因為她們生很多小孩。一九八〇年代中期，美國的苗族婦女平均生育率為九．五，根據某份研究，「這已達到人類生育能力的上限」，僅次於以高生育率聞名的哈特教派信徒（美國白人的生育率為一．九，美國黑人則是二．二）。這個比率肯定已經降低了些，雖然最近尚無相關數據發表，因為年輕的苗人已逐漸美國化，然而這種生育率還是高得出奇。苗族家庭之所以如此龐大，可以歸為以下兩個原因：苗人婦女通常在十多歲結婚，最早甚至十三或十四歲，所以她們的生育年齡幾乎涵蓋初經到停經。此外，她們一律對避孕抱持懷疑態度。一九八七年，唐納．雷納（Donald Ranard）在華盛頓特區的應用語言學中心擔任難民事務研究員，他曾經造訪班維乃難民營，得知當地的主管單位承諾營中的婦女，只要自願服用避孕藥，就可以得到卡式錄音機。許多婦女收下了卡式錄音機，同時也收下了避孕藥。但不久後他發現一件怪事，就是那些婦女原本就不想要吃的避孕藥，竟然成為效果絕佳的肥料。避孕藥被磨碎後撒在苗人的菜園裡，種菜的婦人則繼續懷孕生產。

苗人鼓勵多產，有很多原因，最大的原因是苗人喜歡孩子。此外，傳統上也認為大家庭比較好，多一點孩子可以幫忙農務，並履行幾種宗教儀式，尤其是喪禮。其餘原因包括寮國的苗人孩子夭折率非常高、戰時和戰後死了太多苗人，以及，許多苗人仍然期盼有一天能回到寮國，打敗共產政權。難民營中的苗族新生兒常被稱為「士兵」或「護士」。在美熹德中心領取救濟金的婦女中有些熟面孔，大多即將生下第八胎、第十胎或第十四胎，重視家庭計畫的工作人員不會欣賞這一點。史默說：「苗人的繁殖率讓非常我反感。」這個產科醫生非常出名，不僅因為他醫術精湛，也因為他常毫不留情地表達對苗人的輕蔑，而且好用混合隱喻，他說：「苗人的繁殖有如蒼蠅，彷彿社會福利的金鵝會一直下蛋。」

史默醫生也表示，苗族的產科病人非常不合作，他說：「你說的，苗人沒有一項會照做。她們拖到最後才進醫院像動物那樣把孩子生下來。其實，若非需要出生證明來申請更多福利，她們才不會來。你我都無法想像她們有多無知，她們簡直是石器時代的人。見鬼了，她們先前都沒看過醫生，過去她們就在難民營、山裡或住的鬼地方生小孩。」史默不喜歡苗女，苗女也不喜歡多數像史默這樣的醫師，因此，這些在一九八〇年代初期或中期難民潮中湧入美國的婦女，都會逃避產前檢查[1]。她們尤其害怕男醫師做骨盆檢查（在苗族醫療中，端公和藥草師為異性治療時都不會碰觸身體，需要碰觸身體的治療如按摩、針灸、指壓、刮痧等，通常都是男性幫男性治療，女性幫女性治療）。到了要分娩的時候，婦女都等到最後一分鐘才上醫院。她們常在停車場、急診室或電梯就生了。美熹德中心的輪椅現在都稱為「苗人的生育椅」，因為有太多苗族嬰兒是在前往產房的路上出生的。

即使及時趕到醫院，苗人婦女陣痛時也不太哭叫，醫療人員無從得知她們即將分娩，因此往往來不及將產婦由分娩床上移到生產枱上。有些醫生覺得這種忍痛功夫很了不起。戴夫說：「我們在醫學院學到，在人類經歷的疼痛中，生產居第三或第四位。大部分女性都會叫痛，苗族婦女卻一聲不發。她們的忍痛功夫真是罕見。」

產房護士對苗族婦女的安靜則不那麼佩服。丹解釋：「護士的態度比較不同，她們會說：『為什麼不告訴我們，自己快生了？她們到底怎麼回事？是太笨了嗎？』我想護士的這種態度是出自不安。她們不是真的對苗人婦女生氣，她們會焦慮，是因為苗族婦女的生產方式跟她們在接生訓練中學到的不一樣。」這些不同之處包括蹲著分娩，以及拒絕接受會陰切開術來擴大產道口。雖然黎亞的母親在寮國時習慣獨自生產，但有許多婦女都習慣生產時由丈夫從背後抱著，丈夫會在孩子生出前一邊用唾液按摩妻子的肚子，一邊大聲哼唱。這些丈夫會很清楚地讓醫生明白他們要什麼。克里斯回憶道：「有個父親在我協助胎兒的頭滑出時，打了我的手。他汙染了消毒過的部分，護士都很不高興。當我夾住臍帶時，他靠過來，按住臍帶說：『要這麼長。』」

由於這個父親的要求並不危及母子的安全，克里斯就答應了。醫生若認為產婦需要接受會陰切開術，以避免四級裂傷，結果產婦（或是產婦的丈夫、父親或兄弟，決定權往往在他們身上）卻拒絕了，或者萬一出現裂傷，產婦的丈夫、父親或弟兄卻不讓醫生縫合，該怎麼辦？還可能有更糟的情況，如果胎兒監視器顯示嬰兒的心跳已慢慢減緩，而家人又不願意簽剖腹產的同意書，該怎麼辦？

拉寇兒是美熹德中心公認技術最好，也最有同理心的婦產科醫師。我問她，當她的苗人病患所希望的與她一貫提供的標準醫療服務衝突時，她如何處置。她說：「我對待苗人的標準與對其他人一樣。但對苗人，我就是那麼綁手綁腳，給她們的照護無法達到一百分。有時你可以找個中間點，試著了解苗人的文化背景，這很難，但並非不可能。有時你可以勸服苗人照你的意思去做。你得不斷勸說，只要你堅守立場，就有可能成功。然而，如果涉及胎兒福祉，尤其我們認為胎兒只要滿三個月大就算是完整個體，應享有本國國民應有的權利與待遇，而產婦的家族信仰與習俗卻與你認定對胎兒有益的事相違背時，你將面對最嚴重的衝突。這狀況糟到難以想像。當文化背景與你相同的人做了不該做的事，例如懷孕時抽菸喝酒，你會為對方明知不可而故犯感到憤怒。然而，與苗人起衝突所帶來的緊張感卻與這類狀況不同，苗人不知道自己做的是不對的事。他們根據自己的信仰與原則做出保護母親、孩子，以及他們生存方式的事，而你所認為必要的事，剛好與他們認為合宜的事相反。」

聽了拉寇兒的話，我再次深刻感受到，苗人給照顧自己的人帶來多大的壓力，尤其是對那些年輕、滿懷理想、一絲不苟的人。拉寇兒為生產不順的苗人接生時，總咬著她的指甲（上面紫色指甲油塗得完美無瑕），咬到見肉。心理醫生蘇姬．華勒（Sukey Waller）為美熹德提供社區服務，很受當地苗人社群的尊重。她有段時期每天早晨上班前都會嘔吐。住院醫師班尼．道格拉斯（Benny Douglas）以沉著冷靜出名，也曾為一件棘手的病例而慌了手腳，那是個得了胃癌的苗人老太太，而班尼無法說服她的兒子同意開刀，他因此嚴重失眠。我還記得班尼消沉地癱坐在值班室椅子裡的樣子，他用小型錄音機錄下自己為這個老太太所做的筆記，一邊喝著隨身杯裡的咖啡，一邊不自覺地輕扯著睫毛。

我問丹，為什麼照顧苗人會帶來這麼大壓力，他說：「醫療人員在職業生涯早期都曾投注大量的時間與心力參加訓練課程，他們所受的教育告訴他們，在醫學院學到的，是唯一能夠解決健康問題的正當方式。我想，這就是當苗人病患拒絕醫療服務時，有些年輕醫生會忿忿不平的原因，因為這暗示西方醫療所能提供的其實並不足夠。」

我在美熹德遇到唯一跟苗人相處順利，也不煩惱自己是否提供了最佳醫療照顧的醫師，是羅傑．費夫（Roger Fife）。他是家庭醫師，一九八〇年代早期曾在美熹德中心擔任住院醫師，後來在當地的私人醫院執業。費夫醫生估計他有七成病患是苗人，這是鎮上最高的比率。我問他為何那麼受歡迎，他也說不出所以然，只說：「或許我說話比其他醫生慢吧。」他的病人都很樂意向他傾吐，我問到的每個苗人都說：「費夫醫生不動刀子。」整體來說，這是事實。費夫醫生通常不會為苗人婦女做會陰切開術，雖然他不知道她們為何不願接受手術，因為他從來沒問過。他也盡量避免剖腹產。他特別受苗人喜愛的地方在於，只要產婦或家屬要求，他就把嬰孩的胎盤裝在塑膠袋裡給他們。他也不知道苗人要胎盤做什麼，他說他從來不好奇。羅傑在美熹德中心並不德高望重。某個住院醫師告訴我，「他有點笨。」另一個告訴我，「他不是我們醫療計畫中最聰明的畢業生。」第三個則小心措詞說：「他是適任的醫師。」雖然我認為，即使是美熹德地區最平庸的醫生，也不會想要多收一些苗人病患，但對這些住院醫生來說，一個醫療標準比他們還低的醫生受到整個苗人社區的歡迎，勢必很不是滋味。羅傑的處世哲學湊巧比任何知識、才智或醫術都更受苗人青睞。當我問他為何不強迫苗人病患接受傳統的美國醫療方式，他只聳聳肩答道：「那是他們的身體。」

1 儘管現今的苗人女性大多已美國化，但至少都要等到懷孕滿三個月才會去產檢。然而，多項研究顯示，她們懷孕的結果通常很好，嬰兒足月產下、體重正常，也無併發症。她們受惠於幾項文化因素，包括抽菸喝酒的比率低和攝取營養食物。此後，產科醫師拉寇兒·艾瑞亞斯（Raquel Arias）告訴我：「苗女的骨盆都經過考驗。以往在寮國，骨盆狹窄的女性會被演化淘汰。在那裡沒有人能做胎位不正的剖腹產，因此那些女性都喪命了，骨盆狹窄的基因也隨之死去。苗人也不跟瑞典人通婚。她們通常會選擇基因相近的人，所懷嬰兒的尺寸也因而較適合她們的體型。」

7 歸政府所有 GOVERNMENT PROPERTY

尼爾則是另一種醫生，要他提供兩套標準的照顧，完全違反他的天性，所以他絕對不會給美國病人較高品質的服務，而給苗人較差的醫療。但若把黎亞的醫生改成羅傑，她的病情會比較有起色嗎？尼爾擇善固執的態度是否反而危害了黎亞的健康？尼爾至今仍受第二個問題所擾。例如，若黎亞的處方不那麼頻繁更改，或許她的父母就不會那麼迷惑，也會因為相信醫生知道自己在做什麼而對醫生更有信心，於是就更可能讓她吃藥。但是尼爾非常確定，由於黎亞的病情持續加重且難以捉摸，因此他所能提供的最佳對策就是不斷調整處方。假使他只選擇一種良好的抗抽搐療法且持續使用，就得承認自己提供給黎亞的醫療服務不同於一般美國中產家庭將會同意接受且能夠負擔的複合療程。但究竟何者是較嚴重的差別待遇，是讓黎亞沒有機會接受與其他孩子同樣高品質的照顧，還是無法為黎亞調整出她的父母最可能接受的療法？

十年前的尼爾就不會這樣看待這件事。他絕不會考慮降低醫療標準。他認為自己的工作就是妥善治療，而黎亞的家人只要配合就好。如果家人不合作而危害孩子健康，就是虐待兒童。他已盡量延後通報兒福單位的時間，盡可能給黎亞的父母改過的機會，在此同時，他每天都和妻子佩姬討論這個病例，一方面也擔心「弗瑞斯諾悲劇」會在美熹德中心重演。（他和佩姬都聽過那個弗瑞斯諾的苗人父親被誤控虐待孩子而在獄中上吊的故事，並相信確有其事。）最後，尼爾認為自己別無選擇，只好要求將黎亞移置寄養家庭。他事後回想起來，認為自己當時可以考慮其他做法，一是請護士每天三次訪視黎亞並給藥，二是請苗人社群的頭目出面勸說父母合作，但這兩種方法在當時看來都可能遭遇無法克服的官僚阻礙，或者當初根本沒想到。我問尼爾，他做了決定以後，會不會一直想著他的決定將如何影響黎亞一家人，他回答：「會，一定會。但如果你全心為孩子著想，你就會壓抑所有對父母施壓而產生的不快。我認為在這過程中，一定有些事需要學習，我說的是自己，與佩姬無關。這樣說或許有些固執，但我認為苗人一定得明白，我們在某些醫學領域上確實懂得比他們多。為了孩子，他們也必須遵從一些規定。我想讓整個社區的人明白，脫離常軌是不可接受的。」

尼爾只要認定黎亞的父母危害了黎亞的生命，就有權向兒童保護局檢舉黎亞的父母。事實上，如果他不檢舉，也可能觸犯法律。知道有兒童受虐而不報案，在包括加州在內的美國四十四個州都屬於公訴罪，而醫師、醫療相關人員、教師、日間看護與警察由於特別容易撞見受虐的證據，在美國五十個州的兒福法中都有豁免條款，即使誤報虐童案也可豁免民事和刑事訴訟。

黎亞的父母之所以不讓黎亞吃藥，至少有部分宗教上與文化上的理由（尼爾對這點並不清楚），但即使黎亞的父母懂得如何為自己辯護，在法庭上也沒什麼影響。若不涉及兒童，情況會截然不同。若案件受害者是有行為能力的成人，法庭依自主原則，幾乎都會用判例取代行善原則。舉例而言，耶和華見證人教友有權拒絕接受輸血，基督科學教友可以拒絕接受化學治療，即使會因此喪命。但一旦涉及未成年孩子，國家就有權力（事實上也有義務）強制病人接受治療，即使病人家庭的宗教信仰禁止用該項療法來挽回生命。羅伯·傑克森（Robert Jackson）法官在一九四三年最高法院的判決書中寫道：「父母要當烈士，請自便，但這不代表父母可以把孩子也變成烈士。」有幾對基本教義派的父母試圖用信仰療法醫治孩子，導致孩子死亡，最後都鋃鐺入獄。基督科學派至今仍無教友坐牢，但有許多教友都因過失殺人或使孩童遭受危險而被判處罰鍰、緩刑或社區服務[1]。如果信奉這類較主流宗教的父母也無法動搖法庭判決，我們不禁懷疑，當李家人告訴法官，他們信奉泛靈薩滿信仰，並認為女兒的病痛是丟失靈魂所致，唯有以動物獻祭才能有效治癒時，法官能否接受。

尼爾從來都不想要黎亞的父母被起訴，也從未對兩人採取任何法律行動。他只希望黎亞能脫離兩人之手，交由能夠依照處方正確給藥的人照顧。一九八五年五月二日，黎亞被暫時安置在兩個門諾教派修女創辦的寄養家庭。她只要開始表現過動，修女便把她放進嬰兒學步車，讓她在客廳裡走來晃去。黎亞在兩周後被送回家，她的父母獲得最後一次機會。但驗血結果顯示，父母給她服用的癲通劑量仍低於處方上的劑量。美熹德郡的兒福單位向加州高等法院提出一五二七〇號聲請，「關於黎亞事宜，有人觸犯少年法院法」，內容如下：

台端之聲請人相信所獲情報，做出下列聲請：

一、上述未成年人住址為：加州美熹德郡東十二街三十七號A棟。

二、該未成年人出生於一九八二年七月十九日，現年兩歲又十一月。

三、該未成年人受以下加州少年法庭法三〇〇項A條款保護：該未成年人需要合適且善盡親職的父母照顧，然未得有意願或有能力之父或母提供上述照顧與管教。該未成年人為癲癇患者，有複雜的癲癇併發症，父母所給予之藥物劑量未達治療水準。父母未遵照醫生服藥指示，致使該未成年人多次住院，並多次嚴重發作，足以危及生命。醫生認為該未成年人此時應被帶離原生家庭，以確保生命安全。該未成年人的生理健康確有實質危險，倘該未成年人不脫離父母監護，並無合理措施能確保其生理健康。

結論：故此，台端之聲請人請求此法庭宣布該未成年人接受少年法庭之監護。

六月二十六日，黎亞再次被帶離，這次安置的時間長達六個月以上。黎亞的父母事前並不知道黎亞將被帶走。兒童保護局員工到達時，弗雅正外出拜訪親戚。多年後，納高透過口譯員告訴我當時的狀況（在他印象中，跟著苗人口譯員熊蘇〔Sue Xiong〕前來的社工是警察）：「那些警察來帶走黎亞。是熊蘇告訴醫生，我們沒有給黎亞吃藥，所以醫生生氣了，然後他們來帶走黎亞。我非常生氣，差點殺了那個翻譯。我說，這是我的孩子，我愛她。警察說，在這六個月內，黎亞將歸政府所有。」

弗雅告訴我：「我回到家，先生告訴我，他們把孩子帶走，沒有告訴他要把孩子帶到哪裡。我不懂英文，所以我根本不知道該怎麼想，該說什麼。我告訴長輩這狀況，他們卻說，那些人要帶走小孩，你一點辦法都沒有。我不斷哭泣，以為自己要把眼睛哭瞎了。」

耐人尋味的是，美熹德中心幾乎沒有任何一個住院醫師知道，尼爾安排將黎亞帶離原生家庭，直到我告訴他們這件事為止，即使曾經多次在急診室照顧黎亞的醫師，還有在多年後仍記得黎亞詳細病情的醫師也不例外。他們得知後都不同意尼爾的做法，但也沒人能提出更好的辦法。尼爾並非刻意隱瞞，只是他不習慣跟任何人討論可能令人情緒激動的問題，尤其是會使他不安或感到矛盾的問題，但是他會和妻子討論。當我告訴丹，黎亞被安置在托兒機構時，他驚訝不已。丹說：「尼爾這樣做，一定是已經束手無策。這是我第一次聽到有小孩被帶離能好好照顧她的人。你知道的，通常是有人蓄意傷害、嚴重忽略或是真的傷害到小孩，小孩才會被強制託管。但是黎亞的父母真的很疼孩子。如果今天是我在異鄉，有人以我無法理解的理由帶走我的孩子，我可能會開始想使用暴力，我真的會這樣做。」

這個消息在美熹德地區的苗人社區裡沸沸揚揚，尤其是李氏和楊氏家族。黎亞被帶走一事讓許多原本已心存疑慮的人更加確信，醫生和官方威權串通一氣，是不能信賴的。苗人得到了教訓，只是並非尼爾所想的那種。一段日子後，我詢問兩個在公衛部門擔任口譯的苗人李綺雅（Kia Lee）和侯柯亞（Koua Her），對這事件有何看法（綺雅是女性，柯亞是男性）。兩人對這件事記憶深刻。綺雅很圓滑地說：「或許他們不應該把黎亞帶走。或許這是不對的，那對父母並不想傷害孩子，他們很努力要做好父母。他們在寮國失去許多孩子，所以現在特別疼這孩子。在寮國，父母要對孩子完全負責。除非是孤兒，不然怎麼可以說帶走就帶走？」柯亞說得更直接，他說：「兒童保護局沒有必要帶走她，如果父母不照顧孩子，那沒問題，但這對父母疼愛那孩子勝過所有孩子。那母親無時無刻不在哭，父親沒哭，但非常憤怒。苗族男性就算難過，也從來不哭。在寮國，我一輩子也沒聽過這種事。」

在《苗人孩童醫療照護衝突中的文化信仰與權力動態分析》這篇人類學碩士論文中，明尼蘇達州的內科醫師凱薩琳・科漢培拉（Kathleen Ann Culhane-Pera）將苗人對小兒醫療責任的想法歸納如下：

> 苗人父母認為，父母要為孩子的福祉負責，也有責任決定孩子的醫療方式。父母生了孩子，提供孩子物質所需，並疼愛孩子，所以孩子的醫療方式該由他們決定。由於家庭的所有成員都疼愛孩子，因此可以協助父母決定最理想的療法。在關鍵時刻，家族的長輩也會協助父母做出重大決定。醫生並非家族成員，不能替孩子做決定……如果醫生接手父母的責任，未得父母允許便決定治療，便要為後果負責。孩子死了，是醫生的錯，那醫生該如何賠償父母？說真的，醫生將如何賠償性命？

只要醫生和父母持續協商，即使沒有共識，衝突仍僅限信仰體系的差異。科漢培拉在論文中寫道：「一旦報警，法院的命令一下，難度立即提升到另一層次。這時差異不再是信仰上的，而是涉及了權力。醫生有權力報警並使用國家權力，而苗人父母則沒有這種權力。」苗人自古就大力抵抗權威，而當他們逃到以自由聞名的國家，卻被剝奪了權力，這使他們格外困惑與憤怒。有個孩子生了病，醫生拿到法院的命令後，替孩子做了脊椎穿刺，孩子的父母告訴凱薩琳：「我們覺得美國比我們的國家還像共產黨。」另一對類似遭遇的父母告訴她：「不論我們對科技、人體健康、醫學再怎麼無知，我們也經歷過許多事。我不要醫生像醫動物一樣醫人，動物什麼也不懂，但人類懂，我們懂得說話。我們和任何人一樣懂。我們只是不巧成了難民，但我們和醫生一樣都是人。」

孩子一旦被帶離父母的監護，兒童保護局必須在兩天內提出聲請書說明，並舉行聽證會。聽證會通常是在提出聲請書的隔天舉行。一九八五年六月二十八日，李納高由公設律師陪同出庭。沒人記得當時究竟有無口譯員。法官同意讓兒童保護局保護黎亞。納高當時並不知道自己其實可以反對這項判決，而法庭紀錄記載了他同意判決。第一五二七〇號案件的裁決書詳細記載黎亞的安置計畫，黎亞要接受六個月託管照顧，這是尼爾估計能讓黎亞病情穩定的最短時間。黎亞的父母得等黎亞離家一個月以上，才能每星期去探訪黎亞。這是為了防止心痛的父母立刻把孩子接回家，這樣的規定在當時相當常見。一開始的前幾周，兒童保護局並未向弗雅和納高告知孩子的去向。納高如此說道：「一個月後，我去找會說英語的表哥，請他打電話給警察問黎亞的下落，因為我太太實在想念黎亞，想得快瘋了。」事實上，除非法院相信黎亞的父母會配合治療，否則即使過了六個月，黎亞也不能與家人團聚。兒童保護局在這方面會提供協助，讓父母有更多機會把孩子接回家。如果法院在一年內未裁定黎亞可平安返家，李家就將永遠喪失黎亞的監護權。

兒童保護局有責任為黎亞找到合適的寄養家庭。她的案件承辦人填了一張特殊寄養照顧申請表。在「孩童行為問題」一欄，她圈了「過去一年有一次或一次以上的暴力事件，導致輕微外傷」、「過去一年有六次或六次以上造成輕微破壞（物品）」、「每個月至少一次自傷的行為（咬傷、抓傷）」、「遭遇挫折時，變得暴躁或不友善」、「不參與社交活動」、「不參加團體活動」、「在任何環境都異常好動」、「在所有情況下都會反抗」、「每天發脾氣」。案件承辦人還得評鑑該行為的嚴重程度，從四十（最佳）到七十（最糟）不等。黎亞的評鑑分數破表，有八十一分。唯一得分比較理想，也可以說是完美的項目有：「沒有沮喪行為」、「適切回應情感」與「適切表達情感」。

在黎亞離家前一兩天，蒂（Dee）和湯姆・柯達（Tom Korda）就接到兒童保護局的電話。這對夫婦住在美熹德地區西北約四十公里，剛獲准成為寄養家庭。社工在電話中說：「我們這邊有個患有癲癇的兩歲苗人女孩，你們有辦法照顧她嗎？」那時蒂從來沒有聽過「苗」這個字，她已有四個小孩，肚子裡懷了第五個，同時也在照顧另一個寄養孩子，那是她第一次接受寄養。她回答：「當然。」後來她告訴我：「我那時真的很熱心，給我孩子，我就收留。」

我對柯達夫婦非常好奇，因為當我打電話給蒂時，她的第一句話是：「弗雅和納高好嗎？妳喜歡他們，對不對？」在那之前，我從未聽過任何美國人說李家一句好話，而且我也認同傳統上親生父母和寄養父母水火不容的說法，她的問題我一時不知如何回答。我來到柯達夫婦的平房住宅，房舍所在的牧場社區長滿桃樹與杏樹。一群大狗跑來歡迎我。柯達夫婦在五個親生子女與六個寄養子女的協助下，養了這群狗當導盲犬。六個寄養子女大都有智能障礙或情緒問題。我們坐在客廳，蒂很自然地拿出放滿黎亞照片的小相簿（每個她照顧過的孩子都有這麼一本相簿），並擁抱每個進出客廳的孩子，不分大小或種族。

黎亞來到柯達家後，連續哭了十天。蒂說：「黎亞是我唯一見過在吸氣和呼氣時還能哭的孩子。她呼氣時哭，吸氣時也哭，哭聲大又刺耳，哭個不停。雖然她還不會用言語表達，但我知道她想要爸爸媽媽。我會看見她縮在浴缸裡，一臉擔心、憂慮、困惑、傷心。有時她像籠中動物般捶打門板，喊著：『那！那！那！那！』我知道她在說苗語的『爸爸』。」（其實黎亞講的可能是「niam」（念做nya），這是苗語的「媽媽」。苗語中的「爸爸」則是「txiv」。）柯達夫婦不會說苗語，無法用言語安慰黎亞，唯一能做的似乎只有多給她身體上的接觸。白天，蒂把黎亞背在背上，而她最小的孩子只有九個月大，自從黎亞來了以後就背在胸前。晚上，黎亞通常睡在柯達夫婦的床上，床有三公尺寬，足以容納這個家庭的大部分成員。蒂猜想黎亞可能還未斷奶，所以黎亞難過的時候，她除了餵哺自己的孩子，也會餵黎亞母乳。她告訴我：「任何事情都得順著黎亞的意。這就是她以前的生活方式，她的父母讓她在家當大王，因為她是特別的孩子，是小公主。黎亞啊，脾氣壞又好強，不過也很討人喜愛。她長得那麼漂亮，還會爬到你腿上。一開始，我們對她來說什麼都不是，但她學著愛我們。她知道如何愛人，也知道如何讓人愛她。我們很高興能照顧黎亞。」

珍妮・希爾特是兒童保護局的個案承辦人，在黎亞寄養期間經常拜訪柯達家，並做紀錄。我們可以從紀錄得知黎亞在柯達家不安分時的情況：

> 黎亞的問題都是行為上的，常常哭個不停，很會鬧，很會發火。會在凌晨兩點到五點間哭不停，兩腳亂踢。不願妥協。全家人不堪其擾。
>
> 發脾氣，不吃東西。看著蒂，脫下褲子尿在地板上。
>
> 在地板上大便。

咬自己的嘴唇。

黎亞整整哭了四天，亂塗糞便。

又開始哭個不停，扯掉自己的衣服，尿在地板上，開始一連串的破壞。必須用鎮靜劑安撫。

由於黎亞也「傷害其他孩子，小則瘀青，大則送醫院縫合」，因此需要有人隨時注意她的一舉一動，讓她遠離「一些以前常做的有害或危險的活動，例如靠近熱水、浴缸、高處、游泳池等場所」。柯達家給予黎亞「無微不至的照顧」，珍妮也順利向人事部申請到一個月高達一千美元的優渥補貼，供蒂和湯姆照顧黎亞之用。（李家除了夫婦兩人與九個孩子中活下來的七個，再加上黎亞，每個月僅靠七百九十美元福利金過活，另外由於黎亞患有癲癇，還可以領身心障礙津貼八十四美元。）

珍妮在寫給人事局的信中也提到柯達家每周帶黎亞就醫二至五次。雖然蒂徹底遵照處方餵抗抽搐藥物（有時得強硬灌藥，即使黎亞把藥吐在蒂的衣服上，也得重新來過），黎亞還是會發作。實際上，她在柯達家發作的次數比在自己家還多。她在離柯達家最近的小鎮特拉克（Turlock）的以馬內利醫療中心住院四次。有一次，黎亞還從以馬內利醫療中心轉診到美熹德中心。蒂對這次轉診的印象並不好，她告訴我：「美熹德中心的護士不會對黎亞好聲好氣地說話。她弄髒床鋪時，她們不會說『哎呀，寶貝』，而是說：『我的天，簡直是一團糟！』他們像安養中心對待老人那樣，用布綁起她的手腳，很侮辱人。」特拉克的醫生數次更動黎亞的處方，先是拿掉苯巴比妥，再來是癲通，取而代之的是癲能停、帝拔癲和利他能（Ritalin）的各種組合。蒂說：「癲通和苯巴比妥對黎亞來說是最糟糕的藥方組合。真的是最糟最糟的。她服下這些藥物後就像喝醉一樣，搞不清方向，也無法走路。我想她的父母是因為這樣才不給她服藥，於是當她發作了，大家就氣她的父母。」黎亞的協調能力已有改善，但仍持續發作。

黎亞的父母得知女兒下落後，便請一個有車的姪子在有空時載兩人去探望黎亞。兩人第一次造訪時，蒂展示了她是如何背黎亞，方式就跟弗雅一樣。兩人也看了黎亞如何和柯達全家同睡一張床。柯達家的孩子還把泳衣借給李家的小孩，在後院的泳池一起游泳，盼跟蒂的嬰兒一起躺在草地上，後來，李家十二歲的女兒梅還跟柯達家十歲的女兒溫蒂成了好友，並在柯達家住了一整周。弗雅也繡了一個苗族嬰兒背巾送給蒂。幾個月後，每當蒂帶黎亞去就診，都會把自己的嬰兒託給弗雅，這可能是兒童保護史上第一樁寄養父母請法律認定的虐童父母代看孩子的案例。沒有多久，柯達家心中就有了定見：兒童保護局將黎亞從家人身邊帶走，根本是錯的。（蒂如此告訴兒童保護局，他們卻不同意。）「我跟黎亞難分難捨，但她真的需要回家。弗雅和納高夫婦很貼心，對孩子呵護與疼愛至極。我感到痛心，他們根本不應該被捲入這個制度。」蒂說。當我與蒂見面時，她已經收養過三十五個寄養兒童，大部分兒童都曾被父母虐待或性侵。黎亞是唯一一個她認為該與家人團聚的孩子。

李氏夫婦每次離開柯達家，黎亞都想跟上車。車子駛離後她便驚恐地哭喊。納高告訴我：「那家人真的很照顧黎亞，也很關心黎亞，但可能她太想念我們了，所以她的病愈來愈糟。我們也很想她，我不知道該如何表達我們有多想她。」弗雅說：「我們的床少了她，顯得空蕩蕩的。我好愛她，我晚上總是抱著她，從不讓她一個人睡。每天晚上我爬上了床，她卻不在那兒，我總是哭個不停。」黎亞被帶離家兩個月後，納高告訴承辦人員，黎亞再不回家，他就自殺。在這事件四個月之後，納高某日返家發現，弗雅舉刀向著自己，納高把刀子奪下。一個月後，珍妮的紀錄中寫著，弗雅變得歇斯底里，誓言將再度自殺。兒童保護局曾考慮將李家人全安置在同一間精神病院，但後來作罷了。

六個月後，黎亞並未如李家所期望回到家中。一九八五年，在第六個月的團聚聽證會上，法院裁定弗雅和納高無法證明兩人有能力配合女兒服藥。首先，兩人拒簽一份八月時交給兩人的社會服務計畫，當中提到，為了順利團聚，李家人必須同意「為了我們的孩子，我們會帶孩子去看診，包括例行回診和發病時求診，並學習正確給藥」。兒童保護局的工作人員在計畫上寫著：「兩人覺得黎亞必須立即回到自己的監護下，不願簽同意書。」再者，黎亞在九月曾回原生家庭探訪，為期一周，這是為了測驗父母是否配合，但兩人的表現完全不及格。兒童保護局在反對團聚的聲請狀上如此寫著：

透過口譯員之助，黎亞的父母再次學習正確給藥的方法。院方為了加強指示，使用了彩色圖表。這對父母聲明自己已經了解，也表示願意立即遵守。在探訪的過程中，這對父母獲許請來苗族傳統文化中的巫師治療該未成年人。該未成年人在家中時，社工都以電話探訪，並檢查服藥情況，服藥似乎正常。這對父母也表示沒有任何發作。一九八五年九月九日，黎亞回到寄養家庭，當天便進了醫院。在該未成年人的血液報告中，並未發現任何藥物跡象。傑爾醫生（Goel，黎亞在以馬內利醫學中心的主治醫生）聲明，藥物通常會存留在體內至少十天，該父母並未給黎亞任何藥物。這對父母送回來的藥瓶卻都是空的。

珍妮的檔案紀錄上寫著，黎亞回到柯達家時，胸口都是硬幣刮過的傷。顯然弗雅和納高選擇了傳統療法，並如同珍妮所記錄，「將藥物當成垃圾」。在這趟家庭訪問結束的四天後，黎亞有三次嚴重的大發作和六次輕微的小發作，發展遲緩的症狀也變得更加明顯。聲請書上寫道：

注意到說話遲緩，運動能力退步，不肯進食，也不與人眼神接觸，不停用頭碰撞物品。黎亞開始隨處便溺，也開始表現各種自虐行為，包括抓、咬、失眠。她會向其他孩子施暴，也喪失了所有辨別安全狀況的能力。這些退化行為全是黎亞在父母身邊時父母並未餵藥所致。上述退化情形持續發生。

儘管出現這些退化狀況，珍妮仍決心繼續教導李氏夫婦替黎亞餵藥，好協助兩人在十二個月飛逝而過之前重獲監護權，以免在法律上永遠失去女兒。珍妮用了不少時間與弗雅合作，她的工作也因黎亞的處方在一九八六年二月大幅簡化而變得較為順利。蒂曾帶著黎亞到弗瑞斯勒的山谷兒童醫院接受全面神經測試，小兒神經學家泰瑞・哈其森（Terry Hutchison）初步檢驗後診斷黎亞罹患了雷葛氏症候群，這是一種罕見癲癇，病徵包括智能退化及多種難以控制的發作。泰瑞決定單獨使用帝拔癲，他認為這是最佳選擇。（尼爾和佩姬也曾考慮帝拔癲，最後卻作罷，因為這種藥會引起肝衰竭。得知黎亞終究還是用到以後，兩人希望自己一開始便開立此種藥物。）小兒服用的帝拔癲是液狀的，嘗起來有櫻桃味，相較於之前需將數種苦味藥片磨成粉末的複合處方，給藥上容易多了。珍妮教弗雅使用塑膠製注射器，將液體噴入黎亞口中。因為弗雅看不懂數字，她在注射器「8 c.c.」處貼上膠帶作記號。弗雅先用水練習，熟練後再裝入藥水。

珍妮感覺到弗雅慢慢學會信任她，所以進步很多。不過她並沒有與納高建立同樣的親密關係，因為納高一直擔心黎亞永遠無法回家。他一直防著珍妮，但沒有生她的氣。他氣的是熊蘇。熊蘇是陪著社工人員帶走黎亞的口譯，一個世故、受過良好教育的苗人女子，嫁給美國人，在美熹德的傳統苗人社區中並不怎麼受歡迎。苗人很少與異族通婚。珍妮說：「熊蘇在文化上非常接近白人，她打扮得非常俏麗，也不待在家中生養小孩、維繫苗族文化，所以許多苗人認為她是叛徒。」熊蘇有一次告訴納高，她已經告訴兒童保護局，她不認為孩子應該歸還給他。一九八六年二月，黎亞住在弗瑞斯諾的兒童醫院時，納高說熊蘇責罵他，而他也相信她沒有確實將他的話翻譯給醫生。隔天回到美熹德，珍妮、熊蘇和一個兒童保護局的主管來到李家。納高告訴我：「我人在外頭，熊蘇進了門，她叫我，並說，『進來，你給我進來。』那個時候，我真的要動手打她，我拿了球棒。我女婿也在，他抓住我，要我別那麼做。那個主管和珍妮問怎麼了，我女婿便替我翻譯，我說我真的很討厭熊蘇，我今天就要在這兒打死她。然後熊蘇說她還有事，就先走了。我告訴主管，熊蘇不是個好東西，以後別帶她來了，如果你再帶她來，我就開槍打死她。」（當我向熊蘇問起這次事件時，她用非常優雅的英文對我說，她不記得跟李家有什麼過節。我從未聽過苗人英文說得這麼好。這令我訝異，因為我知道她嫁給美國人之前，曾嫁給納高的姪子。最後她說：「既然這家人不滿意我的服務，我也不想再涉入了。」)

多虧了珍妮對李家抱持信心，納高差點棒打熊蘇一事才未令李家永遠失去女兒的監護權。她認為納高有理由生氣，而且只要他不因為生氣而不照處方給藥，就不該阻止李家全家團圓。一九八六年二月起，李家在珍妮的督導下獲准留黎亞過夜。血液檢查也顯示兩人讓黎亞服下了足量的帝拔癲。當兒童保護局就黎亞一案提出十二個月團圓聽證會的聲請時，珍妮在聲請書中寫道：

李家給藥的技術進步了，黎亞回家時間因此延長。當未成年人在家時，本人持續監督每日三次給藥。李家表現出配合處方給藥的意願，監督訪視因此減少。簽署者曾和李家合作，協助李家遵照日程表安排黎亞作息，包括正常飲食、午睡和紀律……儘管存在文化差異，李氏夫婦與簽署者之合作與努力，值得嘉許。兩人的努力，以及對醫師（神經科醫師泰瑞）與本人的信任，使我們在黎亞棘手的醫療問題上，獲得極大進展。

黎亞於一九八六年四月三十日返家。

1 在一九九六年，美國最高法院拒絕重審「McKown v. Lundmun」一案，該案中的十一歲男童Ian Lundman在糖尿病導致昏迷後，其母、繼父，和兩名基督科學教友只有禱告而沒替他施打胰島素。男童的生父不是基督科學教信徒，獲得一百五十萬美元的賠償金，這是基督科學教會首次因孩童死亡遭到索賠。最高法院拒絕重審正顯示了院方對信仰療法毫不贊同的態度。雖然大眾意見傾向支持法院，並且譴責基督科學教會，耶魯大學法律系教授Stephen L. Carter在紐約時報卻刊載了一篇有趣的異議文章。Carter教授指出，根據一份近期的民意調查，有五分之四的美國人相信禱告能治癒疾病，將近有半數的美國人表示自己曾因禱告而痊癒。他嘲諷地下了結語：「最高法院拒絕調停該案使民間信念更加普遍增強：只要那些不相信禱告力量的人其實盼望禱告能有功效，相信禱告力量是完全無礙的。」

8 弗雅與納高 FOUA AND NAO KAO

一九八八年，我在美熹德的前幾個星期，有七個美熹德中心的醫生分別向我提到黎亞的病例，但每個人都跟我說這不值得調查，因為黎亞的父母不信任美國人，幾乎可以肯定不會讓我看她的病歷和法律文件，也不會跟我談話。那些醫生認為，即使李家人同意見我，一定也一言不發、沒有反應，我怎麼做都無法打動他們。

我非常洩氣。我在來到美熹德之前，從未接觸苗人，但我讀過許多人類學者的著作，也請教他們如何與苗人相處：不可以高聲說話，進屋要脫鞋，不要主動跟男人握手，否則他們會當妳是妓女。如果男人主動跟妳握手，為了表現妳的地位卑下，必須將左手放在右手腕下，以支撐他那隻尊貴之手的重量。與苗族的頭目並行時，要記得走在他的左後方。雇請年紀較長的男性翻譯，以彌補妳身為年輕女性的卑下地位。切記不可拒絕他們提供的食物，即使是雞爪也一樣。

我的朋友比爾・塞維奇醫師邀請我去美熹德看他的苗族病人。然而，儘管他的書架上擺滿有關非洲伊科人（Ik）、非洲昆人（!Kung）及帛琉人（Palauans）等民族學專書，但在美熹德行醫的兩年間，他從未跟任何十四歲以上的苗人有較長的對話，也從未受邀到苗人家中作客，而且只學到一句苗語「痲不」（意為：痛）。我對自己這次的採訪，也不抱多大希望。如果連具有人類學背景的和平團老將都沒什麼斬獲，我又能得到多好的成果？我最初幾次與苗人的接觸確實都是災難。但我如此害怕失禮也於事無補。我的緊張不亞於傳說中的苗族公主，那個公主在一隻十一間房子大的巨鷹吃光她村裡的所有人之後，一直躲在喪禮用的鼓中，還把前來救她的俊美少年誤認為巨鷹，跟他說：「如果你是來吃我的，請快一點！」接著便昏倒了（後來她嫁給了他）。

我第一次與苗人家庭會面，是由一個會說苗語的寮國平地女性出面安排。她在美熹德中心當護士助理。當時我並未想到，若要保證自己受到冷淡招待，以這種方式拜訪真是再完美不過。幾乎所有苗人都不信任醫院，結果是，我和護士助理有關係，就形同我和美熹德中心有關係，苗人自然也不會信任我。我與前兩個口譯員合作的經驗也不甚愉快。我謹守先前得到的指示，先後請了兩個中年苗族男子為我翻譯，這兩人都是所屬氏族中的重要人物，結果並無不同。我問一個問題，他們替我譯成苗語，接受詢問的苗人與翻譯熱烈聊了四、五分鐘，然後翻譯轉向我，說：「他說不。」

當我開始擔心外人根本無法打入苗人社會時，遇到了蘇姬．華勒。蘇姬是在美熹德提供社區服務的心理學家，美熹德中心的一個醫生形容她是「嬉皮式改革家」，比爾則稱她是本地最受苗人敬重的美國人。來美熹德之前，我從紐約打電話給她，她在電話中說：「這是我的電話。如果妳打來時是電話答錄機，妳會聽到我講話非常慢，慢到聽起來像得了憂鬱症或嗑了藥。請不要緊張，那只是因為打電話給我的病患大多聽不懂很快的英文。」蘇姬的名片上用苗文和寮文寫著「心靈修護師」。她向我解釋：「苗人沒有所謂的心理問題，他們認為所有疾病都是靈魂出了問題，因此不會把疾病分成精神疾病和生理疾病。我很難將我為苗人做的事譯成苗文，最接近心理治療師的，或許是巫師吧，而『修護心靈』是我所能想到最貼切的隱喻。唯一的困擾是，苗人可能會誤以為我是在做心內直視手術，然後就嚇跑了。」蘇姬把我介紹給五個苗族頭目，分別代表苗族十四個最具影響力氏族中的四個。由於是蘇姬陪我到頭目家中和辦公室，因此每個人都熱情接待我。其中兩人後來為我提供了無可取代的重要資訊，日久也成了我的摯友。我問蘇姬，苗人社會為何這麼快就接納她，她說：「在很多方面，我和苗人是同一種人。我也有無政府主義者的一面。我不喜歡高壓統治。我也認為兩點之間最迂迴的路線，通常就是最短的路徑。一般人口中的真實，我不太感興趣。我覺得，大家認同的現實要比事實好得多。」

蘇姬很快便糾正我兩個觀念。一是要打入苗族社會，就得遊走在合宜禮節的邊緣，不論你的禮節合不合宜，都可能慘敗。她就事論事地說：「我犯過上萬次錯。我來到這裡時，每個人都告訴我不能摸他們的頭，不能跟男人交談，不能做這個，不能做那個，最後我說，這真是瘋了，我不能這樣被限制，於是我拋開一切。現在我只奉行一項規則，那就是做任何事之前先問『這樣可以嗎？』反正他們也不會期望我這個美國女性表現得像苗人。他們通常給我很大的空間。」她同時也打消了我一直想找美國口譯員的念頭。她說，一方面是因為，美熹德雖然住著數千個苗人，卻沒有一個美國人會說苗語。另一方面，她覺得如果只是把苗語譯成英語，即使譯得再精確也於事無補。她說：「我不會稱我的工作人員為口譯員，而是文化仲介者。他們是我的老師。當我不知該怎麼做時，我會請教他們。你也應該為自己找個文化仲介者。」

因此我找了熊美瞿（May Ying Xiong）。美瞿二十歲，是美熹德郡政府難民服務機構的打字員，名字中的「瞿」代表「瞿粟花」。她還小的時候，父親熊查里（Chaly Xiong）擔心她夏天到青年保育團工作會被獅子吃掉，之後才有丹帶領「尋獅團」前往優勝美地一事。查里於一九八三年去世，生前是寮國皇家陸軍的上尉，少數受過美國中情局訓練的苗族軍官。他也是有名的端公，會騎上木製巫師長凳，讓這具飛馬的化身帶領他去尋找流離失所的靈魂。他的出名之處在於，一開始出神，就會劇烈搖晃身體，動作大到需要兩名助手扶著。除此之外，熊美瞿的出色履歷還包括十八歲那年得到每年在弗瑞斯諾市舉辦的全國苗族小姐選美大賽季軍。那時她穿了三套正式服裝（分別是苗族、寮國和美式的服裝），儀態、氣質、美貌和口才也都列入評分標準。當評審問到，「如果妳當選苗族小姐，會做哪些事為未來的苗族女孩樹立榜樣？」美瞿回答：「我會鼓勵孩子上學，鼓勵女孩不要太早結婚。」但一個月後，她卻與一名叫李逢（Pheng Ly）的工程系學生結婚了，兩人的婚禮結合了苗族傳統與美國作風，既殺雞祭拜，也暢飲大量德國啤酒。李逢的聘金非常可觀，多達美金一千八百元，熊美瞿覺得很有面子。而她的嫁妝除了父親留下的一筆信託基金外，還有一條銀項鏈、一條銀腰帶、一對金耳環、三件繡裙、兩套苗族傳統服裝、兩件刺繡，上面裝飾著幾枚法國殖民時期的硬幣，另外還有一輛一九七三年的福特千里馬。

儘管有七個醫師勸阻，我還是決定去見黎亞的父母，但一定要帶著美瞿當我的文化仲介者。我的想法是，如果她的儀態在全美苗族中排在前三名，就很可能有辦法和李家人打交道。儘管美瞿的資歷很不錯，我們這對搭檔卻由於性別和年齡而顯得沒什麼地位，結果這點成了優勢。我在李家不需要比這更高的地位，若能再卑微些甚至更好。李家到美國之後碰到的美國人，不論教育水準、語言知識或社會地位都優於李家，讓李家自覺矮人一截。沒有一個苗人能夠忍受被貶低。當寮國還受法國殖民統治時，只要有寮國官員在場，苗人就得趴在地上，除非官員示意，否則不准抬頭。難怪苗族流傳著這樣一則民間故事：頤指氣使的官員變成了老鼠，被故事中的主角，亦即典型苗族英雄化成的貓撲著玩。有美翳在我身旁，對李家而言，我就不是官員，不構成威脅，不會批評，不會努力說服李家人做違背心意的事，他們甚至不必太把我當一回事。我的微不足道就是我的優勢。

和苗人見面，就像去地下酒吧：一切要看是誰牽的線。我和李家人的會面，是由一個苗族頭目馬標耀（Blia Yao Moua）安排。我透過蘇姬認識了他，這人恰巧和醫院或任何美國機構都毫無關聯。此外，由於美翳的丈夫李逢和李家出身同一氏族（Ly及Lee是苗族李姓的不同美國拼法），於是弗雅與納高把我的「文化仲介」美翳當成失散多年的姪女對待。相處三十秒，我便發覺這個家庭和醫生描述的完全不同。李家人非常聰慧、幽默、健談，且活力充沛。我真希望李家是拜我的訪談技巧之賜，才散發了這些美好的特質。但事實上，我請美翳幫忙翻譯的問題卻無比愚蠢，令她尷尬不已，因此在我更認識李家之後，我開始感覺到我在李家的主要角色是製造笑料。美翳說我的提問（諸如「你們埋葬孩子的胎盤嗎」、「寮國是不是有很多惡靈住在河中、湖裡或樹上」、「你們用豬獻祭嗎」）就跟「教宗是天主教徒嗎」這個問題一樣無知，就連傻瓜也知道答案。有一次我問：「你們住在寮國時，都在房子的什麼地方上廁所？」弗雅笑得幾乎從小竹凳上跌下來。「當然在樹林裡！」後來她喘著說，笑得眼淚從兩頰滑下來。

李氏夫妻外表不俗，弗雅外觀年齡約四十五歲，納高則年長十歲。夫妻都不記得自己的生日。兩人身型矮小，但都不胖，結實而穩健，似乎只有強風或地震才能擊倒。弗雅通常將烏黑亮麗的頭髮挽成髻，但在談話中偶爾會不經意地放下來，讓一頭長髮垂至腰際。納高戴著粗黑框眼鏡，看起來有些書呆氣，頗像在學校裡教授某種晦澀數學的老師。兩人只在特殊場合穿苗族傳統服飾，平常都穿著聚酯纖維製的淺色寬鬆美式服裝。有時弗雅會穿著灰色的棉質長裙，身上的粉紅色T恤則印有棕櫚樹拼成的「California」（加州）字樣，當然，她讀不出這個字。

我第一次見到弗雅和納高時，兩人的七個小孩也在家裡。一家九口住在三層樓的三房公寓裡，外牆抹上灰泥，北邊有鐵軌經過，東邊是平價超市。這個破舊社區二十年前是美裔西班牙人住的，現在則大多是苗人。就像多數苗人公寓，李家除了一部整天開著的電視機外，沒有什麼家具，也沒有書。牆上有些東西掛在接近天花板的高處，包括許多家庭照片、海報、泰國米廠的舊日曆、一張《時代生活》雜誌的世界戰鬥機圖表和一張幾十個藍色小精靈聚在營火周圍的圖片，可以看出李家人對這些東西的重視。大孩子住的房間貼有U2、邦喬飛、白蛇和克魯小丑等樂團的海報。這家人最寶貝的東西，是一支九十公分長的竹製蘆笙，穩妥地掛在廁所上方，只有納高知道怎麼吹奏。李家最重要的地方則是停車場，那裡成了弗雅的私人菜園，她用數十個老舊的五加侖塑膠桶和廢棄機油瓶栽種各種藥草。她栽種的藥草經煮沸或在研砵中搗碎，可以用來治療各種病痛，如喉嚨痛、胃痛、扭傷或產後疼痛等。

日後我在這公寓裡待了數百小時，通常是在晚間美醫下班之後。弗雅和納高由於無法讀寫任何語言，因此對我的筆記既極感興趣，也很小心拘謹。然而兩人卻相當習慣錄音機（美熹德的苗人大多利用卡式錄音機和泰國難民營中的親友通信，我不知道這種科技運用該說是與苗族格格不入，或是苗族口耳相傳記事傳統的自然延伸）。美嚳向弗雅發問時都以「pog」開頭，意思是「奶奶」，以示尊敬與親密。幾個月後，弗雅開始稱呼美嚳為「mi美」，意為親愛的小美，她也叫我「mi安妮」。這時，兩人也要我叫弗雅「外婆」，叫納高「外公」。

李家很爽快地同意我調閱黎亞所有的病歷，包括她在美熹德中心、山谷兒童醫院、美熹德郡衛生部及兒童保護局的就診紀錄。讀了這些資料，我很快就知道我請美嚳問的某些問題只是白費工夫，例如：「你可以告訴我，塞維奇醫生在一九八六年一月二十八日，晚上十點五十分發現黎亞的右上肺葉有肺炎症狀時，讓黎亞住進美熹德中心的情形嗎？」醫生的診斷無法譯成苗語，那些診斷對李家也毫無意義。此外，弗雅和納高把在美熹德中心遇到的數十個醫護人員混為一談，全歸到「黎亞的醫師」這個大類別下。而且，即使尼爾和佩姬已經與李家見過無數次面，卻以其無可動搖的崇高地位（或許也因為兩人的名字對苗人來說很繞口），被歸到「高不可攀，不得直呼名諱」的分類下。黎亞的醫療紀錄與家人照顧她的記憶之間，很難畫出對照的年表，尤其李家使用的報時制又和醫院的記錄人員不同，問題更是雪上加霜。李家不用數字來記憶年代，而是用重要事件。例如，一九八二年是「惡靈首次抓住黎亞，使她倒下的那年」，一九八五年是「黎亞歸政府所有的那年」。李家住在寮國時，就跟其他苗人一樣，不用西曆的月份，而是用太陰周期來畫分一整年。太陰周期是為了重要農事而設計，例如，西曆十一月底或十二月初的苗族新年慶典過後，就是第一周期，此時苗人開始儲藏稻米、玉米，並開始收割鴉片。第五個周期是玉米播種期，而第十二個周期則是稻米收割和鴉片除草期。李家由於目前靠失業救濟金維生，不再務農，每個月的活動（或說無活動）都很相近，不再依照苗曆計算日子，因此會忘記在何時甚至哪個季節發生過什麼事。但他們仍使用苗語詞彙指稱一天中的各個時段，如「第一聲雞啼」、「第二聲雞啼」、「日頭偏西時」、「陰影籠罩小巷時」、「餵豬時間」、「天色全黑時」，即使在美熹德居民的記憶中，十二東街從來沒有人養過雞或豬。

每當我問到黎亞的事，李家人總是禮貌回應，也回答地很詳細。不過，他們也有自己一套訴說的方式，正如納高所說：「必須告訴妳苗族的文化，讓妳了解我們的行事方式，妳才能向醫生解釋。」他們最喜歡在晚上十點半為我上這些「文化課」，儘管到了這個時刻，他們都已經說了四小時的話。某天晚上，就在美瞿和我正準備離開時，弗雅決定向我解釋靈魂走失。她說：「你的靈魂就像你的影子。在你難過、生病時，靈魂會像蝴蝶一樣飄走，假使靈魂回來了，那是因為你當時很高興，或你的病已經好了。」納高又補充說：「有時靈魂會出走，可是醫生不相信這回事。我希望妳去告訴醫生，讓他們相信我們的『neeb』。」（醫治的靈，常用來簡稱端公所主持的治療儀式「ua neeb kho」。這儀式會使用動物獻祭，並以動物的靈魂換回病人在外漂泊的靈魂。）「醫生可以醫治與肉體及血有關的病，可是對我們苗族來說，有些人是因為靈魂出了問題才生病，所以需要針對靈魂治療。至於黎亞的狀況，最好是接受一些醫學治療，接受一些醫靈的儀式，但醫學治療不能接受太多，因為會阻礙醫靈的功效。如果我們兩種都接受一點，她就不會病得這麼嚴重，可是醫生不准我們只接受一點醫學治療，因為他們不了解靈魂。」

另一次深夜談話中，納高解釋苗人之所以生病，往往是因為遇上不懷好意的惡靈，但醫生不了解這點，因此無法有效治病。他說：「我來舉個例子。熊先生和兒子一起去熊溪游泳。」熊溪在美熹德郡中心的北方，流經阿普爾蓋特公園，是條泥濘的小溪。「熊先生的兒子睡著時，熊溪裡的惡靈來到他身邊，對他說話，使他身體不舒服，情緒也變得焦躁、狂亂。美熹德的醫護人員讓這個年輕人注射、服藥，而年輕人很氣醫生和護士，因為治癒他身上疾病的唯一方法就是殺狗獻祭，但這國家不讓你殺狗。」弗雅說上周她就在美熹德郡的水庫旁遇到了惡靈，她之所以察覺到這點，是因為她回家後感到非常恐懼，一閉上眼便能感受到惡靈就在附近。當天晚上她打開家裡所有的燈，以此嚇跑惡靈，於是她就沒有生病。（幾個月後我得知美熹德郡的惡靈棲息地不限於自然環境。每周為比爾打掃房子的苗族女性馬瓊〔Chong Moua〕告訴我，郡裡每個苗人都知道有個惡靈住在九十九號高速公路與G街的交會口。這個惡靈喜歡讓苗族駕駛人入睡，或在美國人駕駛的車輛互相接近時，讓車輛隱形，藉此製造事故。）

我和李家相處愈久，弗雅就愈照顧我。她透過美瞿之助，教我學會說苗語的「請」和「謝謝」，也讓我的表現更能符合苗族禮儀。弗雅知道我偶爾會犯頭疼，就仔細地教我用雞蛋包著硬幣，上下來回按摩身體，以去除頭痛。我不曾在她家中頭痛，所以她還沒機會當場示範，我想她一定很失望。但是她不斷提醒我：「記得下次一定要照我的方法做。」

弗雅認識我快一年後，便決定要把我嫁掉。有句苗語這麼說：「花兒蜜滿滿，等著蜂兒採。」這花指的是十五、六歲已屆適婚年齡的女孩。我當時卅五歲，空等蜜蜂已有二十年之久。某天我的男友到美熹德看我，弗雅終於找到機會解決這種令人震驚的狀況。她事先並沒告訴我，她打算把我打扮成苗族新娘，她確信這樣的改造會讓我美得不可方物。

我的改造計畫在一個炎炎夏日舉行。當天李家臥房的室溫一定超過攝氏卅五度。弗雅有一只破皮箱藏在衣櫃後方，她從裡面抽出一塊塊精美的刺繡。這些繡花布是苗族傳統藝術的精粹，圖案包括幾何圖形及動物主題，如蜘蛛網、羊頭、虎眉、象腳等，並以刺繡、蠟染法、貼花及倒貼花的手法表現。在寮國，苗族男子最重視妻子的兩項才能，那就是吟誦詩詞和刺繡。弗雅為女兒做的這些刺繡，是這個家庭最大的財富。

十四歲的梅是仍住在家中的最年長女兒，弗雅在她和美噐的協助下，將我裝扮成人偶。我完全任由她們擺布，因為我不知道接下來會穿上哪一件衣服，衣服來了，我也不知道該怎麼穿。弗雅首先挑了一條粉紅與黑色相間、至少有六公尺長的腰帶纏在我身上，就像將緞帶纏在柱子上一樣。這條腰帶的作用正好跟一般的束腰相反，目的是要讓我看起來更豐腴，像個扛得起沉重米擔的健康苗族農婦。再來是一條帶有粉紅、綠色和黃色的裙子，上面有五百個手風琴般的摺，要是全拉平攤開，這條裙子的寬度一定遠超過我的身高。裙子的十字繡非常精細，看起來簡直像鑲了珠子。後來美噐告訴我，單是這件裙子就花了弗雅將近兩年時間，完成後為了收藏這條裙子，弗雅也花了數小時間用針線固定裙褶。我穿上這件裙子後，弗雅再為我套上一條粉紅色的織錦裙，類似圍裙，上面的繡花用美國的先進產品塑膠膜保護著。我的上半身穿了一件藍色與黑色的小外套，這種外套的名稱與苗語中的「胎盤」（也就是人的第一件衣服）是同一個字。另外還有四件類似口袋的小袋子，上面懸著銀幣，像子彈帶那樣垂在胸前，我感覺彷彿有一噸重。我的脖子上戴了一條五層的項鍊，是用鏤空的銀做成的。美噐替我的小腿打上黑色綁腿。而我的頭才是真正的重頭戲：我戴上一頂粉紅、綠色和黃色的帽子，上面有一排寶塔狀的銀幣，只要我一動，就會叮噹作響。雖然在她們幫我打扮的這四十五分鐘裡，我熱得幾乎要虛脫，但在我不太注重流行打扮的成年歲月中，我第一次體會到一群女性在男士止步的房間內為彼此打扮，然後咯咯傻笑那種儀式性的樂趣。

當我的變裝正如火如荼進行時，我的男友喬治正和納高坐在客廳裡吹著空調看電視播出的拳擊賽，一面猜想我究竟在房裡做什麼。他和納高言語不通，但用男人的共通語言溝通，就是對著空氣出拳，然後發出激賞對方的聲音。當我從房間走出來，喬治看到我時，表情只能用四個字形容：目瞪口呆。事實上他一點也不認為我這樣是好看的，後來他告訴我，我這樣很像卡通裡的調皮小貓被女主人綁起來，裹上了麵團。然而弗雅的努力在某方面還是發揮了作用，一周後喬治向我求婚了！但當我們向弗雅宣布這個消息時，她一點也不驚訝。

之後我向弗雅稱讚她美麗的女紅，她平靜地說：「是啊，我的朋友都以我的刺繡為榮，整個苗族都以我為榮。」我從來沒聽過她給自己這麼正面的評價。在平時，她是我見過最會貶損自己的女性。有一天晚上，納高有事出門，弗雅冷不防開口道：「我真笨。」我問她為何這樣說，她說：「因為我對這裡一無所知，我不懂你們的話，美國話好難學。看電視看了一整天，還是不懂在說什麼。我不會打電話，因為我看不懂數字。如果我要打電話給朋友，孩子們會告訴我電話號碼，但我一下就忘了，他們會再告訴我，之後我還是又忘了。我的孩子負責去店裡買吃的，因為我看不懂包裝上的字。還有一次我到醫院去，想找洗手間，但是走過大廳之後，還要走過一條又一條走廊，我根本不知道該走哪一條，我怕我走出去，就找不到路回來。我已經經歷過太多傷心的事，我的腦袋再也不管用了。」

我告訴她，若要我在她曾經居住的寮國村莊裡找路，我一定也會跟她一樣，覺得困難重重。她說：「可能吧，但是在寮國，容易多了。我除了種田之外，什麼都不懂。」我覺得在寮國也不見得如她所說那麼容易，就乾脆請她描述胡亞綏村（Houay souy）的一日生活。胡亞綏村位於寮國西北的沙耶武里省。她傾著頭想了一會，說：「在這個季節，妳要照顧妳的稻田，妳必須在第一聲雞啼時起床。其他季節可以在第二或第三聲才醒。第三聲雞啼時，天還很黑，所以妳要做的第一件事是點燈，燈就像這樣。」弗雅走進廚房，出來時手裡拿著一個冷飲的鋁罐，裡面裝滿油及一支布做的蕊，她說：「在美熹德停電時，我們都是用這樣的東西。」

接著她說：「首先，妳要煮飯給孩子吃。然後用自製的掃帚清理房子，掃完地後去割野草給豬吃，然後要多割一些給牛吃，然後餵豬、餵牛、餵雞。之後妳去田裡，嬰孩要背在背上，如果妳有兩個孩子的話，妳丈夫也要背一個。如果妳有很多孩子，那麼妳可以將較小的孩子留在家裡給大的照顧。我們的父母種罌粟花，但是我們只種稻子、胡椒、玉米和黃瓜。在播種期間，首先妳要在地上挖個洞，就像這樣。」她走進廚房，想找些東西示範如何用尖尖的小木棒挖洞播種，回來時她手裡拿著捲紙巾的紙板捲筒，然後用捲筒戳客廳的地毯，每個洞間隔三十公分。「就像這樣，然後把種子放到洞裡，妳和丈夫一起做。在其他季節，妳要清理田地，收割稻米，打穀，吹糠和磨玉米。」

她說到這裡時，梅走了進來，身上穿著短褲及寫有「海灘時光」（TIME FOR THE BEACH）的T恤，戴著粉紅色塑膠耳環。李家離開寮國時，她只有三歲半。她坐到母親身旁的地毯上一起聆聽。弗雅又說：「農地離我們住的地方很遠，比從這裡到熊溪還遠。妳若在天還亮時離開農地，回到家時天已經黑了。當妳回到家，妳要去溪邊背一大桶水回來煮飯、洗澡。」弗雅比手畫腳地示範如何製作背桶、如何在木質桶板外箍上竹子。「妳燒好熱水，用小碗一瓢瓢舀起，幫小孩洗澡。較大的小孩可以自己洗澡。妳拿玉米給雞吃，餵豬之後要煮飯給家人吃。我們通常吃第一餐剩下的飯，配一點青菜，我們一個月才吃一次肉。妳用煤煮飯，用上次殺豬後炸出的豬油炒菜。油煙從屋頂的隙縫排出。晚餐後，妳坐在燈旁縫衣服。在農地工作時，妳穿著又舊又髒的破爛衣服。但是小孩過年時要穿好衣服，所以妳晚上要替他們縫衣服。」

我請弗雅談談房子。她說：「那是用樹林裡的木頭做的，有些木頭像電線杆那麼粗，屋頂是竹子編的。我能幫忙蓋房子，我的親戚也過來幫忙，以後他們需要房子時，我們也幫他們蓋。我們的房子裡是一個完整的空間，但是很棒，地板是泥土，如果你要睡覺，可以把竹子剖開，劈成有彈性的小竹片，然後做成床。我們睡在暖和的灶旁邊，因為我們沒有毯子，我丈夫抱著一個小孩睡一邊，我則抱著其他小孩睡另一邊，較大的孩子就睡在一起取暖。」

當弗雅告訴我，她在寮國如何做一些她所謂「簡單」的工作時，我正思索著她說自己很笨時，指的是什麼。她真正的意思是，她以前的生活技能沒有一項能在美國派上用場，除了當九個倖存孩子的好母親之外，一項也沒有。然後我又想到美國政府居然連這最後一項技能也否定了，因為法院宣告她虐待兒童。

我問弗雅是不是想念寮國，她沉默了幾秒，在矮竹凳上前後搖晃，這時她的女兒看著她，好奇地等待她的答案。終於她說：「當妳想到寮國，會想到妳沒有足夠的食物，會想到骯髒、破爛的衣服，妳就不願多想。這裡是很棒的國家，妳過得很舒適，有東西吃。但是妳語言不通，妳要靠別人救濟，如果人家不給錢，妳就沒得吃，甚至還可能餓死。我想念的是在寮國時自由的心，妳想做什麼，就做什麼。妳有自己的田地、自己的稻米以及自己的作物、自己的果樹。我想念自由的感覺，我想念擁有真正屬於我的東西。」

9 半西醫半巫醫
A LITTLE MEDICINE AND A LITTLE NEEB

納高回想黎亞回到家的那一幕，他說：「車子開過來，車門一打開，她便跳著飛奔進家門。她的哥哥姊姊開心得什麼事都不想做，大家都出來擁抱她。那晚她就睡在我們的床上，我們很高興有她睡在我們身旁。」

一九八六年春夏之間，大約是黎亞滿四歲前後，她的病歷上只有寥寥幾筆紀錄。佩姬用幾個字概括她從寄養家庭返家後幾個月的情況：平淡無奇。李家人可不會同意。尼爾和佩姬曾花了數小時鉅細靡遺地陳述黎亞複雜的病史，弗雅和納高則只用了幾分鐘。現在情況正好相反：在醫生看來平靜無波的日子，在李家眼中，卻是黎亞生命最多采多姿的時刻。

黎亞回來後，弗雅和納高做的第一件事就是殺一頭牛慶祝她回家，並為她祈求健康平安。在寮國，苗人養的雞、豬、牛和水牛大多用於祭祀，以安撫祖先，或用這些牲畜的靈魂來贖回出竅的靈魂，以醫治疾病。即使是養不起牲畜的窮人，也可以在較富有的村民請逆伯來做法事時受邀打打牙祭。康克古認為，獻祭是以「尊崇與敬畏」之心從事的神聖活動。他在書中寫道：「獻祭牲口的靈魂十分珍貴，與人的靈魂休戚與共。在苗人的世界觀中，動物和人類的距離比我們所想的近多了……病人及獻祭動物兩者的生命靈魂緊密相連，有如在婚姻關係中結合的靈魂。」加州大學柏克萊分校東南亞研究中心主任艾瑞克．克里斯托（Eric Crystal）雖不把獻祭看得那麼崇高，但看法也和康克古相同。他曾經技巧地問我：「如果苗族覺得需要屠宰動物來當祭品，又有什麼關係？這有什麼不好？苗人通常會邀親戚一起舉行重要的宗教儀式。不管你住在寮國的小村莊裡，或住在曼哈頓，都不大可能找來一大堆親戚，卻不給他們東西吃，於是你在活動中獻祭，拿出了整頭動物，儀式結束後也將整隻動物吃掉。沒錯，就是整隻動物，大約九十八％左右，包括腸子及所有東西。這樣做很環保。美國人總是丟掉許多肉。我們多少刻意忽略了要吃肉就必須殺生的事實。說真的，要是美國人發現，為了吃一．九九美元一磅的雞胸肉，必須有屠宰廠來割斷雞喉嚨，或許會嚇一大跳。所以當美國人知道苗人就在自己家裡割雞脖子時，確實嚇到了。」

近十年來，許多美國人對其他宗教的殺生祭祀大感震驚，要求立法禁止。在佛羅里達州的海厄利亞（Hialeah），動物權運動者和一些社區領袖在一九八七年通過一項反牲祭條例，以制止非洲古巴薩泰里亞教（Afro-Cuban Santeria）祭司屠殺動物。一個居民稱這種獻祭「破壞南佛羅里達州的形象」。禁令最後雖被推翻了，卻花了四年，還上訴到最高法院。在洛杉磯，薩泰里亞教及其西班牙裔分支的信徒被懷疑將牛舌釘在樹上，並將內臟棄置於人行道，當地在一九九〇年通過一項條例，把殺牲獻祭列為犯罪，違者可處六個月徒刑及一千元罰金。雖然這條法令目前尚未實施，但仍是「書本中的法律」。在美熹德郡，我碰到的苗族家庭幾乎都會定期殺牲獻祭。我認識的一個十四歲苗族男孩就向我抱怨，父母總要他在周末到處參加親戚的醫靈儀式，他幾乎沒有自己的時間。美熹德的美裔居民直到一九九〇年代中期都還大多不知道有這些事，也無人在意獻祭是否會破壞加州中部的形象。警察局長派特・朗尼（Pat Lunney）幾年前就逗趣地告訴我：「我還沒有在街上遇見過祭祀用的雞。」公設律師史提夫・諾得（Steve Nord）說：「獻祭？他們真的這麼做？」

苗族有句諺語「yuav paim quav」，意思是「真相終會大白」，按字面講則是「糞將被排出來」。我知道苗族殺牲獻祭的「糞」遲早會被「扒」出來。的確，在一九九六年，美熹德居民看到當地報紙報導弗瑞斯諾有人殺狗獻祭，開始懷疑自己住的城鎮可能也有類似事件。即使動物宰殺過程快速俐落（而且宰殺者誠心感謝動物——這點就與生肉包裝廠不同），也無法減輕這行為給人的怪異觀感。於是，禁止在城市裡宰殺家禽家畜的法令應運而生。苗人大多覺得為家人治病遠比守法重要，所以不理會這條法令，也很少有鄰居好管閒事出面檢舉。然而，美熹德南方貓狗數量日漸稀少的傳聞在這數年間本已消弭，現在卻又流傳起來。

傳聞儘管不實，但不會因此停止流傳。丹告訴我來龍去脈：「幾年前，某戶苗人家裡的小火爐著火，執勤的消防員中有人打開了冰箱，看見一隻烤豬，卻以為那是狗。消防員把這事告訴朋友，朋友又告訴其他朋友，很快就流言四起，大家謠傳流浪動物數量減少，是因為被苗人吃光了，所以一入夜最好就把狗兒鎖起來。馬當聽到這消息（馬當是當地苗族頭目），就去找消防局長，把他帶到那戶人家，打開冰箱問他：『這是豬，難道你的手下分不出豬和狗？』傳聞本該就此平息，但你也知道，大家都比較喜歡聊故事是怎麼開始，不怎麼愛聊故事是如何結束，因此故事的結局並沒有流傳開來。」

美熹德的苗人知道美國的法律及習俗都保護狗，因此並不殺狗獻祭。但納高告訴我，還是有些人，例如在熊溪地區被惡靈害過的人，暗暗希望能夠殺狗獻祭。不過，這些人確實常常供奉豬和雞，他們會向苗族或美國農民購買這些活體動物。不過殺牛獻祭只會出現在重要場合。李家也是到美國六年後才首次殺牛。黎亞的牛要價三百美元，對一年只靠九千四百八十美元及食物券維生的一家九口而言，這真是一筆龐大的數目。我問納高錢從哪裡來，他說：「黎亞也出了她自己的錢，是政府給的。」我花了一點時間才了解這是怎麼回事：納高用黎亞三個半月份的身心障礙補助福利金買了祭祀用的牛，這可能是第一次有人這樣使用聯邦政府的補助金。

由於納高無法運送活牛到東十二街，因此他向美熹德附近的美國牧場主人買了一頭牛，宰殺後在族人幫助下切成小塊，裝入塑膠垃圾袋，放進他表兄的小型轎車後車廂。回家後，端公開始念誦祝詞，讓這祝詞跟著他進入看不見的領域。念誦祝詞時，切下的牛頭就擺在李家前門的門階上，迎接黎亞的靈魂歸來。我問李家當時是否有路過的美國人被這景象嚇到？弗雅說：「不，我想他們不會嚇到，因為放在門階上的不是整頭牛，只是一顆頭。」納高又說：「而且，美國人不會認為有什麼不對，因為我們有買牛的收據。」

在端公主持儀式的這一部分完成後，李家和受邀的親戚坐下來大快朵頤，有炒牛肉、煮牛肉，和一種牛絞肉做的辣味菜「辣八」（laab）、名為「夸刮」（kua quav）的燉菜。我問美器什麼是夸刮，她說：「那是將牛的腸子、心、肝臟和肺一起剁成碎末，牛腸裡的東西也一起剁進去，然後用水煮，再放入一些檸檬草和草藥。菜名直譯非常不雅，我想妳可以稱之為『嘟嘟湯』。」（「夸刮」直譯的意思是稀糞。）接著她又說：「這是道經典菜餚。」

黎亞返家的歡天喜地在幾天後慢慢散去。日子一周周過去，李家人愈來愈覺得，被送回來的，是一個受損的孩子。根據梅的說法，黎亞從前會用英語和苗語數數，也知道所有苗族傳統新年歌曲的詞和曲調。納高說：「在美國人帶走她之前，黎亞真的很聰明。當你走進家門，她會打招呼並拿椅子給你，但在她歸政府所有的那幾個月內，我不知道他們對她做了什麼，也許他們給她服了太多藥，或者她太思念我們而生病了。因為在那之後，她好像就認不出家裡的客人，而且只會說一點點話。」李家覺得法庭之所以把黎亞還回來，是因為寄養照顧讓她病得更嚴重，而這一點清楚證明李家提供的照顧好太多了。當我告訴尼爾和佩姬這些時，兩人很驚訝。兩人也注意到黎亞發展不足的狀況惡化了，但認為黎亞在離開父母之前就已經開始智能減退，在寄養家庭時由於規律服藥，退化才暫時止住，但在一九八五年九月，黎亞暫時返家的一周內，父母沒有給她任何藥物，使她多次發作，才讓情況嚴重惡化。然而，更讓尼爾和佩姬吃驚、痛心的是，李家認為政府一開始將黎亞帶走，不是為了她的健康，而是因為「醫生很氣我們」不服從指示，所以用這方法懲罰他們。我告訴尼爾和佩姬，弗雅和納高認為自己非常通情達理，願意妥協並採取「半西醫半巫醫」的療法，但醫生卻絲毫不肯讓步。尼爾和佩姬聽了，錯愕不解地搖了搖頭。

為了避免黎亞的病情持續惡化，李家讓她接受更多傳統療法。我常聽到美熹德中心的醫生抱怨，苗人似乎比美國人更不關心孩子的病情是否改善，因為他們往往對醫院的免費醫療照護嗤之以鼻。但醫生有所不知，苗人實際上很重視孩子的健康，常常挪用大部分社會津貼，或向親戚借貸，只為支付醫療保險無法給付的昂貴療法。舉例來說，李家花一千美元買了護身符，裡面裝有來自泰國的神聖療癒草藥，黎亞一直將那戴在脖子上。他們也試過很多不那麼昂貴但較花時間的療法。弗雅將鑄有「一九三六年法屬印度支那」字樣的銀幣塞到水煮蛋的蛋黃裡，再以布料裹著蛋，用來擦揉黎亞的身體。蛋變黑，就表示病被吸出來了。她還用湯匙替黎亞刮痧，又為黎亞拔罐。她也捏黎亞的皮膚，釋放她體內的風邪。她也將停車場草藥圃的草藥熬成湯給黎亞喝。最後，她和納高嘗試將黎亞的名字改成「蔻」（Kou），這是苗族療法的最後一招，兩人相信病人一換名字，就可以騙過偷走靈魂的惡靈，以為那是別人，並把靈魂退還回來。根據弗雅的說法，這項計畫之所以失敗，是因為醫生堅持叫她黎亞，拆穿了騙局。

李家為了治療黎亞做了許多事，其中最大費周章的莫過於帶她到明尼蘇達州，接受一個知名端公的治療。「我們聽說這個端公非常特別，他會治病，開的藥方也很好。」納高說話的語氣必恭必敬，因為此人來頭不小，是他千辛萬苦去梅奧醫院（Mayo Clinic）問到的。「這個端公年輕時也得過和黎亞相同的病，也就是被惡靈抓住然後倒下了。」苗人在成為端公前通常會得到這種病，或許黎亞長大後也會成為端公。這個端公也姓李，跟我們同族，這也是我們帶黎亞去明尼蘇達州的原因。」

納高和他的一個兄弟、一個成年的女兒、女婿開了三天車送黎亞去明尼蘇達州。納高說：「我們在鹽湖城和懷俄明州各休息了一晚，然後花一天去內布拉斯加州，再花整晚時間從內布拉斯加州到明尼蘇達州，只有加油時才停下來。我在懷俄明州只開了三小時車，因為黎亞一直緊抱著我，我無法開車，只好換別人開，我只是抱著她。」他不記得那個端公住在哪裡，但記得過了聖保羅市還要再開數小時車。「端公在黎亞的手腕上綁了一條安魂繩，又給她一些用植物根部等東西做的綠色草藥湯，有些得煮成湯喝，有些則得熬到幾乎變成固體，等乾時再吃。」三個同來的家族成員和親戚留在明尼蘇達州。納高則再度動用補助金，帶著黎亞搭飛機回家，對黎亞未來的康復非常樂觀。

有一次我問比爾，為什麼美熹德的醫生似乎從來不問苗族病人如何為自己治病，他回答，那是因為苗人大多穿著美式衣服，有駕照，也在超市購物，所以他的醫師同事從來想不到苗人可能會用某種神祕醫術治病，就連他自己也很少想到。他說：「假使你走進雨林，與亞諾瑪米族人（Yanomamo）談話，他們卻不談各種奇妙的神靈故事，而是說：『我醫膿的盤尼西林到哪去了？』你會覺得奇怪。但假使你將他們帶到這裡，像苗族一樣，讓他們穿戴整齊，讓他們開著車到美熹德中心，你就不會期望能夠聽到那些神靈故事。」

尼爾跟佩姬不知道李家如何為黎亞治病，兩人從沒想過要問。只有一個美國人問過，她也因此獲悉一千美元護身符及動物獻祭等事，那人是珍妮。我本來以為李家會把珍妮看成帶走黎亞的政府代表而遷怒於她，事實卻恰恰相反，李家並未將她歸類為奪走黎亞的人，反而將她視作黎亞的保護者，「她是給黎亞身心障礙補助金的人。」除了蒂之外，珍妮是我接觸過唯一一個沒有把李家形容成「沉默、陰暗」的人，她也是我唯一聽過弗雅和納高用小名稱呼的美國人。兩人叫她小珍。珍妮的回報是牢牢記住黎亞八個兄弟姊妹的名字：綢兒（Chong）、卓雅（Zoua）、成、梅、葉兒、楚、麥，以及盼。相較於威嚴莊重、從不主動以名字相稱的恩斯特與費爾普醫師，珍妮似乎溫暖、隨和多了。就連她一百五十五公分的身高與圓潤的身材，都與苗人相近。尼爾與佩姬則分別是一百八十八公分和一百七十五公分高，並因為體態良好而顯得更挺拔。珍妮也能順利與李家溝通，部分原因在於她擁有社工身分，能夠探訪李家。（尼爾在醫治黎亞的多年間從未去過李家，佩姬也只去過一次。）珍妮的方法很實際，就是請李家最美國化的女兒梅當她的翻譯。梅的英文就跟我的口譯員熊美罌一樣好。她在美國的中學就讀，文法、字彙比任何苗族成人都優秀，不僅如此，在珍妮離開後，弗雅和納高只要有需要，就能請梅「再解釋一次珍妮剛才說了什麼」。

珍妮對李家的遭遇之所以感同身受，原因有二，其一是她本身患有嚴重的氣喘病，了解慢性病患的痛苦。其二是她羨慕李家的親密感情。她的家人信奉基督教基本教義派，自從得知她與女同性戀者同居後，關係就緊張了好多年。珍妮沒有孩子。她不像美熹德中心的護士那樣認為黎亞是令人厭惡的負擔，反而覺得她非常可愛。珍妮回憶道：「我真心疼愛她。黎亞並不是典型會乖乖玩玩具、守規矩的孩子。她像一隻綠頭蒼蠅般飛來飛去，完全失控，很野，很不社會化，卻絕對惹人疼愛。我覺得她長得很漂亮。很可愛，也很愛跟人擁抱。我的意思是，其他孩子不會像她這麼熱情地擁抱你。她會攀著你的臂膀，坐在你的膝上，向熊一樣擁抱你。她會摘下你的眼鏡，捏著你雙頰，捏到你發痛。」

珍妮對李家的態度很快就由專業工作變成投入個人情感。以下是典型的珍妮信件，帶著她令人愉快的好管閒事風格。收信人為地區身心障礙福利單位的顧問茱蒂·艾伯利（Judith Eppley）：

回覆：李黎亞

親愛的茱蒂：

請將前述病童的所有資料副本抄送予我，包括心理報告、神經報告、評估、報告、工作紀錄、印象、研究、檢討、反芻思考、評量、意見等等。希望我要的都包含在內了。多謝協助！

社工珍妮・希爾特上

尼爾認為珍妮是「令人頭痛」的傢伙。他記得她曾無數次纏著他，要知道黎亞的病況，要處方，或索取尼爾認為並不需要的醫療器材，如電子體溫計，但珍妮執意要教會弗雅使用，並讓梅幫忙讀體溫讀數。不論她要什麼，總是「馬上」就要，而且不讓李家花一毛錢。尼爾說：「珍妮就像捍衛李家的十字軍。她老是希望我們主動告知黎亞的病情進展。老天，好像我們手上沒有其他幾百萬件事要處理一樣。要是你忘記打電話給她，她會狠狠念你一頓。我想她很難理解，我們照顧的病患有成千上百個，黎亞只是其中一個，我們不可能放下所有工作，只為滿足她的需求。但任何事都有兩面，她非常善良，她對負責的病人極有耐心。為了那個孩子，她什麼都肯做。」

珍妮安排黎亞一周三天搭公車前往謝爾比特殊教育學校（Schelby School for Special Education），這是一所供智能及身心障礙兒童學習的州立學校。她希望這能幫助黎亞學習與人相處，同時讓弗雅稍微喘息。黎亞的老師桑妮・利柏特（Sunny Lippert）回憶道：「黎亞被寵壞了。珍妮・希爾特告訴我們，李家覺得黎亞發作時是在跟神明交談。他們心滿意足，認為黎亞是公主，做特別的食物給她吃，無論她要什麼，一定滿足她。如果黎亞舉起雙臂，媽媽就會抱著她在屋子裡走來走去。黎亞胖嘟嘟的，而她愈是什麼都不自己做，就愈胖。她是漂亮的孩子。她媽媽把她打扮得無懈可擊。她的魅力無人可擋，是那種讓你忍不住想抱的孩子。但在我這裡有個規定：任何人都不許抱黎亞。當然，只要她回到家，她的家人就把她伺候得無微不至。

珍妮認為，黎亞的行為問題有部分源自日常生活缺乏紀律，於是她在李家牆上貼了一張每日作息表：

黎亞的作息表
七點：起床、早餐、洗澡
八點：吃藥、上學
一點：回家
二點：吃藥、午睡
四點：玩耍
六點：晚餐
七點：洗澡、換睡衣
八點：吃藥、上床

雖然有梅幫忙翻譯，但這張作息表從未發揮作用，泰半是因為弗雅和納高習慣以雞啼衡量時間，不習慣看時鐘。其他努力也都是白費，包括教他們在黎亞發燒時餵她服用泰諾林和煩寧，以避免發燒性發作。珍妮千辛萬苦將服藥需知譯成寮文，卻沒發現李家無人會說或讀寮文。但她在最重要的事情上繳出漂亮的成績單，那就是說服李家按時給黎亞服藥。由黎亞的驗血報告可以看出她血液中的帝拔癲穩定維持在具有療效的濃度。她回到家的前四個月只發作過一次，那是她出生以來的最佳紀錄。珍妮把這段狀況絕佳期歸功於帝拔癲，李家則認為是明尼蘇達州端公的功勞。

一九八六年九月，黎亞在謝爾比中心盪鞦韆時摔下來，撞到頭部，於是出現癲癇重積狀態。這把所有醫生都嚇壞了，因為在這種狀態下，黎亞不會在發作數分鐘後自動醒轉，而是接續發作，在這中間都無法恢復意識。究竟黎亞是因為發作而跌倒，或是因跌倒而發作，無人知道。但她被送到醫院時，醫生發現她血液中有足夠的帝拔癲，因此這次出問題顯然不是父母不配合。納高的判斷是「老師讓她從鞦韆上掉下來，她摔下來時很害怕，靈魂就飛走了，所以她又病了」。在美熹德中心的入院摘要裡，黎亞的病史上注有「複雜」二字，而社會史則寫著「非常複雜」。

尼爾記得這是黎亞第十四次住進美熹德中心，也是她最痛苦的一次。他說：「黎亞在那段日子表現得非常好，真的非常非常好，接著就出現了這令人難以置信的問題。她嚴重發作，幾乎吐出所有吃下的東西，肺部也吸入不少嘔吐物，無法呼吸，我們必須插呼吸管，但呼吸管又造成氣管局部發炎，拔呼吸管後她無法順暢呼吸，我們又得重新插管，結果氣管又發炎，感染到呼吸道。她的父母必須適應許多事物：氧氣罩、點滴、驗血，還有測量血液中氧氣和二氧化碳濃度的動脈導管，都是真的侵入性的東西。」納高記得這段時間黎亞「全身纏繞著各種塑膠器具」。在黎亞住院的十四天裡，他與弗雅輪流守在床邊。他回憶道：「醫生讓黎亞待在醫院太久了，這只會讓她病得愈來愈嚴重。」

尼爾和佩姬在《小兒科傳染病期刊》（*Pediatric Infectious Disease Journal*）共同發表了一篇關於氣管感染的文章，名為〈卡他莫拉菌造成的細菌性氣管炎〉（Bacterial Tracheitis Caused by

Branhamella Catarrhalis）。幾年後，尼爾把這篇文章拿給我看時說：「黎亞登上雜誌了！」文章寫著：

> 我們所研究的案例清楚顯示，在某小兒病患擦傷的呼吸道中，此種媒介（卡他莫拉菌）會伺機感染。病人之所以發生院內感染，很可能是由於氣管內管插管引發局部擦傷，以及靜脈注射盤尼西林造成口腔細菌群改變。

不是每個醫生都願意公開院內感染的案例，尤其是在這個案中，需要為「局部傷口」感染負責的，正是他自己，而不是任何缺乏經驗的住院醫師。我看到這篇文章時，內心深為震撼。尼爾和佩姬常給我這種感覺，兩人不在意顏面，只在意真實。另一個令我震撼的事實是：納高說得完全正確，黎亞病情加重，是院方的過失。

黎亞出院三星期後，再度入院，雖然用藥量足夠，她還是嚴重發作，而且發高燒。尼爾和佩姬嚇壞了。尼爾回憶：「我很高興她用帝拔癲後病情一直控制得很好，然後她卻在一個月內發作了兩次。我說，天呀，又來了！帝拔癲不管用了。我想不出有什麼辦法能讓她不再惡化。我記得我們考慮過下次她再發作的話，要將她麻醉，讓她停止抽搐，這樣至少可以幫她打點滴。我記得丹．墨非和我商量過幾次，討論是否動手術，對黎亞的部分大腦施行燒灼治療。我真的不知道該怎麼做，只能做最後的掙扎了。」

佩姬說：「她發作的時間愈來愈長。以前會自行停止，最近卻不會停了，似乎需要更多劑量才能夠止住，可是我們很怕有一天會沒辦法幫她插管、打點滴，因為她實在太胖，而且我們早已切斷很多條靜脈。如果她發作的時間太久，很可能傷到腦部。那年初秋，我們開始有不祥的預感，也常常討論這件事。我們很難想像，這段治療黎亞的時光終將結束，但我記得，當時我們認為那時刻終究會到，我們只能等著迎接最嚴重的一次發作。」

尼爾說：「我感覺就像有顆大雪球從山上滾下來，我們努力頂住，雪球卻不斷推動我們。我記得我告訴李氏夫婦，黎亞的發作將不斷惡化，而且愈來愈密集，將來可能出現我們控制不住的發作。這個陰影始終揮之不去，我開始做噩夢，夢見壞事即將發生，剛好是我值班，但我束手無策，她將死在我面前。這件事躲也躲不掉，早晚會發生。」

10 戰爭 WAR

法籍傳教士薩維納於一九二四年蒐集到一則民間故事，故事說，苗人過去居住在北方的蠻荒之地，那裡晝夜各長達六個月。某次，苗人與幾個鄰近部落發生土地糾紛。為了化解糾紛，部落的共主決定讓各族選出一個代表，在日落到日出的六個月間全力往前走，並於最後走回共主的黃金宮殿。各個代表在旅途中踏過的土地都歸族人所有，但如果他無法在規定時間內到達宮殿，他在日出那一刻所站的地方就成為族人永遠的居住地。結果，破曉之時，苗族的代表正好站在一座高山之巔，此後苗人就住在高山上，在那裡，他們最早看到日出，最晚看到日落。

如果那個兩腳痠痛的行者最後停在平原上，苗族的命運就會完全改觀。不論在哪個層面上，苗族的歷史、民族性都源於苗人是高山民族此一重要事實。苗族有句諺語：「魚兒水中游，鳥兒空中飛，苗人山中住。」苗語描述山的形狀、坡度和高度的詞彙有數十種。薩維納寫道：「問一個苗人來自何方，他會回答你山的名字。他會說，我是在某某山出生的。問他那座山在哪裡，他會告訴你東西南北方，而不會告訴你是在中國、越南東京

（Tonkin），或寮國。薩維納觀察到，你能從苗人獨特的步伐輕易認出這是不得不下山到低地來的苗人。他們習慣在陡峭的岩石小徑間穿梭，會忘了自己正走在平坦的路上，而把腳抬得過高，像在爬樓梯，或害怕跌倒。苗人在平地就像水手在陸地上一樣渾身不自在。」

在戰前的寮國，各種族之間就像普施咖啡[1]一樣區隔分明。寮族人住在平地，克倫族和高棉族住在海拔約五十公尺處，傜族住在海拔四百公尺以上。摩丹神父寫道：「最後，在這個區域海拔最高之處，大約一千到二千公尺，住著苗人。你到最高、最難攀登的山上搜尋，就會發現苗人。他們只有在那樣的高山上，才覺得舒服自在！」低地寮人或許比苗人更富有，人數更多，也掌握更多政治實權，但苗人每天都像老鷹俯瞰地上老鼠一般，從高山上俯視這些自以為能統管他們的人，因此始終保有堅定的優越感。就像在中國，寮國的苗族始終維持純淨的血統。苗人鮮少與強勢文化接觸，能輕易抗拒同化。他們相信在平地很容易生病，因此很少踏上平地，並稱平地為「水蛭之鄉」。（這麼想也不無道理，海拔較低的地方確實比較容易爆發熱帶傳染病。）此外，也沒有外地人會在旅行中經過苗人的領土。偶爾會有雲南商人帶著銀子、布匹、線、鞋子和鍋子等貨品造訪，但苗族非常自給自足，總能夠把交易量降到最低。苗人生產自己的食物，也生產牲口的飼料。用自製的燧火槍或竹、木、麻等材料製成的十字弓獵捕鳥類、鼠類、猴子、長臂猿、鹿、野豬，甚至老虎。在山澗釣魚，也採集水果、野菜、野生蘑菇、植物塊莖和竹筍。在寒冷的清晨從樹葉背面抓住動作遲緩的蚱蜢，烤來吃。在蜜蜂的胸部綁上雞毛，追蹤到蜂窩，用煙薰出蜜蜂，取得蜂蜜後，挖出蜜蜂的幼蟲，蒸來吃。在森林裡若口渴了，就摘下向上翹起的碟狀樹葉，飲用上面的露水。

在苗語中，有數百個抒情的二字短語，但不是用來寫詩賦詞，而是日常使用的擬聲詞。從語言學家雷特克利夫（Martha Ratcliff）蒐集的頭韻詞語中，我們或可一窺寮國苗族與自然世界的親密關係。例如，「之佼」是蟬鳴，「哩魯」指蜜蜂嗡嗡叫，「嚙揮嚙呼」是野豬嚎叫，「謎摸」指老虎玩耍，「咿凹」是兩隻野豬激烈相搏，「推機退機」是田鼠或老鼠在蛇的口中哀鳴，「蛇要」是蛇在地上爬行，「推福退福」是鳥兒啁啾鳴叫，「入積繞夫」是鳥兒掠過樹葉尋找昆蟲，「瀑立瀑勞」是鳥從地上的巢中飛起，「自個造個」是猴群在樹梢快速移動的窸窸窣窣聲，「次個創個」是猴子在樹梢間跳來跳去的斷斷續續聲，「扭即立夫」是樹木迅速倒下的聲音，「扭揮繞夫」是樹木徐徐倒下的聲音，「微個外個」是樹木倒下時掠過其他樹木和灌木叢，「那女個」是許多樹木接連倒下，「畢波」是果子掉在地上，「畢不夫」是果子掉在水裡，「續要夫」是一整天都緩緩下著漫漫長雨。

苗人就像大部分平地人，都是農夫。弗雅有一次告訴我，在她的村子裡，每個人都做一樣的工作，沒有誰比較了不起。苗人沒有階級制度。沒有人識字，也沒有人會因為不識字而感到不足或不方便。下一代需要知道的事，包括祭祖、吹奏蘆笙、舉喪、求偶、追蹤鹿、蓋屋、在裙子上刺繡、殺豬和打穀等，都是靠口耳相傳或實際示範。

雖然苗族的稻子、玉米和蔬菜收穫量都足以滿足族人所需，但只有一種作物能毫無疑問種贏平地寮人，那就是特別適應高地低溫和鹼性土壤的罌粟。當然，這也有一段傳奇故事。很久以前，苗族有個美女，她因為過度放縱而早早就香消玉殞。後來她的墓地長出一種花，所結的蒴果成熟後滲出了汁液，其芳香使每個聞到的人都再次感受到她生前帶給眾情人的消魂滋味。她也託夢給無法對她忘情的人，傳授種植、製作鴉片的祕方。她的夢中指導想必相當成功，因為自十八世紀末英國東印度公司將鴉片引進中國以來，苗人就一直是種鴉片的好手。而不論苗人是否願意，也都捲入了這椿既非由他們發動，也不受他們控制的國際貿易中。在寮國，法國殖民政府甚至鼓勵苗人以生鴉片抵稅，如此一來，政府核准的毒品販售網絡就有了源源不絕的貨源。苗人輕易達成政府的要求。他們知道怎麼品嘗泥土，以測試土中的石灰含量，找出最適合種植罌粟的土壤。他們也知道要在玉米田播種，讓幼苗在玉米的保護下成長。他們懂得如何使用三刃刀畫開罌粟花的蒴果（切太深汁液會滴到地上，切太淺則汁液無法流出），等到流出的汁液凝結並變成褐色時，就刮下來包在罌粟葉或香蕉葉裡，再捏製成鴉片磚。我的苗語字典中共有廿九條與種植、吸食鴉片有關的詞彙，包括畫開蒴果用的小刀「riam yeeb」，及托住鴉片團以便吸食的針狀工具「yeeb tseeb」等。令人意外的是，除了慢性病患和老人，苗族很少有人對鴉片上癮。苗族留下的鴉片主要用於端公的儀式，以及抑制頭痛、牙痛、蛇咬的疼痛，還有退燒、止瀉、減輕年老帶來的各種不適等。年輕人一旦對鴉片上癮（通常是男性），會受到莫大輕賤，也烙下喪失工作能力的汙名，不但很難找到配偶，也會拖累兄弟和表親。

苗族人通常只保留不到十％收穫量的鴉片自用，其他統統賣掉。鴉片可說是苗族唯一的經濟作物。不但容易攜帶、不易損壞，而且可以賣到天價，你很難找到比這更適合在山地運送的商品。一公斤鴉片售價等於半噸米。平地商人只要帶領一支普通規模的矮種馬商隊，就可以運走一座村寨整年生產的生鴉片磚。買賣鴉片時，苗人不收紙幣，只收銀條和皮阿斯特幣，因為這兩種東西可以熔掉鑄成首飾，或存起來當聘金娶新娘。鴉片就等於財富，難怪許多基督教傳教士第一次來寮國時，都會在奉獻盤中發現慎重包裝的鴉片球，也難怪我的苗族口譯員的雙親會認為「美罌」是他們能給女兒最美麗的名字。

苗人種鴉片一如種稻和玉米，都是採用刀耕火種法。在旱季，婦女用小刀割除森林中的矮灌木，男子則用斧頭砍樹。然後男人會衝到山腰，用火炬點燃砍下的植物堆，焚燒的火舌常會竄至一百多公尺高，從十公里外都看得見黑煙。當燒焦的植物冷卻到能夠觸摸的程度，全家族會在耕種前一起清理殘骸，只留下大石塊和樹墩。刀耕火種法不需要灌溉、整地等步驟，甚至不用施肥。樹木的灰燼會使土壤暫時變得肥沃，但經過四、五個雨季之後，這些富含養分的土壤便沖刷一空，剩下的土壤因嚴重枯竭，往往在二十年後才能重獲地力。據估計，一九五〇年時，寮國境內的苗人每年燒掉十萬多公頃土地，表土由田裡流失所造成的土壤侵蝕，足以改變當地河流的流向。但種植鴉片更傷地力，以刀耕火種法開墾的稻田，最後會重新長出森林，但鴉片田最後卻只會長滿一種叫白茅的雜草，而這種草連動物也不吃。

刀耕火種法和苗族的遷徙習性密不可分。居民會在村寨鄰近的土地耕作，數年後地力一耗盡，就會放棄這塊地，到步行可及的另一塊地耕作，然後再放棄，在更遠的地方蓋起過夜的小屋，耕作另一塊地，最後集體遷村。這就像輪流住不同城堡的英女王伊莉莎白一世。伊莉莎白女王的時代還沒有下水道，當城堡的臭味變得難以忍受時，她就遷居下一座城堡。苗人則是在村寨的垃圾和動物糞便累積到令人不快或生病時遷居。有時村寨變得太擁擠，新家庭就會在村寨附近形成較小的衛星村寨。苗族的房子是用繩子和動物的肌腱綑綁竹片、木板建成，這是為了便於拆解、搬運和重組。苗族連藝術品都很方便攜帶，他們沒有巨大的雕塑，卻有發達的織品、珠寶工藝、音樂和敘事藝術。由於苗人總是以群體而非個人為單位遷徙，所以無論搬到哪裡，家族結構、宗教和文化認同始終不變。這一切都構成了強大的「家庭」感，儘管頻繁遷徙，卻免受鄉愁之苦。

使用刀耕火種法並不斷遷移的生活方式，意味著苗族無比信賴豐饒的大地，認為即使田地不再肥沃、村寨不再健康、地區不再富庶，也無關緊要，一如苗族諺語所說：「永遠都有另一座山。」但這種信念絕非怠惰的表現。遷徙很艱苦，當苗族離開中國來到中南半島時，是將族群的命運完全交付在這場遷徙上，這也是當年苗人所能想到的解決方法中最辛苦的一個。一九六〇到一九七〇年間，寮國變成越戰的戰場，於是苗人再次遷徙，只是這次遷徙得更徹底：先是在寮國境內遷徙，最後則遠離寮國。

一九六一年的寮國國王是瓦哈那（King Savang Vathana），一個心地善良、個性軟弱的知識分子，所屬的王室可上溯至西元八世紀左右。他常常引用普魯斯特，開一輛福特汽車。他曾經嘆息說：「我國是舉世最和平的地方……寮國人民從未想過侵占他人財產，或和鄰居爭執，更別說與人作戰。但過去二十年間，我國卻毫無和平與安全可言……各種敵人試圖跨越疆界，摧殘我國人民，毀滅我們的宗教與寧靜和諧的氣氛。這些國家無視於我國的利益與和平，只重視自己的利益。」

一九五四年，法國輸掉奠邊府之役後簽訂了日內瓦協定，三個法屬印度支那的國家，寮國、柬埔寨和越南，獨立了。其中越南暫時分為南北越，預定兩年後統一。寮國為中立國，在經濟上無足輕重，一九六〇年首都只有一支交通信號燈，全年出口總值只有三百萬美元（不含鴉片），卻因戰略位置而惹來災禍。寮國西邊是泰國和緬甸，東邊是越南，南邊是柬埔寨，這些國家都比寮國強大，人口也更多。寮國與這些國家之間沒有任何天然屏障，難以長久保持中立。在越南獨立同盟，也就是胡志明的北越軍隊協助下，信奉共產主義的巴特寮（Pathet Lao，又稱寮國愛國陣線）開始造反，企圖推翻反共的寮國皇家政府，控制整個寮國，寮國從此戰禍連綿。

美國從一九五五年起便祕密協助寮國皇家政府訓練軍隊，這時也更進一步介入。克里夫特（Clark Clifford）曾做過杜魯門、甘迺迪、詹森和卡特等美國總統的顧問，他在回憶錄中寫道：「回想起來似乎難以置信，但（艾森豪總統）認為這個東南亞內陸小國的命運正是美國當時最重要的問題。」一九六一年，艾森豪在任期的最後一天對繼任者甘迺迪總統說，寮國一旦淪入共黨之手，南越、柬埔寨、泰國和緬甸等地遲早也會淪陷。甘迺迪總統也同意。當時唯一的問題是，在一九六一至六二年間的日內瓦會議中，美國、蘇聯、南北越及其他十國都在新簽的協定中重申寮國的中立國地位，並保證不派遣「任何外國部隊或軍事人員」到寮國。

苗族就這樣被牽扯進去。美國急著支持寮國的反共政府，也想盡快切斷北越人沿著胡志明小徑（途經寮國南部、靠近越南國界的一系列道路與小徑的合稱）開發，直通南越的軍事運輸線。但是該如何又干預又至少維持表面上的正當性？美國部隊或許可以到越南，而不進入寮國[2]，如此便不違反協定。解決之道是找傭兵替美國打這場仗。甘迺迪相當明快地派了一隊中情局顧問到寮國。雖然這些人確實不是「外國部隊」，但事後看來卻是貨真價實的「軍人」，因為他們召募、訓練、武裝了一支祕密游擊隊，成員全是苗族戰士。這支苗族祕密部隊往後持續得到詹森和尼克森兩任總統的支持，最後變成超過三萬人的軍隊。這些士兵在陸地作戰、在空中執行戰鬥任務、引導美國飛行員空襲、營救被擊落的美國戰機飛行員、從直升機跳傘到敵後作戰、蒐集巴特寮和北越部隊的活動情報、破壞道路及橋樑、在敵軍部隊中祕密裝置電子發報機以便空襲時精準定位敵軍位置，也攔截胡志明小徑運送的物資。

苗族祕密部隊的顛峰時期，是中情局在全球最大規模的軍事行動，但在英籍記者羅賓斯（Christopher Robbins）於一九八七年出版《群鴉：在寮國為美國祕密作戰的人馬》（*The Ravens: The Men Who Flew in America's Secret War in Laos*）一書之前，美國大眾對這件事幾乎一無所知，只聽到一些傳聞和否認。（舉個典型的例子，一九六二年七月四日，《紐約時報》報導：國防部發言人今天說明，有關美國飛機將武器空投給寮國苗人的說法，是不實的指控。）一九六五年，詹森總統道貌岸然地評論道：「寮國的問題在於共產黨軍隊不遵守日內瓦協定。」但他沒有提到自己的國家同樣不遵守日內瓦協定，只不過保密功夫比較到家。根據羅賓斯的說法，寮國的戰爭非常機密，甚至連中情局在越南經營航空公司「美國航空」（Air America）所招募到的空軍飛行員，在抵達寮國之前都不知道自己將前往哪個國家作戰。寮國在當時只被簡稱為「另一個戰場」（the Other Theater）。

乍看之下，中情局向寮國最偏遠的少數民族募兵，似乎很瘋狂，因為與平地寮人相比，苗人最出名的，就是缺乏國家意識。不過中情局會這麼做，其實是同時考慮到寮人的缺點和苗人的特殊才能。當時的寮國還有一支寮國皇家軍團，但並不以驍勇善戰聞名。當時《生活》雜誌就有篇文章提出如下觀察：「（寮人）是全亞洲最可愛的民族，也是最出世、最不好戰的民族。因此，寮族部隊有時是朝敵人頭頂上方射擊，傷不了任何人，這讓美國的軍事顧問非常失望。」據說寮族的士兵可能會在初次遭到攻擊時放下手中武器，或把武器拿到黑市賣掉。相反的，過去四千年以來，苗人（中情局也像寮國人，稱苗人為「Meo」，而非「Hmong」）一直以好鬥聞名。寮國苗人在二戰期間便已組成游擊隊，證實自己的作戰才能。當時苗人和寮族、法國同一陣線，一起抗日。戰後，苗人再次和同一批人結盟，對抗越南獨立同盟。在這樣的背景下，中情局順理成章地接管了法國約二十年前在寮國北部組織的苗族游擊隊。一九六〇年代初至七〇年代初，美國媒體的戰地報導對苗人既貶抑又欽佩，這令我十分困惑。苗人被刻畫成「高貴的野蠻人」，但又生具令人害怕的殘忍性格。報導會這樣寫：「正如諸多原始民族，在他們的語言中，『敵人』和『陌生人』是同一個字。他們既會用十字弓射殺客人，也可能張開雙手歡迎。」「苗人是短小精悍的原始人，精通各種野蠻的埋伏和夜襲技巧。」「不停有粗略的傳聞從山上飄來，苗族部落男子在支持政府的出征中重創共軍車隊。」「苗族殺人從不遲疑。他們隨手就能使用武器，像山羊般在山間敏捷來去，設下埋伏，摧毀運輸隊，在敵軍後方散播驚恐的氣氛，再悄悄退回山間。」

苗人之所以支持寮國皇家政府，並因此與美國合作，大多有自己的理由。約有五分之一的苗人（大多是羅姓氏族的成員及支持者，與反共產黨的賴姓氏族結怨已久）支持巴特寮，但大多數苗人，包括中情局接觸過的那些人，都支持寮國皇家政府。這並不是因為資本主義思想比共產主義思想更具吸引力，而是因為後者更可能威脅到苗族的自主權。共產黨主張平均地權的土地改革政策，似乎不可能贊同苗族的耕作方式。再者，在法屬印度支那殖民時期，苗人大多站在法國那邊，此時自然害怕遭北越報復，而北越近來沒收苗族的鴉片以購買武器，也再度引燃過去的敵意。若考量社會地位，苗族也有充分動機為皇家政府作戰。低地寮人過去總看不起苗族，苗族若能幫國家打勝仗，成為英雄，社會地位就可能提高。最後，許多苗人之所以將一切賭在這場戰爭上，是因為他們就住在主戰場石缸平原（the Plain of Jars）周圍的山上，而石缸平原位處寮國東北的要衝，北方的共軍若想占領泰國邊境的寮國行政首都永珍，非經過這裡不可。苗族對這個重要地區瞭若指掌，召募苗人的美軍將領不可能不留意到這一點。雖然還有其他山地民族支持皇家政府，不過戰爭打得最多的還是苗人。

一九七一年，在美國參議院軍事委員會的聽證會上，國務院官員強生（U. Alexis Johnson）說：「依我之見，雖說我們（在寮國）的作戰方式既不正統，也無前例可循，但我方幾乎沒有任何人員死傷，從很多角度來看，還是能夠讓我們的國家引以為傲。套句老話，我們的錢花得非常符合成本效益。」言下之意就是苗人的命較不值錢。當時美國政府每年花五億美元資助苗族祕密部隊（透過中情局、國防部和美國國際開發署三個管道），每年花在越戰的經費卻逼近兩百億美元。相差如此懸殊，原因在於一九七一年在越南作戰的美國士兵月薪大約是一九八至三三九美元，而寮國苗族士兵的平均月薪則只有兩千基普（kip，寮國貨幣單位，兩千基普當時約合三美元）。美國軍人在越南吃的是美軍糧餉（包括義大利麵、火雞肉派、火腿與蛋、法蘭克福香腸和豆子），再加上定期補給品如牛排、冰淇淋和啤酒等，而苗族士兵只吃白米飯。美國的飛行員服役滿一年就可以返鄉，若是在北越地區飛行，只要出滿一百次任務就可以回家。但苗族飛行員，例如最出名的李律（Ly Lue）中尉，在被擊落墜毀之前已經出過五千多次飛行任務。羅賓斯寫道：「這條路走不到盡頭，他們無法到香港或澳洲休假，也看不到戰爭何時結束。苗族的飛行員說：『我們只有飛到死為止。』」當時苗族士兵的死亡率大約是越南美軍的十倍。

苗族士兵往往被視為美國的傭兵，但我們若不明就裡地沿用這個稱呼，就忽略了一件事：傭兵不論是受到金錢或冒險欲吸引，都是自己的選擇，但苗族士兵並非都是自願從軍。有些人是因為寮國北部被轟炸而失去生計，只能棄農從軍。有些人是遭到強迫。有人說王寶（Vang Pao）將軍，也就是當時得到中情局資助的苗族祕密部隊領袖，會懲罰從軍人數未達指定額度的村寨，做法包括中斷糧食補給，或派遣部隊攻擊村寨。住在美熹德的苗族頭目瓊納斯・范蓋伊（Jonas Vangay）開始接受採訪不久就告訴我：「王寶以暴力募兵。我運氣好，我父親有錢，雇了四個人頂替我和三個兄弟從軍。父親偷偷送我們去上學，讓那四人替我們打仗。」當時他的話只說到這。幾個月後我和他更加熟稔後，才敢問他，代替他們打仗的士兵最後怎麼了？他說：「四個都死了。」我們陷入一陣尷尬的沉默，然後轉移話題。

王寶可說是這場戰爭裡最重要卻也最神祕的人物。這個天生的領袖十三歲就從軍，最初在法軍擔任翻譯員和傳令兵，後來在寮國皇家軍團裡節節高升，直到一九五〇年代初期有人推薦他去讀軍官訓練學校。在入學考試中，監考的上尉發現這個前景光明的考生幾乎一個法文都不認識，便俐落地解決了這個難題：直接說出答案給王寶聽寫。（多年後，王寶仍對自己的作弊不以為忤，不過他強調，那個上尉只是把答案告訴他，而不像某些傳聞所說的，拉著他的手寫下答案。他對一個苗族採訪者說：「去他婊子的，我當然會寫字！」）值得一提的是，這次事件完全不像泰德・甘迺迪在哈佛大學的西班牙文考試作弊一樣，傷了他的名譽，反而為個人神話平添一筆注腳，說明了像他這樣的人，是不會被規則這種小小的絆腳石所阻撓的。到了一九六一年，中情局指派王寶領導游擊隊的時候，他已經官拜陸軍上校，是苗人所獲得的最高軍階，而他也娶了三個妻子，分別出身不同主要氏族，藉此鞏固自己在苗族的影響力。一九六三年，他當上少將，將自己看成現代的改革者，支持教育，批評傳統的刀耕火種法，並鼓勵苗族融入寮人社會。但另一方面，他也聘請知名端公舉行儀式，並殺兩頭小牛獻祭，拉攏一個舉足輕重的苗族中立分子投靠右翼陣營。他至少曾有一次在用晚餐時發覺雞腿骨的位置很不吉利，因而延後了轟炸機的突擊行動。他用電擊折磨北越戰犯，並猛烈轟炸與巴特寮合作的苗族村寨。但他也認養了數百個戰爭寡婦和孤兒，擔任教父和代理家長的角色。就連他的敵人也承認他膽識過人。他常和士兵一起上前線，也多次從迫降和槍傷中存活下來。

根據當時一部宣傳電影的旁白，中情局視王寶為「有個人魅力、熱情且忠誠，沒有祖國的愛國者」。他兩度飛往美國，到白宮作客。《紐約時報》報導道，一九六九年他到迪士尼樂園時，「有人開玩笑送了他一套蒙面俠蘇洛的衣服。據他身邊的人表示，最近他巡視新占領的重要地區石缸平原時，還穿了這套衣服。」中情局了解，要確保與苗人的合作關係，最好的方法就是支持苗人的鴉片買賣，於是利用越南的美國航空班機接運偏遠村寨生產的生鴉片磚，並給予王寶一家他專屬的航空公司，即川壙空運。川壙空運專門從苗族寮國北部龍町（Long Tieng）的祕密軍事基地運送鴉片到永珍的鴉片市場，在當時被暱稱為「鴉片航空」。許多精煉的鴉片最後都流入南越，根據估計，有三萬名美軍在當地染上了毒癮。販賣鴉片所得有一大部分間接用於補助苗族祕密部隊，因此打這場仗對苗人而言好處頗多。中情局主管赫姆斯（Richard Helms）在一九八八年接受新聞紀錄片節目「前線」（Frontline）採訪時，對明顯不相信他的記者說：「我對此事一無所知。我們絕對沒有這種政策。」

王寶將一部分招募來的士兵送到泰國的訓練營，其他則集中在龍町的一片荒廢鴉片田，三面都有石灰岩山脈屏障。在戰爭期間，此處成為全世界最大的苗族避居地。新兵在中情局興建的運輸機跑道上出操，用美製M1步槍、M2卡賓槍和戰爭中繳獲的蘇聯製衝鋒槍練習射擊，靶紙則是妻子用奶油紙盒剪成。他們也學習操作迫擊炮，使用自製的發射器發射美國空軍的火箭炮。這些人不識字，偵查北越部隊的士兵所使用的無線發報機都在按鈕上貼著卡車和坦克車圖案的標籤。中情局的指導員大為驚奇，向來慣用十字弓和火槍的苗人竟能如此快速精通現代軍事科技。一個美籍訓練官在一九六一年這麼說：「你在早上發給一個小傢伙一把M1步槍和五十排子彈，晚上他回來的時候，已經能夠射殺一百八十公尺以外的敵人。」羅賓斯寫過一則報導（可能是捏造的，也可能不是），提到戰爭剛開始的時候，苗族村民會盯著飛機的機腹猛瞧，想看出這架飛機是公的還是母的。可是不過數年，已有村民能夠在T28螺旋教練機改裝的轟炸機上擔任機員，甚至駕駛員。苗人的適應能力也讓美國人大開眼界。當時木材取得不易，移居到龍町的士兵和家屬就用米袋、拆開的子彈箱和壓扁的五十五加崙汽油筒蓋起房子。他們用手榴彈捕魚，並把魚塞在雞腹裡做成餌來捕老虎。他們也用降落傘的繩子拴水牛。

在美國，人們把這場寮國軍事衝突稱為「寂靜的戰爭」——這是相較於喧嚷不斷的越戰而言，但由於越戰情勢升高，使得寮國內戰漸漸轉變成國際混戰。蘇聯和中共支持巴特寮，美國則繼續支持寮國的保皇黨。不過對苗族而言，這場戰爭一點也不寂靜。戰爭期間，寮國境內被投擲了兩百多萬噸炸彈，而這些轟炸大多是美軍為攻擊苗族區域內的共軍部隊而發動。當時平均每八分鐘就有一次空襲，如此持續了九年。在一九六八至一九七二年間，單是投擲在石缸平原的炸彈就超過美軍二戰在歐洲和太平洋戰場所投擲的總和。一九七一年，美籍記者艾爾曼（T. D. Allman）報導，他搭乘飛機經過石缸平原時，看到光是一座三十公尺高的小丘就布滿數百個彈坑，植被則因美軍噴灑落葉劑而變成光禿一片，汽油彈更是日夜燃燒。直到今天，石缸平原仍然布滿彈坑，此外還有未引爆的美製集束炸彈，一被鋤頭鏟到或被好奇的孩子碰到，就很可能爆炸。

在戰爭後期，隨著苗族死傷人數增加，召募的士兵年紀也愈來愈小，卻得和年年輪調、訓練有素的北越軍隊作戰。在《悲劇的群山：苗人、美國人與寮國的祕密戰爭，一九四二至一九九二》（*Tragic Mountains: The Hmong the Americans, and the Secret Wars for Laos, 1942-1992*）一書裡，漢彌爾頓–瑪麗特（Jane Hamilton-Merritt）引述了前苗族軍人王修（Vang Xeu）的話。他在一九六八年自願從軍，年當十三歲。他說：

> 大家都知道王寶是十三歲從軍，有這麼多小男孩自願為保護家園而戰。當時我矮小體弱，但我下定決心要保衛我的民族……我第一次上戰場，就發現自己沒辦法用手拿著武器射擊，武器太重了。我必須找石頭或樹穩住槍身才能射擊。這麼做很危險，所以我問王寶，我可不可以改做傘兵。他同意了，於是我接受傘兵訓練。我第一次跳傘的時候，又因為體重太輕，一直在空中飄來飄去，以至於降落的時候和我的部隊距離太遠。為了解決這個問題，我下次跳傘便帶著一支B40榴彈發射器，讓我能夠往下沉，但是落地後，我又因為不夠強壯而無法有效使用那具B40。我就問王寶，我可不可以轉接受情報方面的訓練，他也同意了，而這份工作很適合我。

一九六八年，布尤爾（Edgar "Pop" Buell）負責主導美國國際開發署在寮國北部的救濟計畫。他告訴《紐約客》雜誌的記者夏普倫（Rober Shaplen）：「幾天前，我和一些（王寶的）軍官在一起，他們正把三百個（苗族）新兵集合起來。這些人當中有三成年紀在十四歲以下，有十幾個人大概只有十歲。另外三成大概是十五到十六歲。剩下的則是三十五歲以上的成年人。那麼年齡在這中間的人都到哪兒去了？我告訴你，他們全死了。」

一九六〇年，大概有三十萬至四十萬個苗人住在寮國，至於其中有多少人在這場戰爭或戰爭餘波中喪生，各方說法一直很分歧。據估計，死亡人數少則十分之一（根據一九七五年《華盛頓郵報》的報導），多則一半（根據一九七〇年一篇為參議院難民與流亡人民小組委員會所做的報告）。死者中有些是陣亡的軍人，也有很多是平民，死於大砲、迫擊砲、炸彈、地雷、手榴彈、戰後大屠殺、饑荒和疾病。而其中爭議最大的，莫過於是否有軍民死於化學武器「黃雨」。這項爭議轉移了輿論焦點，苗人遭到傳統武器屠殺的事實反而被忽略[3]。苗人平均死傷數遠超過南越人，但美國媒體每天報導南越人受苦的新聞，卻對苗人不聞不問。部分是因為龍町地區禁止記者進入。（有一次，三個分別來自美國、英國和法國的記者設法潛入龍町地區，王寶擔心自己的祕密軍事基地因此曝光，決定炸掉記者搭乘的吉普車，他的中情局顧問好不容易才打消他的念頭。）即使報導中提到苗族，往往也不會提到美國介入寮國內戰這項重要事實，一方面因為記者無法證實，另一方面則因為這類消息會遭到封殺。

寮國北部有九成村寨遭戰火波及，也就是，很多居民或在戰爭中犧牲，或流離失所，或兩者兼有。有些村寨遭到巴特寮或北越軍隊夜襲，房屋付之一炬，頭目也遭毆打或殺害，只好集體逃亡。有些村寨則為了躲避美軍或寮國皇家政府軍的意外轟炸而遷村。（一九七一年，有人問龍町西北方約四十八公里外龍坡〔Long Pot〕的一個苗族頭目，他最害怕的是巴特寮的襲擊，還是盟軍飛機投下的炸彈？他回答炸彈。）有些村寨則被美國航空疏散，理由是這些村寨必然會被巴特寮攻陷，讓巴特寮只占領土地卻抓不到俘虜，至少能減少共黨軍隊的戰利品。有些村寨則因身強體壯的男人不是死去就是從軍，剩下的老弱婦孺無法靠耕作養活自己，只好就此棄村。戰爭迫使苗族改變原有的遷徙習慣，到了一九七〇年，寮國境內有三分之一以上的苗人成了國內難民。苗族學者暨政府顧問楊道（Yang Dao）在當時做了以下紀錄：

在華潘和川壙等省分，戰爭波及每個家庭，迫使每個人，包括幼童，都必須在戰鬥和死亡間做出痛苦的抉擇……（流離失所的人）前往南部的臨時居住區避難，但那裡糧食短缺，沒有學校，衛生條件也差，只有揮之不去的絕望和無望。

在這段動亂時期，四處混亂失序，政府只處理最緊急的情況。平地的氣溫較高，常常下雨，再加上這個民族原本生活在偏遠地區，缺乏保健常識，因此疾病和傳染病迅速流行，在擁擠的難民區奪走許多生命，特別是小孩。

石缸平原西南部原本是蒼鬱的森林，甚至有老虎出沒，卻在短短數年內因人口持續移入而「都市化」。不過這些遷居行為和工業化所造就的經濟發展無關。時至今日，有二十多萬人住在臨時居住區，每個軍事基地通常住著五百到三萬個不等的居民，這些居住區全都集中在一個五十公里寬、九十公里長的帶狀山區內，該省其他地區則是荒蕪一片。

就某些層面來說，苗人面對這次戰亂的方式與過去遭受的眾多苦難並無不同，也就是緊守自身的傳統文化。楊道記載，很多被迫遷移的家庭雖然失去牲口，仍在儀式裡奉獻牲禮，只不過是用石塊取代動物。一夫多妻制在苗族本已逐漸式微，戰爭開始後卻因男女比例懸殊而再度普遍起來，但只有像王寶這類領袖人物才會為了彰顯地位而迎娶多位妻子。而轉房婚，也就是寡婦再嫁小叔的習俗也因此復活。這個習俗讓孩子和遺產得以留在父親的家族中，但往往也讓新丈夫（可能只有十五歲，或者本身已有十個子女）背負沉重的負擔。

對大多數苗人而言，成為國內難民就像經歷一場混亂的迫降，被強拉到二十世紀的文明。對於戰後來到美國的苗族難民，一般大眾的看法則如同某記者所說，認為他們「從石器時代被移植到太空時代」。但這種看法不僅大大低估苗族傳統文化的複雜程度，也忽略了一件事：許多苗人在這場戰爭中，早已遭逢社會、文化和經濟上的巨變。苗族原本的生活方式已延續數世紀，熬過了中國長達數百年的迫害，也熬過十九世紀的大舉遷移寮國，卻在短短數年內永久改變了（至少外在形式永遠變了）。有一次我請瓊納斯概述戰爭對苗族的影響，他說：「過去我的父母出門，不是赤足步行就是騎馬。我們住在偏遠的山區，從來沒看過汽車或巴士。但在一九六〇年，一切突然走了樣。過去法國打的那些仗並未嚴重影響我們，因為只有不到二成的苗人被捲入奠邊府戰役。但美國的這場戰爭卻牽連到九成的人。你不能留在自己的村寨裡，只得一直搬家。四年後我到永珍時，最讓我驚訝的是，已經看不到幾個穿著傳統黑色服飾的苗人，所有人都穿著卡其色和綠色的軍服。還有，我們以前住的地方布滿了森林，但經歷多次轟炸之後……il n'y a plus de forêts, il n'y en a plus, il n'y en a plus, il n'y a rien du tout（那兒再也沒有森林了，再也沒有了，再也沒有了，那裡現在什麼也沒有）。」每當瓊納斯沒辦法用英語適當表達情感的時候，就會講法語。法語是他繼苗語、寮語和泰語之後學會的第四種語言，英語則是第五種。

雖然有些苗人在二戰期間及戰後已開始接觸平地生活，但仍有許多苗人是在被迫從村裡遷移到臨時收容所之後，才首次見到汽車、卡車、牽引機、腳踏車、收音機、手電筒、時鐘、罐頭和香菸。苗人的刀耕火種法已經瀕臨絕跡。由於士兵的薪資是以現金給付，市面上又買得到產品，因此新的市場經濟開始浮現。寮國貨幣奇普取代銀成為新的交易貨幣。龍町變成雜亂無章的人口稠密區，沒有柏油路與下水道，卻擁有三萬人口。苗人就在這兒擺麵攤、修理皮鞋、裁製衣服、修理收音機，開著軍用吉普車做計程車生意，也有人為美國飛行員和救濟人員做翻譯。除了典禮儀式的場合以外，苗族婦女不再穿刺繡的黑色傳統服裝，而是改穿低地寮人的筒裙和工廠成衣。不論男女都穿起塑膠拖鞋。有些孩子去學校上學，其他的則跟在美國人後方乞討口香糖或硬幣，還有些孩子蹲在泥土裡玩耍，但玩的不是玉米穗或雞毛做的玩具，而是空彈殼。就連苗語也開始適應新環境，許多傳統的擬聲詞涵義擴大了，好讓苗人表達對聲音的新聯想。如「劈波」（Plij ploj）原指竹子折斷的聲音，如今新增了「子彈撞擊」的涵義。「威威」（Vig vwg）原指風或火的呼嘯聲，現在也指「小型的飛機馬達」。「霹靂波咿」（Plhij plhawj），原指鳥由一處棲木短暫飛往另一處棲木時發出的聲音，現在也有「直升機螺旋槳」的意思。此外，「泥機泥差」（ntsij ntsiaj）是新造的詞，意思是「拉或推M16步槍的槍機」。

戰爭為苗族生活帶來的種種變動中，最劇烈的應該是讓苗人從此失去最引以為豪的東西，也就是自給自足。苗人的田地荒蕪，牲畜棄養了，山林也變空蕩蕩，不見獵物的蹤影，十萬多個苗人只能倚靠美軍空投的食物維生。假使天氣好，也沒有敵襲，美國航空的貨機每天都會空投五十公噸白米。有個飛行員這麼說：「如果有人跟苗人說米不是長在天上，大概有一整個世代的苗人都會大吃一驚。」提供糧食給苗人的後果是，有些苗人生活的地區仍然可以耕種，但他們卻有更多時間種植罌粟，於是助長了鴉片買賣。不過並不是所有村莊及臨時收容所都可以得到美援的白米，且即使是有空投白米的地方，每人每天的配給額也只有一磅，那大約只等於苗人食量的一半。空投白米對苗人帶來的心理傷害至今仍未褪去。我向瓊納斯問起這件事的時候，他說：「你是在指控苗人偷懶或整天無所事事嗎？你認為他們整天只等著吃天上掉下來的米飯？苗人過去都是自己種米。以前寮人也常用鹽和其他物資向苗人交換米，我們苗人從來不需要向寮人買米！但是在石缸平原地區，因為打仗，米根本不夠吃。Ils n'ont plus de choix（他們沒有別的選擇）。」

一九七三年一月，美國簽署了巴黎和約，宣誓將從越南全面撤軍。兩周後，季辛吉於前往河內途中在永珍短暫停留，並與當時的寮國總理溥瑪親王對談。溥瑪擔心美國也會從寮國撤軍，將寮國置於北越的刀俎之下。溥瑪對季辛吉說：「寮國的生存，此時都靠你們的臂膀扛起了，不過你們的臂膀如此寬闊。我們只能靠你們讓鄰國了解，我們要的不過是和平。我們是小國，不會威脅到任何人。我們只能仰賴你們，讓他們知道寮國人民在傳統及宗教上都是愛好和平的。我們只希望能擁有主權與獨立地位。我們請求他們，讓我們在這古老王國所遺留下來的一塊小小土地上和平生活……所以，我們必須依靠強大友邦美國的力量，幫助我們生存下去。」

然而季辛吉的臂膀並不如這位親王所期望的那樣可靠。季辛吉在一九七九年出版的回憶錄寫道：「時至今日，只要回想溥瑪那番哀淒的懇求，我仍感到一陣劇烈的羞愧。」一九七三年二月，永珍和約簽署，寮國隨之停火，組成了聯合政府，美國停止空投援助，美國國際開發援助署的救援計畫也就此結束。一九七四年，最後一架美國航空飛機飛離寮國。一九七五年五月三日，赤柬占領金邊滿兩周，北越占領西貢滿三天，七個月後奉行共產主義的寮國人民民主共和國將會取代六百年來的君主政治。在這一天，巴特寮的軍隊跨過停火線，進入王寶掌控的地區。五月九日，一份由寮國人民黨經營的報紙宣稱：「苗人肯定被連根消滅了。」五月十日，在巴特寮和北越部隊的包圍下，王寶只剩下幾個戰鬥機飛行員，也失去美軍的戰力支援，只能百般不願地聽從中情局官員的建議，承認自己不再掌控龍町。接下來的四天，約有一千到三千個苗人，大多數是位階較高的軍官及其眷屬，包括我的口譯員熊美嬰的父親，登上了美國派遣的飛機，飛往泰國。（在四月三十日西貢淪陷前的一個月內，美國以空運和海運疏散了四萬五千多個南越人。）苗人為了登上飛機大打出手。有好幾次，飛機因為超載而無法起飛，於是坐在門邊的數十個人硬是被推到跑道上。五月十四日，王寶召集了群眾，含淚對他們說：「再會了，我的手足同胞，我無法為你們再做什麼了，我在這裡只會使你們痛苦。」說完後，他搭上了撤退用的直升機。當最後一架美國運輸機消失在視線中，機場上仍有一萬多個苗人滿懷希望地等待飛機回來接他們。等到他們發現飛機不會再來的時候，人們開始嚎哭，哭聲漸漸變大，回音不斷在山裡迴盪。當天下午，敵軍立即砲擊龍町。苗人扶老攜幼，排成長長的隊伍，開始穿越高原，往泰國前進。

---

1 使用白蘭地、紅石榴糖漿與三種利口酒調製的飲品，外觀帶有五種層次分明的顏色。中文版編注

2 歷史學家在三十多年間不斷爭辯，美國派兵赴越究竟是否違反國際協議。一九五四年的日內瓦協議中聲明「禁止任何外國部隊、軍人，以及所有武力、軍需品進入越南」。美國和南越拒絕連署協議，但美國表示將「不會以威嚇或武力」來打破協議條款。歷史學家加迪斯（John Lewis Gaddis）指出：「（一九五四年的）日內瓦協議起草匆促且用字遣詞含糊，以國際法的觀點而言，無論要說哪方違反協議，都不太站得住腳。」然而，一九六二年的協議僅處理寮國問題，卻規範得相當明確。

3 控訴使用生化武器「黃雨」的事件可簡述如下：自一九七五年起，在巴特寮於寮國取得勝利後，逃到泰國的苗人難民表示他們在寮國時有頭暈、皮膚騷癢起水泡、腹瀉、腹痛、噁心和口鼻流血等症狀，許多人因而死亡。他們說這些症狀是在天空落下滴狀雲霧（通常是黃色，偶爾也有白、黑、藍或紅色）後開始出現，而雲霧的來源（說法不一且時有出入）是戰鬥機、螺旋槳飛機、直升機、砲彈、手榴彈，或是地雷。苗人相信，共軍是為了報復苗人持續抵抗而使出這種被稱為黃雨的化武攻擊，排苗的其他報復行為已有詳細記載。一九八一年，美國國務卿黑格（Alexander Haig）宣稱蘇聯和其東南亞的共產同盟使用 *trichothecene mycotoxin* 此類真菌毒素的化學武器。這項指控十分嚴重，因為自一九二五年的日內瓦協議和一九七二年的禁止生物武器公約起，就已禁用生化武器。一九八三年，哈佛大學分子生物學教授梅瑟生（Matthew Meselson）對黑格的控訴提出異議，他指出苗人難民交出的枝葉石頭上的「黃雨」殘留物樣本有高濃度花粉。他用電子顯微鏡檢驗一些樣本，發現花粉顆粒中空，意思是那些花粉已經過消化，也就是，那些樣本其實是蜜蜂的排泄物，當蜂群進行大規模排泄飛行時，排泄物就會像黃色雲霧般落下。其中一份樣本甚至有蜜蜂毛。梅瑟生指出，苗人提供的黃雨樣本大多未含真菌，而含有真菌的樣本，其含菌量也低到不具毒性。他推測苗人生病是非人為因素（也許是腐壞的食物），且誤判病因。（許多批評梅瑟生的文章均誤解其意，以為梅瑟生

宣稱是無害的蜜蜂排泄物毒害苗人。）其他質疑黃雨論點的人則強調苗人文化中謠言的力量，有人認為黃雨不是真菌毒素，而是傳統武器，可能是越共挪用了美軍在越南遺留下的美製催淚彈。一九八五年的一支聯邦化學戰部隊總結，對寮國苗人使用黃雨的資訊仍舊不完整且難以置信，因此無法斷定黃雨確實存在。我也同意此觀點。值得注意的是，大量記載黃雨的報導都頻繁地出現在新聞的政治版面，較保守主義的《華爾街日報》和《讀者文摘》堅稱黃雨存在，而較自由主義的《紐約時報》和《紐約客》雜誌則質疑黃雨。

11 生死關頭 THE BIG ONE

一九八六年十一月二十五日，感恩節前一天，李家正在用晚餐。黎亞這些天有些輕微流鼻水，但還是照常坐在廚房白色塑膠餐桌的一角，和父母、六個姊妹及一個弟弟一起吃飯。她胃口通常不錯，今晚卻不太有食欲，只吃了點白飯，喝了點水。吃完後，她的臉上出現一種奇怪的驚恐表情，那是她發作的前兆。她跑到父母身邊，抱了父母一下，然後倒了下去。她的四肢先是變得僵硬，接著開始激烈痙攣。納高抱起她，把她放在客廳的藍色墊子上，為了黎亞，那張墊子一直放在那裡。

納高說：「黎亞被惡靈抓住倒下時，通常都只會不舒服十多分鐘，之後就會恢復正常。如果你拿飯給她，她也會吃。但是這一次她不舒服得太久了，我們只好叫姪子來幫忙，他會講英語，也知道怎麼叫救護車。」以前每次黎亞發作，納高和弗雅都會親自帶黎亞去醫院。我問納高為何當時他決定叫救護車？他說：「用救護車送她去，他們才肯花更多心思醫治。如果不叫救護車，那些『搓夫唐』（tsov tom）的人就看也不看她一眼。」美瞿猶豫了一下，才決定譯出「搓夫唐」。這個詞的意思是「給老虎咬」。在苗族的民間故事裡，老虎是邪惡和狡詐的象徵，會偷走男人的妻子，吃掉他們的小孩。「搓夫唐」是很嚴重的咒罵。

不過納高說的沒錯，不論是苗人或美國人，只要坐救護車到醫院急診室，都可以直接看醫生，不用等兩個小時。但像黎亞當天晚上那麼危急的情況，不論用哪種方式到達醫院，都一定會排到候診名單的最前端。事實上，如果她的父母親自抱著她，跑過三個街區到美熹德中心，就可以省下那（事後來看）可能非常關鍵的二十分鐘。而當時兩人等姪子來家裡打九一一，花了五分鐘。等救護車回應九一一的調度員，花了一分鐘。等救護車開到他們家，花了兩分鐘。等救護人員準備送黎亞上車則花了十四分鐘。最後救護車又花了一分鐘才開回美熹德中心。

多年後，尼爾找出當年的救護車報告，看完嘆了口氣說：「那個急救人員真是完全搞不清楚狀況。」根據這份報告，救護車在晚上六點五十二分到達李家位於東十二街三十七號的住處，當時急救人員對黎亞狀況的判斷是：

年齡：四

性別：女

病症：發作／痙攣

氣管：塌陷

呼吸急救：無

脈搏：微弱

膚色：發紺

瞳孔：固定
胸口：緊繃
骨盆：尿失禁
對聲音或痛覺是否有睜眼反應：否
對語言是否有回應：否

黎亞已經瀕臨死亡。急救員在她舌頭上放了一支口腔導氣管，避免舌頭阻塞喉嚨。吸去組織液和唾液後，用氧氣罩掩住口鼻，用手擠壓急救甦醒球，將氧氣推入氣管。接下來，他試著在黎亞的肘前靜脈建立靜脈輸液，以便注射抗抽搐藥物。但他失敗了，並且意識到自己浪費了太多時間，於是要求駕駛全速（三號情況：最緊急的情況，應開啟閃光與警笛）趕回美熹德中心。回程中急救員再度嘗試為黎亞打點滴，兩次都不成功。後來他以發抖的字跡寫下：「病人持續發作。」

救護車在晚間七點七分抵達醫院。黎亞的病床被火速推往「B室」。在急診室的六個房間中，這間是保留給最危急的病人，配備有急救車、自動電擊器和插管儀器，黎亞之前也用過幾次。B室大小約十坪，牆面刷上公共建築常用的淺棕色，空氣中飄著微微的消毒水氣味，從地板到天花板都貼上一種特殊的合成材料，以便清理濺上去的血液、尿液和嘔吐物。相對於此處不斷出現又刷淨的無數悲劇，B室這個背景顯得格外乾淨、冷冰冰。黎亞劇烈地扭動身體，嘴唇和指甲都變成了藍色。情況已不允許醫護人員好好幫她換衣服，一個護士扯掉黎亞身上的毯子，用繃帶剪除去她身上的黑色T恤和內衣褲。一個急救員、兩個住院醫師上前，與護士一同圍住黎亞，試著插入靜脈導管。他們花了二十多分鐘才把連著細管子的蝴蝶針插進她左腳上方。這只是權宜之計，因為只要黎亞一動，這根留置在靜脈裡的針就很可能戳穿血管壁，使得原本應該注入血液的注射液流到組織裡。他們接著從導管注入大劑量的煩寧，這種鎮靜劑一般能夠抑制中央神經系統，以終止發作，這時卻完全無效。住院醫生史提夫．塞格斯壯（Steve Segerstron）回憶道：「我們為她注射了煩寧，然後又注射了更多、更多。我們盡了所有努力，黎亞的發作卻愈來愈嚴重。我很快就失去冷靜，開始驚慌失措。」史提夫試著插上更穩固的靜脈導管，但幾次都失敗了。黎亞仍以每次二十秒的周期繼續發作，口鼻開始溢出米飯嘔吐物。惡臭的嘔吐物加上橫膈膜無法正常運作，使得空氣無法進入肺部，黎亞開始呼吸困難。呼吸治療師被叫來幫忙。動脈血液氣體分析顯示，黎亞的血氧量在過去一個多小時以來低到足以致命。也就是說，她一直處於窒息狀態。雖然黎亞還在發作，牙關也咬得很緊，住院醫師費盡力氣，終於還是將呼吸管插進黎亞的氣管，並用手動呼吸器幫助她呼吸。

尼爾的呼叫器在晚間七點三十五分響起，當時他正和佩姬與兩個兒子共進晚餐。這家人隔天一早便要前往謝拉山麓的木屋度過感恩節假期，今晚原本打算待在家裡打包行李。尼爾接到呼叫後回電給急診室，得知黎亞的癲癇重積狀態已持續許久，沒有人能幫她插好靜脈導管，注射煩寧也無效。他回憶道：「一聽到這種情況，我就知道，該來的還是來了，這次就是黎亞的生死關頭。」

好幾個月來，尼爾一直擔心這一刻來臨時正好由他待命，而事實也果真如此。他以電話指示在場的住院醫師為黎亞注射更多煩寧，如果無效再改用另一種鎮靜劑安定文，同樣在高劑量下，安定文造成病人停止呼吸的風險小於煩寧。然後他跳上車，以速限內的最高速趕往美熹德中心。七點四十五分，他用急促的步伐（他的個人原則是再慌亂也絕不奔跑）走進急診室大門。

尼爾說：「眼前的景象真是不可思議，簡直像電影《大法師》的場景。黎亞真的從桌上彈了起來，雖然身體被綁著，但肌肉活動力大得讓人不敢相信。她一直彈離桌面，沒有間斷。我從來不曾看過這樣的發作。我還記得當時看見她的父母站在急診室外的大廳裡，急診室很多人進出，門一直開著，我想她的父母一定都看在眼裡。我和兩人眼神交會了幾次，但是沒時間說話。我們必須為黎亞插上更穩固的靜脈導管，但老問題還是存在，那就是她體內的脂肪及過去使用靜脈導管造成的血管硬化。而這次由於她的肌肉動作太過劇烈，使情況變得更加棘手。史提夫問我，是否可以試試隱靜脈切開術？」（也就是先將皮膚切開，再微微割開血管。當時對黎亞的施術方式則是用手術刀割開右腳踝上方的一條大靜脈，用鑷子把洞撐大，將靜脈導管插進去，最後縫合傷口，固定導管。）「然後我說，天啊，史提夫，在這種情況下，無論什麼方法都值得一試，你就放手做吧！此時急診室的氣氛立刻像充了電一樣振奮起來，史提夫開始施行隱靜脈切開術，動用了好幾個人趴在黎亞腿上，把她固定住。結果史提夫成功了！之後我們給黎亞注射了成噸的藥物，總之是很多、很多的藥物。最後，她終於停止發作。終於停止了。雖然花了很長的時間，但她終於停止發作了。」

尼爾說起這件事的時候空前激動，我從未在他身上見過這樣的情緒。雖然史提夫談起這件事時，聲音聽起來也很激動，但他本來就比較容易激動，說話速度也快，描述當時 B

室情況的語調與平常相比，變化沒有尼爾來得激烈。尼爾向來都很冷靜，當他講完這些事時，我卻可以聽到他的呼吸聲，那聲音並不粗重，但很清楚，彷彿他在晨跑時突然被打斷而停下腳步一般。

這是黎亞第十六次被送到美熹德中心。醫院裡每一個人，從急診室護士、住院醫師、呼吸治療師，到尼爾本人，都認為她發作的原因就和前十五次一樣，只是這次特別嚴重而已。他們做了所有標準測試，包括血球檢驗、驗血、血壓，也照了胸腔X光以確定呼吸管是否放對位置。當然，他們也利用驗血結果來判斷她的父母是否給了她足量的帝拔癲。自黎亞從寄養家庭回家以來，每次驗血結果都顯示她的父母確實做到這點，這次也不例外。直到尼爾回到家之後，才有人想起應該為黎亞量體溫。她當時的體溫是攝氏三十八．三度。此外還有兩種不尋常的徵兆：下痢，及血小板濃度過低。相較於她超乎尋常的強烈發作，這兩種症狀顯得微不足道，因此在病歷表上都只是輕輕一筆帶過，沒有任何注解。沒人懷疑黎亞可能遭細菌感染，所以沒有用抗生素。

一般認為癲癇重積狀態只要持續二十分鐘，就足以造成生命危險。但這次黎亞卻持續發作了將近兩小時。發作停止時，她雖然還能呼吸，卻已陷入昏迷。美熹德中心沒有兒童加護病房，顯然黎亞得和美熹德中心的其他小兒科重症病患一樣，轉院到弗瑞斯諾的山谷兒童醫院做進一步治療。弗雅和納高不得進入急診處B室，在忙亂的急救過程中，醫護人員也無法為兩人解釋黎亞的情況。史提夫施行完隱靜脈切開術後，在處置紀錄上寫下「病況危急，默認同意」。在急救過程中，只有一個護士在某個時間走出來，將剪下的黎亞衣物交給弗雅。直到黎亞的生命跡象穩定下來，尼爾才緩緩走到大廳，當時他從腋下到腰部全被汗水浸濕了。他透過那個會講英語的姪子，將黎亞的情形轉達給弗雅。他回憶當時說的話：「我告訴弗雅，這次發作讓黎亞面臨生死危險，這是她有史以來最嚴重的發作。要阻止這次發作非常、非常困難，但我們還是辦到了。然而她的病情還是非常、非常嚴重。我對弗雅說，黎亞必須轉院去弗瑞斯諾，因為黎亞接下來所需要的治療超過我跟佩姬的能力。我也告訴她，我們將要離開鎮上，但下周就會回來。她了解我說的。」尼爾在黎亞的病程紀錄上潦草寫下：「安排轉院至山谷兒童醫院加護病房。已對病患雙親說明，雙親了解病患狀況嚴重。」

實際上，病人的雙親所了解的「事實」和尼爾想表達的完全不同。我問兩人，黎亞為何會被送到弗瑞斯諾。納高說：「她的醫生要去度假，這裡就沒有醫生了，所以他們把她送走。」弗雅說：「黎亞的醫生對她的病很有一套。有時候她病得很嚴重很嚴重，我們就送她來，他可以讓她在幾天裡就好起來，讓她能夠活蹦亂跳地走來走去。但是這一次他想去玩，所以他們只好把黎亞送到別人那兒去。」換句話說，李氏夫婦相信，黎亞不是因為病情嚴重而轉院，而是因為尼爾準備去度假。他們也認為，如果黎亞留在美熹德，尼爾就能夠像從前一樣，使她恢復健康。

尼爾安排救護車送黎亞去弗瑞斯諾，同時指揮醫護人員為她做好轉院準備，他還打電話到山谷兒童醫院的小兒加護病房討論黎亞的病歷，然後在九點三十分開車回家。他告訴佩姬：「就是這次了，這是她最嚴重的一次。」兩人談論起黎亞過去每一次的危急狀況，以及當時尼爾所作的決定，一直談到午夜。他回憶道：「當時我非常激動，沒辦法平靜下來。每到這種時候我就會難以入眠，暴飲暴食，我會不停塞東西吃。我得向佩姬說出一切。」

佩姬早已習慣用聊天幫助尼爾平復急診後的心情，但她也從未看尼爾這麼緊繃。

尼爾說：「那天晚上，我的心情很複雜。有件事像噩夢一樣一直糾纏著我，那就是黎亞早晚會經歷一生中最嚴重的發作，而這一切都是我的錯，因為我無法救活她。但是這次她沒有死。那幾個人都很能幹，在他們的協助之下，我讓她停止發作，並做了適當的處置，我度過了這次考驗。所以我確實得到了一些滿足感。但是我同時也覺得很難過，因為我不知道經過這次發作，黎亞會變成什麼樣子。我唯一肯定的是，她不會再跟以前一樣了。」

救護車花了七十分鐘把黎亞送到弗瑞斯諾，事後尼爾看著黎亞的病歷，說她在這趟車程中「全垮了」。午夜前幾分鐘，她在另一陣大發作中抵達山谷兒童醫院，四肢不斷揮舞，手指和腳趾都變成藍色，胸口變得冰冷且出現斑點。她的血壓低得危險，白血球濃度則高到讓人不安。體溫竟達到攝氏四十度。重症科醫師馬切伊・寇培茲（Maciej Kopacz）在給尼爾的報告中指出，有整整一小時他都無法幫黎亞插上動脈導管，因為「不論從哪個位置都摸不到脈搏」。他也注明，施行脊椎穿刺時（這時他的鼻子距離黎亞的屁股不到三十公分），「病患嚴重腹瀉，惡臭的糞便混雜大量水分，呈現膿狀。」很難想像有什麼病例會比此時的黎亞更棘手，或更令人不舒服。更糟的是，這事還發生在感恩節的前幾個小時。無論如何，寇培茲醫師還是用一種如標準診斷書般一板一眼，又禮貌到有些超現實的口吻，寫下長達三頁、密密麻麻的病歷報告書。報告中記錄著一條又一條的可怕症狀，署名前還留下一段愉快的結語：「非常感謝您將病人送到小兒加護病房，小兒重症科的醫師很高興能為這位病人提供跟進治療。」

無論高興與否，負責重症照護的醫療團隊（包括從旁協助的神經科醫師、感染科醫師、小兒科住院醫師、呼吸治療師、放射科醫師、醫療技士、護士和護士助理）還是為病人進行全面治療。他們擁有最先進的科技，臨床治療技術也無懈可擊。不過，在一開始，他們也因為忙於搶救黎亞的性命，忽略了病情以外的其他事情。以寇培茲醫師為例，雖然他連續十二個小時以上都在治療黎亞，卻還是弄錯她的性別。他寫道：「他的代謝性酸中毒症狀在使用重碳酸鹽丸劑之後獲得改善。」「他的體表水腫獲得改善，脈搏血氧飽和度監測儀開始量出和動脈血氧飽和度相似的數據。」這就是美國醫療制度最壞同時也最好的一點：一個生病的女孩被簡化成一系列可分析的症狀集合體，而醫師也因此能夠集中精神，成功保住她的生命。

寇培茲醫師一看到黎亞，就診斷她的情況為「嚴重休克，可能由敗血症引起」。敗血症休克是細菌侵入血液循環系統造成的結果，會影響全身上下所有部位，首先引起急性循環衰竭，如果仍無法去除毒素，血液將無法輸送足夠的氧氣，身體器官便會一個接一個衰竭。通常肺臟會最先失去作用，跟著是肝臟和腎臟。身體組織全面受損也會使消化系統跟著受影響，黎亞的腹瀉就是典型症狀。最後，大腦會因缺氧而開始死亡，溺水或哽住的病人也會出現這種狀況。敗血症休克的致死率介於四十到六十％之間。

黎亞身上同時出現太多狀況，不可能按照標準方式制定周詳計畫後再開始治療。她需要立即、持續、多頭進行的緊急治療。首先，就像在美熹德中心一樣，醫生必須止住她的發作，但煩寧還是未能發揮作用。在不得已的情況下，寇培茲醫師只好為她注射大量吉遍達（thiopental），這是一種強效巴比妥類藥物，會使黎亞進入全身麻醉狀態。她很快就從原先痙攣的躁動狀態進入一動也不動的昏迷。從此刻開始，她的病歷就很少出現「癲癇」一詞。醫師要擔心的事顯然還很多。為了讓她醒過來，他們為她戴上了呼吸器，輸送百分之百純氧氣。為了監測血壓和注射藥物（因為腹瀉，他們無法再讓她用嘴巴攝取任何東西），他們又插了兩條靜脈導管，一條在左股動脈，另一條則在右股靜脈。為了監測心臟功能，他們將一條肺動脈導管穿過心臟的兩個心室，再插入肺動脈。做完這些高度侵入性的治療之後，寇培茲醫師寫道，「病人完全能忍受這些處置」。他的意思不是黎亞沒有抗議（雖然她確實沒有，因為整個過程她都昏迷不醒），只是陳述他沒碰到技術上的困難，也沒把病人弄死。

感恩節當天早上十一點，黎亞的身體崩潰了。敗血症休克引起瀰漫性血管內凝血，她的血液完全失去凝結的能力，體內插入導管的地方開始流血，同時也出現內出血。她在美熹德中心即已發生的血小板濃度過低就是這種病症的前兆，但當時沒人看出來。寇培茲醫師決定使用非常手段，為她進行雙倍分量的換血。在十五小時內，她的全部血液會一點一點被抽出體外，並由凝血功能未受損的新鮮血液取代，這項程序進行了兩次。舊血從大腿動脈抽出，新血從大腿靜脈輸入。在開始的一個半小時內，她的血壓掉到足以致死的低點，但換血最後還是成功了。三十八小時以來，她的嘴唇和手指、腳趾第一次呈現粉紅色。

黎亞在接受治療時經歷的所有折磨中，最讓她父親心痛的，就是脊椎穿刺（這是唯一能夠測試敗血症細菌是否已從血液擴散入中樞神經系統的標準措施，而且只帶有輕微的侵入性）。納高在醫生完成脊椎穿刺後才聽說這件事。他說：「那些醫生在我們到達醫院以前，就在她背上開了一個洞。我不知道他們為什麼要這樣做。我不在場，而且他們也沒讓我簽任何文件。他們就這樣把黎亞的脊髓吸乾了，這讓我既失望又難過，因為我就是這樣失去了黎亞。」換句話說，納高把黎亞病情惡化歸咎於脊椎穿刺。許多苗人都認為這項措施不但會毀掉人的今世，也會影響來生。弗雅的說法是：「他們只是把她送到醫院去，但沒有醫好她。她的病變得很嚴重，我認為是因為他們對她用了太多藥。」

醫生的確對黎亞用了一大堆藥物：用血漿注射劑預防注射液滲出她的血管，用多保他命（dobutamine）、得保命（dopamine）和腎上腺素提高血壓和刺激心跳，用壓得疏（nitroprusside）促進血液循環，用安必西林、氯黴素（chloramphenicol）、建大黴素（gentamicin）、乙氧萘青黴素（nafcillin）、頭孢子菌素（ceftriaxone）、氯林絲菌素（clindamycin）、泰百黴素（tobramycin）和頭孢他啶（ceftazidime）等抗生素治療細菌感染，用羅比朗（Robinul）抑制口腔分泌物，用安定文（Ativan）預防再度發作（神經科主治醫師泰瑞比較想用帝拔癲，但是該種藥物無法從靜脈導管注入）。為了供給營養，醫生還用鼻胃管灌食培得賴（Pedialyte）和管灌安素（Osmolite）。

在山谷兒童醫院的第一周，院方對黎亞做了一連串檢驗。為了找出是哪個部位的感染導致敗血休克症，做了腹部超音波，並將放射性物質鎵注射到血液中，做發炎掃描。掃描結果顯示，感染的位置可能是左腿，但並不明確。為了確認是感染何種細菌，醫生也做了血液培養，報告呈現陽性反應，確定是綠膿桿菌造成的感染，這種破壞力強大的細菌喜歡侵襲免疫力弱的病人，感染往往在醫院發生。

在這一切過程中，納高和弗雅都住在山谷兒童醫院的候診室，連續九天都睡椅子上。家中的小孩則由親戚幫忙照顧。李氏夫婦不明白，為什麼這次他們不能和在美熹德中心一樣，在黎亞的病床邊陪伴。在這裡，兩人必須遵守加護病房的訪客規定，每小時只能探視黎亞十分鐘。兩人沒有錢，住不起汽車旅館，也無法在醫院的自助餐廳用餐。納高告訴我：

「我們的親戚會從美熹德送飯來給我們吃，不過一天只有一次，所以我們覺得很餓。」而每次短暫探視黎亞時，兩人看見的是她的喉嚨裡伸出塑膠呼吸管，連到呼吸器上，鼻子裡伸出餵食管，還有許多裝滿透明液體的管子彎彎曲曲地插在她的手臂和腿上。她的四肢用膠帶固定在塑膠板上，以穩定身上的靜脈導管，手臂上的血壓計臂套自動充氣、洩氣，貼在胸口的電極則經由電線連接到床邊的心臟監視器。呼吸器不斷發出嘶嘶聲，靜脈注射用的幫浦嗶嗶作響，血壓計臂套則交錯著爆裂聲與類似嘆息的聲音。黎亞的父母注意到她的屁股附近紅了一片，那兒的皮膚也因為腹瀉而產生褥瘡。黎亞的手腳因為注射液滲流到組織裡而變得腫脹。另外，她發作時咬到自己的舌頭，所以舌尖也布滿血塊。

醫院裡有個社工在黎亞剛住院時做了紀錄：「我在小兒加護病房的候診室，透過醫院的翻譯和她父親談話。我不確定父親是否了解女兒的病情有多嚴重，因為他似乎以為黎亞這次住院和前幾次一樣。」山谷兒童醫院的規模遠大於美熹德中心，資金也更充裕，不但能為病人做大規模的治療，還能雇翻譯員到醫院值班。雖然如此，李氏夫婦仍然無法了解大多數情況。此外，雖然山谷兒童醫院以良好的病患家屬輔導能力著稱，但弗雅和納高每次諮商後仍感到困惑和生氣，因為兩人不了解諮商的目的是為了幫助家屬紓解壓力。

黎亞來到弗瑞斯諾的第七天，醫生試圖向弗雅和納高解釋，他們想再為她做兩項侵入性檢驗。一項是支氣管鏡檢查，用來查看感染是否來自右肺，另一種是竇灌洗，用以檢查感染是否來自鼻竇。他們還想做氣管造口術，也就是從咽喉正下方切開氣管，讓氧氣供應更順利。醫療團隊中的一個醫生做了紀錄：「已透過翻譯向父母說明這些處置的風險與好處，以及其他可能的替代方案。兩人看起來已經了解情況，並同意我們繼續。」事實上，黎亞的父母毫無概念，然而這些醫療程序卻將在接下來的兩天內完成。兩人也不知道黎亞為什麼會昏迷不醒。弗雅透過親戚問護士，醫師是不是為黎亞注射了「安眠針」。

當天稍晚，黎亞的醫師為她做了電腦斷層掃描和腦電圖，檢查這次腦部缺氧過久帶來的傷害。在這之前，有個神經科醫師指出，黎亞沒有嘔吐反射和角膜反射，也「對強烈的劇痛覺刺激沒有反應」。這些發現都給人不祥的預感，最新的檢查揭開了慘況。一個住院醫師這麼記錄著：「頭部斷層掃描……顯示出明顯的腦水腫，大腦灰質和白質間幾乎沒有任何差別。腦電圖顯示，腦部基本上沒有任何活動，腦波非常平緩。」黎亞實際上已經腦死了。

熱心幫助李家的社工珍妮在某傍晚六點接到一通電話，告知她黎亞的情況。於是她借了一輛人道服務局的廂型車，載了六、七個李家的親戚到弗瑞斯諾去。她回憶說：「我不認識他們，他們就這麼擠了上來。等我們開到那兒，醫生正要李家為黎亞的死做好心理準備。」那天晚上，她在田野紀錄簿上用小而潦草的字跡為黎亞的情況做出沉痛而簡潔的摘要：「黎亞八六年十一月廿五日發作。轉院至山谷兒童。大量敗血。輸血。腹瀉。昏迷不醒。腦部受損。植物人。」

寄養家庭的柯達夫婦也趕來弗瑞斯諾。蒂回憶說：「情況真的很糟，醫生甚至連正眼也不瞧一下弗雅和納高。他們只看著我們和珍妮。他們認為我們比較聰明，我們是白人，對他們而言，李家夫婦什麼也不是。」

黎亞的醫療紀錄充斥著翻轉、清洗和抽取等字眼，有個護士做了如下紀錄：

八六年十二月一日

晚上五點　腦電圖呈現水平線。

六點　辛醫師（一個主治醫師）與黎亞的家屬在會客廳中談話，請李家之子翻譯。

家屬進入病房。母親呼喚父親，場面感傷。

八點　家屬堅持留在病人床邊。語言障礙使我們無法溝通，但仍設法安慰母親。

九點　父親透過家屬翻譯提出問題。

九點十五分　父親表示「要醫腦的藥」。

護士嘗試向他解釋，她們沒有藥可以醫好黎亞的大腦。隔日凌晨三點，她又記載：「母親在她床邊，非常傷心，邊哭邊唱。」

黎亞的加護病房醫師為她拔掉靜脈導管時，弗雅也在場。她說：「那個醫生看起來像是好醫生，但她不是。她根本就是殘酷無情。她一進來就說，黎亞快死了，然後她就拔掉所有的橡膠管，還一邊說，黎亞的腦子爛光了，馬上就會死掉。所以她想把黎亞的藥拿去給別人用。那時候我真的嚇呆了，覺得自己身體裡好像有東西在上下跳動，那時候我以為自己也快死了。」

但這個醫師只是遵照泰瑞醫師的指示做事。泰瑞以為家屬已經同意他移除所有維生裝置，好讓黎亞用最自然的方式離世。他也取消了原本預定的支氣管鏡檢查、竇灌洗和氣管造口術。他的最後一項指示，可說是黎亞在山谷兒童醫院的漫長乏味紀錄裡最令人震驚的一句話：「（因為）腦電圖不正常，停止為病人注射抗抽搐藥物。」她的大腦皮層已經沒有電波活動，也不會再引起發作了。從黎亞三個月大開始便控制她一生的癲癇，就此宣告結束。

黎亞的醫生認為她很快就會過世，理所當然地認為她應該繼續待在醫院，這樣她在剩下的幾小時或幾天中可以過得比較舒服。而一個想幫忙的社工人員認為李家可能需要準備後事，便介紹了當地的一家葬儀社。納高氣壞了。他回憶道：「他們想把她留在那兒，不送她回美熹德，還幫她找好在弗瑞斯諾的殯儀館。可是我才不想聽這些。我說，不行。我要他們送她回家。我要他們送她回美熹德，這樣其他孩子才能在她臨終的時候看著她。所以他們叫我在一些文件上簽名，因為他們說，反正她一出醫院，還是會死掉。」

其實那些文件是珍妮得知李家夫婦的意願後幫忙安排的法院命令，山谷兒童醫院在過程中也全力配合。雖然弗雅和納高比較想接黎亞回公寓，但法庭最後決定黎亞應轉院至美熹德中心接受安寧照護。加州最高法院記錄了以下聲明，是珍妮為弗雅和納高擬的：

主旨：少年法庭監護之兒童李黎亞

我們的女兒李黎亞於一九八六年四月，在接受為期十個月的寄養照護後返家居住……之後感染肺炎，目前因無法復原的腦部傷害而昏迷不醒。山谷兒童醫學中心今無法提供進一步治療，我們請求將黎亞以救護車轉送回美熹德社區醫療中心，接著若獲尼爾．恩斯特醫師同意，我們可以將她帶返家中。我們希望在黎亞死前帶她回到家人身邊。

上述聲明係根據我們所知的事實所做之確實陳述，若有不實願受偽證罪處分。

一九八六年十二月五日加州美熹德郡生效。

父　李納高

母　楊弗雅

12 逃亡 FLIGHT

黎亞的姊姊梅在美熹德的胡佛中學念三年級時，在語言藝術課程指定的自傳作業中寫道：

我三歲半那年，我們一家人和所有親戚都決定搬到泰國。我父母永遠不會忘記我們前往泰國路上發生的事。那是我這一生，或許也是我父母一生中所經歷過最恐怖的一段日子。我們必須徒步。家族中有些人丟下小孩，或是殺害、毆打他們。例如，我們有個親戚就企圖殺死他的小孩，但是孩子命大沒死，還想辦法跟上隊伍。目前他人在美國，額頭上還帶著疤。

我父母必須帶著我和我的兩個妹妹，楚和葉兒。我媽媽只抱得動我，而我爸爸只抱得動我妹妹楚，因為他們還要拿許多其他東西，如米（食物）、衣服和過夜的毛毯。我父母付錢請一個親戚幫忙帶著葉兒。我有個死在泰國的姊姊，走路走到太累，說她再也走不動了。但是她一路上慢慢地走，還是走到了泰國。

到處都有人開槍，走到哪裡都有離我們很近的士兵。只要聽到槍聲，我們就得找地方躲著。在往泰國的路上，我們聽到許多槍聲，我父母沒有找地方躲起來，反而拉著我們的手或是把我們背在背上拚命地逃。行李變得太重的話，我父母就會丟掉一些東西。有些丟掉的東西對他們來說很寶貴，但是我們的性命更重要。

她的老師在文章的後方寫道：「妳的一生真是多采多姿！但請注意動詞的過去式。」

一九七九年的「泰國行」，是李家在戰後第二次嘗試逃離寮國。第一次企圖逃亡是在一九七六年，和大約四十個來自胡亞綏的親戚一起逃難。上路的第三天，他們藏在一處荒蕪的稻田中，被越軍抓到。越軍用槍頂著他們，押回村寨。納高回憶道：「連我們的小孩要到林子裡上廁所，他們也拿槍對準，那槍就和小孩子一樣高。」李家的女兒普亞回到村寨不久便病死了。「那時候很多人都病了，但是沒有藥吃，所以我們不再有八個孩子。我們只剩七個。」

李家人在胡亞綏待了三年，不時受到監視。胡亞綏村就像沙耶武里省大部分的苗族村寨，在戰時並未經戰火摧殘，村裡的男人也不曾被王寶徵召入伍。沙耶武里省是寮國境內唯一位於湄公河以西的省分，因為這道天然屏障而逃過漫長的戰火，湄公河另一側的數百座村莊則慘遭蹂躪。然而在戰後，胡亞綏和寮國其他地方一樣陷入政治動盪。村裡的居民都是苗人，因此被視為叛徒，飽受前北越占領軍的體制迫害。

納高說：「假如你做錯事，越南人會殺了你。假如你偷了刀子或食物，他們會把村民集合起來圍觀，然後當場槍斃你。假如你一年收成三百斛稻米，越南人會拿走兩百斛。假如你有五隻雞，他們會拿走四隻，留給你一隻。越南人只會給你兩碼布……」這時弗雅插話：「而且不是好料子！」「……給一家人做衣服。我問你，假如是你，你要怎麼把布分給十個人？」

一九七九年春天，李氏夫婦的男嬰義（Yee）餓死了。「我的小男孩又餓又冷，我也很餓。我什麼都沒得吃，而嬰孩只能吃我的奶，但是我已經沒有奶了。我只能像這樣抱著他，他就死在我的懷裡。」弗雅說。

一個月後，李家人連同李氏、楊氏、王氏和熊氏決定再次逃難，共約四百人。這一次就是梅在作文中描述的逃亡之旅。

納高說：「最叫我心痛的，是我養了兩、三匹非常好的駿馬，我只能放開繩索，任憑馬兒跑到林子裡，也不知道是死是活。接著我們就離開了。我們買了許多槍，藏起來，讓年輕人拿著槍走在隊伍前頭和兩邊。越南人發現我們逃跑了。他們開始在我們四周放火，不讓我們走。火焰竄得像我們在美熹德的房子一樣高。隊伍前後都有火在燒，孩子都嚇壞了。但是有些人很勇敢，硬是跳過火焰，我們終究活了下來。我們穿過大火之後，越南人以為我們走的是大部分苗人常走的路線，就在地下埋地雷。但是我們走的是另一條路線，越南人掉進自己設的陷阱裡受了傷。我們抱著嬰孩走路，當我們來到高山時，我們用繩索綁住小孩和老人，將他們拉上來。天氣冷，孩子又餓。我非常害怕，我們有很多孩子，越軍很容易就能殺害他們。在我們前頭逃亡的同村村民有兩個小孩才要跑過一片稻田，越共就開槍射殺。我不知道越軍射了幾次，但是孩子的頭都被打爛了。」徒步走了廿六天之後，李家人穿越邊境，進入泰國，在兩處難民營待了一年，才被遣送美國。女兒潔就是梅在作文裡寫道「走路走到太累，說她再也走不動了」的姊姊，死於第一處難民營。

李家從未考慮留在寮國。他們和其他十五萬個在戰後逃到泰國的苗人一樣，表現出苗人的古老精神：寧願逃走、抵抗甚至死亡，也不忍受迫害和同化。苗人很快便明白，由於他們大多數不是支持美國就是希望保持中立，因而被寮國人民民主共和國視為國家公敵。（支持共產活動的二成苗人則處境較佳，有些人甚至得到官職。為了讓這些人得到教訓，知道黨的原則先於民族，有些人被選來處死親美的苗人囚犯。）在王寶將軍飛往泰國的三個星期後，有將近四萬個的苗族男女老少徒步走到永珍。有些人說，他們希望橫渡湄公河，追隨他們的領袖。有些人則說，他們想要求永珍政府保證他們的安全。在新合（Hin Heup）鎮外，數百個苗人走過南利（Nam Lik）河上一條小橋時，遭巴特寮的部隊開火射擊。至少有四人被擊斃或溺死，數十人受傷。據說當前總理溥瑪親王聽聞新合大屠殺事件時（他在戰時保持中立，戰後繼續在新政府擔任「資政」），他向一個外國外交官表示：「苗族人向來是好國民。不幸的是，寮國和平的代價卻要讓他們來扛。」

在美熹德的一個午後，我受邀到馬標耀簡樸的小公寓喝茶，當初安排我首次和李家碰面的，正是這個苗人頭目。馬標耀的父親是川壙市市長，在馬標耀九歲那年遭暗殺，主使者應是巴特寮。馬標耀有兩個兄弟在戰時喪命。我問他，戰敗後苗人的遭遇如何，他以優美但獨特的英文回答道（他和瓊納斯一樣，能說流利的苗語、寮語、泰語和法語，最後才學英文）：「從西半球來的人不能明白這是怎麼回事。新寮國沒有理由讓苗人活下去。假如你和巴特寮意見相左，他們可以像宰豬或殺雞一樣殺了你。他們強迫你遷移到平地。假如你不走，他們就會殺死牲畜，燒掉村寨的一切，包括你的房子、你的稻米、你的玉米。他們拆散苗人的家庭，將小孩送到距離父母很遠的地方。他們要你改名換姓，這樣就不會再有氏族的姓。他們要你不再講苗語。你也不可以舉行苗族儀式。當我還小的時候，我們一生病，就算只是頭痛，我母親就會找來端公，但是在戰後，任何人只要這麼做，國安局的人就會知道，幾天後他們就會帶你去見某人，問你原因，假如你的解釋太過右派，他們就會把你帶走。他們希望消滅苗族文化。但是苗族不能被同化。中國人不能同化苗人。巴特寮不能同化苗人。在兩千年之後，我們依然能說我們是苗人。」

李家人認為，他們在一九七六年被捕之後還能獲准返家，已經十分幸運，雖然當時當地的生活條件其差無比。更多高山苗人被迫遷徙到平地或台地，然後被分派到國營的集體農場。事實證明苗人自古對平地的恐懼其來有自。移居的苗族家庭常有人染上未曾染過的熱帶疾病，特別是瘧疾，這種由蚊子攜帶的病原體無法在高地存活。在保持原樣不動的高山村寨裡，任何苗人一旦被發現從事刀耕火種，都會遭到逮捕。大部分村寨都有巴特寮軍人滲透。「一個看來像是領導者的人會客氣地要求每個苗族家庭輪流接待兩名同志，他們『願為你效勞』。」苗族學者楊道寫道：

但是苗人很快就明白，這兩名巴特寮在自己家中的唯一任務，就是日夜監視他們……很快地，丈夫不敢與太太談話，父母也不敢和孩子聊天。巴特寮監視著他們的一言一行。沒有人敢相信別人。苗人不時在半夜被叫醒搜查，藉口是家中藏有「反動分子」。接著丈夫或兒子會被人用槍抵住背部帶走，帶到無人知道的地方。

這個無人知道的地方，通常是寮越邊界的「研習營」。雖然有許多擔任公職或為美國情治單位工作的苗人被送到這裡，而且有些人一關就是數年，但這座結合勞改與政治教育的研習營並非專為苗人而設。有一萬名以上的寮國知識分子、公務員、教師、商人、軍人和警察，以及其他被懷疑是同情保皇黨的人都被拘禁在這裡。此外，國王、王后和皇太子也都死於該地。營中的囚犯要砍樹、整地、耕田、造路，並像牛馬一樣套上犁頭。也有些人被槍頂著，被迫搜索、拆除集束炸彈。

馬標耀告訴我：「我認識兩個去過研習營的人。其中一個也認識我太太，我邀請他來美熹德與我共進午餐。但他不想吃飯。我覺得很奇怪，因為他過去長年挨餓。他告訴我一個故事，他還在研習營的時候，有一天看見一隻蜥蜴。他迅速抓起那隻蜥蜴，因為要是守衛看見你這麼做，會將你活活打死。他把蜥蜴放進口袋，趁沒人看見立刻吃下去。他非常高興，因為蜥蜴就是鮮肉！那個人每天都得寫自白書，承認與美國人合作是錯的。他的自白書一天比一天寫得更好。兩年、三年，五年過去了，自白成了他的一部分。踏進研習營之前的他性格強悍，但十年之後他變了。研習營完全摧毀了他的性格。」

當兩、三千個苗人在巴特寮的研習營中接受「再教育」時（這種迫使他人屈服的舉動正好違背苗人天性），數萬人得以用更典型的苗族方式來回應新政權，就是武裝叛亂。王寶撤離之後，前祕密部隊的成員組織了反抗運動，並以普比亞山（Phou Bia massif）為據點，這是寮國境內最高的山脈，位於石缸平原以南。一九七五年年底，巴特寮的部隊攻擊一群在普比亞山區工作的苗人，其中大部分是苗族婦孺。叛軍展開憤怒的報復。他們用藏在洞穴裡的武器射殺巴特寮軍人，封路炸橋，炸掉運糧的車隊，並從懸崖上推下石塊，砸向下方的行進軍隊——一七七二年，苗族戰士在貴州東部就對清軍做了這一切。儘管有將近五萬個苗人喪命，但普比亞地區直到一九七八年才淪陷。此後苗族游擊隊繼續住在寮泰交界的叢林中，在兩國間穿梭，不時突襲寮國人民軍。大部分叛軍隸屬於一個名叫「天主」（Chao Fa）的救世團體，領導人何百高曾是王寶的副官，但脫隊沒跟上王寶。部分叛軍則屬於「寮國國家解放聯合陣線」（United Laotian National Front），這個團體成立於美國，領導人正是王寶[1]。兩個團體的零星抵抗（人數各自從數千減少到三、四百）一直持續至今，距戰爭正式結束已經超過二十年。

然而對於戰後寮國的恐怖統治，苗族最普遍的反應還是移民國外。三千多年以來，苗人用同樣的對策在中國境內四處遷移，並在十九世紀初來到寮國。大部分人是因為害怕遭到報復，不過有些人是為了更迫切的理由：躲避饑荒。饑荒的部分原因是全國糧食短缺，部分則是因為在戰爭接近尾聲時，苗人愈來愈越倚賴美軍空投的稻米及移居地的配給糧食，還有軍人的薪餉。有將近一萬個苗人無法收成農作。（有些因挨餓而離鄉背井的苗人日後被冠上「經濟移民」之名，而非符合資格的政治難民。）一九七五年六月，寮國首都的官方電台「永珍國內服務電台」（Vientiane Domestic Service）播出政府對苗人大量遷徙的解釋：「泰國反動派系及美國帝國主義者勾結，目前已迫使苗人自寮國逃亡至泰國。這種大遷移並非建立在所謂的人道基礎上，而是要廉價剝削勞力，並豢養他們成為走狗，以便日後將他們送回來，破壞這個國家的和平。」

每個苗族難民都有一段心酸的逃亡史。我的口譯員熊美嬰和她的家人，以及其他從龍町搭機而來的軍官眷屬，算是運氣最好的一批。他們要做的，就是拋下非直系親屬以及所擁有的一切，然後在一夜之間，拿在寮國享有的優渥地位換來泰國難民營的一處公共宿舍，在這裡，一家八口只有一張床，而每一餐都得大排長龍，拿著碗等著配給的米飯。「妳很幸運！」某天晚上，美瞿和李家比較起戰後經驗時，我聽到納高對美瞿這麼說。退而求其次（只有少數幸運的家庭才有這個選擇），就是搭「計程車」自永珍或其他城市逃亡。這些家庭得把一生積蓄交給寮國的計程車司機，但司機本人和乘客是否會在抵達泰國邊界前被逮捕，則在未定之天。

大部分苗族難民只能徒步逃難。有些以大家族為單位，有些則結伴同行，形成將近八千人的隊伍。我從未聽過苗人隻身逃亡。龍町垮台後的最初幾個月，巴特寮還未能有組織地阻斷苗人逃亡，難民有時還能夠趕著牲口，沿著主要山路逃難。納高告訴我：「那些人還可以沿路宰殺牲口，不會挨餓，走得輕輕鬆鬆。」之後的難民隊伍便循著老虎、大象行走的林中小徑，或繞過清晰的路徑，盡可能沿著稜線走，以避開地雷和軍方的偵查。大部分家庭就跟李家人一樣，花了一個月才抵達泰國，有些人還在森林裡住了兩年以上，不斷遷移以躲避追捕。他們躲在竹葉下睡覺，靠著捕獲的野獸（不過很快就變得稀少）、水果、植物的根、竹筍、樹心和昆蟲維生。為了果腹，飢不擇食，有些人將汗水淋漓的衣服剁碎，和著鹽巴及水吃下。為了不讓煙被看到，他們只在夜間生火。有時使用狐火（帶有螢光的腐木）在黑夜照路。

許多人將小孩背在背上。這些嬰孩構成一個致命的問題：哭鬧。保持安靜事關生死。一個現居威斯康辛州的苗族婦女回想當年離開村寨時，兒子才一個月大，兩年後抵達泰國，竟然一句話也不會講——在整個逃難期間，除了偶爾竊竊私語，沒有人說一句話。

幾乎我在美熹德碰到的每個家庭都有嬰兒被餵食鴉片的故事可說，親戚的小孩、鄰居的小孩，或是逃亡同伴的小孩。名叫熊雅桃（Yia Thao Xiong）的年輕母親告訴我：「嬰兒要哭鬧時，我們會拿鴉片泡水餵他，這樣他們才會安靜，共軍就不會聽見。假如共軍聽見嬰孩哭鬧，會把我們全殺了。通常嬰孩會昏昏入睡。但要是你不小心餵太多，嬰孩就會死掉。這種事發生過很多很多次。」聽到這些故事時，我想起我讀過一則以色列孩子躲避巴勒斯坦恐怖分子的故事。她開始哭鬧時，母親失手將她悶死。據說這場發生在一九七九年的死亡悲劇，曾使以色列舉國同悲。而餵食過量鴉片故事的恐怖之處，不僅在於這類事件確實發生過，更在於事情發生得如此頻繁，以至於非但無法得到全國人民的哀悼，甚至不會見報，也不會牽動國際視聽。這類故事永遠不會傳出這群家庭之外，而這些人早已麻木地將這種事當成生活現實。

有時甚至會發生更糟的事。當我向納高問起梅在作文中提到的那個額上有傷痕的男孩時，他說：「你必須非常安靜。那個小男孩的父親試圖殺了他，以免他的哭聲害大家被殺。父親拿刀揮向男孩的頭。有人救了那男孩，他現在住在美熹德。」

身體健全的成人通常要輪流背負老弱傷病的人，直到背不動為止。這時他們就得開始痛苦的檢傷分類。成為累贅的親屬被棄置在小徑旁，通常會獲得一點食物和鴉片。花時間埋葬死者過於危險，難民會任憑死在路上的人暴屍荒野。有鑒於苗人向來尊敬老者，並認為無法妥善下葬的人（苗族葬禮包括洗淨屍身，穿上壽衣，親人獻上三牲，呼喚靈魂，引領死者回到埋藏胎盤的地方，擊鼓、吹奏蘆笙表示哀慟，並在山坡上將屍身放入手鑿石棺，入土為安），靈魂注定永遠漂泊無依，這種抉擇顯得格外沉痛。瓊納斯說：「不埋葬死者很糟。棄你的親人於不顧也很糟。你必須在自己和死者之間選擇，則是世界上最痛苦的事。」

在前往泰國的路上，苗族難民走過荒村蕪田，走過成堆的珠寶、銀條與刺繡華服，那是前方的難民沿路丟棄的。弗雅也丟棄了所有嫁妝。他們同樣也走過許多腐敗的屍體。馬當此時在美熹德經商，在馬家長達三個星期的逃難旅程中，他以自製十字弓和淬毒的竹箭射殺小鳥為食。他看到數十個衣衫襤褸的孤兒在森林中吞食泥土和樹葉，給了孩子食物後就離去。他的太太發現了一個不滿一歲的嬰孩試著從死去母親的奶頭吸奶，他們也走過去了。

胡亞綏位於湄公河以西，李家人可以徒步穿越泰國邊境。更南的湄公河河面則有將近一公里半寬，構成寮泰兩國間長達五百多公里的國界。大部分苗族難民都需要渡河。瓊納斯說：「湄公河比美熹德河大十倍，你要怎麼渡河？苗人大多不會游泳。假如你有錢，可以花錢雇用寮國船夫。你也可以抓住浮木。竹子比木頭更好浮，你可以把竹子綁起來，但是後來就沒有竹子了，都被砍光了，你必須從山裡一路扛下來。橫渡這條河是場噩夢，即使到了美國，大家都還會夢到。」

苗人試著用各種方法渡河，有人將竹子夾在腋下，有人用香蕉樹搭成木筏，也有人向寮國商人買來內胎。由於巴特寮的邊境巡邏部隊殺了許多販賣內胎的人，因此內胎不易購買，而且價格昂貴。父母將嬰幼兒綁在背上渡河，許多孩童儘管一路熬到這裡，卻在渡河過程中溺死，屍體就這麼留在湄公河中。「少數（苗族難民）設法找到空塑膠桶，有些人就只能用雜貨店的一般購物袋。許多難民即使在收容中心住了許久，仍然緊抓著臨時湊和的『救生圈』不放。他們就連進了醫院，得到了良好的治療，也都還帶著這些袋子。」

美熹德有個居民在十六歲的時候與家族一同抵達湄公河。他們找來一艘能夠載下半家人的船。他和另一個成年男性帶著所有小孩先過河，男人再將船搖回寮國接其他成年人。船再度回到河中央時，邊境巡邏部隊擊沉船隻，向船上的人開火。這個青少年和小孩子就在泰國這邊的岸上，眼睜睜看著父母伯叔姆嬸全成為槍下亡魂或慘遭滅頂。

馬當的表兄馬其曾試著為一個受精神疾病所苦的苗女取得聯邦的殘障補助津貼，卻未能如願。馬其解釋道，該女在十年前與一百七十名難民一同嘗試渡過湄公河，「他們等待太陽下山，在夜間渡河。然後，一支巴特寮部隊同時發射三枝機關槍。這個女士目睹超過二十人當場墜河死亡，包括她的丈夫。我想她或許是看到太多慘事才生了病。」

一天下午，馬標耀和我正如往常般閒話家常，我碰巧談到苗族社會的團結。他說：「沒錯，在外人眼中看來確實如此。但苗人內心懷有愧疚，許多的愧疚。你離開寮國北部，接著渡過湄公河，而當巴特寮的士兵開槍時，你沒有想到家人，你只想到自己。當你到了對岸，你和渡過湄公河前的你已經是不一樣的人了。到了河對岸，你沒辦法跟你太太說，我愛你勝於自己的生命。她什麼都看在眼裡，這話你再也不能說了。你試著修補破碎的關係，但那就好比拿膠水黏破碎的玻璃杯。」

有多少苗人在逃離寮國途中喪命，我們不得而知（有些倖存者估計有一半的人存活，有些人則認為比這少得多）。有人死於巴特寮及越南人的子彈與地雷，也有人死於疾病、飢餓、風吹日曬、蛇咬、老虎攻擊、植物中毒或溺水。抵達泰國的人大多會遭遇泰國匪徒搶劫，有時甚至被強暴，最後前往當地的警察局，從該處被送往難民營。當他們到達難民營時，八成的人都有營養不良、瘧疾、貧血和細菌感染，特別是腳部最常受到細菌感染。

苗族難民最初被安置在靠近寮國邊境的一系列臨時營地。就官方立場而言，由於泰國並未簽署一九五一年關於難民處置的日內瓦公約，因此他們都是非法移民，但是只要有其他國家擔負支出，並承諾給難民永久的政治庇護，泰國政府便願意提供臨時避難所。最後，大部分苗族難民（直到一九九〇年代初期仍絡繹不絕地湧入）住在泰北湄公河以南二十四公里處的一座大型難民營。在一九八六年難民潮的高峰期，班維乃難民營住了四萬兩千八百五十八個難民，九成是苗人。這裡成了有史以來最大的苗族聚落，甚至比王寶將軍的前軍事基地龍町還大。班維乃難民營事實上就像大型慈善機構，接續戰時的稻米空投，繼續腐化苗人自給自足的精神。難民營生活對苗人而言，若非悲慘的失根，便是美國貧民社區（這是許多難民的最後歸宿）生活的預演，端視你的觀點而定。雖然這裡缺乏電力、自來水與下水道，但人口稠密的程度不下於大城市。根據天主教救援機構於一九八六年調查的結果，班維乃「就像其他城市的貧窮社區，面臨醫療資源不足、過度擁擠、仰賴社會救濟、失業、物資浪費、賣淫、社會失範（自殺、遺棄、孤獨）等問題」。瓊納斯告訴我：「在班維乃，除了領取配給的米飯和豆子回到帳篷以外，你沒有權利做任何事情，而這樣的日子一過就是五年、十年。難民生在那裡，長在那裡。年輕人踢足球、打排球。老年人則整天睡覺，他們只能等，看一看，再等，然後吃，再等，然後死去。」

康克古是在班維乃發起對抗狂犬病大遊行的民族學家，根據他的說法，難民營官員認為苗人應該為無法獨立生活、健康狀況不佳、骯髒負最大的責任。他觀察到：「他們看不到苗人在歷史、政治、經濟力量種種限制下奮力掙扎，最後從驕傲獨立的高山民族淪為無立錐之地的難民，反而責怪苗人該為自己的悲慘遭遇負責。」難民營裡大多數的西方人竟如此嫌惡他深愛的苗人，讓他非常驚訝。他寫著：

我開始蒐集班維乃的官員常用來描述苗人的詞句。最常聽到的字眼是「汙穢」，其次是「骯髒」，通常混雜在一連串字詞中，包括「疥瘡」、「膿瘡」、「糞便」以及「成堆垃圾」等。他們常用「你知道的，他們才剛脫離石器時代」這個句子隱諱地嘲笑苗人的衛生問題。有個萬用詞彙幾乎天天聽到，那就是「難纏」，並衍生出「難相處」、「最難纏的一群」、「不知變通」、「死板」、「冥頑不靈」、「無法溝通」、「落後」等字句。有個認真負責的人道救援組織員工和苗人相處了好幾年，他告訴我「此地有神的大能。」至於住在這裡的苗人，「他們是膽怯的民族……你無法和他們相處。」

康克古相信，這種強調「骯髒」和「難纏」的說詞，事實上「表達出客居異鄉的西方人遭遇『差異』，也就是非我族類時的不安。西方救援官員遇上了苗人，正是這種極端差異的正面對抗，不論是宇宙觀、世界觀、民族性，還是生活的組織結構方面……不幸的是，正如法國批評家托多洛夫（Tzvetan Todorov）的提醒，『面對陌生人的第一個直覺反應，就是把他想成不如自己，因為他不同於自己。』」

貶損苗人的，大多是美國人，但班維乃大多數的居民最後還是移民美國。移居法國、加拿大、澳洲、阿根廷、法屬蓋亞那和其他地方的苗人約有一萬人，但由於苗人曾與美國並肩作戰，且苗人領袖王寶已經在蒙大拿落地生根，因此絕大多數苗人都偏好移民美國。一九七五年，美國願意接受的苗族移民人數不到三百人（大多是軍官和家眷），但相關配額和資格要求一年年寬鬆，僅僅在一九八〇年就接受了兩萬五千個苗人。正如越南和柬埔寨難民，教育程度最高的苗人和寮人在第一波移民潮來到美國，教育程度最低的則最後到。美國有幾年拒絕接受八人以上的多代同堂家庭，核心家庭則不受人數限制，而苗人沒有出生證明文件，便開始習慣在移民局官員面談時撒謊，二太太變成女兒或姊妹，姪子姪女變成自己的兒女。

負責管理班維乃難民營的聯合國難民委員會提出，每個難民問題都有三種「長久的解決之道」，即融入當地生活、自願遣送回國、重新安置其他國家。泰國同時承受寮國、越南和柬埔寨三國難民所帶來的連番衝擊，斷然拒絕第一種。苗人則斷然拒絕第二種，並於一九八一年開始拒絕第三種，班維乃難民營似乎等不到落幕的一天，或正如美國難民官員所說的，成了「一種非長久之計的非解決之道」。一九八四年，聯合國難民委員會駐泰國代表處的副處長莫里斯（Eric E. Morris）疑惑地說道：「這是史上絕無僅有的事。苗人是我們所知第一群有機會移民，大多數人卻二話不說就拒絕的難民。」有些官員擔心難民一離開亞洲，寮國的反抗運動就會崩解，因為反抗運動的人力及領導者都由班維乃提供，甚至連所需的資金也是由美國的早期移民經由寮國難民營輸入。然而，大多數人聽到早期移民傳出的種種美國生活傳聞後，都又驚又恐，這些傳聞的內容包括廉價公寓、城市暴力猖獗、仰賴社會福利、永遠無法再耕田、禁止以動物作祭品，以及祖父抽鴉片會招來牢獄之災等，還有食人怪、恐龍，另外（正如一九八二年在班維乃足球場那場知名座談會中所澄清的），醫生會吃掉苗族病患的肝、腎和腦。

班維乃開始變得有模有樣。也許骯髒、擁擠、疾病叢生，但在文化上還是表現出強烈的苗族色彩。婦女刺繡（雖然有些人放棄了象腿和山羊角的古老花樣，改繡帶刺刀的士兵圖案），男人則製作珠寶（拿不到銀，便熔掉廢棄的鋁罐），許多人家養雞或種一小畦蔬菜。根據康克古的觀察，最令人動容的是：

在難民營裡，不論你走到哪裡，任何時候都能同時聽到兩三種表演，從說故事、唱民謠到禮節完備的集體喪葬儀式……包括擊鼓、唱哭調、念誦祝詞、擺設陪葬品、焚香、生火、舞蹈以及獻祭。幾乎每天早上我都會被執禮巫師擊鼓及念誦祝詞的聲音吵醒。

年紀愈大的苗人愈不願意離開。馬標耀告訴我：「在難民營裡，文化傳統仍舊存在，父權社會也還存在，孫子還聽祖父的話，要是這一切都將改變，去美國到底有什麼好處？許多老年人最擔憂的，還是到了美國以後無法得到好的葬禮與墓地，這對他們來說比任何事都重要，但他們絕不會對外人提起這件事。」

泰國在一九九二年關閉了班維乃難民營。難民營裡一萬一千五百名居民被告知自己只有兩個選擇：申請移民到另一個國家，或是回寮國，此外沒有商量餘地。在過渡期間，選擇移居的人與選擇遣返的人分別搬遷到不同的營地。於是恐慌爆發。十多年來拒絕移居美國的苗人，經權衡後認為美國是比較安全的選擇，然後卻遭到拒絕。泰國政府和聯合國難民委員會在反移民情緒日益高漲的美國支持下，制定出更嚴苛的移民資格要求，於是將近兩千個苗族申請人無法取得難民身分。自從一九九一年起，有將近七千個苗人惴惴不安地返回寮國，當局要他們相信，當地的壓迫已經趨緩，集體農場和研習營已不復存在。集體回國的人儘管會被分發到平地，很可能無法重返家園，也無法從事火耕農業，但至少一家人不會再置身險境（或者說當局是這麼保證的）。然而還是有傳聞指出，有些苗人被泰國當局強制送回寮國後，隨即遭到處決或殺害[2]，但所有傳聞都被寮、泰、美國政府和聯合國難民委員會一口否認。

有上萬苗人（多數是班維乃難民營的居民）拒絕了這兩種選擇，逃到曼谷北方「竹洞寺」（Wat Tham Krabok）聖地，沒人知道是暫居或永久定居。他們重演頑抗的歷史：在四面八方的高壓強迫下，從所有看守者未能預測的方向中找到出口突圍了。

據報導，泰國當局相當震驚，這上萬苗人竟能從泰國手掌心逃脫。他們早該料到會有此事。只要有苗人的地方，就有脫困的方法。苗族民間傳說中最重要的一則，是關於詩叟（Shee Yee）的傳說，他能施行法術與醫術，即今日端公的開山祖師。有一回他中了埋伏，被九個吃人肉、喝人血的惡靈兄弟圍住。在查爾斯・強生蒐集的故事版本中，這九兄弟埋伏在山裡一處九岔路口，走這九條路徑就能到達世上的任何角落，此處的岩石看來就像猛虎蛟龍。這九兄弟變身為水牛，詩叟也跟著化成水牛。他們以牛角頂撞詩叟，詩叟就變回人身，以法劍將他們碎屍萬段。這些碎片湊在一起並起死回生，他便化成雲，凌空而去。九兄弟變成一股暴風，他便化作一滴水。其中一個兄弟變成能抓住這滴水的葉子，他便化作鹿奔入林中。九兄弟變成狼群緊追不捨，直到夕陽低垂，八個兄弟累到跑不動了，大哥仍窮追不捨。詩叟看見一處廢棄的鼠洞，便化作老鼠。於是大哥變身為貓，在洞旁等候。詩叟化作扎人的毛蟲，貓只好將牠吐回洞中。詩叟在洞裡等待，愈想愈氣，等貓一入睡，便化作小小的紅螞蟻，快又狠地咬了貓的睪丸一口，然後回家找他老婆。

---

1 寮國國家解放聯合陣線是一個有爭議的組織。該組織的經濟來源幾乎全靠寮國難民。（右翼組織「全球解放美國委員會」由退休少將辛洛布（John Singlaub）主持，在一九八〇年代後期提供衣物、醫藥及建議。）在一九八〇年代初期，估計有八成的美國苗人會定期向該組織捐款，通常一個家庭成員的首次捐款是一百美元，接下來每個月捐兩美元。王寶將軍保證，捐款會用在「展開游擊行動，藉以逐步打倒統治寮國的共產政府」上。自一九八四年擔任聯邦難民安置辦公室主任的霍克斯（Phillip Hawkes）表示：「他也許只是在哄哄小孩，但他的同胞想聽這些。」捐款達五百美元的人會拿到一張單據，保證在寮國解放後可以免費搭機返國。有些人說自己得到允諾，只要捐出大筆款項，便能在「即將到來」的寮國民主體制的軍事單位和政府單位擔當要職，包括軍官、鎮長、警長等。某些剛到加州的苗人表示，有人告訴他們，必須捐款才能拿到救濟金。（好幾個社福郡辦公室跟王寶創辦的寮人家庭社區組織簽訂契約，該組織是公費互助團體。寮人家庭社區大部分的分會都沒有涉入寮國國家解放聯合陣線的計畫。）在一九九〇年，加州的社福部門開始調查敲詐捐款的傳聞，幾個苗人證人遭到苗人威脅，但最後無人受傷。也有人指控寮國國家解放聯合陣線的捐款並未全數捐給游擊軍，而是落入美國的反抗軍領袖口袋。

2 對其他苗人來說，最出名的案例是備受敬重的苗人頭目吳邁（Vue Mai）在一九九二年被遣返回國。一九九三年，他在越南失蹤，自此下落不明。根據美國難民委員會的資料，吳氏家族有七百人以上住在泰國難民營，原本打算追隨族長吳邁的腳步返回寮國，在他被認定死亡後打消念頭，轉向美國尋求庇護。泰國政府和聯合國難民署拒絕他們的要求。

13 代號X CODE X

那晚李氏夫婦向我訴說戰後經驗，我一時無言以對，只記得自己說了：「那一定很糟。」弗雅瞟了我一眼說：「沒錯，是很悲哀。當我們逃出寮國時，心裡至少希望日子能好過一點。但是真正悲哀的日子是從黎亞去了弗瑞斯諾，並得了病之後才開始的。」

起初我以為自己誤解了她的話。弗雅和納高在寮國的那三年失去三個小孩。他們躲避子彈、地雷和火牆，遠離自己的村寨、國家，知道自己不會再回來。有什麼事比這更糟？即使最疼愛的孩子命在旦夕，也不會比這更糟。但我並沒有誤解。不論是暴力、飢餓、窮困、流亡異鄉或死亡，這些悲劇再怎麼悽慘，也仍在可知之列，或至少可想像的範圍內。發生在黎亞身上的事則超出了這個範圍。

黎亞在山谷兒童醫院的小兒科加護病房待了十一天，之後於一九八六年十二月五日搭上救護車，轉往美熹德中心。負責檢查的是戴夫，第二年的住院醫師，以聰明和容易緊張聞名。他在檢查報告中將黎亞描寫成「昏迷不醒、體重過重的寮國小女孩」，住院診斷則是：

1. 缺氧性腦損傷。
2. 綠膿桿菌菌血症。
3. 嚴重癲癇。
4. 瀰漫性血管內凝血。
5. 敗血性休克。

戴夫回憶道：「當時我在小兒科值班。當我聽說李黎亞從弗瑞斯諾回來，而且基本上已經腦死時，心直往下沉。我跟這家人不太熟，但我聽說他們不好溝通。大家都這麼說。黎亞來到這裡時，我對她的印象就是如此。她就這麼躺在床上，不像過去那樣東張西望。她因高燒而全身發燙，兩眼上吊，只露出眼白，呼吸急促而不規律。喉嚨裡卡著許多膿和痰，但由於牙關緊閉，我們幾乎無法為她抽痰。她的動作毫無目的，兩腿伸直，雙臂不斷伸展又屈起來，這顯示她大腦皮質的運動神經出現異常。當我緊捏她指甲甲床的時候，她對疼痛刺激確實有退縮反應。你對病患這麼做時，對方通常會咒罵你去死。黎亞無法這麼做，但是在某個程度上，我確定她希望我去死。」

黎亞被送進小兒科病房。佩姬說：「我記得第一次去看她的時候，她的情況很糟。她過去是人見人愛的小孩，雖然發作起來很嚴重，但總是很有活力。然而現在，她就只是……躺著，但看起來卻不像安穩地入睡，跟你想像的昏迷病人並不一樣。我的意思是，假如她像睡美人一樣美麗而安詳地躺著，那是一另回事，但她不是。她似乎非常痛苦。你一摸她，就會發現她全身僵硬。她正在掙扎。她的呼吸聲大得嚇人。」佩姬示範了黎亞發出的痛苦喘息聲，然後說：「而我不停地想，老天，她沒辦法再這樣下去，她的精力正一點一滴耗盡，她隨時可能耗盡氣力而死去。我記得我真的很氣哈其森。」她說的是黎亞在弗瑞斯諾的神經科醫生泰瑞．哈其森。「我是說，天啊，你把這樣的病人送來給我？」

佩姬說完後，我轉向尼爾，問他對當時的印象。他不自在地改變坐姿。「我沒有在第一時間見到她。我知道她轉院回來，將要死在我們這裡。她就在那兒，而這正是我一直害怕看到的，我是這麼……我要說的是，急診室的一連串事件讓我筋疲力盡，感情也榨乾了，當時我真的很難面對黎亞。」

「所以由我照顧她。」佩姬插話道。

「是的。事實上，幾乎完全是妳一個人在照顧她。我選擇躲到一邊，躲遠一些。事實上我選擇完全避開。我得承認，我落荒而逃了。」

尼爾在黎亞病房前來回無數次，三天後才鼓起勇氣去看這個占據了他的職業生涯與心思長達四年的病人。我問他，當他終於見到她時，他看到了什麼。

「她處於植物人狀態，不過卻是個憤怒的植物人。」

對我而言，稱黎亞為植物人似乎只是另一種形式的逃避。他和佩姬描述黎亞的遭遇時，用的都是電視影集《外科醫生》（*Mash*）中醫生愛用的字眼，也就是在極端壓力下的苦笑，這種行為背後的心理是，假如你取笑了某件事，這件事就傷不了你的心。「黎亞昏了。」「她爆了。」「她把腦袋炸了。」「她呆了。」「她輸了。」「她掛了。」「她死透了。」

黎亞入院後，護士的第一筆紀錄寫著：「脈搏將近每分鐘一百三十次，體溫攝氏三十八．九度。無知覺，無意識。插鼻胃管。」接著是：「家人在病房，巫師做法事。」未做任何評語。

我請教當天的值班護士葛黎亞，她說：「噢，的確，他們請來巫醫。他帶了一些白色的油膏，他們一邊念念有詞，一邊在黎亞全身上下塗抹油膏。油膏聞起來像伏特加和草藥。我記得她母親不讓我們給她洗澡，那會洗掉她身上的白色東西。」

總之，弗雅寧可自己照顧女兒。她廿四小時坐在黎亞床邊。護士如此記錄：「我們鼓勵母親在換床單時抱著她小孩。母親撫摸小孩，輕聲唱歌。」護士向她示範如何在黎亞乾裂的嘴唇塗凡士林，在她的尿布疹上塗抹舒緩乳霜，用濕抹布冷卻她的額頭，抽她的分泌物，透過鼻胃管餵她配方奶粉。有一回弗雅和納高帶草藥來，佩姬記得那是「一種濃稠、黏膩、噁心的綠色液體」。兩人試著餵黎亞，在明白黎亞不能吞嚥時，決定從鼻胃管灌食，而佩姬篤定黎亞已經無力回天，指示護士放手讓他們做。

苗人每年十二月依照傳統慶祝苗族新年，這個為期多天的節日從半月開始轉為滿月那一天的第一聲雞啼開始。黎亞住在美熹德中心時，正好碰上新年，那是苗族一年中最重要也最喜氣的節日，也是驅邪、祈求家庭守護靈庇祐，以及召請祖先靈魂返家的日子，總的來說，就是為未來一年祈求好運的日子。苗族新年也是唱歌跳舞、求愛、穿漂亮衣服的日子，即使在美國，許多苗族婦女仍會在數月前開始製作新衣。苗人認為，在新年穿舊衣會使家族窮困。那一年，弗雅為所有女兒縫製新繡衣，她使用泰國布料、美國織線，並以中南半島的古銅幣作裝飾。她有一回拿這些衣服給我看。黎亞的裙子是我見過最華麗的，上頭繡有粉紅、青綠和黑色的線條，褶襉繁複而細緻，看起來就像香菇的蕈褶。弗雅告訴我：「這些是黎亞要穿的，都是最漂亮的衣服，因為我們如此疼愛她。別人都不准穿，這些是黎亞的，只屬於黎亞。我縫這些衣服，因為我相信黎亞在新年時將會醒來，在家裡跑跑跳跳。但是她病了，沒有穿上這些衣服，我們這一生只有這一回錯過新年的慶祝活動。」梅說：「新年我們什麼都沒做，甚至連招魂儀式都沒有做，因為醫生說黎亞就快死了，我們全家哭個不停。」

弗雅帶了一套截然不同的衣服到醫院來，那是壽衣。納高解釋：「這是苗族的文化。我們苗人如果不為垂死的人穿戴整齊，那人過世後，就會常夢到他赤身裸體，所以我們會為垂死的人穿上特製的衣物。這是黎亞的母親為她縫製的。」這些特製的衣物包括一頂黑帽、一件黑外套、一條高腰貼繡裙。護士告訴弗雅，黎亞其實不能穿外套，他們需要動到她的上半身。所以弗雅先將外套蓋在女兒的病袍上，護士一離開房間，她就偷偷為黎亞穿戴整齊。

黎亞的房間總是擠滿兄弟姊妹、堂親表親、伯叔姑舅、嬸母姨母，以及從外地趕來參加「守夜」（護理紀錄上是這麼寫的）的李氏和楊氏宗親。儘管有些護士盡量做到將心比心，但大多數人還是被無止無休的吵鬧激怒了。護士艾芙琳回憶道：「這些人會放聲大笑，一面比手畫腳、高聲交談。他們完完全全受夠我們了。他們會問我們在做什麼？為什麼這麼做？我們每個問題都回答了十遍以上。我們做的每件事都被認為是錯的。」蒂也常來。佩姬記得曾看到她坐在床邊哭泣，珍妮也是每天探訪。珍妮回憶道：「現場通常沒有口譯員，但是你知道弗雅和我心靈相通。我們常常彼此擁抱。當有人在場翻譯時，弗雅和納高總是說自己有多愛黎亞，黎亞有多麼特別。我告訴兩人，她對我也意義非凡。我只慶幸那次發作不是發生在寄養家庭。我最擔心的就是她在寄養家庭大發作。老天，這很有可能，而且假使成真了，他們永遠會怪罪在我頭上。這件事會在苗人社會產生不良影響：小孩被兒童保護局偷走後就死了。」

黎亞轉院回美熹德中心的第二天，納高要求拿掉黎亞的鎖骨下靜脈注射管，並停止一切用藥。那條中央靜脈注射管是山谷兒童醫院費了好大工夫才插上的。佩姬在黎亞的病程紀錄上寫道：

我透過口譯員與病患的雙親長談。兒童保護局員工珍妮．希爾特也在場。雙親了解抗生素正在對抗嚴重感染，還有若是不給藥，黎亞可能感染復發並立刻喪命。他們了解，只要拿掉靜脈注射管，我們就不會重新插管。他們了解這點後仍拒絕藥物治療。因此，藥物與靜脈注射都將撤除。

佩姬回憶道：「我的想法是，他們希望黎亞走得安詳，不再受折磨。基本上他們希望她死得有尊嚴。」佩姬錯了。她以為弗雅和納高希望停止用藥，是因為這些藥物是以不自然的方式延續黎亞的生命。事實上，雖然李氏夫婦確實相信黎亞已經病危，但他們希望停止用藥，是認為這些藥正是殘害黎亞的凶手。

拿掉靜脈注射管後，弗雅和納高表示要帶黎亞回家。黎亞的腦部損傷已經影響到她的體溫調節機制，她的體溫上升到攝氏四十一．八度，有致命之虞。因此，佩姬告知李氏夫婦，黎亞需要留在醫院觀察幾天。她回憶道：「我確定她就快死了。但這就是西方醫學矛盾的地方，你不能袖手旁觀，看著病人死去。」珍妮很在乎黎亞在生命最後幾天能否過得舒服，她寫下以下的備忘錄：

致：恩斯特、費爾普

寄自：希爾特

答覆：關於黎亞回家一事

在我們讓黎亞回家之前，讓我們重新評估這家人對此事的渴望……他們在身體、感情以及財務上有能力接下這個重擔嗎？他們手邊有床鋪、床單、處方飲食、聽診器、尿片等等嗎？他們必須備齊以上這些東西，再加上家庭看護，我才會點頭。你確信他們可以妥善餵食黎亞嗎？他們表現出自己擁有正確的知識和技術了嗎？他們會每四小時餵她一次嗎？

到了十二月九日，珍妮和佩姬已經安排好家庭看護及一切必需品，包括為黎亞抽痰的機器，還有正如戴夫所說的，「為大小便失禁又正好腹瀉的孩子準備的一大堆尿片」。護士所寫的出院指示如下：

1. 格拉斯洛克醫療服務局的人將在今晚八點到訪。給予處方。
2. 一定要在十二月十一日本周四早上八點來門診。
3. 任何時候都要使用蛋形床墊。
4. 每隔兩小時為她翻身，免得感染褥瘡。

5. 盡可能多為她抽痰。

飲食指示：白天每四小時餵她喝處方奶粉，每天共餵五次，每次二百九十五毫升。

所有食物都要經由鼻胃管餵食。

弗雅並不明白這些指示，反正她也不打算透過鼻胃管餵黎亞任何藥物或食物。（鼻胃管能夠避開黎亞受損的吸吮反射及嘔反射，並防止食物流到她的氣管。）然而她還是在「這些指示已充分解釋，本人也都明白」這句話下方簽名。正如四年半前黎亞在美熹德中心出生後她在出院文件上所簽的，她簽下一個字串：FOUYANG。

當天納高也被要求簽署文件。這份文件並未放在黎亞的病歷裡，所以沒人知道內容，雖然那可能和李氏夫婦讓黎亞出院的決定有關。院方很可能告訴納高，只要辦完出院手續，兩小時內黎亞就可以出院，他就可以帶她回家嚥下最後一口氣。納高對事情則有不同的詮釋。他回想起「有一個人給黎亞吃藥」，也許是給她退燒的泰諾林，然而護理紀錄上記著「父親拒絕」。納高說：「接著又來了個人，他拿來寫字夾板，上面夾著一張紙，要我簽名，並說，黎亞兩小時內就會死。他們見死不救。我想，即使他們救她，她也要死在這裡，他們不救她，她還是要死在這裡，那我何不馬上帶她回家，這樣哥哥姊姊還見得到她最後一面。我很不滿意。我對醫院非常失望。我很生氣。這是救命的醫院，還是草菅人命的醫院？」

在過去兩周內，醫院已經不止一次告知李氏夫婦，黎亞即將失去生命，但不知何故，這次卻讓納高暴跳如雷，也許是因為納高認為這次告知包含了明確的時間預測。在苗族的道德觀裡，預言死亡是大忌。向年邁的祖父母說「你往生之後……」是大不敬的行為，所以他們會改用「當你的小孩一百二十歲的時候……」這樣的說法。我問了幾個認識的苗人，假如醫生告訴他們，他們的小孩就要死了，他們會有什麼感覺。有三個小孩的馬瓊大叫：「醫生絕對不可以說這種話！這會讓惡靈更靠近小孩，這就等於說，好吧，帶走她吧。」衛生部的口譯員侯柯亞說：「在寮國，這表示你要殺人，也許是下毒。除非你要取某人的性命，否則你怎麼能確知那人就要死了？」有一天晚上，我告訴比爾，李氏夫婦把醫生的話當成威脅，而非直白的預告。他說：「這我倒不驚訝，問題出在動詞時態！黎亞快死了，黎亞也許會死，黎亞有九十五%的機率會死。這些語意的細微差異經由口譯員翻譯後，只會讓聽的人一頭霧水。假如黎亞的父母認為，美熹德中心的人說的是黎亞應該死，他們也許是對的。我想，美熹德中心有很多人都認為，假如黎亞昏迷不醒，無法與外界溝通，而她唯一的感覺是疼痛的話，還不如早點解脫。」

當納高認為他眼前的文件是在告訴他，她女兒將在兩個小時內死亡，而他被迫在這文件上簽字時，他拔腿就跑——上自傳說中的巫醫詩曳，下至任何苗人，在走投無路時都會這麼做。他從三樓小兒科病床上抓起身穿壽衣的黎亞，跑步下樓。一個護士呼叫代號X。（每間醫院都有一套廣播用的緊急狀況代號，藍色表示有垂死病人需要做復甦術，紅色表示火警，X表示安全系統遭到破壞。）納高回憶道：「他們在後頭追我。他們叫了兩名警察來。」其實那是醫院的警衛。「他們要我回醫院。當他們叫警察的時候，告訴我黎亞快要死了的那個女士跑來罵我說，你在做什麼？當時我氣得很，我推那名護士，她的頭撞到牆。」

戴夫被緊急叫來。當時是禮拜五下午接近傍晚，讓他很不好過的一周已接近尾聲，可是接下來的時間卻讓他更難過。他已經被住院醫師的壓力，值班卅三個小時、心懷不滿的病人不斷出言不遜、擔心犯下致命的錯誤等，弄得筋疲力盡。戴夫向美熹德中心請了三個月長假，他希望放假前的幾天能風平浪靜。他告訴我：「我這輩子沒有這麼消沉過，而我沒有心情去忍受哪個父親無理取鬧，不論這個擔憂女兒的父親跟我屬不屬於同一種文化。我的意思是，我並不想和他討論文化上的差異。」

當戴夫匆匆跑到小兒科時，警衛已經將納高和黎亞押回黎亞的病房。「他們發現這個寮國人抱著這個基本上已經無法動彈的小孩，當我趕到時，他們和護士用他不懂的語言對著他大吼大叫。我沒有大吼，但我氣壞了。真正讓我火冒三丈的，是他拔掉她的鼻胃管。他不承認，但鼻胃管被丟在樓梯上。顯然他們想把李黎亞帶回家，讓她的生命結束，我們也願意這麼做，但是必須以一種醫學上能接受的方式，而不是將她活活餓死。假如她沒有鼻胃管，就一定會餓死，所以我們才要教他如何使用鼻胃管和其他事。她父親卻一把將她抱走，跑下樓梯，拔掉鼻胃管。我的意思是，再過幾分鐘，或頂多一、兩個小時，我們就會讓他們帶她回家，但他們就是他媽的等不及。」

戴夫一再高聲告訴納高，假如他有點耐性的話，黎亞是可以早點出院的，但現在不行了，因為要重新插上鼻胃管，而且得照X光來確定位置。事實上，院方重新插管插錯了位置，只得重插一次，並再照一次X光，加上文書作業，最後折騰了將近四小時。醫院的職員，包括被納高推到牆壁上的護士（她沒有受傷）各忙各的去了，彷彿這場日後稱為「挾持事件」的意外，只是家常便飯。儘管他們都很憤怒，但沒有人打算告納高人身傷害，或故意不讓他帶女兒回家。

晚上十點十五分，黎亞由母親抱著離開美熹德中心。她出院時的體溫是攝氏四十度。父母將她帶回公寓，脫掉她的壽衣，將她放在預先攤在客廳地板的一塊浴簾上。納高說：「黎亞留在醫院，只有死路一條。但我們煎了一些草藥來清洗她全身。她在醫院病得太重，汗水完全浸濕了她睡的床。她藥吃得太多，身體垮掉了。但是當我們煎草藥，以藥湯為她洗澡時，她不再流汗，也沒有死。」

14 民族大鎔爐 THE MELTING POT

李氏一家人，也就是納高、弗雅、綢兒、卓雅、成、梅、葉兒和楚，在一九八〇年十二月抵達美國，行李包括幾件衣服、一條藍色毛毯、一組弗雅在胡亞綏時用木頭鑿成的杵臼。他們從曼谷飛到檀香山，接著到奧勒岡州的波特蘭，在那裡待了兩年才移居美熹德。我從其他難民口中聽到的飛行經驗（這種旅行方式把苗人認知中的遷徙推到極限）充滿了焦慮與羞辱：他們暈機，不知道怎麼用廁所，也害怕會弄髒身子，他們以為機上的食物要花錢買，卻身無分文，他們試著吃廁所的清潔洗手乳。李家人儘管也十分困惑，卻勇敢面對這趟旅程的種種新奇事物。在納高的印象中，飛機「就像巨大的房子」。

然而他們在波特蘭的第一周卻無比混亂。在當地難民局把他們安置在一間租賃的小房子之前，他們在親戚家打地鋪，借宿了一周。弗雅說：「我們什麼都不懂，親戚得從頭教起。他們已經在美國住了三、四個月，已經懂這些事。親戚告訴我們有關電的事，還說小孩子不應該碰牆上的插座，免得受傷。他們告訴我，冰箱是冷冰冰的箱子，可以存放肉。他們教我們如何開電視。我們從來沒看過抽水馬桶，以為裡面的水可以喝或拿來做菜。後來親戚告訴我們那是什麼，但是我們不知道該坐，還是站在上面。親戚帶我們去商店，但是我們不知道那一罐罐、一包包裡裝的是食物。我們懂得分辨不同肉類，但是無論雞、牛或豬都被切成一片片，外面還包了塑膠膜。親戚告訴我們，爐子是用來烹調食物的，但是我不敢用，怕爐子爆炸。在美國的親戚告訴我們，食物若不吃了就丟掉。在寮國，我們總是拿剩菜剩飯來餵動物，這麼浪費很奇怪。這個國家有很多怪事，到現在很多事我還是不懂，需要我的孩子幫忙，這裡看起來還是一個奇怪的國家。」

十七年後，弗雅和納高已能使用美國的家電，但依然只會講苗語，只慶祝苗族節日，只奉行苗族宗教，只做苗族菜，只唱苗族歌，只演奏苗族樂器，只說苗族故事。他們對寮國、泰國政治現況的了解，比對美國還要多。我第一次遇見他們時，他們來到這個國家已是第八年，受邀到他們家作客的美國成年人仍只有一個，就是珍妮·希爾特。移民被要求壓抑自身的文化差異，以擁抱共同的國家認同，很難想像有什麼比這更背離美國大言不慚的民族融合。「合眾為一」也就是由多元走向單一。

一九一〇、二〇年代初期，在密西根州迪爾波恩（Dearborn）的福特車廠工作的移工都必須上免費的「美國化」課程。課程內容除了英語之外，還包括工作習慣、個人衛生和餐桌禮儀。他們背下的第一句話是「我是美國好公民」。在畢業典禮上，他們聚在巨大的木桶旁，老師用三公尺長的杓子在桶裡攪動。學生穿著祖國的傳統服飾，唱著母語歌曲，從木桶上的門走進桶裡。幾分鐘後，木桶的門打開，身著西裝與領帶的學生走出來，手裡搖著美國國旗，唱著美國國歌。

從福特汽車的大鎔爐冒出來的歐洲移民之所以來美國，是為了融入美國的主流社會。

苗族來到美國的原因則與十九世紀離開中國的原因相同：拒絕被同化。正如人類學家勒摩恩（Jacques Lemoine）所觀察到的，「他們來到我國，不單是為了保全性命，更是為了拯救自我，也就是苗族的民族性。」假如在寮國能夠保全民族性，他們情願待在那裡，就像他們的祖先寧可待在中國。對他們而言，遷移向來是解決問題的手段，而非自由不羈的衝動行事。高唱美國國歌的福特工人即便稱不上興高采烈，至少也是心甘情願，苗人卻不同（弗雅和納高對美國國歌一字不通），他們屬於社會學家所說的「非自主移民」。非自主移民最著名的特點是，不論丟到哪個鎔爐，都不會融化。

美國苗族只想不受干擾，繼續當苗人，一起群居在苗族飛地[1]務農為生，自給自足，不受政府干涉。有些苗人甚至帶著鋤頭來到美國。王寶將軍曾說：「從多年前開始，我便開門見山地告訴美國政府，我們只需要一小片土地種菜、蓋房子，就像在寮國那樣……我告訴他們，不需要是上好的土地，只要一小片足供生活的土地就好。」但美國從未認真考慮這個建議。國務院難民計畫的發言人說：「根本不可能，花費太高，不切實際，最重要的是，這會讓沒有得到土地的其他難民（及美國人）反彈。」（如果比較一下王寶土地計畫所需的預算是多少，而過去二十年來聯邦及州政府在仰賴社會福利的城市苗人身上又花了多少錢，相信結果會很有意思，但就我所知，沒有人這樣比較過。）

正如早年剛到美國的移民都被稱作FOB（Fresh OFF the Boat，剛下船），苗人及其他越戰後來美的東南亞人初到時，也被某些社工戲稱為JOJ（Just Off the Jet，剛下飛機）。第一波越南和柬埔寨難民大多會在地區的「接待中心」接受為期數月的語言及職業訓練，而苗族新移民卻是在接待中心撤除後才抵達美國，因此被直接送往新居所。（後來有些難民得以在泰國接受文化適應訓練後才飛往美國，訓練課程包括如何分辨一元和十元紙幣，以及如何使用門上窺孔等。）至於移居新地所需的生活物資，聯邦政府則發包給非營利的志工單位負責採買，或由全美移民志工機構尋找當地贊助廠商供應。移民家庭剛到美國的前幾周內，可能得應付志工單位的職員，以及移民局、公共衛生部、社會服務局、勞工局和公共救助計畫等部門的官員，而苗人向來不太敬重官僚。誠如苗族諺語所說，「見虎則亡，遇官則窮」，一份研究中南半島難民適應問題的報告指出，在苗族受訪者心中，「和美國官員處不來」是比「戰爭記憶」、「家人失散」更嚴重的問題。志工單位大多具有宗教背景，因此苗族新移民常得和牧師打交道，而這些牧師也毫不意外地反對泛靈的薩滿信仰。在明尼蘇達州，有個資助難民的牧師向當地報社表示：「帶他們來此，給他們溫飽，然後放任他們下地獄，這豈不是很惡毒？創造我們的上帝希望他們歸信。假如有人認為傳福音的教會將他們帶來，卻不會與他們提及主，那個人一定頭腦有問題。」但向苗人宣教只會得到反效果。研究苗族移民精神健康問題的報告顯示，相較於其他難民，受牧師所屬宗教團體援助的難民，需要心理治療的比率高上許多。

苗人習慣在山裡生活，大部分人都沒有見過雪。但幾乎所有苗人移居地都是地勢平坦、冬天酷寒的地方。大部分人被送到明尼亞波里斯、芝加哥、密爾瓦基、底特律、哈特福和普羅維登斯等城市，因為這些是難民服務最集中的地方，包括醫療照顧、語言課程、工作訓練和國民住宅。為了鼓勵融合，並且避免讓任何社區負擔過多難民，造成不公，移民及歸化局採取化整為零的做法。初來的苗人被分送到二十五個州的五十三座城市，也就是分散成容易掌控的極少分量，攪進大鎔爐裡，或者如難民移居服務羅德島辦公室中負責處理苗人事務的芬克（John Fink）所形容，「像奶油般薄薄地塗抹在整個國家，於是他們就消失了。」某些氏族被拆散至不同移居地。某些移居地的移民則全部來自同一氏族，由於苗族嚴禁同氏族通婚，年輕人在當地都找不到結婚對象。團結一致是苗族社會兩千多年來的基石，現在卻完全遭到忽略。

雖然苗人大多被安置在城市裡，但也有些核心家庭被安置在孤立的鄉下地區，與親戚分開。這些失去傳統援助網絡的家庭，都表現出異常強烈的焦慮、消沉與偏執。有個案例在愛荷華州的費爾菲爾德，當地唯一接受第一浸信會援助的苗人家庭姓楊，楊家的父親狂躁，並受妄想之苦，他曾試圖與妻子及四個孩子一起在小木屋的地下室上吊自殺。母親最後懸崖勒馬，阻止全家自殺，但已來不及拯救唯一的兒子。愛荷華州的大陪審團拒絕對這對夫妻提告，原因是父親受創傷後精神壓力障礙所苦，而母親的資訊來源限於父親，無法建立自己的現實認知。

前聯合國駐泰國的難民協調員羅森布拉特（Lionel Rosenblatt）在數年後重新審視早期的苗人移居情形，以後見之明坦承，政府對待苗人的方式大錯特錯。「我們一開始就知道苗人的狀況不同，卻未能提供特別的因應措施。我依然相信將苗人遷來美國並沒有錯，但如今回顧這段，也只能說『我們做得真是糟透了』。」前總統雷根的難民事務特使道格拉斯（Eugene Douglas）淡淡地說：「他們就像墮入了地獄。說真的，我們做得真是糟糕透頂。」

在美國尋求庇護的苗人當然不是同質群體。有一小部分苗人（主要是最早入境美國的高階軍官）通曉數國語言又具有國際觀，較大比例的人則是在戰時或住在泰國難民營期間零星接觸到某些美國文化與科技。但仍有數萬苗人的經歷與李家十分相似。只要瀏覽一下難民局為東南亞新移民製作的宣傳小冊、錄音帶、錄影帶，便能理解這項適應環境的任務有多麼艱鉅。舉個例，華盛頓州語言及適應資源中心所出版的手冊《美國新生活》中，包括以下這些守則：

知道馬路上「通行」及「禁止通行」的號誌代表什麼。

寄信要貼郵票。

電話使用方式：

1.拿起話筒。

2.聽是否有撥號音。

3.逐一撥號。

4.鈴聲響起後等對方接電話。

5.開始說話。

緊閉冰箱的門。

絕不可以把手伸進廚餘絞碎機。

不可以站或蹲在馬桶上，馬桶可能會破裂。

絕不可以把石塊或硬物放置在浴缸或水槽裡，以免造成損壞。

摘取鄰居的花果蔬菜一定要事先詢問。

在較冷地區必須穿著鞋襪和適當的外衣，否則會生病。

在公共場所或在公共建築內擤鼻涕一定要用手帕或面紙。

絕不可在路上小便。美國人厭惡尿味，認為隨地小便會造成疾病。
在公共場所吐痰既不禮貌也不衛生。請使用手帕和面紙。
美國人不贊同在公共場所挖鼻孔、掏耳朵。

苗人必須遵守的風俗習慣看來稀奇古怪，規矩多如牛毛，語言更是艱澀難學，美國人這麼重視識字和解讀其他陌生符號，讓許多苗人難以招架。瓊納斯告訴我：「在美國，我們有眼睛卻看不見，就跟瞎子一樣。我們有耳朵卻聽不見，就跟聾子一樣。」有些新移民會穿睡衣上街，將水倒在電爐上熄火，在客廳裡燒炭，將毛毯放在冰箱裡，在馬桶裡洗米，在游泳池洗衣服，用清潔劑洗頭，用機油和家具亮光劑做菜，用漂白水漱口，吃貓食，在公園裡種菜，射殺臭鼬、豪豬、啄木鳥、知更鳥、白鷺、松鼠與禿鷹果腹，還有人在費城的街上用十字弓獵鴿子。

若說在苗人眼中，美國難以理解，美國也同樣無法理解苗人。每隔一陣子就有新聞記者抓著某個標籤不放，興奮地大作文章，例如「美國境內最原始的難民團體」（這句話出現在一九九〇年《紐約時報》的報導中，一個苗族電腦專家因此投書給紐約時報，憤怒地評論道：「顯然我們太原始了，無法挺身為寮國的美軍作戰」）。一九七〇年代晚期一九八〇年代的報章雜誌常可見這類用語：「低階層山地部落」、「石器時代」、「從時間迷霧中現身」、「活像掉到兔子洞的愛麗絲」。關於苗族的錯誤資訊漫天飛舞。一九八一年，《基督教科學箴言報》有篇文章指稱苗語「極其簡單」，該文宣稱，苗人數世紀以來在繡衣上只懂得繡基本花樣，無法「連結樹的圖像與真實的樹」，並指出「苗人沒有口傳文學⋯⋯顯然也沒有民間傳說」。有些記者對苗人大發議論時簡直口無遮攔，甚至也不經大腦。我最喜歡的一段文章是一九八一年的《紐約時報》社論，文中談到許多苗族男性被自己的夢魘殺害[2]，於沉睡時猝死（當時大眾普遍相信這樣的說法）。作者說明苗人「認為自然物有生命意識」後，問道：

這些夢魘是什麼？是棕櫚葉變成駭人的手指？還是森林開始移動，氣勢滔滔地行走？還是玫瑰伸展莖梗，扼死沉睡的人？或者加油管如條蟒蛇般纏捲，勒斃了死者？還是四處巡行的郵筒壓死了睡夢中的人？或者是被狂亂的剪刀刺死？

（「或者是社論作者嗑了藥？」第一次讀到這篇文章時，我在空白處寫下這句眉批。）

語言人類學家丹尼根（Timothy Dunnigan）在明尼蘇達大學研究所開了一門課程，討論媒體如何呈現苗人及美洲原住民。他對我說：「我們用來描述苗人的隱喻語言，與其說勾勒出苗人的樣貌，實則吐露了更多我們的本質，以及我們對於自身參照系統的執著。」丹尼根的評論正呼應了康克古的觀察，後者察覺了西方人面對「非我族類」的不安感，誰能比苗人更「非我族類」？他們不僅蹲在馬桶上，還吃臭鼬，不但敲鑼打鼓，更殺牛獻祭。在許多人看來，他們只挑對自己有利的風俗習慣來學習，這種接受主流文化的方式十分令人不快。例如，許多苗人很快就學會打電話、開車，因為這些技能符合他們和其他苗人溝通往來的日常所需，然而他們卻學不會英文。一九八七年，參議員辛普森（Alan Simpson）是參議院移民暨難民事務小組委員會裡的少數黨要角，當他說苗人是「這個社會最難消化的群體」時，口吻像極了多年前因為苗人拒說漢語或拒用筷子進食而老羞成怒的中國政府。

苗人確實令人捉摸不透，這點無可否認。他們比同時期湧入美國的越南人、柬埔寨人更神祕。幾乎沒有人知道「Hmong」這個字怎麼發音，而因為美國政府成功地讓「寂靜的戰爭」保持寂靜，因此也幾乎沒人知道苗人在戰時扮演的角色（發現自己不需離鄉背井，就能以「異族通婚的父系氏族結構」為題寫作論文的人類學研究生除外），甚至沒人知道這是場怎樣的戰爭。幾乎沒有人知道，苗人擁有豐富的歷史、複雜的文化、有效率的社會體系，以及令人羨慕的家庭價值觀，苗人因此成了任人投射排外異想的理想畫布。

最方便的投射模式就是謠言，而許多關於苗人的謠言都是子虛烏有。這並不令人意外。畢竟，苗族在中國也曾被描繪成腋下長了翅膀、臀部長有尾巴的形象。若將美國人流傳的苗人謠言與泰國難民營裡流傳的美國人謠言相比，兩者廣泛流傳與惡毒的程度可說平分秋色。以下是一些例子：「苗人買賣白人奴隸」、「政府送苗人汽車」、「苗人強迫小孩跑去撞車，以得到鉅額理賠」、「苗人賣女兒，買老婆」、「苗族婦女把路面的減速墊當成洗衣板，結果被十八輪大卡車輾過」，還有「苗人吃狗肉」[3]（這則謠言與以下種族歧視的笑話相輔相成：「苗族食譜的書名？一〇一種烹調你家愛犬的方式」）。這則吃狗肉的謠言如今也躋身永垂不朽的都市傳說行列，與「下水道有鱷魚出沒」及「大麥克食材中有蟲」並列。羅傑．米契爾（Roger Mitchell）是威斯康辛大學奧克萊爾分校人類學系的榮譽教授，他蒐集了幾種版本的謠言：

（謠傳）取得（狗）的方法有幾種。有些是由苗族小孩把狗哄回家。有些是從收容所領養（直到收容所的主管注意到領養率大幅提升為止）。有些則是流浪狗。最常見的指控的是偷狗，通常從後院下手，有時會留下頭和項圈，讓人以為有汽車來過……

狗的價格通常不便宜，飼主大多是醫生。有人看到偷竊過程並記下了車牌。當警察查驗車主時，狗早已進了苗族家庭的鍋子。

有各種蛛絲馬跡可讓人推測。收垃圾的人，也是這類都市傳說的固定班底，說在苗人家庭的垃圾桶裡看到狗。抄表員、推銷員或任何人看到地窖裡吊著屍身。小學學童認出苗人同學的午餐三明治裡夾著狗肉。有人說苗人家庭的冰箱裡裝滿冷凍狗。還有人加油添醋地說，狗可能會被活活剝皮以提升美味。

那些想讓苗人覺得自己不受歡迎的人當中，有些人採取的行動不止是造謠中傷。借用明尼亞波里斯一個青年中心主任的話，他的苗族鄰居在一九八〇年代中期有如「俎上肉」。在寮國，苗人夜不閉戶，有些住家甚至沒有門。市中心低收入社區犯罪率太高，而苗族文化對於偷竊及部族內暴力的禁忌，使得大多數苗人不易適應這裡的生活。苗人承受的暴力不完全來自種族因素，有些人純粹只是看苗人好欺負。但有許多暴力事件，特別是發生在城市裡的，則被認為是暴力犯罪者對苗人享受的優渥福利不滿所致[4]。

在明尼亞波里斯，苗人的汽車輪胎被割破，車窗被砸。有個高中生一下公車就被重擊臉部，並遭到警告：「滾回中國去。」有個婦女大腿、臉和腎臟被踢傷，裝有全家積蓄共四百美元的皮包被偷，她從此禁止小孩在戶外玩耍。她的丈夫過去在祕密部隊領導五十人的連隊，如今卻待在家裡捍衛家中財產。在普羅維登斯，學童在放學回家的路上遭到毆打。在密蘇拉，青少年被人丟石頭。在密爾瓦基，苗人的花園遭人破壞，一部車遭到縱火。在加州的尤里卡，一戶人家的前院草坪被插了兩支燃燒的十字架。伊利諾州春田市近郊發生一起突發暴力事件，三個暴力犯罪者強迫一個苗族家庭把車子開下州際五十五號公路勒索，過程中十二歲苗族男孩遭到槍殺，男孩的父親對記者說：「打仗時，你認得你的敵人。在這裡，你卻不知道迎面而來的人是否會傷害你。」

在一九八〇年代早期的費城，針對苗人的行凶、搶劫、毆打、砸石塊、破壞案件層出不窮，市政府的人際關係委員會因此召開公聽會調查暴力事件。造成種族不睦的一項原因似乎是聯邦政府撥款十萬美元補助苗人就業的政策引起當地居民不滿，其中多數是失業者，他們認為這筆錢應該分配給美國公民，而不是居住在此地的外國人。各種案件中，最令人痛心的是苗族男性王森（Seng Vang）遭遇的攻擊：王森從魁北克來到費城西區探望母親及兄弟姊妹，卻遭人以鋼條及大石塊襲擊，兩腿骨折、腦部受傷的王森倒臥街頭。當天稍晚，王森母親所住的公寓遭人以步槍射擊，洗碗槽一旁的窗戶玻璃因此碎裂。王森在賓州大學醫院治療時，輸入的血疑似遭到感染。他患了十分罕見的肝炎，重病長達數月，並因此得到妄想症，開始認為他的醫生也意圖殺害他。

在這些事件中，有一點格外引人注目：苗人打不還手。有一天我隨意翻看查爾斯・強生的《苗語故事：寮國苗族之民間傳說及神話故事》，一面思考這件事。書中的索引列出以下項目：

對抗
殺敵……29–46, 52-58,198,227,470–471
復仇
遭凶殺的人轉世投胎復仇……308–309
殘酷的九舌老鷹舌頭被割斷……330
美女以沸水煮死攆走她丈夫的國王……362
族人手刃殺害女兒、丈夫和小孩的老虎……403
公雞虐殺奪走太太性命的野貓……433, 436–437
婦人懲罰、奴役那對奴役丈夫的中國夫婦……456–457
楊友林刺殺殘暴的國王……470–471
報應
多行不義者遭雷劈……11, 20
野貓虐殺那些殺害婦女的人，為婦女報仇……436–437

書中最後一則民間故事的部分內容為：「公雞迅速飛下來，抓住貓，將貓丟到碾米坊的石臼中，立刻以粗重的石杵搗擊牠。公雞不斷地搗，直到野貓筋骨俱裂。野貓就這麼死去，故事也就此結束。」顯然苗人並非一般人刻板印象中順從、消極、溫和的亞洲人。那麼，為什麼折磨苗人的美國人沒有落得故事中那隻野貓的下場？

強生為書中另一則故事所寫的背景說明提供了部分解答：

我們所做的訪談顯示苗人很少打鬥，真的動手時也只用拳腳。（相較於〔寮國的〕鄰近民族動輒干戈相見，不把打鬥當一回事，而且事後仍可交好，苗人一旦打起來，就是真的打起來，可能一輩子都不會和好。）……苗人的確視克己自律與耐心為美德，苗語有個慣用成語，專門用來訓誡缺乏耐心、行事衝動的人，父母也用這成語教導小孩，那就是「Ua siab ntev」（指堅忍，換句話說，遭遇冤屈或困厄時，要忍耐）。

雖然苗人在戰場上以驍勇善戰而非堅忍聞名，然而在美國，他們太過驕傲，不願自降身分和小奸小惡之輩一般見識，甚至不願承認自己是受害者。人類學家史考特二世（George M. Scott, Jr.）有次在聖地牙哥問一群曾遭人身或財務損害的苗人，為何不自衛或報復。他寫道：「幾個苗族受害者，不論老少都回答道，這麼做不但只會陷入互相報復的輪迴，更會讓自己『難堪』或出醜……此外，現任寮國同鄉會會長（苗族互助組織）被問到為何他的同胞在這裡打不還手，而不像在寮國有仇必報時，他只是簡單回答：『這裡沒有一件事值得我們挺身而戰。』」

當然也有例外。若碰上苗人眼中無可忍受的丟臉事件，他們有時會認為不還擊會更丟臉、更難堪。有些住在弗瑞斯諾的苗人聽到傳言說由於他們有車，福利金將被終止，便寄信恐嚇社會服務部（你拿走我的福利金，我就轟掉你的腦袋）。為了加強威脅感，他們還在信中附上利劍圖案和子彈（福利金沒有中斷，子彈和利劍也沒派上用場）。在芝加哥，一個美國駕駛向一個苗族長者及其兒子大聲長按喇叭，他們便用汽車防盜鎖重擊對方的頭部。美國駕駛頭上縫了十三針。當這對父子因加重傷害罪出庭應訊時，他們要求法官先讓兩造各自陳述事發經過，再喝下和有獻祭雞血的水。根據苗族傳統，撒謊後喝下雞血，一年內必死無疑，所以願意喝雞血就表示說的都是真話。法官駁回這項請求，判兒子坐牢兩個周末，並參與六百小時的社區服務。法官也命令兩人學習英語及美國文化。

這類事件極為罕見。美國刑罰體系與苗族大相逕庭，苗人大多敬而遠之。寮國的苗族村寨裡沒有囚犯。苗人追求的正義既重視實際效果，也講求直接對當事人：囚禁犯人對受害者有什麼好處？體罰在苗族社會也是聞所未聞。但是，苗人會以各種形式當眾羞辱犯罪者，在這個丟臉比死還難受的社會，這是非常強力的犯罪遏阻手段。舉個例，偷了四條銀磚的小偷必須歸還五條銀磚，並綁縛雙手，在全村的冷嘲熱諷中押到村長面前，受害者因禍得福，罪犯受到應得的羞辱，無辜的罪犯家庭也不至於失去勞動力，而村裡任何有意偷竊的人目睹了這可恥的場面，可能就打消了念頭。來到美國的苗人早就聽說，假如他們傷了人，不論原因為何都得坐牢，而他們大多數人寧可盡一切手段也要避開這難以想像的災難。住在弗瑞斯諾的王朝萬，經歷一場死亡車禍後被控過失致死，他在出庭前就在郡監獄裡上吊自盡，他不知道自己有受審的權利，以為自己將在獄中過完下半生。

無論如何，遭迫害的苗人除了訴諸暴力，還可以選擇一項歷史悠久的對策：逃亡（別忘了，當惡靈九兄弟要置詩曳於死地時，詩曳只做過一次自衛反擊，接著便改採逃亡策略）。在一九八二至一九八四年間，費城有四分之三的苗人搬到其他城市的親戚家中。約在同一時期，全美有三分之一的苗人移居到另一座城市。苗族家庭遷居時通常選擇不告而別，這當然會使援助者不悅。假如苗人無法把電視機之類的家當塞進汽車、公車或搬家卡車，他們會當場丟下，頭也不回地離去。有些家庭會單獨遷居，但仍以集體遷移較為常見。當他們大批從波特蘭州奧勒岡遷出時，一條由塞滿雜物的車子組成的長長車隊沿著州際五號公路浩浩蕩蕩地前進，開往加州的中央谷地。政府將苗人攪入大鎔爐的努力，顯然隨著這波社會學家口中的「二次移民」而功虧一簣。

地方暴力通常是苗人遷移的主因，不過也有其他原因。一九八二年，當所有在美國住滿十八個月的難民無法再拿到難民現金補助時（過去的補助期限為三年），許多沒有工作、前途茫茫的苗人就遷移到雙親家庭可領取福利金的州，而原本的州也樂於丟掉這個燙手山芋。奧勒岡州由於預算緊縮，人力資源部有一段時間便致信難民，詳細說明其他幾州可領取的福利金。其中以加州金額最高。也有數千苗人在聽說加州是農業州時，懷著再度務農的希望移居當地。但移居最主要的考量還是氏族團聚。苗族的氏族間不一定和睦，但氏族內數以千計的成員都親如手足，彼此患難相助。試圖得到其他氏族接納的苗人會被稱做「蝙蝠」（puav）。蝙蝠因為身上的毛皮而遭鳥類排斥，也因為擁有翅膀而得不到鼠族接納。苗人只有找到自己專屬的群體，才能停止在不同氏族間不斷尋覓，也不再因無處可歸而覺得受辱。

或許苗人一直都奉行一句古老的苗族諺語，「自有他山」，而在過去，每座山頭也都孕育了新生活。不幸的是，二次移居的熱門地區大多失業率較高，苗人的失業率則更高。中央谷地（一九七六年仍無苗人居住，七年後高達兩萬人）自一九八二年起經濟衰退，許多工廠和公司紛紛倒閉，失業率居高不下，即使是最不需要技術的飯碗，苗人也得和失業的美國人爭搶。務農的美夢，除了少數幾百人能實現外，可說成了泡影。雖然苗族農夫非常了解刀耕火種法，還有如何使用穴播棍種植高粱、黍，以及如何採收鴉片，但他們仍得好好學習（以下引述自一份不大成功的苗人訓練計畫課程大綱）：

作物品種、整地機械與設備、種植時間與次序、採種與移栽、肥料、病蟲害、草管理、疾病控制、灌溉、土壤侵蝕控制、撰寫農作紀錄、收成、清洗與處理、分級與篩選、包裝、乾燥、市場選擇、生產計畫、定價策略、物流、廣告、販售，以及與客戶交易的溝通技巧等等。

直到一九八五年，美熹德、弗瑞斯諾和聖華金郡至少仍有八成苗人仰賴福利金為生。但移居潮並不因此受阻。氏族團聚帶來的效應如同滾雪球。愈多同姓族人聚居一地，就愈能守望相助，愈能完整地延續文化，社群也愈穩定。然而美國人傾向把二次移民看成漂泊不定與仰人鼻息。康克古如此描述刻苦自勵的美式個人主義典範與苗人群體互助理想間的鴻溝：

我們的分離主義與個人主義倫理正日復一日以千百種方式變得明晰，例如為個人設計的用餐空間、重視每個人甚至孩子的「個人空間」，以及「由你作主」、「全心為你」這類響亮的廣告口號等等。另一方面，苗族的文化規約就有如交響樂，每個部位都演奏著回歸、召返、恢復、重新結合、聯結彼此，以及破鏡重圓等主題。

苗族諺語說得好：「一根樹枝沒辦法做飯或築籬笆。」要做到這些事，除團結以外，別無他法。

苗人重新分布到他們認為合適的落腳之處，成為當地的一大經濟負擔，因此聯邦政府的難民安置局試著減緩移居潮，提出「一九八三年高地寮國法案」，編列高達三百萬美元預算，提供職業訓練、英語課及其他讓苗人願意留下的誘因，以鞏固加州以外苗人居住區的就業率與社群穩定。據稱該法案在不少地方頗有成效，但加州移民潮依然洶湧。由於現今大部分的苗族新移民是由美國的親戚而非義工團體資助，美國政府無法再掌控苗人移居何地，因此泰國和美國其他地方的難民如潮水般湧入（如今依然源源不絕，只是增幅較小）。難民安置局除了阻止苗人遷移到高福利州，也開始鼓勵已住在這些州的苗人離開。一九九四年制定的二次移居計畫平均為每個家庭花費七千美元，協助他們搬家、找工作、支付一兩個月的房租和食物津貼。難民安置局重新安置了將近八百個失業苗人，將他們自所謂「擁擠地區」遷移到具有「良好就業機會」（也就是不需技術，工資低到無法吸引當地美國人的工作）的社區。

藍領工人的經濟能力讓那八百個家庭過得還不錯。九十五%的家庭能夠自給自足。他們在達拉斯的製造工廠、亞特蘭大的電器生產線、北卡摩根頓的家具及紡織廠工作。有四分之一以上的人存夠了自力購屋的錢。賓州蘭開斯特郡更有四分之三以上的苗族家庭也做到了這點，這些家庭的男性或耕田或在食物加工廠工作，女性則為門諾教徒工作，例如縫製號稱「當地生產」（如今也名實相符）的被子。在其他地方，苗人受僱為雜貨店店員、木工、家禽飼養者、機工、焊工、汽車技工、工具及染料製造者、老師、護士、口譯員和社區聯絡人。在一項關於明尼蘇達工人的問卷調查中，受訪者被問到「你認為苗人是什麼樣的工人？」八十六%的人把他們列為「非常好」。

> 這項調查結果尤其能反映苗人在組裝或按件計酬工作上的情形……整體而言，雇主都對苗族勞工的生產能力頗有好評。苗族工人由於英語能力不足，在職業訓練初期往往會遭遇困難，然而一旦上手後，據稱表現比美國勞工更佳。

少數年輕苗人成為律師、醫生、牙醫、工程師、電腦工程師、會計師和公職人員。以協助苗人自給自足為目標的「全美苗人發展協會」（Hrnong National Developrnent）也鼓勵這些專業人士擔任其他苗人的指導者或贊助人，希望有更多苗人追隨他們踏上成功之路。互助的文化使得苗人在美國適應得非常好。數以百計的苗族學生透過網路聊天室交換各式資訊和小道消息，包括傳統習俗的適用性、大學入學的建議、交友廣告等（包括黎亞的姊姊楚，她每天在學校花兩小時埋頭在電腦前，父母為此大惑不解）。網路上有個苗人網站（http://www.hmongnet.org/）以及數個日漸蓬勃的苗人論壇與電子通訊錄，包括Hmongforum和Hmong Language Users Group[5]。

獲得醫學、法學博士學位及深諳數位科技的苗人形成一個規模不大但不斷成長的少數團體。儘管這些能說英語、在美國受教育的年輕苗人擁有比父母更好的就業紀錄，但仍落後於其他大多數的亞裔美國人。至於卅五歲以上的苗族勞工，大多仍只能勉強擠到低階或接近低階的職位，既無法謀得需要較佳英語能力的工作，也無法在現有工作中學習英語。根據聯邦政府的《苗人安置研究報告》(*Hmong Resettlement Study*)，一個在達拉斯工作三年的苗族勞工仍無法說出他操作的機器名稱。他表示，除非生活成本帶動基本工資成長，否則並不期待自己能夠升職或加薪。此外，苗族勞工也因為重視群體團結更甚於個人奮鬥而遭遇挫敗。在聖地牙哥，一家電子工廠的經理努力要將一個苗族勞工升至管理職，該勞工卻羞於接受這個將使他高於其他苗族同事的職位。

對許多住在高失業率地區的苗人而言，升遷問題通常不具實質意義，因為他們根本沒有工作。苗人總被認為是美國「最不成功的難民」，原因正在此。值得注意的是，苗人未能達到的美式成功標竿幾乎全與經濟有關。假如我們用社會指標，如犯罪、虐待兒童、私生子和離婚的機率來評鑑，那苗人的表現也許比大部分難民群體都要好，甚至優於大部分美國人，只是我們的文化並不重視這些形式的成功。我們訓練大眾把眼光聚焦在我們最愛的失敗指標——福利名單上。加州、明尼蘇達州以及威斯康辛州的福利金較為優厚，申請資格也較寬鬆（這點並不叫人意外），以福利金為生的苗人比率大概是四十五％、四十％和三十五％(比起五年前的六十五％、七十％和六十％已有改善)。寮國的稻米產量銳減開啟了苗人失去經濟獨立的第一步，泰國難民營的每日糧食配給則推動這個過程，直到美國終於完全奪走苗人的經濟自主能力。苗族文化與美國文化的結構性衝突，加上美國社會福利體系的設計，使得一般苗族家庭根本不可能獨立生活。例如在加州，有七個小孩的男人（這是苗族家庭的一般水準）必須每小時賺十．六美元，每周工作四十小時，所得才能與福利津貼及食物券補貼相比。但是他們既沒有市場所需的技能，對英語又幾近一竅不通，連最低工資，即時薪五．一五美元的工作都不太可能取得。即使他取得最低工資，也得一周工作八十二小時才能賺到相當於福利配給的收入。此外，美國大部分的州都有項規定：福利金的領取者若每個月工作一百小時以上（例如為了習得工作技巧而兼差，或剛開始務農），家庭就會失去所有福利金、食物券和健康保險[6]，這項規定直到一九九〇年代才取消。

一九九六年的福利改革法案讓州政府得以取消合法移民的福利金，在苗人社會引起軒然大波，令他們寢食難安。面對經濟援助可能斷絕，有些苗人選擇申請公民身分，儘管許多中年苗人發覺申請程序對英語能力的要求是無法跨越的障礙（如果是寮國戰爭結束後不久就來到美國的年長苗人，門檻則較低。五十歲以上且居住美國滿二十年的苗人，以及五十五歲以上且居住美國滿十五年的苗人，可免去語言測驗。考慮申請公民身分的李氏夫婦便符合這項條件）。有些苗人已經遷移，或正打算遷移到就業市場較好的州，有些人則靠親戚接濟。有些州會運用自有的經費協助合法移民，部分苗人乾脆繼續仰賴形式有所改變、額度減少且較不穩定的福利金為生。

最能有效激怒苗人的，莫過於批評他們仰賴公共補助度日。一方面，他們認為那是自己應得的錢——幾乎所有苗人都曾取得各種版本的「承諾」，那是在寮國時中情局人員和苗人簽訂的口頭或紙面協議，允諾只要苗人為美國打仗，最後若不幸巴特寮勝出，美國會援助苗人。苗人出生入死拯救美國飛行員，卻眼看著自己的村寨在美軍意外空襲下夷為平地，又因為協助「美國人的戰爭」而被迫逃離自己的國家。他們以為自己將在美國獲得英雄式的歡迎。許多苗人認為，美軍的運輸機只載走龍町的軍官而拋棄其他人，是美國人第一次違背承諾。在泰國難民營申請移居美國卻未立即過，是第二次違背。當他們來到美國卻發現自己不符合退役軍人津貼的領取資格，是第三次違背。美國人譴責他們「吃掉福利」（引述苗人的話）是第四次。美國人宣布中止福利則是第五次。

除了把福利金視為退休金的老人之外，多數苗人寧可選擇其他任何選項——假如有其他選項的話。哪個苗人會選擇讓全美國最官僚的機構扼著自己的脖子？《美國新生活》提供一則申請現金補助的小祕訣：「你應該盡可能備齊以下證件：I 94（盡可能準備正本）、房租帳單或租賃契約、社會安全卡、任何收據存根、銀行帳戶明細表或存摺、水電帳單、醫療帳單或殘障證明、職業登記證。」）哪個苗人會選擇這種被某些族長比喻為抽鴉片的生活方式？又有哪個苗人會選擇屈辱地當條等人施捨剩菜的狗（dev mus nuam yaj）？馬當在美熹德做生意，當年在前往泰國的路上用自製的十字弓獵捕鳥類來養活全家，他告訴我：「我剛到美國時，一個韓國人告訴我，假如有人懶惰不工作，政府還是會付錢。我說，你瘋了！我完全不能接受！我不怕工作！我的父母把我養育成男子漢！我要一直工作到離開這個世界的那一天！」的確，馬當同時做三份全職工作：雜貨店老闆、口譯員和養豬。他過去是美國駐寮大使館的打字員，會說五種語言，一般苗人無法期待自己趕上他的成功。以下則是兩個中年男性在聖地牙哥接受難民適應訪談的回答，較能代表一般苗人的狀況。其中一人說：

> 過去的我是不輸給其他男性的男子漢，但現在的我不再是了……我們只是一天過一天，就像鳥巢裡的幼鳥，只能張大嘴等著母鳥帶蟲子回來。

另一個難民說：

我們不是生來等別人餵飯吃的，像這樣靠人吃飯，我們只會感到無地自容。我們在自己的國家時，從來不像這樣處處求人幫助……我很努力學英文，也一邊找工作。我不排斥任何工作，即使是洗馬桶也接受。但別人還是不信任你，甚至連這樣的工作也不給你。我看著自己，覺得自己連狗屎都不如。說到這裡，我真想立刻一死了之，這樣就不需要面對未來。

這兩個人都深受徹底的絕望所苦，經濟上的不獨立，只是這種絕望的眾多因素之一。在這項訪查中（這項訪查隸屬於一份縱向研究，對象為苗人、柬埔寨人、越南人與和華裔越南難民），苗族受訪者在「快樂」與「生活滿意度」兩項得分最低。在伊利諾州，一項針對中南半島難民的研究指出，苗人「與環境疏離」的程度最高。根據一項明尼蘇達州的研究，在美國住了一年半的苗人表現出「非常高度的沮喪、焦慮、敵意、恐懼與妄想、強迫症，並覺得低人一等」（在往後十年中，其中某些症狀稍有減緩，但是難民的焦慮、敵意與妄想程度少有改善，甚至完全沒有改善）。最令人灰心的研究結果來自一九八七年的加州東南亞人心理衛生需求評估，這是難民安置局及全國心理衛生學會資助的全州流行病學調查。報告中有份長條圖比較了苗人和越南人、華裔越南人、柬埔寨人和寮國人的生活品質（這些群體的生活品質都嚴重低於一般水平，柬埔寨人過得尤其窮困），苗人的慘況不免令人驚訝。他們最沮喪、精神障礙最嚴重、最可能極需精神治療、教育程度最低、最多文盲、就業人數比率最低，最可能的移居原因是「恐懼」，最不可能的則是「追求更美好的生活」。

波特蘭州奧勒岡的公共衛生公職人員畢里雅圖（Bruce Thowpaou Bliatout）則從苗人的觀點討論這項嚴峻的事實。這個苗族醫生在一篇闡釋心理健康概念的文章中解釋道，苗人認為人只要活著，就得面對工作適應與家族福祉等問題。假使正如強生在《苗語故事：寮國苗族之民間傳說及神話故事》中所提到的，堅忍是長壽者（也就是健康有活力）的特質，美國人所謂的精神疾病則是丟失靈魂而生病或受傷的人所表現出來的特質。畢里雅圖指出，美國苗人常見的疾病包括：

疾病名稱：Nyuab Siab
譯名：生活困難
病因：失去家庭、地位、家、國家，或任何具有高度情感價值的重要事物。
症狀：過度擔憂、哭泣、困惑、談話混亂無章、無法入眠及進食、妄想。

疾病名稱：Tu Siab
譯名：生活破碎
病因：失去家庭成員、與家庭成員爭執、破壞家庭和諧。
症狀：悲傷、憂慮、孤獨、罪疚感、失落感、不安。

疾病名稱：Lwj Siab
譯名：生活腐化
病因：家庭關係緊張、長期無法達成目標。
症狀：失去記憶、脾氣暴躁、妄想。

在我來到美熹德之前，比爾向我描述他見到的第一個苗人病患。如果是畢里雅圖，或許會將該病患診斷為生活困難，比爾的診斷則大同小異，「心碎」。比爾說：「陶先生五十來歲，他透過口譯員告訴我，他背痛，但我聽了一陣子之後才明白，他來求診，其實是因為沮喪。原來他患有廣場恐懼症。他害怕出門，是因為他認為自己走出幾條街就會迷路，再也找不到回家的路。這隱喻多麼貼切！他目睹所有至親死在寮國，看到國家覆亡，而他再也找不到回家的路。而我所能做的，卻只是開些抗憂鬱藥。」

在陶先生來看診後，三年內有許多罹患憂鬱症的苗族病患陸續前來求醫。比爾精準地道出該病患深刻的喪家之痛。對於美國的苗人而言，不僅是社會習俗，就連鳥鳴、花草樹木、空氣的味道和泥土的質感都是陌生的，思鄉之情使他們無力面對生活。在《離鄉背井之慟》這首詩中，苗族詩人侯朵雅寫道：

我們記得日出時的鳥鳴。
我們記得破曉時跳躍的蚱蜢。
我們記得沉重雨滴落在葉子上的聲音。

我們記得長臂猿的啼聲。
我們記得果樹……鳳梨、香蕉與木瓜。
我們仍聽得見鴟鴞朝彼此啼哭，如我們泣訴的聲音。

芬克在羅德島難民安置局工作，有一次他帶著一群普羅維斯登的苗人參觀普利茅斯移民村，那是重現英國清教徒移民聚落的觀光景點，村裡四處是茅草屋，還有雞隻四處晃蕩。要離開時有個年長的苗人問芬克：「我們可以搬來這裡，把這裡變成我們的家嗎？」

馬當是活力充沛的雜貨店老闆兼口譯員兼養豬農，他有一次提到自己在美國住了十三年，沒有一晚夢過美國，寮國卻夜夜入夢。他說：「我跟上百個苗人談到這件事，我也和王寶將軍聊過，每個人都這樣。」在明尼蘇達州的一項調查中，苗人強烈否認自己將老死他鄉，只有一成的受訪苗族難民肯定自己會在美國度過餘生，其他人則是確定或者期望自己能回到寮國死去。美熹德的苗人頭目熊約翰告訴我：「所有老人都說，我們想回去。我們生在那裡，卻來到這裡。這個國家很好，但我們不會說他們的語言，我們不會開車，我們只是孤孤單單待在家裡。在老家，我們可以有一小片田地，養些雞、豬和牛，不會忘記一大早起床，及時收成，今年有餘則收藏以待來年。這就是我們的生活。我們能得到平靜美好。在這裡，我們做對的事，他們說是錯的。做錯的事，他們卻說是對的。我們該怎麼做？我們要回家。」

這個讓老一輩苗人夢魂牽繫的家園——他們稱之為「peb lub tebchaws」（我們的田，我們的土地）的地方，是戰前的寮國。戰時的寮國則帶給他們難以忘懷的傷痛，這種「無法承受的喪失」更大大加深了其他面向的壓力。協助創辦「波士頓中南半島精神診所」的精神科醫師莫力卡（Richard Mollica）發現，在戰爭期間和戰後，平均每個苗族難民都經歷過十五次「重大的心靈創傷事件」，例如親眼目睹酷刑與殺戮。莫力卡觀察他的病患後說道：「他們的心裡既充盈又空虛。他們心中『充滿』過去，對新的觀念及生活體驗卻『一片空白』。」

苗人心裡充滿過去的傷痛與想望，也發現要捍衛過去的認同無比困難。我有一次參加東南亞精神健康研討會，澳門出生的心理學家愛芙琳．李（Evelyn Lee）在會中邀請六個聽眾到演講堂前練習角色扮演。她讓聽眾扮祖父、父親、母親、十八歲兒子及十六歲與十二歲的女兒。她告訴這些人，「根據自己在祖國的社會地位排成一排。」於是眾人根據傳統的年齡觀及性別觀，依照上述順序排成一排，祖父威風凜凜地站在隊伍前方。李博士說：「現在他們到了美國。祖父沒有工作，父親只會切菜。母親在祖國沒有工作，但她在這裡找到成衣廠的工作。大女兒也在同一家工廠工作。兒子學不好英文，於是輟學。最小的女兒則是家裡英文學得最好的，進了柏克萊大學。現在請你們重新排序。」這家人重新排序時，我了解到這戶家庭的權力結構完全顛倒了，最小的女兒站在隊伍前方，祖父則神情寞落地屈居末座。

李博士藉由角色扮演練習將社會學家所謂的「角色喪失」詮釋得淋漓盡致。在苗人社會所有的壓力中，角色喪失（也就是一系列讓弗雅認為自己很笨的不稱職表現）對自我的傷害最大。每個苗人都可以說出一些上校變工友、軍事通訊專家淪為雞肉加工業者、飛機機組人員完全找不到工作的悲慘故事。馬當的堂兄馬其以前是法官，現在白天在紙盒工廠工作，晚上在機具店上夜班。「沒有了國家、土地、房子、權力，每個人都一樣。」他聳聳肩說。少校康萬生（Wang Seng Khang）過去是軍隊指揮官，在難民營中統御一萬個苗人，他花了五年才找到一份兼職工作，在教會當聯絡人。即使如此，他還是得仰賴太太在珠寶工廠上班的工資來付房租，靠他的小孩幫他翻譯。對於自己以及和他同輩的領導人，他說：「我們在這個國家變成了小孩子。」

在這個國家，真正的孩子反而擁有過去屬於長輩的權力。他們說英語、了解美國文化，因此獲得社會地位，這種社會現象在大部分移民群體中十分常見，但苗人的認同永遠離不開傳統，因此特別難以接受。「動物聽主人，小孩聽大人。」這句苗諺流傳了無數個世代，從未受到考驗。在戰前的寮國，一家人白天在田裡工作，晚上擠一張床，小孩和父母廿四小時在一起，稀鬆平常。地處偏遠，使得苗人的村寨和主流文化隔絕。而在美國，苗人的小孩一天有六小時待在學校，通常還有幾個小時在社區吸收美國文化。美嚳有一次告訴我：「我的妹妹不覺得自己是苗人，有個妹妹梳飛機頭，么妹則大多說英語。我在她們那個年紀比她們還要尊敬長輩。」黎亞的姊姊梅說：「我知道怎麼做繡衣，但我討厭縫紉。媽媽說，你們為什麼不做繡衣？我說，媽，這裡是美國。」

儘管美國化會帶來一些好處，如更多的工作機會、更多的錢、較少的文化隔閡，苗族父母還是可能把任何同化的標記視為侮辱和威脅。馬當難過地說：「在我們家裡，小孩子吃漢堡和麵包，但父母比較喜歡吃青菜、熱湯、米飯，還有像牛肚、豬肝、腰子這些小孩不想吃的肉。大人也許沒有駕照，會要求年輕人帶他們去某些地方。有時候小孩子會說，我沒空。要是孩子不聽話，事情就麻煩了。大人真的會很難過。」叛逆的苗族年輕人除了拒絕載父母之外，甚至會染上毒癮和暴力。一九九四年，加州班寧市的十九歲高中輟學生楊修搶劫並殺害一個德國觀光客。楊修的父親是寮國戰爭的老兵，他告訴記者：「我們已經完全管不了他。我們的小孩不尊敬我們。對我來說，最難接受的事是當我告訴小孩一些道理時，他們回嘴說：『我早就知道了。』我太太和我試著告訴兒子一些苗族文化，他對我說，這裡的人不一樣。他不會聽我的。」

蘇姬是個特立獨行的心理學家，她回憶自己參加過的苗族社群聚會，說道：「一個坐在最前排的七、八十歲老人站了起來，問了一個我聽過最尖銳的問題：『我們過去兩百年過得好好的，為什麼現在什麼事都不對勁了？』」我明白為何老先生會問這個問題，但我認為他說錯了。的確有許多事不對勁了，但並非每件事都是如此。勒摩恩分析道，苗人在戰後逃亡到西方來，不僅為了苟全性命，更是為了拯救民族性，而美國的苗人至少部分證實了勒摩恩的分析並沒有錯。我想不出有任何移民群體的文化根基能夠像苗族一樣不受族群融合侵蝕。幾乎所有苗人都仍在族內通婚，且依舊早婚，並遵守同氏族不通婚的禁忌。男方要付聘金，並組成大家庭。氏族及家族的結構依然完整，團結互助的倫理也維持不墜。美熹德的周末往往充斥著苗族葬禮的鼓聲，或是端公做治療儀式的敲鑼聲。嬰兒的手腕繫上安魂繩，以免靈魂被惡靈綁走。人們靠解夢卜算未來（夢到鴉片會倒楣，夢到全身覆滿糞便則會走運，夢到大腿上有蛇，你就有喜了）。即使是信仰基督教的苗人，也常以動物祭祀。我知道這件事，是因為熊美嬰告訴我，有一個周末她不能為我做口譯，因為她的家人要宰殺一頭母牛祭祀，保佑她姪女的心內直視手術平安。我說：「我不知道你們一家人信仰這麼虔誠。」她回答：「沒錯，我們是摩門教徒。」

更重要的是，苗族的民族性格至今未變，包括獨立、保守、反獨裁、多疑、固執、驕傲、易怒、精力充沛、情感強烈、健談、幽默、熱情好客、慷慨大方等。的確，正如史考特二世所觀察的，面對艱辛的美國生活，苗人的反應是「更強烈展現苗族本色，而非收斂」。薩維納神父在一九二四年概述他對苗人的整體印象，認為苗族之所以能夠堅守民族傳統，有六個因素：宗教信仰、熱愛自由、傳統習俗、拒絕與外族通婚、生活在寒冷乾燥的山區，以及戰火的淬煉。儘管苗人在美國經歷了無數絕望與失落，就前面四項而言，這十八萬個美國苗人的生活還算過得去，或者過得不錯[7]。

有一次我在美熹德有幸目睹了苗人重新適應美國生活的過程。我來到李家公寓時，驚覺公寓裡擠滿我沒有見過的人。我後來發現，那是納高的堂弟一家人，包括堂弟李莊財（Joua Chai Lee）、堂弟媳羅妍（Yeng Lor），還有九個小孩，年紀從八個月到二十五歲不等。這家人在兩周前從泰國來到美國，十一個人只有一件行李，裡面裝了一些衣服、一袋米，還有李莊財擔任端公助手所用的一組響器、一面鼓，以及一對占卜用的水牛角。這家人在找到自己的住處之前，就一直住在李家。這兩個家庭已闊別十多年，小公寓裡充滿了喜事氣息，小孩子穿著新買的美國運動鞋在屋裡橫衝直撞，四個赤足的大人不時仰頭大笑。李莊財透過美罌的翻譯告訴我，「雖然屋子裡人多，妳還是可以留下來過夜。」美罌後來向我解釋，李莊財並非真的要我和他的二十個親戚一起打地鋪。儘管他身在異國且幾乎一無所有，還是要展現一下苗族的待客之道，給自己留點面子。

我問李莊財對美國的印象，他說：「真的很好，但就是不同。地非常平。每個地方都長得差不多。有很多東西都是我以前沒看過的，像是那個（他指向電燈開關），還有那個（指向電話），還有那個（指向冷氣）。昨天我親戚開車帶我們到一個地方，我看到一個女人，我以為她是真人，結果是假人。」原來他說的是美熹德購物中心的人體模特兒。「我在回家的路上一直笑個不停。」他說。想起自己的糗樣，他再度開懷大笑。

接著我問他，對家庭在美國的未來有什麼期許。他說：「假如可以，我會工作。但也許我沒辦法工作。我年紀一大把了，很可能一個英文字都學不會。我的小孩只要用心就能學會英文，也能變聰明。但是我，我沒指望了。」

1 坐落在一國境內，卻屬於另一國的一塊完整領土。編者注

2 直至一九八〇年代早期，美國年輕苗人男性的大死因仍是猝死症，時常在噩夢中或噩夢後由心臟衰竭誘發。沒人能夠解釋心律為何會失常，多年來提出的理論包括缺鉀、缺維他命B1、睡眠呼吸中止、憂鬱、文化衝擊和倖存者愧疚感。許多苗人將猝死歸因於夢魘惡靈坐在死者胸口，導致斷氣。

3 世上謠言總有幾分真實，這裡提到的苗人謠言也是如此。買賣白人奴隸的謠言源自加州報紙記載的越南人犯罪事件，多數受害人下落不明。送汽車的謠言源自苗人會聯合數個家庭合資購買汽車和其他只靠一個家庭負擔不起的昂貴物件。詐領保險的謠言源自威斯康辛州一個苗人家庭的十四歲兒子被車撞死後獲得的賠償金七萬八千美金。賣女兒的謠言源自苗人習俗的聘金，或稱「養育費」，如今在美國有時以養育費代稱，以避免誤解。路面的減速墊謠言源自許多無傷大雅的國內脫序行為，苗人承認確實這麼做過。吃狗肉的謠言，如我提過的，源自美熹德現在仍在施行的犧牲儀式。

4 如同其他低收入難民，剛到美國的苗人自動成為難民現金補助計畫的補助對象。在某些州失去補助資格的苗人（像是家中有肢體健全的男性），透過此計畫便得以獲取救濟金，但苗人家庭因此領到的補助金並不會比美國家庭多。難民現金補助計畫在預定情況下的補助金額永遠比照家庭兒童支助計畫（一九九六年福利改革法案前最普遍的補助形式）。

5 苗人頻道幾乎只有苗人在收看。苗人網站和電子郵件清單則有對苗人文化感興趣的美國學者或愛好人士運用，使用者中也包括一群指派到苗人社區傳教的摩門教成員。

6 在本土社會援助機構的要求下，聲名狼藉的「一百小時條例」在一九九四年至一九九六年間從加州開始在多數州內廢止，該條例使許多苗人無法在經濟自給自足。在條例有效的最後數年擔任美熹德人道服務局長的約翰·卡倫表示：「基本上，該條例要求人們不能去工作。」取代「一百小時條例」的是依照收入來逐步遞減救濟金的方案。

7 約有十五萬個苗人逃離寮國，其中一部分人在美國以外的國家落腳，也有一部分留在泰國。現今在美國生活的苗人數量也達到此人數，是由於苗人的高生育率。

15 黃金與爐渣 GOLD AND DROSS

當我在李氏夫婦的公寓遇到納高的堂弟一家人時，當然有個小孩沒有和她未曾謀面的堂親玩在一起，也沒有坐在門階上，看著路上車輛在春天的暮光中沿著東十二街駛去。李家仍稱這個黃昏時刻稱為「餵豬時間」。黎亞背在母親背上，以一條豔粉紅色的背巾裹著，弗雅在這條圍裙形狀的背巾上繡了黑黃綠三色的十字繡，並用十八個毛茸茸的粉紅絨球作裝飾。這可能是條苗族史上最大的背巾，因為黎亞已經九十公分高、十六公斤重了。弗雅比較喜歡用背巾，而不願用美熹德郡衛生局提供的兒童輪椅。輪椅靜靜地放在客廳角落。一張大披肩裹著兩人，黎亞的身體又直挺挺地靠在母親背上不動，所以遠遠看去，母女倆像是結合成了一個人。

黎亞快七歲了。有兩年多時間，她的醫生一直等著她去世，她的父母卻讓她活了下來，醫生百思不得其解。儘管黎亞未死，但四肢癱瘓、痙攣、大小便失禁，並且無法做有目的的動作。她的情況名為「持續性植物人狀態」。大部分時候，她的手臂牢牢貼住胸膛，拳頭緊握，這是腦部運動中樞受損的跡象。有時她兩腿發抖。有時她又會頻頻點頭，但不是猛點頭而是慢慢點頭，像人在水裡點頭回答問題。有時她會呻吟或哀鳴。她繼續呼吸、吞食、睡覺、醒來、打噴嚏、打鼾、喉嚨咕噥作聲，還會哭泣，這些功能是由她未受損的腦幹控制，但她沒有具自我意識的心理活動，這種功能由前腦控制。她身上表現最異常的器官是眼睛，眸子儘管明亮，有時卻呆滯地望著遠方，有時則像受到驚嚇般斜視。看著她，我不禁感覺到她的大腦皮質神經除了傳導功能之外，似乎少了點什麼，而她父母將這少了點的什麼稱為她的魂（plig），這麼說真是貼切。

我曾對弗瑞斯諾山谷兒童醫院的神經科醫師泰瑞醫生說：「她一定有些意識。她會哭，但她母親一抱起她搖晃，她就不哭了。」他回答：「舉捕蠅草為例吧。這種植物捕捉葉片中的蒼蠅前需要思考嗎？我認為是不需要的。黎亞就像捕蠅草。那只是她的反射動作。然而，儘管我們沒有辦法問像黎亞那樣的人有何感覺，但我相信，或許她沒有思想、記憶，只是無意識地生活著，至少理論上是如此，但她卻對母親的撫摸有反應。」我問黎亞的父母，兩人認為黎亞能感受到什麼。納高說：「她知道我們在對她說話，還會微笑。」弗雅說：「有時我叫她的名字，她似乎認得我，但我不確定，因為黎亞好像看不見我。我的小孩沒做過壞事。她是好女孩，但她傷得這麼重，好像死了一樣。如今，她每天都看不見我。」

一九八六年十二月九日，黎亞從美熹德中心出院回家，高燒四十度，呼吸不規律，無法吐出或嚥下口腔分泌物，醫生預測她即將過世。過了幾天，她的體溫降至正常水準，呼吸變得規律，吞嚥與嘔吐反射也恢復正常。醫生搔搔頭，認為她大有改善，是因為延髓與腦下丘已經消腫。她的父母則認為這要歸功於她剛回家的幾天內都泡在草藥裡。珍妮回憶道：「他們將浴簾鋪在客廳地上，將黎亞放在上面，弗雅會把黎亞泡在她煎煮的草藥水裡，用海綿將她全身上下連同頭髮和頭都用藥水擦過一遍。這令人平靜，充滿了母愛。」

黎亞剛回到家的那幾天，珍妮每天都來探望。因為有她，弗雅和納高深惡痛絕的那根鼻胃管才得以留在原位長達一周——根據醫生指示，黎亞在所剩無多的日子裡都得使用這根鼻胃管。兩人在珍妮的指導下每兩小時把六十毫升的配方奶倒進鼻胃管，並以針筒打進空氣，用聽診器聽氣泡聲來判斷配方奶流到什麼位置。納高回憶說：「真的很慢，我不太懂得使用這東西。食物如果塞在這根管子的兩個塑膠部位，就不能再餵食了。」最後兩人從黎亞的鼻子拔出鼻胃管，開始用奶瓶將配方奶灌進她嘴裡。儘管醫生認為黎亞不使用鼻胃管就會噎死，這招卻十分管用。唯一的問題是，不使用這根醫生指定的管子，加州政府就拒絕給付奶粉錢。於是尼爾和珮姬把一箱箱添加鐵質的心美力奶粉送給李家，而這些其實是廠商送給新手母親的贈品。

加州政府願意給付輪椅及抽痰機的購買費，小兒病床則不在此列。結果這張李家從未開口要求的病床，卻讓珍妮對黎亞病況累積的悲憤一舉爆發。「當加州醫療保健計畫人員表示不會支付病床購買費時，我憤怒到極點。某個地方機構高高在上的醫生說，反正苗人都睡在地上，不需要病床。他這是種族歧視，而我也這麼告訴他。總之我氣瘋了，暴跳如雷。我開始到處打電話。最後我在電話簿上找到一家醫療器材公司願意寄全新的病床到李家，而且完全免費。」珍妮從來不知道，黎亞並未使用這張病床。這張床多年來一直放在她父母的雙人床旁邊，占據小小的臥室。弗雅告訴我：「黎亞總和我們睡，家裡只有她和我們同床睡。夜裡我會抱著她，我們會輕拍她的腳一整晚，因為我們好愛她。如果不輕拍她的腳或膝蓋，她就哭個不停。」

黎亞第一次回院檢查時，正好是尼爾值班。黎亞上次住進美熹德中心時，他成功避開這個燙手山芋，因此黎亞由弗瑞斯諾回來以後，他雖然見過黎亞，卻沒有見過弗雅和納高。多年後，他調出黎亞的病歷，看到那次醫院檢查的紀錄時，愣了好一陣子。我納悶這段紀錄為何激起他那麼大的情緒：「今天黎亞沒有發燒，腋溫三十六・七度，體重十八・九公斤，血紅蛋白十一。」他清了清喉嚨。「那是她第一次回醫院做檢查，對我來說意義十分重大。當時場面十分感人。我記得珍妮也在場。口譯員也在。我告訴黎亞的母親，看到黎亞那個樣子，又和她同處一室，我心裡很難受，我一直害怕的事終於發生了，我感到非常遺憾。我害怕李家怪罪我，但她母親卻對我表示同情，這讓我的情緒完全失控。她能明白……好像了解……」尼爾不安地搜索適當的字眼，但是他決定繼續說下去，「這麼說吧，我想有一部分是因為我在哭。她的反應是向我道謝，然後擁抱我。而我也擁抱她。」他又清了清喉嚨。「總之，就是這麼回事。」

我向弗雅問起那次見面的事，她只是淡淡地說：「黎亞的醫生確實為她感到痛苦。」納高則繃著臉，一語不發。對於美熹德中心和在那裡工作的人，他一直憤恨難消。弗雅的個性比納高寬和，她把一切歸咎到「下太多藥」給黎亞的弗瑞斯諾醫生頭上，並不那麼苛責尼爾和珮姬。在她眼裡，這對夫妻檔醫生並非鑄下天理難容的滔天大罪，只是犯了怠忽職守這個較輕微的過錯，跑去度假，把黎亞託付給錯誤的人。

幾個月過去了，黎亞變得生氣蓬勃，讓專家跌破眼鏡。儘管她病歷的每一頁都寫著「低血氧性缺血性實質腦病變，靜止」，即無法恢復的腦部損害，一份臨床報告也寫著：

問題：服用帝拔癲後癲癇發作→已解決
問題：過胖→已解決

換句話說，黎亞的腦部損害已經治癒她的癲癇，而隨著時間流逝，她愈長愈高（或說愈長愈長，因為她再也無法站立），只能吃流質食物也讓她的肥胖症不藥而癒。佩姬帶著嘲諷的口氣說：「她從來沒這麼健康過。她真是再完美不過。完美的植物人。」

突然之間，正如比爾曾冷冰冰告訴我的，黎亞成了「護士最愛的那種病人」。她從患有可怕癲癇、找不到血管的過動小孩，變為呆滯、不吵鬧，或許也不再需要打點滴的小孩。在家服人員的眼中，她的父母也從虐待兒童的狠心父母脫胎成了模範父母。住院醫生泰瑞莎見識過這兩個階段的黎亞，她告訴我：「她能夠長到那麼大，一定是父母把她照顧得很好。腦部受傷這麼嚴重的小孩大多會萎縮成一堆皮包骨。我看過一個十七歲的青少年，體型只有四歲小孩那麼大。」尼爾說：「每次兩人用背巾背著黎亞到醫院檢查，總是將她梳洗、打扮得完美無瑕。真的是完美無瑕。令人印象非常深刻。」佩姬補充道：「他們做得比大多數白人家庭更好。大部分白人家庭會立刻讓她住進看護中心。」

弗雅和納高永遠也猜不到醫院員工的態度為何比以往好。在兩人眼中，女兒是完全改變了，但自己身為父母的行為卻絲毫未變。納高唯一能想出的解釋是，「黎亞不太上廁所，所以她很乾淨，因此他們喜歡她。」（當我聽到他把黎亞突然受歡迎一事歸因於她的便秘時，我不禁想起某次我告訴他，有天我想去寮國看看。他有感於美國人對科技與衛生的著迷，對我說道：「妳不會喜歡那裡。那裡沒有車子。但妳會認為泰國的清邁很棒。」我問他為什麼，他說：「因為那裡有很多收垃圾的。」）

既然醫生不再開抗抽搐藥，兩人是否依指示餵藥也不再是問題，美熹德的醫護人員、兒童保護局員工、公衛人員和少年法庭官員突然間都閉嘴了（這群喋喋不休的官方人士四年來不斷訓誡李氏夫婦沒有好好照顧女兒）。一九八七年三月五日，原本列入觀察的李氏夫婦監護權撤銷觀察了（觀察期自黎亞從寄養家庭回來後開始）。就少年法庭撫養的小孩李黎亞一事，加州最高法院宣判如下：

鑒於本院已感到滿意，終止少年法庭之管轄權當能符合上述兒童之最大利益，在此命令，前此本院所做……將李黎亞交由少年法庭撫養之命令就此撤銷，該童就此自所寄養的家庭釋回。

弗雅和納高從來就不相信這一紙文件。當然，兩人看不懂，而這文件也幾乎無法譯為苗文。兩人一直擔心女兒會再次歸政府所有。黎亞被送到寄養家庭那一天，弗雅正好不在家，她對此事耿耿於懷了數年，因此她現在廿四小時守在黎亞身邊，以確保她不會再被「警察」抓走。納高說：「假如我們不管，他們也許會再次把她帶走，但我們太愛黎亞了，我們不希望別人帶走她。我太太每天守著她，這樣他們才不會帶走她。我太太不會讓他們得逞。」人類學家史考特二世曾寫道，在寮國：

孩子大多深受疼愛……即使是有身心障礙的孩子也都是父母的心頭肉，而且比正常孩子更受疼愛。部分原因出於信仰因素，父母認為，孩子的殘缺正如流產或死胎，都是父母過去犯錯所遭受的報應，唯有慈愛地對待孩子，才能贖罪。

弗雅與納高頗肯定（但也不完全篤定），犯了錯的是醫生，而非自己，報應卻落在黎亞身上。然而，兩人即使不是為了贖罪，也會百般疼愛黎亞。兩人無法想像自己少疼愛黎亞一些些。黎亞在兩人心中永遠像受膏者，是公主。如今她在父母及兄弟姊妹的廿四小時看顧下，在家中的地位更顯得莊嚴高貴。她成了家庭生活的重心。坐輪椅時身旁一定有人隨侍，用背巾背負她的人，不論是父親、母親或姊姊，一定會輕輕地持續搖晃以安撫她。掛在牆上的黎亞照片比八個同胞都要多。珍妮為黎亞寫下的每日行程表「起床、餵藥、上學、遊戲時間」，也在牆上掛了許多年，即使她已不再吃藥、上學或玩耍。就連她每天是否仍會「起床」，都成了文字遊戲。

黎亞是李家唯一過生日的小孩。每年的六月十九日，東十二街公寓外的人行道上便擠滿了李家的親朋好友與苗族小孩。珍妮會帶來飛盤、海灘球和水槍。弗雅請大家吃包著絞肉與洋蔥的苗族蛋捲和蒸香蕉飯。當天早上會殺雞祭祀，雞頭骨和舌頭用來占卜，然後燉湯。還有美國玉米片，美國的生日蛋糕也是少不了的。珍妮點上蠟燭，切第一塊蛋糕。壽星當然無法吹蠟燭或吃蛋糕。她坐在輪椅上，動也不動，表情木然，而在學校裡學了許多美國經典歌曲的小朋友則高唱生日快樂歌。

黎亞還是漂亮的小孩，絲毫不像我在醫院看到的植物人病童。那些病童就像一具具蒼白的屍體，張著嘴，頭髮像稻草，即使洗過澡還是散發尿騷味。黎亞的黑髮依然亮麗，皮膚依然柔嫩，雙唇依然粉紅，形狀有如邱比特的弓。她聞起來香氣薰人。即使她的家人仍把她當成特別惹人憐愛的小嬰孩，我也不覺得奇怪，她就是包著尿布、需要以奶瓶餵食、愛耍小脾氣的嬰孩，只不過身高已有九十公分。弗雅摟抱她、愛撫她、搖晃她，將她輕輕拋起，唱歌給她聽，用鼻子磨蹭她的脖子，呼吸她頭髮的香氣，玩她的手指頭，哈她的癢。有時黎亞也像寵物，也許是摸起來很舒服的溫馴金毛獵犬。她的妹妹盼喜歡緊緊抱住她，拉她的耳朵，接著和梅、楚一起層層疊在她身上，看過去就是三個扭成一團的咯咯笑小孩，和一個沉默不語的孩子。

在寮國，弗雅在泥土地上給孩子洗澡，用小碗舀來溪水，用火燒熱。現在她每天在搪瓷浴缸給黎亞洗澡，天氣熱的時候一天洗兩次。她說：「我通常跟她一起洗，因為我幫她洗完澡後，自己也會溼透。」洗完澡後，她會幫黎亞做一系列肢體運動，抓著黎亞的手腳一會彎曲、一會拉直，就像小孩子玩芭比娃娃——這些是衛生局的人員教她的，以防止永久性的萎縮。她用湯匙餵黎亞，或用一百八十毫升的奶瓶，上面附有容易吸吮的寬扁奶嘴，那是專為兔唇嬰兒設計的。美熹德中心有個住院醫師的紀錄寫著：「父母餵她吃配方奶加米糊。」事實上，黎亞也吃豬肉和雞肉，她母親用寮國帶來的手雕研缽將豬肉和雞肉搗成糊。有時弗雅先將雞肉嚼爛，然後像母鳥一樣將肉泥塞入黎亞的嘴。弗雅每天要煮大量的「糟菠菜」餵黎亞，這菜和菠菜相似，是她特地為黎亞種在停車場的。黎亞通常跨坐在弗雅的大腿上，長腿伸展在弗雅的兩側，弗雅用嘴唇嘗嘗食物，確認食物不會過燙，再耐心地將食物一小口一小口塞進黎亞的嘴裡。她通常用手，而不是用紙巾或毛巾擦掉黎亞的口水。有一次她邊餵黎亞吃米糊邊對我說：「一頓飯要吃好久，你必須打開黎亞的嘴巴，往裡頭看。假如她嘴裡還有，你又餵進去，她也許會全吐出來。你必須用手一直托住她的頸背，不然她嚥不下去。」接著她笑了起來，親親黎亞沾滿米糊的嘴。

有時候我想這樣也不算太壞。黎亞住在家裡，而不是住在長照中心。身集三千寵愛，而非燙手山芋。苗族社群毫無保留地接受她。她的母親並未像黎亞被送到寄養家庭後那樣尋死尋活。的確，有時弗雅和納高會忽視她的兄弟姊妹，特別是盼，她從來不曾因為老么的身分備受寵愛。當盼剛學會走路時，她在公寓進進出出，沒人在一旁看顧，任憑她玩塑膠袋，有時甚至是菜刀。然而李家一家人，甚至是青少年，都不以黎亞為恥，而我所認識的大部分美國小孩都不免如此。黎亞持續不斷的癲癇危機已經結束，家中的長女梅也解除了擔任醫療口譯員的重擔。她在八年級的自傳裡寫著：「我必須跟著我的父母到醫院做翻譯。」她指的是黎亞從寄養家庭回來的那一年。「我絕對躲不掉，因為我父母最倚重的堂兄總是忙東忙西。不管父母走到哪裡，我就像是兩人的翻譯員。」以背巾背負她妹妹、餵她喝牛奶、上折扣店採買生活用品，對她而言反而是小事一樁。

當我開始沉浸在這樣一幅天倫美景時，納高突如其來的怒火（「我的小孩就毀在那些庸醫手裡！」），或更常出現的弗雅不經意流露的憂傷，往往將我猛然拉回現實。前一分鐘弗雅才在笑，下一分鐘卻淚潸潸。她可能好幾周都不說一句抱怨的話，然後忽然大叫：「黎亞那麼重！背她好累！別人都去看一些漂亮的地方，我卻從來沒有。」有兩年時間，她除了幫黎亞織大型背巾外，都不碰針線。她說：「黎亞病得那麼重，我好難過。我一直忙著照顧黎亞，以至於除了活下去之外，我什麼都不懂。」有一次我看到她蹲在地上前後晃動，我問她怎麼回事，她只說：「我太愛她了。」

李家的廚房地板上還放著一瓶半滿的帝拔癲糖漿。尼爾和佩姬猜想李氏夫婦早就丟掉這瓶藥，也不再開給兩人新藥。那瓶藥之所以留在那裡，不是因為黎亞仍在服用，而是因為這藥在美國醫生眼中一度是無價之寶，丟掉這東西，就有如丟掉已無法交易但價值感仍未褪去的異國錢幣。弗雅和納高以所謂的「苗族祕方」來為黎亞治病。納高解釋道：「我們不能給她吃任何醫院拿回來的藥，假如我們這麼做，她就會全身緊繃，扭曲成一團。」兩人在苗人市集購買一種泰國進口的植物根部粉末，煎成湯藥餵黎亞服下，也餵她弗雅在自家停車場種的草藥。兩人的臥室天花板用麻繩吊著一只不鏽鋼盆，裡面裝了聖水，水上覆著兩張符。那是端公安置的法器，指引黎亞的遊魂歸來。只要李家負擔得起，端公一年會為這家人殺豬祭祀兩次或兩次以上。祭祀後的幾周內，黎亞的手腕上會綁著安魂繩。

因為醫生不再開令人作嘔的抗抽搐藥，也因為那天和尼爾相擁，弗雅從此對黎亞的醫生產生好感。兩人繼續帶黎亞到美熹德中心檢查，大約每年一次，卻不到住家隔壁的醫院。黎亞的便秘、結膜炎和咽喉炎只需掛一般門診。黎亞一旦錯過約診時間，醫院的電腦會秉著根深柢固的官僚作風寄給以下提醒單：

親愛的李黎亞：

在一九八八年二月二十九日妳預約費爾普醫生的門診卻未報到。妳的醫生認為妳應該來看診。請致電三八五－七〇六〇美熹德家庭醫學中心，以便我們為妳安排另一次看診。

黎亞從來不曾回電。

如今李家人最常與美熹德醫院打交道的場合是身體檢查，剛開始一周一次，接著一個月一次，再來則是一年二至三次。負責檢查的公衛護士就像端公一樣到府服務。他叫馬丁・基爾高爾（Martin Kilgore），是高大、善良但有些古怪的男生。他無疑是美熹德郡衛生部唯一會去天體營度假的員工，把全身都曬成古銅色。他的政治立場是民主黨，智商高達一百五十（有一次他帶著自我解嘲的微笑透露這點），談話喜愛引經據典。他常常提到黎亞的daimon（希臘文的「命運」）和Moira（希臘文的「大限之期」），次數之多，不下於提到她的低血氧性缺血性實質腦病變。他曾將李家夫婦和醫療單位的關係比做薛西弗斯的神話，這個科林斯國王企圖以鐵鍊銬住死神，以求僥倖不死。我向尼爾提起馬丁的比喻，他從未聽過薛西弗斯這號人物，但當我描述這個神所棄的老人在地獄受到的懲罰是反覆推著大石頭到山頂上，石頭卻總在到達山頂前滾落下山時，他說：「說的對極了！」（事後我才想到，儘管尼爾直覺認為自己就是薛西弗斯，但李氏夫婦無疑會堅稱自己才是推石頭上山的人。）

馬丁在一九八五年春天首次見到黎亞和她的家人，那時黎亞還沒被送到寄養家庭。他受指派來到李家查看她的父母是否按指示餵癲通和苯巴比妥（他們沒有）。當時馬丁仍不知自己將捲入這場風波，他事後給美熹德中心寫了一張便條，文末寫著：「謝謝你們介紹我認識這麼有意思的一家人。」從此以後，他寫了一封又一封打字完美無誤、措詞嚴謹正式的信給尼爾和佩姬，這些信件經年累月積成厚厚一疊，裡頭記錄著他不懼艱難，將石頭推上山的努力，以及石頭一次又一次滑落山底的境況。他現在主要關心的是黎亞的便秘，這是她神經系統受損造成的一般性腸胃蠕動緩慢。一九八八年二月，黎亞的植物人狀態持續了一年，他告訴佩姬：「黎亞持續每周便秘。」接下來的句子可說是報告寫作的範本：「她母親說，她正努力使用美達施天然纖維素，但瓶子布滿灰塵。」

馬丁有一次請我陪他登門拜訪。我很好奇他和李家人如何相處，因為他和美熹德大部分的人員不同，他公開站在苗人這一邊。他比任何我在美熹德碰到的人更了解苗人在寮國戰爭中的角色，並數次投書當地的報紙，痛陳該報讀者不懂得容忍。（有個讀者怒氣難消，竟揚言要拿霰彈槍轟掉馬丁的頭。馬丁為了安全，將自己在美熹德電話簿上登記的名字改為喬哀斯．基爾默。）馬丁不討厭李家人，或至少喜歡李家人勝於一些白人病人，後者的教養技巧在他口中比黑猩猩還不如。他強烈反對尼爾將黎亞安置在寄養家庭，以至於罔顧自己在專業上應有的客觀態度。他曾對納高說：「李先生，在美國碰上這種事情要找律師。」我想假如有人能和李氏夫婦溝通，那非馬丁莫屬。

當馬丁和他的口譯員侯柯亞抵達李家的時候，弗雅正跪在地板上餵黎亞喝水，納高坐在她身旁，大腿上抱著盼。

「您好，李先生！」馬丁高聲道。納高則兩眼盯著地毯，一語不發。

馬丁蹲下來，說：「那麼，李先生，妳女兒在吃什麼？那大多是流質的吧？」我驚覺李氏夫婦從來沒有告訴他，弗雅會用研缽把肉磨成肉泥。侯柯亞個子矮小、性格誠懇謙遜，他以幾乎聽不見的聲音把馬丁的話及接下來的所有問題譯成（或試圖譯成）苗語，再把李氏夫婦的回答譯成英語。

弗雅喃喃說了些話。侯柯亞說：「她說是非常軟的食物。」

馬丁說：「那麼，實際上黎亞沒有變胖或變瘦。我看得出來，不論她正在餵她吃什麼滋養品，那絕對沒問題。」

馬丁未經說明就開始搔黎亞的腳，並記下她的巴賓斯基反射。她的腳趾指微微一伸，顯示她中樞神經受損。他接著把聽診器放在她的肚皮上。黎亞開始像狼一樣嚎叫。弗雅把臉貼近黎亞的臉，輕聲說：「噓、噓、噓。」

馬丁說：「我正在聽她肚子的聲音。我幾乎聽不見任何聲音，所以我要聽她胸部的聲音。她的肺還不錯。我上一次看診的時候，談到我們每天為她量體溫的好處，這麼做，我們才能及時發現問題。你們還記得嗎？」

侯柯亞說：「她說記得，他們每天都這麼做。」

馬丁看起來很高興。「那麼她的體溫平常是幾度？」

「她說是三十或四十。」

馬丁一時無言以對，但還是接著說：「啊，那麼，我們接下來看脈搏吧。」他將手指探進黎亞手腕上的安魂繩裡。「現在我正在數她的脈搏。她的脈搏數是一百。假如媽媽每天能為她量脈搏的話，會對她大有幫助。」

「她說他們不知道怎麼量脈搏。」侯柯亞說。

「把你的手指壓在這裡，另一手拿著手錶，然後算一分鐘跳幾下。」弗雅沒有手錶，她也不知道一分鐘是多久。

這時，三歲大的盼跑到黎亞身邊，用力捶打她的胸部。

「別這麼做，妳要當個好孩子。」馬丁說，而這個小女孩一句英語也聽不懂。「柯亞，請告訴他們，他們要看著其他小孩子。黎亞不是洋娃娃。」他咳嗽了一下。「現在我們用消去法。黎亞的腸胃能夠自行蠕動，還是必須先給她吃藥？」他指的是李氏夫婦有時候會用的樂可舒（Dulcolax）藥錠。許多苗人很能接受通便劑，因為這種藥就像抗生素一樣，藥效快，立刻解決症狀，又沒有明顯的副作用。

「她說他們用瀉藥幫助她排便。」

「最好不要固定用瀉藥。經常給她吃富含纖維的美達施會更好。假如你持續用瀉藥，黎亞會失去腸胃自主蠕動的能力，她就得一直用藥，這樣就不好了。」柯亞翻譯時，弗雅和納高目不轉睛地看著他。這四年來，醫生一直要兩人給黎亞吃一些兩人不想給黎亞吃的藥，現在醫生卻要兩人別給她吃兩人真的想給她吃的藥。

馬丁接著說：「我想跟這兩人說說我祖父的故事。他人生的最後二十年中，天天都得吃硫酸鎂，因為他開始服用通便劑一段時間以後就無法停藥。這兩人知道硫酸鎂嗎？那東西長得很可怕。」這似乎難倒了柯亞，我不確定他當時如何將「硫酸鎂」翻譯成苗文。「所以，如果我的靈魂能夠回到過去，跟我的祖父溝通，我會說，祖父，別走上這條路，吃美達施吧！但別把美達施加進奶粉裡，好嗎？奶粉就是牛奶，牛奶會讓人便秘，那就像在餵她膠水一樣。可以試著把美達施放入李子汁，好嗎？李子汁能幫助通便，那是名符其實的深水炸彈。這兩人知道李子汁嗎？」

顯然不知道，柯亞也不知道。他翻譯時把李子汁的英文原封不動地塞進長長的苗語句子裡。至於深水炸彈，我寧可不去想像他是如何翻譯的。馬丁解釋：「那是李子做的。你把李子乾燥了，然後做成果汁。我把這寫下來，好讓兩人去店裡買。」他在黃色紙條上寫下了大大的「李子汁」。

納高收下紙條，呆望著。即使他能讀懂上面的字，也不知道李子是什麼。

馬丁說：「柯亞，在我們離開之前，我只是好奇想問一件事。我注意到黎亞手腕上綁著細繩，我最近在一本書裡讀到關於苗人及苗族宗教的文章，我想知道這家人怎麼以宗教的觀點來解釋黎亞的遭遇？」

李氏夫婦一下子板起了臉，就像用力甩上門一樣。

「他說，他們對這點一無所知。」侯柯亞說。

我想，某天晚上兩人不是花了一小時談論惡靈如何偷走靈魂嗎？假如不是美璺急著回家，還可以再說上一個小時。兩人今天是怎麼回事？看起來我這兩個心胸開闊、活力充沛、口若懸河的朋友一旦將對方視為官方人士（儘管馬丁可能寧可辭職不幹，也不願用高壓手段對待兩人），就變成了植物人。打從馬丁到訪以來，兩人說的話不超過二十字。沒有笑，也沒有直視馬丁的眼睛。接著我想，這樣的李氏夫婦，必定就是尼爾和佩姬多年以來接觸到的李氏夫婦。也難怪除了珍妮，其他人都認為兩人既頑固又愚笨。當然，馬丁也經歷了徹底的身分轉變，從智者淪為愚人。這轉變有如逆向反應的鍊金術，在這場注定破裂的關係中，把每個人身上的黃金轉變成爐渣。

馬丁從地板上艱難地起身，說道：「好吧，看樣子我們今天只能做到這了。他們有我的名片。」馬丁的名片上印的不論是楔形文字或英文字母，對兩人來說都無異於有字天書。「他們要記住我是來幫他們的，我建議給她喝李子汁，假如你們能弄到的話。再見了，李先生，再見了，李太太。」

我們走到馬丁停車的地方，柯亞沉默地跟在十步之後。馬丁皺了皺眉，他知道這次拜訪可說是搞砸了，但他找不出原因。難道他不夠禮貌？難道他表達對李氏夫婦的宗教信仰感興趣，並不足以表示他尊重苗人文化？難道當他覺得兩人做得不對的時候，沒有小心不去批評？

他說：「我表現出所有誠意了。妳也看到我多麼耐心地向他們解釋所有事情。」他緩緩嘆了一口長氣，「我盡力了。有時我會把黎亞想成希臘悲劇的人物，也許是歐里庇得斯。有時……我只會想到美達施。」

16 他們為何挑上美熹德？

WHY DID THEY PICK MERCED

我首次來到美熹德，是與李氏夫婦會面的幾個月前。我租了車在城裡繞了又繞，想尋找苗人，卻一個也看不到。比爾告訴我，美熹德每六個居民就有一個是苗人，這個驚人的統計驅使我來到美熹德。我想他大概弄錯了。在熊溪北方種滿美國梧桐的大道上推著嬰兒車行走的人、開著小貨車疾駛過老舊大街的人（我當時還不知道鬧區已經轉移到上城的美熹德購物中心），看起來都像《美國風情畫》的人物一樣熟悉，而這部電影取景的莫德斯托市，也就在九十九公路上的鄰近處。我在艾克森加油站加油，問了幫我擦擋風玻璃的男子法蘭克，知不知道苗人住在哪裡。

法蘭克說：「在鐵道的另一端，到處看得到他們。那裡擠滿了苗人，你簡直動彈不得。我確定我們有不少苗人。我不知道他們為什麼會在這裡。我的意思是，他們為何挑上美熹德？」接著，他主動告訴我一個苗人在公有湖泊無照捕魚被逮的故事。「警察來的時候，他們跪了下來，以為自己要被就地處決！」他仰頭大笑。

馬丁後來告訴我，「笨苗人」的故事是美熹德農人社群特有的可悲產物，這個社群的部分成員已經在中央谷地落地生根一百年。他說：「在弗瑞斯諾，農校學生總是拿亞美尼亞人開種族歧視的玩笑。在斯坦尼斯洛斯是葡萄牙人，在這裡則是苗人。」一個苗人母親聽到警察說，「假如妳的小孩不乖，妳可以把他鎖在電視機前。」而她真的照做了。有些苗人農夫用水肥施肥。還有苗人在住家牆壁上打洞，好和隔壁的親戚「串門子」。有個苗族大家庭住在只有一間臥室的公寓二樓，樓下的美國夫婦抱怨天花板會漏水。房東來檢查，發現苗人全家都睡在臥室，並在客廳鋪上三十公分厚的泥土，灑水種菜。

誰知道這些傳聞是真是假？當地環境養成法蘭克親切卻排外的個性，在這樣的環境中，傳聞的真假重要嗎？正如苗族諺語所說：「堵得住天下所有容器，堵不住人的嘴。」過去一個半世紀以來，中央谷地不由自主吞下一波波外來移民：墨西哥人、中國人、智利人、愛爾蘭人、荷蘭人、巴斯克人、亞美尼亞人、葡萄牙人、瑞典人、義大利人、希臘人、日本人、菲律賓人、葉門人、東印度群島人。每個民族都曾引來針對性的排外風潮，最近的例子就是笨苗人的故事。一八八〇年代，美熹德的排華協會也曾因為類似的防備心態排擠廣東人。這些廣東人沿著美熹德河淘金，並為中央太平洋鐵路公司鋪設鐵道，後來留在熊溪附近的磚廠工作，並在十四街經營一種名叫「番攤」的賭博。美熹德郡反日協會在一九二〇年代試圖趕走日本人。二戰結束前，美熹德也曾以兩百票對一票，拒絕讓拘留營中的日裔美人回家。

我循著法蘭克指示的方向，穿過與南美熹德十六街平行的南太平洋鐵路貨運鐵道。南美熹德以往是中國城，一九五〇年為了興建九十九號高速公路而拆掉。他說的沒錯，鐵道的另一側到處是苗人。這是我生平第一次看到苗人。小孩子在骯髒破舊的二層樓公寓前互逐、踢球（他們在班維乃學過踢足球），或玩一種拋接石子的遊戲。停車場裡盆栽比車子多，兩處社區公園就像袖珍雨林一樣濃密，綠意盎然，裡頭種有一畦一畦的小白菜、苦瓜和香茅草。侯蘇亞（Soua Her）和太太馬怡亞（Yia Moua）在當地一家雜貨店販賣廿三公斤的袋裝米、鵪鶉蛋、魷魚絲、當地苗族樂團的錄音帶、裝飾繡衣用的亮片、塗有薄荷油膏的止頭痛繃帶、治療跌打損傷的黏糊藥膏、退燒的樟腦油，還有一些泡茶用的香料片，正如馬怡亞向我解釋的，這種茶可以「排掉產後汙血」。

我當時並不知道自己正走進全美苗人密度最高的地方。弗瑞斯諾和明尼亞波里斯—聖保羅有更多苗人，但美熹德的苗人占當地人口的比例更高。我第一次造訪美熹德時，這比例正如比爾所說，是六分之一，現在則是五分之一。馬標耀說，這麼大一群人，「讓我們得以保有更多苗族文化，比在永珍還多。」有時我覺得，中央谷地的其他城市如弗瑞斯諾、維塞利亞、波特維爾、莫德斯托、史塔克頓、沙加緬度、馬里斯維爾、尤巴市等，不過是美熹德的郊區。苗族家庭經常開車到一座又一座城市探訪親友，即使搬到谷地的其他地方，也會回美熹德參加宗親大會，就像以往住在寮國衛星城鎮的居民也會回到故鄉的村寨一樣。美熹德有十四個苗族氏族：陳、方、項、侯、宋、古、李、羅、馬、陶、王、吳、熊和楊，年輕人要找到異姓的通婚對象並不難。族人也隨時都能找到各種社會角色，例如與惡靈打交道的端公、調配草藥茶的草藥師、調解糾紛的長老，或是蘆笙樂師。蘆笙是以六根竹管製成的樂器，能夠發出懾人的共鳴樂音，樂師吹奏這種樂器來導引亡魂走過十二重天（在美熹德很難找到竹子，因此有些蘆笙是用聚氯乙烯水管製成。據說只要蘆笙樂師技藝精湛，亡魂一樣可以輕易的遵循塑膠管指示的方向，踏上黃泉路[1]）。

人類學家克里斯托對《美熹德太陽星報》（*Merced Sun-Star*）的記者說，在街上的量販店聽到苗語真是無比奇妙，若是十五年前，這在西方世界的任何一個角落都是不可能的事。艾瑞克過去是爭取言論自由的激進人士，有滿腦子的想法、滿腔的熱情，說起話來滔滔不絕。他曾研究美熹德的苗人社區，也主辦過地方的苗族文物展，展示竹菜籃、收割鴉片的刀子、端公的禮服等。我前往克里斯托在加州大學柏克萊分校的辦公室拜訪。當我說我住在美熹德時，他興奮地從椅子上跳了起來，大叫：「妳好幸運！假如我住在那裡，我會每分每秒都和苗人混在一起！我是說，我愛死美熹德了。不是因為苗人不難打交道。苗人真的很難打交道。我第一次去那裡的時候，他們有點敵意。像是：『你要幹什麼？你以為你是誰？滾！』妳懂的。緬甸人只要得到一點關注，就會非常高興，到緬甸人家中作客，只要坐下來兩分鐘，他們就會邀你搬來一起住。對柬埔寨人表示興趣，柬埔寨人會很高興。至於苗人，苗人每分鐘都在試探你。然而一旦你通過測驗，你就會發現他們真是了不起。苗人是你在世上任何角落所能找到最有組織、最專注的民族了。苗人有最好的領導階級，最懂團結合作，最能堅守民族認同，也最清楚自己在世上的地位。這一切在美熹德都看得一清二楚。那些苗人是真的樂於當苗人。」

我在美熹德待得愈久，愈常自問：老天為什麼讓這事發生在這裡？為何會有一萬多個來自寮國山區的村民，飄洋過海來到這個舉辦優勝美地牙醫學會微笑比賽、頓足爵士方塊舞會的城市，這個城市送給新移民的遷居賀禮（苗人從來不曾主動索取）包含甜蜜愛德琳女子合唱團（*Sweet Adeline Singers*）以及銀髮族木雕工作坊的廣告傳單，這個會在每年商展頒發絲帶給最佳嬰兒軟鞋、最佳檸檬派和最佳母牛的城市？

這也是法蘭克的疑問：「他們為何挑上美熹德？」我漸漸發現，問題的答案可以總括為兩個字：馬當。法蘭克不曾聽過這個曾任美國駐寮大使館打字員，不向命運低頭的雜貨店老闆暨口譯員、豬農，也許是好事。在苗人看來，馬當與美熹德的關係一如十八世紀開拓者布恩（Daniel Boone）之於肯塔基州，或德國民間傳說中的花衣魔笛手之於卡波堡山，但即使法蘭克知道這點，或許也不會表現出適當的歡迎。但從另一方面看來，馬當為追求美國夢付出令人難以置信的努力，這點或許會令法蘭克另眼相看。我第一次走進馬當的「加州風俗社會服務社」辦公室時（這是間口譯社暨聯誼社），他正在講電話。他的苗語說得飛快，但不時碰上苗語中缺乏對應詞彙的觀念，如「缺乏溝通」、「證詞」、「申請」、「銀行經理」、「利益衝突」，便夾雜著英語。馬當生著圓臉，體格結實，神色如企業執行長般威嚴沉著。他戴著嗶嗶作響的大型卡西歐手表及刻有英文字母D的金戒指。名片是紅白藍三色。家族顯然追求商業愛國主義。他的堂弟馬其的辦公室就在隔壁。馬其主要的生計是教苗人認識哥倫布、羅斯夫人[2]和兩院制的優點，以準備歸化考試。馬當雖然飼養了祭祀用的豬隻，但並非全盤接受苗族信仰，為了方便，他將惡靈排除在外。他解釋道：「我稱自己為多重信仰者。我不相信有鬼，我要做鬼的主人，假如你怕鬼，鬼就是你的主人。」顯然除了馬當自己，沒有人會是他的主人。

馬當和家人原本住在維吉尼亞州的瑞奇蒙，是當地唯一的苗人家庭。一九七六年初，馬家剛從泰國來到美國不久，在瑞奇蒙看到生平第一場雪，還以為有人趁著他們睡著的時候在樹上撒了鹽。他每天工作十八個小時，工作是摺報紙，從早上九點到下午六點，又從晚上九點工作到第二天早上六點。這份工作用不上他能說五種語言的多語能力，並且使他

「昏昏欲睡」，以至於擔心自己「在三年內必死無疑」。他每小時賺兩塊九毛，空閒時（我一直在想那會是什麼時候）到瑞奇蒙圖書館閱讀書籍，了解美國其他州的氣候、土質和農作物。他住在南加州的兄長告訴他，中央谷地的氣候好，而且住了許多民族。他也從苗人口耳相傳的消息網絡得知，王寶將軍正計畫在美熹德近郊買一座大果園，這也影響了他的決定。他回憶道：「於是我花五百五十美元買了七〇年產的白色手排車。我告訴援助我的美國教會人士，明天我要搬到加州。他大吃一驚，說那裡有搶劫，有地震，但我說我已經拿定主意。接著他又說，你把車子退回去，我們送你六汽缸的越野車。我說謝謝你一番好意，但是假如我拿了你的東西，我就欠你人情。他們氣得要死！第二天早上我燒了幾炷香，求祖先保佑我一路平安。我的援助者說，你不需要這麼做，你應該向主禱告！我說你的主讓我在美國碰上了一大堆問題。於是我放了一盆水和一些飯在門外，向山神禱告，此時我淚流滿面。我這一生從未哭過，即使去到地獄般的泰國時也沒有，但這時我哭了。我說，我雖然微不足道，卻是成年人了，現在我必須實行我的人生計畫。」

他的車子在一箱箱衣服、鍋碗瓢盆和電視機的重壓下，後半截幾乎擦到地面，而車頭翹得如此之高，以至於他幾乎只能看到引擎蓋。馬當開車載著一家大小，追隨太陽的腳步，在州際四十號公路上向西走了兩天兩夜。抵達美熹德時，他身上僅剩卅四塊美金。當時是一九七七年四月中旬，晴空萬里，他可以看見西邊的海岸山脈和東邊的內華達山脈，空氣中飄著杏花香。美熹德在仲夏可比大火爐，冬天則從水庫吹來冷颼颼的霧氣（弗雅說，住在水庫裡頭的惡靈有一次抓到她，一路跟著她回家）。然而春天的中央谷地是，正如史坦貝克《憤怒的葡萄》中裘德一家經歷馬家一般的長途跋涉，來到青蔥的廣闊大地時人們告訴他們的，「你這輩子見過最他媽美麗的鄉間」。此地四處是成熟的桃子和無花果，綿亙達數公里。馬當找到採收水果的工作，而且只要設下陷阱，就能輕易捕到長耳大野兔和松鼠當晚餐。城市乾淨寧靜，街道呈整齊的棋盤式布局，保有一八七二年中央太平洋鐵路公司的原始規畫。這裡沒有乞丐或廢墟。地勢如球場般平坦，海拔高度五十公尺。對高山民族而言，美熹德在某些方面就像異世界，但總好過瑞奇蒙，更比馬家親戚居住的哈特福特或底特律貧民社區好上無數倍。一般人大多是在開車時途經美熹德（從沙加緬度到貝克斯菲爾德，或從舊金山到優勝美地），而馬當卻是從寮國出發，前往泰國，轉往維吉尼亞州，最後來到加州，這趟旅程使他筋疲力竭，而美熹德是他長久渴望的終點。王寶購買果園的計畫最後以失敗告終，部分原因是郡政府擔心會吸引更多難民，部分原因是這個將軍在簽約前夕做了不祥的夢。然而美熹德和中央谷地其他城市的美名，依舊在全美苗人社群中不脛而走。破舊老爺車起先像涓涓細流，繼而像滔滔洪流般從東部湧入。

艾瑞克回憶道：「真是來勢洶洶！你會在街上看見阿肯色州的車牌和家當。苗人從四面八方湧來。現在的美熹德確實很奇妙，但在當時更是萬分奇妙。」假如你是遠道而來的人類學家，對美熹德苗人的興趣自然比當地的納稅人還高。

「假如一個人有工作，又有點積蓄，他可以買到一點土地嗎？」裘德問，而他得到的答案是：「你找不到穩定的工作。」苗人也一樣，他們不懂英文，也沒有經驗，無法找到高階的務農工作，但基層工作也沒他們的份，因為都讓墨西哥移民占去了。一開始，《美熹德太陽星報》對待新移民有如遠方來的朋友，儘管報紙在用「Hmong」這個字時小心翼翼，因為這個字在世界地圖或字典裡都找不到（當地記者稱苗人為「寮國人」，馬當則通曉「當地方言、寮語、泰語、法語和英語」。）然而很快地，苗人開始登上報紙頭條，並以「難民」代稱，如「難民用盡有限資源」、「難民學生塞滿學校」、「地方首長因州政府將短絀經費撥給難民而發火」、「因難民緣故需要更多的錢、錢、錢」等。

需要更多錢的原因是，美熹德自一九八〇年代初期開始便飽受經濟崩盤之苦。美熹德從未富裕過。過去三十年間，該郡人均收入在加州五十八個郡排名第三十五名至五十三名之間。日子原本還過得去，直到苗族移民蜂湧而至，又恰巧碰上全國經濟衰退和聯邦、州政府大幅縮減社會福利計畫。美熹德郡有七十九%的苗人接受政府補助，其他居民接受補助的比率則只占十八%。到一九九五年為止，美熹德居民以社會福利為生的比率已大過同州各郡，當然，沒人想要這樣的「光環」。聯邦政府扛起一半的社福支出，州政府扛起四十七．五%，郡政府則負責二．五%。二．五%聽起來不多，但近年來幾乎相當於每年兩百萬美元（這數字是一九八〇年的兩倍半）外加近一百萬美元行政費用。郡政府一面應付其他財政需要，一面要籌措數百萬美元，辦法是關閉三座圖書館，任廿四座公園中的廿一座荒廢，五個郡保安官遇缺不補，新增的案件是六個法官的工作量，減少假釋部門的人手，減少馬路維修，削減文藝休閒活動、銀髮族消遣活動和退伍軍人服務的預算，並將所有郡立消防局轉隸州政府林務局。若不修訂社會福利改革法案，郡政府勢必得補足至少一部分的聯邦經費缺口，讓情況雪上加霜，畢竟美熹德郡不太可能任居民挨餓。我請教一個郡政府的社工，假如不修訂法案，美熹德的人口結構也維持不變，結果會如何，她說：「破產。」

當然，苗人並不是美熹德財政危機的唯一（或最大）原因。當地也有許多白人和拉丁美洲裔居民仰賴社會福利度日。不過這類人儘管人數眾多，占比卻較小，引來的注目和民怨都不比苗人，也就是說，大部分苗人是靠福利金過活，而美熹德的其他族群則只有少部分如此。儘管社會福利支出已經成為眾矢之的，美熹德郡同時也因為其他更花錢的問題而顯得十分拮据，包括：農業機械化，人工耕作迅速轉為機械耕作；自一九八〇年來，幾乎每個月的失業率都高達兩位數（是全美失業率的三倍）；一九九五年，提供當地居民一千個以上工作機會的卡斯爾空軍基地關閉；一九九二年，加州調整營業稅及財產稅的結構，使更多稅收流向州政府，郡政府的稅收則減少。

最重要的差異是，你看不見財產稅的結構變化，但當你沿著城南任何一條街開車時，卻幾乎一定會看見苗人。在美熹德郡，十個人有七個對第一八七號提案投下贊成票（這是加州於一九九四年提出的公民投票，內容是禁止非法移民享有公共服務），因此即使是合法移民也不太可能受到熱情歡迎。但這不表示所有美熹德居民都對苗人不滿。當地教會一直都對苗人很慷慨。此外還有一小群熱心、受過良好教育的專業人士（大部分是思想開放的外地人），看法和《美熹德太陽星報》的年輕記者麥克馬恩（Jeff McMahon）一致，他告訴我：「讓美熹德和中央谷地其他灰撲撲小鎮不同的，是這裡有這麼多東南亞人。他們的文化對這個社區無疑是件好事。除此以外，美熹德還有什麼辦法可以在歷史上贏得一席之地？」《美熹德太陽星報》現在有個「多元文化專頁」，而在美熹德商會發行的觀光小冊上，在郡法院和當地野生動物園周邊商品的照片旁，還放了一張面帶微笑的苗族婦女照片（不過她穿的是鱷魚牌的馬球衫），胸前抱著綠油油的萵苣和四季豆。美熹德有許多婦女同情、支持苗人，尤其是在一九八〇年代，此時苗人顯得新奇又令人興奮。「和難民交朋友計畫」的義工帶苗人家庭去動物園遊玩，邀請苗人到家中後院烤肉。丹的太太辛蒂教苗族婦女使用縫紉機和自動清洗的烤箱。四健會的年輕輔導員貞（Jan Harwood）組織課程（當地人稱之為清潔碗盤課），訓練苗族婦女做家事。貞的口譯員陶百福（Pa Vue Thao）對於她在教導苗族婦女使用洗衣精、洗碗精及地板清潔劑時所展現的熱誠印象深刻，當貞跌斷腿時，他還從四健會營地的樹上採集青苔，教她如何用塗有草藥的繃帶消腫。

我看過對苗人最熱情的歡迎，是一次在美熹德郡行政大樓會議室舉行的歸化儀式，當天有十八個苗人（連同兩個低地寮國人、九個墨西哥人、五個葡萄牙人、三個菲律賓人、兩個越南人、兩個印度人、一個泰國人、一個韓國人、一個中國人、一個澳洲人和一個古巴人）歸化為美國公民。每人都收到《美國憲法》小冊、「效忠誓詞」文件、自由女神像的圖片、美國總統的祝賀信、小小的美國國旗，以及無限供應的飲料。法官海德（Michael Hider）站在裱框的美熹德郡歌旁（歌詞寫道：「我們以甘薯出名／還有牛奶和雞肉／番茄與紫苜蓿／以及嚼來口齒生香的杏仁」），告訴眼前的群眾（其中許多人一個字都聽不懂，仍然洗耳恭聽）：「我們來自四面八方，匯聚成一個偉大的國家，這包括我自己，我的父親是來自黎巴嫩的歸化公民。在美國，你不必擔心警察破門而入。你可以信奉任何宗教。我們的新聞如此自由，我們的報紙甚至可以批評我們的領袖。假如政府認為他們需要你的土地，他們不會強取豪奪。最重要的是，你們每個人所擁有的機會都和鄰座的人一樣。我的父親作夢也沒想到他的兒子會成為法官。你們的兒子可能成為醫生。每當我談到當個美國公民有多麼棒的時候，總是激動得不能自已！恭喜！你們是我們的一份子了。」

我聆聽著海德法官的演講，想起不久前和羅伯醫生的對話。他是美熹德中心的婦產科大夫，個性固執，看法和美熹德多數人相同。他說：「苗人剛開始來到這裡時，我和我的朋友怒不可遏。非常憤怒。我們的政府沒有聽取建言或徵求許可，就把這些不事生產的人帶來。為什麼我們必須接受他們？我有一個愛爾蘭朋友，他想接受美式教育，也想要工作。他進不來。但這些苗人就像蝗蟲一樣，一大群從天空降下來，就這樣住了下來。他們恬不知恥地靠救濟金吃飯，過得倒是逍遙快活。」當我提到苗族難民的失業率居高不下時，他說：「妳在說什麼？這裡是他們的天堂！他們有馬桶可以拉屎，打開水龍頭就能喝水，不需要工作就能定期收到支票。對這些人，這些可憐蟲而言，這裡絕對是人間天堂。」

我也曾和比較溫和的「美熹德人道服務局」局長卡倫（John Cullen）談過，該局負責處理公共救助事宜。他說：「美熹德郡多年來都是非常保守的白人盎格魯–撒克遜新教徒社區。社區中也有來自其他國家的人，他們是在很長一段時間中慢慢來到這裡，但苗人是突然湧來。他們對這體制來說是個震撼，無可避免會造成較大反彈。而他們所使用的政府歲收確實超出應得的比例。你不能否認本郡嚴重受到影響。我想對於苗人的反彈是出於僧多粥少，不是種族歧視。」

然而有時確實是種族歧視。有一天，馬當走出他的雜貨店（馬氏東方食品市場），有個他從未見過的人開車經過，對他大吼大叫。馬當回憶道：「他大概四十歲，開著一九八四年產的達特桑。他向我說，臭狗屎，你為什麼來到我們國家？你為什麼不死在越南？我的父親總是告誡我，如果有人在你面前表現得像禽獸，你對待他更要有人的樣子。所以我試著面帶微笑並且客客氣氣的。我說，我和你一樣都是公民。我說，把你的電話給我，你到我家來吃苗族菜，我們聊兩三個小時。但他跑掉了。也許他是越戰退伍軍人，而且相信我是他的敵人。」

馬當的假設乍聽之下有些牽強，其實不然。美熹德有許多人把苗人和越南人混為一談，包括前郡長威爾斯（Marvin Wells），他曾在商會的午餐會上說「越南難民」是加州的「一大問題」。寮國是內陸國家，而大部分苗人生平唯一可能見到的船隻，便是他們在戰火中橫渡湄公河所乘的竹筏，但我們卻常聽到苗人被稱做「船民」。但其實真正的船民，也就是前南越人，是美國的盟友。更令人不安的假設出自一個美熹德中心的技工，他把苗人和越共混為一談。他告訴戴夫，「有太多他媽的死黃人」到這家醫院求診。

美熹德的苗人一再努力解釋自己當初是為美國而戰，而非對抗美國。馬當可說是一人公關公司，經常拿出一本過期的《國家地理》雜誌，上面有一張他舅舅一身戎裝的照片，或播放他所拍攝的苗族祕密部隊錄影帶。有個住在中央谷地鄰近城鎮的苗人為了確保自己過世後生平事蹟不致被弄錯，在弗瑞斯諾東北的托爾豪斯墓園為自己立了墓碑（當地丘陵起伏的地形讓苗人想起寮國故土，有數十個苗人選擇在這裡入土為安，直到當地居民開始抱怨葬禮太過喧鬧），並寫下墓誌銘：

摯愛的父親與祖父
張卓展
一九三六年四月二十日生
一九八九年二月廿七日卒
一九六一至七五年間為中情局效力

一九九四年，在弗瑞斯諾領社會救濟金的苗人（有許多曾是軍人）發起示威遊行，他們抗議每周要參與公共服務十六小時的新規定，他們稱之為「奴工」。他們就像全美各地依然相信「承諾」（據稱是中情局的補償契約）的老一輩苗人，認為自己理應獲得補助，且不需附帶任何條件。他們期待美國人會感念他們曾為美國效力，而美國人則期待他們會感激美國人的錢，結果彼此都認為對方忘恩負義而心懷怨恨。

美熹德人道服務局的局長會議室掛有一幅巨大的刺繡，主題是寮國戰爭終結。在一系列刺繡、貼花圖案中，可以看到許多苗族家庭試著擠進龍町的四架美國飛機，背著大包小包的家當徒步走到泰國，企圖游過寬廣的大河，在班維乃落腳，最後把家當搬上即將開往機場的巴士，搭機前往美國。刺繡的正對面擺了一部電腦，存放著數千筆苗人的社會福利補助紀錄。許多苗族家庭的檔案都存放在此，而李家正如這些家庭，對刺繡刻畫的悲情歷史十分熟悉，卻不曾注意到這份電腦檔案所激起的憤怒。我問弗雅和納高如何看待仰賴社會福利金為生一事，弗雅說：「我害怕失去社會福利金。我害怕找工作，我害怕我做不來。我害怕我們沒飯吃。」納高說：「在寮國，我們有自己的牲口、農場、房子，後來我們必須離鄉背井來這個國家，我們既貧窮，又必須靠社會福利金過日子，而且我們沒有牲口和農場，這讓我們很想念過去。」他們並未提到美國人對自己的不事生產有什麼看法。對他們而言，這不重要。重要的是，為何美國人的戰爭會迫使他們離鄉背井，不情願地走上一條父母或祖父母都無從想像的路，最後流落到美熹德這個地方。

有時我覺得，美熹德的苗人就像錯視圖，從一個角度看，會看見一只花瓶，從另一個角度看，則會看到兩張臉。而不論你看到什麼圖案，幾乎不可能（至少不會是第一眼）同時看到另一個圖案。從某個角度看，社會福利金高得嚇人。從另一個角度看，我們可以看到細微但可計數的改善跡象：過去十年來，儘管有泰國的新移民定期加入，接受救濟的苗人卻減少了五%。三百多人從政府的職訓計畫結訓，目前正在操作縫紉機、製造家具、組裝電子零件，或在當地其他工廠工作。一九九五年，聯邦政府修改社會福利的相關條例（這是為一九九六年的社會福利改革法案熱身），之後當地有數十個苗族婦女開始上英文課。這項條例要求，除非家中有三歲以下小孩或行動不便的家人，否則雙親家庭的父母都必須學習或工作（假如美熹德有工作機會，要求他們工作會更實際）。

當你檢視美熹德的學制，你的視角也決定了你能看到的東西。從某個角度看，苗族的小孩是場災難——苗人的生育率讓羅伯特只能搖搖頭，不斷咕噥「節育」一詞。為了紓解人潮，破除學校的種族隔離（否則就會出現清一色只有亞洲人的學校），美熹德必須以校車接送近兩千個中小學學生，興建三所小學、一所中學、一所高中，在七十座以上的活動式貨櫃屋授課，而在等待流動教室運來的期間，老師及學生必須將就在自助餐廳、演講廳台階，以及郡商展的展覽廳上課；並將七所學校的學制改成很難做到的全年無休學制。

另一方面，苗族小孩很少出現管教問題，而且學業成績通常名列前茅[3]。李家有四個小孩拿過班上的本月最佳學生獎。李梅八年級的語言藝術課老師德布納（Rick Debner）在信件中向我如此描述梅：「同儕間的領袖，思慮清晰且充滿自信。」他接著寫道：

> 苗族小孩幾乎毫無例外全都很用功，學得也快。苗族父母儘管有語言隔閡，仍熱切渴望參與家長會。苗族學生在許多場合為我及父母擔任口譯員。父母通常會感謝我

教導他們的孩子，詢問兒子或女兒是否夠努力，也希望知道孩子尊不尊重別人，以及自己在家可以怎麼幫老師。

我參加了一場針對苗族青少年舉辦的大學升學與生涯規畫研討會。瓊納斯站在「教育：通往未來的鑰匙」標語下，對著安靜得有些不可思議的聽眾說：「在美國，母親從孩子還在肚裡就開始想著書和筆。你們的父母是拿著小刀、鎚子等工具長大的。他們幫不了你們。讓書成為你的益友吧。假如你在學校無法學到東西，那是誰的錯？能怪誰？」

沒人吭聲。

「回答我！」瓊納斯咆哮。

最後有個男生小聲地說：「你自己。」

瓊納斯說：「沒錯！別害怕！假如你當個膽小鬼，不發表意見，考試就快到了，你會被當掉！無法學習的人是不會成功的！我們希望你們在公元兩千年能夠取得成功！」

會議室裡鴉雀無聲。然後學生之間爆出，或者該說緩緩流洩出細微的掌聲。

儘管在美熹德，大多數苗族青少年都像瓊納斯的聽眾那樣品行良好又恭謙有禮，還是有少數人加入「毀滅者」(Men of Destruction)、「血腥亞洲街幫」(Blood Asian Crips)、「東方狂人」(Oriental Locs)或其他幫派組織。他們挾著扭曲的組織倫理，從一九八〇年代中期開始在中央谷地滋長。美熹德也有黑人和拉丁美洲裔的幫派組織，但當地警方都認為苗族幫派最可能攜帶槍械，也最可能使用。

有時我會聽到談論苗族幫派的耳語，但厭惡苗人的當地居民似乎更在乎怪異的小型犯罪。我已數不清有多少次聽說苗人誘拐未成年女子成婚。我也聽說苗人走私毒品。當地警局信誓旦旦地表示曾在苗人的斧頭柄、畫框、涼椅、茶包和麵條中發現鴉片。苗人違反釣魚、狩獵法規的事也時有所聞。《美熹德太陽星報》登過一篇文章，報導苗人使用長達五百公尺的排鉤釣魚線偷釣聖路易水庫的鱸魚，以及敲打鍋碗瓢盆，將鹿趕到伏擊點，晚餐時大吃斑嘴鷺鷥燉肉。這些故事都屬實，但都只道出真相的一角，而未寫出情有可原的事實原委。美國人並不熟悉苗人結婚習俗的文化背景[4]，鴉片走私相當少見，而且大多是用來醫治長者，還有，寮國所有高山部族的漁獵向來不受任何規則或季節約束，而苗族成年人的犯罪率就和所有活在貧窮線以下的人民一樣低，這點在全美任何苗族聚落都一樣的。

我最常聽到的指控是苗人開車很危險。但我覺得苗人開車沒什麼問題，因此請教了監理所所長麥克當尼爾（John McDoniel）。他說：「在許多方面，我很樂意有這些人做我的鄰居，但說到開車技術，就另當別論了。他們不懂得禮讓行人。闖紅燈。不會注意自己的車速快慢。總是下錯判斷。另外，有些人考駕照筆試時會作弊。」

「他們怎麼作弊？」我問。

「用針線。」麥克當尼爾說。

「用針線？」

戴著三焦眼鏡的麥克當尼爾有些肖似演員艾德．永利（Ed Wynn），他打開桌子左上方的抽屜。「是這樣的，那些人不懂英文，看不懂考題，只能隨便作答，把訂正過的答案卷帶回家和朋友分享。有些人就把答案卷上的黑點背下來。五套試卷各有四十六道題目，每題三個選項，讓我算一算，四十六乘以十五，等於六百九十個黑點。他們非常擅長記憶，但黑點也真是太多了，所以有許多人夾帶小抄。」

他把手伸進抽屜，拿出一只眼鏡盒。一個苗繡藝人以完美無瑕的十字繡在布上繡出許多細如秋毫的十字形，並以顏色區分每套試卷，指出每道試題的正確答案是哪一個。

接著他取出一件花格子外套。在兩邊翻領上，有些格子用細線填實了。

接著他又取出一件條紋套頭毛衣。兩隻袖子的正面由上而下繡滿許多難以察覺的白線。

接著他又取出一件白襯衫，袖口處有細微的藍線。

「繡得真工整，不是嗎？」他讚歎道。

我同意。接著我問：「你抓到有人用這類工具作弊時，怎麼處置？」

「考試不計分，而我們會沒收小抄。」

我腦海中突然浮現一個畫面，一定有許多苗人走出監理所時，身上的衣服比走進去時還要單薄。

當天深夜，我借住在比爾家，躺在書房裡，睡袋旁放著我捆起的苗人照片，包括從《國家地理》雜誌上剪下來的穿著刺繡服裝的苗族小孩，還有《美熹德太陽星報》裡穿著牛仔褲的苗族青少年，以及我自己拍的李家人，他們穿著美式服裝，看起來有些不搭。我發現他們都長得非常俊美，我睡不著時常會盯著他們看好幾個小時。那天晚上，不知為何，「別有所長」一詞一直在我腦中揮之不去。有一陣子，思維較進步的記者頗流行以這個詞彙代替「一無所長」這個字眼。我一直都不喜歡這個詞，聽起來委婉，卻帶著股自以為是。我突然理解這個詞彙為什麼讓我難以成眠了。我一直試圖釐清苗人的舉止在我心目中究竟是否合乎倫理，現在我想通了，他們「自有一套倫理」，而且在這個狀況中，這個用詞可說是再精確不過。

在我看來，苗人恪遵小說家佛斯特（E.M. Forster）的金玉良言：「寧可背叛自己的國家，也不可出賣朋友。」苗人從來沒有自己的國家，又在每個寄居的國家遭受迫害，你根本不能期待他們謹守哪個國家的法律規範。任何規則或規範，只要和他們的組織倫理（無論內容如何，都是套倫理，而不是用來規避其他倫理的藉口）抵觸，都可以不遵守。苗族民間故事中隨處可見為了保護家人朋友而對共主、龍或其他權威人物撒謊的角色，而這些角色顯然被塑造為品德高尚。我聽過無數則現代版的苗族故事，故事中美國政府總是以惡靈的反派角色現身，被正派角色耍得團團轉。在泰國難民營裡，苗人總會為小孩多報歲數，這樣才能領到更多食物。他們也為父母少報歲數，因為據說美國人不歡迎老年人。他們面對移民局官員時，硬是把旁系親屬說成直系親屬。在美國，他們會為孩子少報幾歲，這樣才可以在學校多待幾年。他們向醫生撒謊，為的是取得殘障救濟金。他們宣稱自己已和配偶離異，為的是多拿些福利津貼。年輕的苗人則會讓朋友抄他們的功課。並非我認識的苗人都做過這些事。大部分苗人都沒做過，但做過的人也不會引以為恥。事實上，當他們向美國的援助者提起自己欺騙移民局官員的經驗而被譴責為不道德時，總是非常驚訝。對他們而言，真正不道德的（應該說不可原諒的），是棄親友於不顧。

納高儘管不懂英文，還是通過了駕照筆試，而他用的方法正是麥克當尼爾所提到的，死背正確答案的畫記位置。他被要求畫出一組設計好的鉛筆記號，而他也照做了。他通過了筆試（對他而言，筆試純屬技術挑戰，而不是測驗他能否安全駕車），其實可說是以智慧戰勝了官僚主義。然而，他如果能以傳統的方式通過測驗，也不會這麼自找麻煩（我和麥克當尼爾談過後不久，加州監理所決定對苗人舉行口試和筆試，苗族應試者的作弊率就降到和美熹德其他族群差不多）。納高認為駕照無疑是種必需品，否則他還有什麼辦法可以拜訪親朋好友？家人至上，其次是族人，再其次是苗族，其他人事物則遠不及前三者，甚至連相提並論都是種褻瀆。我相信，納高就像其他苗人，寧死也不肯欺騙家人及族人。

組織倫理不僅讓納高通過駕照筆試，更幫助他在每個生活層面做出明確的決定，在評斷他人的人格時更有自信，而且幾乎只需活在互助的苗人社會中，不用面對更廣大、不易生存的美國社會。更放大來說，族群團結的強大吸力，正是苗人慷慨大方、合作無間又誠懇親切的主因。但我認為，將群體置於個人之上的道義責任也帶來負面後果：壓力、缺乏隱私、責任成了重擔，對於族群裡受過教育的領袖尤其如此。納高由於年齡以及對英語一竅不通，免於承受夾在兩種文化間所帶來的衝突和不確定感，生活即使稱不上幸福，至少也很單純。但對於同時位居苗族社會和美國社會高位的苗人而言，情況便截然不同了。

馬當是例外。他有強烈的衝勁，不會累積任何壓力與疑慮，就像水無法阻卻魚雷前進。另外，儘管他也和所有識字、懂英語的同輩苗人一樣，必須花費許多時間為他人閱讀垃圾文件、填報稅單、打電話聯絡政府部門、翻譯學校的備忘錄，但他有一點和這些苗人不同：他收服務費。我聽說有個苗族女性通曉多國語言，在川壙時曾經任職護理長。她在明尼蘇達州定居後當過苗人的聯絡人，但雙子城的苗人社群不斷向她求助，而且不分上下班時間，使她身心俱疲。她最後不告而別，搬到美熹德，找了一份只需要和美國人交手的工作。有人對我說：「別打電話給她，她現在避不見人。」對家族忠誠（組織倫理凝聚成更強力的形式）也有缺點。用草藥治療貞的斷腿的口譯員陶百福告訴我，加州大學戴維斯分校曾提供他一份優渥的工作，但他的父親為了他竟然考慮離開美熹德的親友而大發雷霆，問他：「錢對你比較重要，還是家庭？」因此他回絕了，雖然惋惜，但毫不猶豫。

一九七〇年代初期，在寮國的三十萬苗人中，只有卅四人（全是男性）曾出國留學，其中兩人定居美熹德，就是馬標耀和瓊納斯。兩人都拿到獎學金，就讀全越南第一的「國家中學」（Lycee Nationale），並分別在法國取得學士和碩士學位。瓊納斯辭掉巴黎郊區的電腦分析師工作，於一九八三年移民美國，剛好在美國最大的苗人難民潮之後，當時獲准移民的苗人大多是李家這樣目不識丁的農人。馬標耀也在同年辭掉國際貨運裝箱公司的管理職，來到美國。他告訴我：「我搬到這裡來幫助同胞，這是我的道義責任。我們這一代人對於留在法國感到愧疚。」馬標耀和瓊納斯的國際觀不但高過自己認識的任何苗人，也高過自己認識的任何美國人，包括我。兩人在美熹德擔任領導的角色，贏得大家的尊重，錢卻少得可憐，而且就我所知，也少有寧日。

我和馬標耀較為熟識。有幾個月，我幾乎每天下午都坐在他的辦公室。那是一個沒有窗戶的小房間，牆上貼著木紋貼皮。我向他請教苗族的宗教、戰爭史、醫療、親屬型態、婚喪喜慶、音樂、服飾、建築和烹飪等種種問題。我從他口中得知，假如我對不起某人，下輩子很可能會投胎成為對方的牛，為對方耕田。美國醫生所謂的蒙古斑（也就是常見於亞洲嬰兒臀部的藍色胎記），事實上是嬰兒在娘胎中被惡靈打了屁股。苗人為入殮的遺體所穿的壽鞋，趾頭部位是往上翹的。馬標耀看來像落難貴族，天庭飽滿，五官端正。雖然和我年紀相仿（我們第一次見面時，他三十來歲），在他面前我總覺得自己像個小孩子，部分原因是我坐在附有小桌的椅子上，就像我小學六年級坐的課桌椅，部分原因是他的知識比我豐富多了，而且不厭其煩地解答我提出的無知問題。我曾經請他就某些非理性的苗族風俗提出理性的解釋，而且次數多得數不清，我記得他只是輕輕搖頭，說：「安，容我再向妳解釋一遍，苗族文化不具備笛卡爾的理性精神。」

馬標耀是「寮人家庭社群」（Lao Family Community）的常務董事，這是一個互助的組織，協助美熹德的苗人社群通過迷宮般的社會補助申請程序、辦理職業訓練申請，也為苗人調解糾紛，並持續追蹤寮國及泰國的新聞[5]。組織總部設在平價超市附近的老舊卡車維修站。牆上貼著公平住屋法和殘障保險的傳單，旁邊則貼著一張標語，上頭寫著「自立自強」、「你可能需要知道的最新消息」。苗人社群也許無法總是達到美國社群的期許，但的確運轉自如。馬標耀曾為我畫出一張流程圖（這就很笛卡爾），說明他的組織如何運作。「最上層是董事長和八人諮詢委員會，往下是十一人董事會，再往下是十七個區長，最後才是六千個成員。假設我們需要一百元來幫助將被遣送出境的人，這十七個區長便把消息放出去，然後每個人樂捐五分或十分錢，第二天我們就有錢了。或者假如有人過世了，錢就會回流來幫助那一家人。假如社會福利規定有變動，我們也用相同的方式傳遞資訊。假如某家小孩惹了麻煩，在消息傳到警方耳中之前，我們就會在苗人社會裡自行解決。透過這種方式，我們只需要讓四、五個人坐在辦公室，就可以服務六千人。沒問題。」

假如這四、五個人都沒有私生活的話，是沒問題。馬標耀總是因睡眠不足而雙眼腫脹、布滿血絲。有一回，他在上班的前一個晚上為了要替一戶苗人家庭向美熹德警方說情，徹夜未眠。這戶人家從弗瑞斯諾帶了一頭祭祀用的公豬回家，結果出了車禍，公豬的屍塊四散在九十九號高速公路的北上車道。另一個晚上，他漏夜處理三個來自弗瑞斯諾的翹家少女，她們在美熹德的舅舅家偷錢。馬標耀勸阻她們的舅舅報案，之後帶著三個少女回家，等候家人各自接走。他搖醒懷孕的妻子，請她為她們煮一頓飯。少女的父母並不領情。他告訴我：「他們很生氣，認為我應該更嚴厲一點。他們抵達後我才知道，我跟我太太和這些少女是遠親。這很糟糕！在我們的文化裡，這代表我和她們的父母同樣有責任管教她們。我本應打她們屁股，但我沒有盡到本分。」

我只有一次在馬標耀的臉上看到光采，當時他正在描述自己所構想的住屋計畫，計畫的野心頗為宏大。他說：「我想和妳分享我們對於未來的夢，我們之中有些人希望在柴爾德大道和吉哈大道對面蓋一座苗人城。假如我們貸到買地的錢，就可以建兩、三百棟房子。寮國的苗人住宅頂端呈十字形，我們也可以在這裡這樣蓋。每家可以有小花園。我們可以有自己的苗人購物中心。大家會用心整理苗人城，整座城看起來會很有光采。如果白人看到苗人城髒兮兮的，我們就會沒面子。擁有自己的苗人城，將會有助於苗人經濟獨立。夢想如果能實現，對苗人的形象大有幫助！」

但我一年後回到美熹德時，沒人聽說過苗人城，馬標耀則已辭去寮人家庭社群的職位，挨家挨戶賣起保險。有個認識他的美國人告訴我：「馬標耀是我見過最疲憊的苗人。」他之後遷到明尼蘇達州的聖保羅市，在當地輔導亞裔學生，並在大都會州立大學教苗族文化。他不再將電話號碼刊登在電話簿上。

瓊納斯也像馬標耀一樣廿四小時待命，提供翻譯、調停、諮詢、斡旋的服務。在那場大學升學與生涯規畫研討會中，他在演說結尾對聽眾說：「不論白天晚上，任何時候，有事就打電話給我。」而我知道聽眾會把這話當真。他也有沉重的家庭負擔。有一回他向我解釋自己為何和兩個弟弟同住，其中一個弟弟有九個小孩。他說：「我有個作風很美國化的大哥。他拒絕把弟弟接過去同住。他說，在美國，人各為己，自謀生路。我說，我是苗人。苗人從來不是各自為己，自謀生路。」

瓊納斯精瘦結實、相貌英俊，但他也像我認識的所有受過良好教育的苗人，總是一臉倦容。他本名王納（Vang Na），住在法國時改名，因為他認為自己的名字聽起來若不那麼亞洲味，也許會多獲得一點工作機會。他現在有兩份工作，一份是美熹德學校系統的雙語教育專家，一份是美熹德學院的苗語教師。我曾經在一間小學教室和他對談，當時我也坐在兒童的課桌椅上。我和他的對話混用了英語和法語。我提出的每一個苗族歷史或語言學的問題，他都能對答如流。

他和馬標耀一樣，儘管忙得不可開交，卻不拒絕我的拜訪，因此我決定想個辦法來答謝他。我是不是應該送他禮物？這似乎有點冒險；因為他可能會覺得需要回禮。同時我也不相信自己挑選禮物的能耐。有一回，我想縮短寮國、美熹德和紐約市之間的距離，便送弗雅和納高一座小型的塑膠製地球儀，才發現原來他們相信世界是平的。我該邀請瓊納斯和他夫人到比爾家作客嗎？這也許會把他們弄得一頭霧水，因為在苗人的認知中，沒有任何純友誼的朋友會住在一起。

「妳何不邀他們上高級館子吃飯？」比爾提議。

於是，某個晚上七點，我坐在「酒桶與切肉刀」牛排館的休息室等候瓊納斯。他事前告訴我，他太太得在家看小孩，因此不克前來。我猜想他可能也是為了太太的英語不夠流利而難為情。

餐廳的女主人穿著銀色緞面上衣和迷你裙，她問我在等誰。

「一個在工作上幫了我不少忙的苗族男性。」我說。

女主人看來頗為驚訝，說道：「我剛搬到美熹德不久，對苗人一無所知。我今天才第一次看到苗人。我的男朋友說，那是苗人。我說，你怎麼看出來的？在我看來，他們和中國人沒什麼兩樣。我男朋友說他們是全世界最糟糕的汽車駕駛。他一看到他們，立刻開到城的另一頭，避之唯恐不及。我想苗人不太會來這樣的餐館。」（我心想，苗人的確不會。順帶一提，妳連幫瓊納斯擦鞋都不配。）

瓊納斯遲到了四十五分鐘，他說自己被一個學生耽擱了。我到現在仍不明白，究竟是他一開始就知道自己七點鐘趕不來，但認為應當客隨主便而答應我，還是（他這一生都是這樣）他再次被拉往反方向而分身乏術？這一餐未能賓主盡歡。儘管瓊納斯懂五種語言，卻不太能聽懂年輕女服務生帶有中央谷地腔的飛快英語，他頻頻問我她在說些什麼。他出於禮貌點了菜單上最便宜的主菜，當然不是他不懂人情世故，因為他曾在不少巴黎的高級餐館用過餐，這家牛排館相形之下不過是麥當勞罷了。我們的交談十分拘謹，又不時冷場。當我們離開餐廳的時候，瓊納斯顯然鬆了一口氣。稍後我們站在停車場時，才真正聊了起來。

他小聲說：「妳知道嗎，安，當我和苗人或法國人或美國人相處的時候，我總是那個聽到笑話最後才笑的人。我是變色龍。把我放到任何地方，我都能存活，但是我就是無法融入。我必須告訴妳，真實的我不屬於任何地方。」

接著瓊納斯開車回家，迎接他的是太太和三個小孩，還有弟弟、弟媳、十個姪子，以及響個不停的電話。

---

1 竹管（不論材質是竹子或塑膠）會「說話」，例如為亡魂方向指引，這並非隱喻說詞。六根管子的其中四根代表苗語的聲調，學過竹管語言的苗人藉由共振竹管就能解譯出竹管鳴聲所代表的語義。正如苗人並不採行西方常用的分類法，並不區分身體與心靈，或醫學與宗教，他們也認為語言和音樂是一體的：語言中帶有音樂性，音樂中帶有語言性。所有苗族詩歌都能吟唱。此外，幾種稱作「說話蘆管」的樂器同樣也模糊了語言和曲調之間的界線。葉形的物品或葉子（通常是一小片香蕉葉）可以捲起來放在嘴上，吹氣時就會振動發聲，高低不一的聲音代表了語詞的聲調。苗人樂器中最有詩意的是口弦琴，放在唇間用手指撥彈的黃銅單簧口琴。在傳統上，口弦琴是愛侶在用的。在寮國，男孩會在喜歡的女孩家牆外彈奏口弦琴，聲音小得像竊竊私語，耳力不好的雙親聽不見。一開始，他也許會輕聲開口求愛，但到了求愛最深入最高潮之際，由於羞怯和感動，他會改用口弦琴來求愛。要是女孩中意那男孩，就會用口弦琴回應，要是她沒回應，男孩也會覺得向她求愛的是口弦琴而非本人，如此就能減輕遭拒的痛苦。現今的美熹德仍有許多人能演奏竹管，但使用口弦琴來求愛已漸漸式微。

2 Betsy Ross，美國女裁縫師，據說是縫製第一面美國國旗的人。譯者注

3 美熹德的苗人學生可以說是美國國內同胞的代表。根據明尼蘇達州一項研究指出，相較於其他學生，苗人學生會多花一倍時間在功課上，學業成績也較好。在聖地牙哥，苗人學生的成績比白人、黑人、西班牙人、柬埔寨人、菲律賓人及低地寮人都來得好，不過顯然略遜於越南人（考量兩者的相異之處，越南人的表現出色並不令人意外，尤其在早期移民潮中，學生父母的教育背景就不可同日而言。一九八〇年代，越南難民平均受過十二．四年的教育，數年後的調查顯示苗人平均受過一．六年的教育）。儘管苗人學生的數學成績相對較佳，閱讀理解的成績相較於東南亞其他移民（包括柬埔寨人和低地寮人）卻得分較低。在美國某些州內，苗人學生在中學輟學的比率也相對較高，尤其是女學生，儘管她們是優秀學生，仍舊通常會遵循文化期許而早婚生子。不過近年來，女學生的輟學率已經有所改善。華克莫法在《亞裔美國人成功故事的另一面》（*The Other Side Asian American Success Story*）一書中指出，苗人有太多學生都被分到能力較低的班級，因此優

秀的成績可能會造成誤解。她認為苗人的族群倫理會妨礙個人競爭，口語傳統對記憶力有益，但在標準化的測驗中則會造成問題。華克莫法總結，依照刻板印象把苗童塞進亞裔美國人的模範少數族群（被認為沒有學習問題的族群），只會讓這些孩子無法獲得他們極為需要的雙語課程和雙文化導師。大規模地文化同化只會帶來妨礙，而非幫助。一份針對苗人大學生的研究發現，對自己族群有強烈認同感的人表現較好。

4 根據在〈羅耀拉洛杉磯國際及比較法學報〉（*Loyola of Los Angeles International and Comparative Law Journal*）的一篇文章，zij poj niam（搶婚）是一種苗族部落行之有年的合法婚姻形式。開始是男性展開儀式化的調情動作，待嫁女兒則報以表示接受他追求的信物。接著，男人必須將女人帶回他父母家裡，以達到靈肉合一的地步。根據苗族的傳統，女人必須推三阻四的說：「不行，不行，不行，我還沒準備好。」假如她沒有在外表上推三阻四，像是一哭二鬧的話，她便會被視為不夠貞潔而沒人要了。苗族男子必須無視於她裝模作樣的反對，要堅定的領她入洞房共度春宵。假如求愛的男子不夠主動，便會被視為太軟弱沒有資格當她丈夫。正如馬標耀所說的，「如果妳問我這一輩的人是怎樣結婚的話，九十%的人都是有條件的綁匪。包括我在內」。然而在美國年輕一代的苗人當中，曾出現一些情況，就是男人相信女人的反抗只是做樣子的，結果造成強姦與綁架罪，特別是當涉及的女性當事人未成年時。大部分案例都是由當地宗親大會的長老或在少年法庭中解決。上面引用的案例曾告到弗瑞斯諾高等法院，法院將被告的文化辯護納入考量，而將被告從輕發落。

5 如同我在其他章節曾提起過，寮人家庭社區的數個分會曾在九〇年代早期接受調查，據傳他們曾敲詐捐款以資助王寶將軍的反抗組織寮國國家解放聯合陣線。美熹德分會也在調查名單上，不過並未查出任何不法情事。

17 八大問 THE EIGHT QUESTIONS

黎亞沒有死，但也沒有康復。弗雅經常會夢到黎亞能夠正常走路、說話，但一醒來，黎亞仍蜷著身子依偎在她身邊，一具寂靜無聲，裝不下家人大量回憶、憤怒、困惑和憂傷的小軀殼。她在時間洪流中寂然不動地躺著，只長大了幾公分，體重幾乎沒有增加，看起來總是比實際年紀小。還住在家裡的兄弟姊妹，六個活潑好動、能說英語和苗語的小孩，在她身邊不斷長大，自由穿梭在苗人和美國人的世界之間。大兒子成加入海軍陸戰隊的後備部隊，並被徵召到波斯灣服役，不過波斯灣戰爭在他預計搭機飛往沙烏地阿拉伯的前兩天結束，弗雅大大鬆了一口氣。梅考上弗瑞斯諾州立大學，主修保健醫學，這項決定來自童年時擔任父母和醫院間臨時調停人的（美好與惡劣）經驗。葉兒是排球明星球員，曾贏得美熹德高中最佳女子運動員獎。她兩年後也會和梅一樣上弗瑞斯諾州立大學，主修體育。楚成為美熹德高中學生代聯會的總務，也是青年文化社社長，這是苗人的社會服務組織，有兩百多個成員。麥成為傑出的足球員，也是美熹德最俏麗的少女，男生為她爭風吃醋，女生總是妒忌她。盼則從任性莽撞的學步嬰孩，長成個性沉穩的小學生，對苗族舞蹈特別有天分。李家小孩一進入青春期，家裡會有些小地震，但沒有美國家庭視為理所當然的大斷層。楚在給我的信中寫道：「我的父母是全世界最酷的父母。我們雖然不是什麼都有，但是我們八個姊妹、一個弟弟，還有爸爸媽媽緊緊繫在一起。這是最酷的家，拿什麼給我，我都不換。」

納高發福了，有高血壓的症狀。弗雅總是覺得疲倦。珍妮看到兩人日漸蒼老衰弱，求兩人讓黎亞回到謝爾比特殊教育學校，為的不是要教育她（這事已成過去），而是讓兩人每天有幾小時喘息的時間。黎亞再度被政府偷走的恐懼一直在李氏夫婦腦海中揮之不去，但儘管一開始不願意，最後還是因為相信珍妮而答應了。

蒂有個寄養的小孩有重度智能障礙，也被送到謝爾比。她經常在那裡看到黎亞，仰臥著，兩手用皮帶綁在滑輪上，以免手緊握久了變成雞爪手。她簡直不忍心看著黎亞。柯達一家人都難以接受黎亞的嚴重病情，全家人都在美熹德郡心理衛生部門接受治療，以學習坦然接受蒂所謂「黎亞雖死猶生」的現況。心理醫師建議柯達家的小孩（不論是親生、寄養還是領養）作畫，於是他們都在包豬肉的紙上作畫。蒂說：「溫蒂畫了一個媽媽和嬰孩，因為黎亞和她媽媽在一起。茱莉畫了一道彩虹，還有雲和鳥兒，因為黎亞不再需要哭泣。瑪莉亞是內向的孩子，但當我們告訴她黎亞的遭遇時，她哭了。黎亞的遭遇打動了她的心！她畫了一顆破碎的心，外面環繞了一圈鐵絲網，鐵絲網上有一隻眼睛從外向內看。心代表悲傷。鐵絲網就是黎亞跨進我們生活所翻越的那道牆。眼睛是我的眼，看著那份悲傷，流下淚水。」

一九九三年，珍妮在迪士尼樂園度假時，因急性氣喘發作引發呼吸困難，極度缺氧使她的腦部功能全部喪失。換句話說，她罹患低血氧性缺血性實質腦病變，和黎亞的遭遇一模一樣。她三天之後過世，過世時陪在她身旁的是十八年的伴侶凱倫（Karen Marino）。弗雅說：「聽到珍妮過世的消息時，我的心都碎了。我哭了，因為珍妮曾經告訴我，她不會結婚，也不會有自己的小孩，所以她會幫我養小孩。但是現在她死了，她也無法實現承諾了，而我覺得，好像我的美國女兒死了一樣。」

尼爾贏得美熹德中心住院醫師訓練計畫的第一屆大學教師獎。佩姬成為美熹德郡衛生局局長，這是她父親四十多年前坐過的位子。兩人繼續分攤小兒科醫療勤務、家事，一起照顧小孩，並如寄來的聖誕卡上所寫，繼續使盡渾身解數，周旋在「洗衣服、做午餐、整理家務、照顧病人、給新生兒做心肺復甦以及教學的一片忙亂中」。兩人的小孩也得了重病：大兒子托比在三年級的最後一個月被診斷出得了急性淋巴球白血病，和李氏夫婦因此更能理解彼此。尼爾試著把診斷結果告訴丹時，泣不成聲。在黎亞的某次體檢之後，尼爾寫信給我：

> 李太太聽說我們的兒子得了白血病。消息傳得這麼快，真叫人驚訝。當佩姬在我們的診所看到黎亞時，李太太非常關心托比的健康和近況。從她問的問題和表情來看，她是真的關心。李太太在離開時和佩姬互相擁抱，也都流下眼淚。為人母所承受的哀傷能夠超越一切文化藩籬。

托比接受了三年化學治療，而且似乎永久擺脫了病魔的糾纏。尼爾在後來的信中寫道：「在我們心目中，黎亞的母親一直占有特殊的地位。她總是會問起托比。由於她和家人將黎亞照顧得無微不至，因此我們和她只是偶爾聯絡。不過李家在我們心中還是很特別。」

自從黎亞腦死以來，弗雅和納高對美國醫學曾有過的一絲信任也幾乎化為烏有（我說「幾乎」，是因為弗雅把尼爾和珮姬視為例外）。女兒梅跌斷手臂時，美熹德中心急診室的醫生告訴兩人要打石膏，納高卻頭也不回，立刻將梅帶回家，把她的手臂浸泡在草藥中，再敷上藥膏，就這樣包裹了一周，結果梅的手臂完全復元了。曾有一鍋滾燙的油從電爐上翻覆，潑在弗雅的裙子上，整條裙子燒了起來，灼傷她的右側屁股和右腿，她便宰兩隻雞、一頭豬祭祀。弗雅懷第十六胎時不幸流產，但她並未去醫院就診。後來她懷第十七胎，在第四個月得了併發症流產，納高卻靜觀其變，直到三天後弗雅開始出血，昏倒在客廳地板上，他才叫救護車。美熹德中心輪值的婦產科住院醫師費盡唇舌（事實上是氣急敗壞）地勸說後，他才同意給弗雅做子宮擴刮術。弗雅住院時，納高宰了頭公豬祭祀，她出院回家後，他又宰了一頭。

在黎亞二度住進謝爾比之前，她定期接受注射疫苗，預防白喉、百日咳和破傷風。大概在這個時期，她開始出現類似癲癇發作的間歇性抽搐。由於抽搐不常發作，發作時也十分短暫溫和，並無大礙，尼爾決定不開抗抽搐的藥物（或許也因為他已經嘗過苦果，學乖了）。弗雅和納高確信抽搐是預防針注射引起的，並告訴尼爾，打死兩人也不會再讓黎亞注射疫苗。

丹成了美熹德中心家醫科實習計畫主任。他告訴我，假使你未能治好一個苗族病患，整個苗人社群都不會再相信你。看得出來此話不假。天知道有多少苗族家庭因為不願意子女落得李家第二小女兒那樣的下場，從此對醫院敬而遠之？美熹德的李氏和楊氏宗親每個人都知道黎亞的悲慘遭遇（這些蹩腳的醫生），就像美熹德中心小兒科這一層樓的人都知道黎亞的不幸遭遇（這些糟糕的父母）。黎亞的個案加深了苗人社會對美國醫學界最嚴重的偏見，也鞏固了美國醫學界對苗人最根深柢固的成見。

在家醫科的門診裡，醫護人員仍持續為李氏夫婦竟能將女兒打理得如此乾淨、芳香又衣著整潔而驚歎。但就在一牆之隔的醫院裡，護士自一九八六年以來不曾再與黎亞接觸，這件病例就像癌細胞一樣轉移為一肚子怨氣和與年俱增的苦水。李家女兒享有完全免費的醫療，為什麼李氏夫婦一點感恩的心也沒有？（尼爾不像護士那樣滿腹怨言，他估計過，黎亞這幾年來花了美國政府將近二十五萬美元的醫藥費，而且這還不包含醫生、護士和社工人員的薪水。）李氏夫婦為何總是如此剛愎自用？為何這麼不聽話（這條罪名更嚴重）？正如助理護士葉慈對我說的：「要是他們讓她吃藥，她今天就不會變成這個樣子。我敢打賭，她從寄養家庭回家之後，他們一定什麼藥都沒給她吃。」

但我知道黎亞從寄養家庭回來後，弗雅和納高都按規定餵藥：四毫升帝拔癲，一天三次，完全符合處方箋的指示。我前往弗瑞斯諾山谷兒童醫院拜訪當時主治黎亞的小兒科精神醫生哈其森，希望能弄懂一些與黎亞的抗抽搐藥物有關的問題。我注意到有份出院診斷的寫作時間是在黎亞那次嚴重發作的九個月之前，他描述她「是非常漂亮的苗族小孩」，而她的父母「很有趣，對黎亞很好」。在美熹德中心，我從未見過黎亞的任何相關文件中出現類似的句子。

比爾告訴我，哈其森博士是「遠近馳名的怪胎」，手下的住院醫師因為他能推己及人而愛戴他，又因為他堅持讓他們上凌晨四點的大夜班而畏懼他。他蓄平頭，髮量稀疏。我見到他的那天，他打了一條繪有鮮黃色長頸鹿的領帶。他的辦公室外走道上掛著告示牌，高度與學步孩童的眼睛位置相同，上頭寫著：

兒童區

進入時請小心並帶著愛心

我問哈其森醫生，黎亞的用藥與她最後一次癲癇發作有何關聯，他說：「也許和用藥一點關係都沒有。」

「啊？」我說。

「黎亞的大腦是被敗血性休克毀掉的，而這又是血液裡的綠膿桿菌引起的。我不知道黎亞是如何感染到這種病菌的，或許我永遠也不會知道。我只知道是敗血性休克引起發作，而非反過來。她原本就有的癲癇也許會使她的癲癇重積狀態更加惡化，或更容易發作等等，但那次發作只是偶發的，而且影響也不大。假如黎亞沒有發作，她可能會昏迷或休克，最後的結果或許不會有任何改變，唯一不同的是她的病會比較容易看出來。她被送到山谷兒童醫院時已經來不及了。而她被送到美熹德中心時，或許也已經來不及了。」

「這和她父母過去不遵醫囑的態度有關嗎？」

「一點關係都沒有。用藥唯一可能帶來的影響是，我們開的帝拔癲可能傷害到她的免疫系統，使她更容易感染到綠膿桿菌。」（帝拔癲有時會降低白血球數量，減弱身體抵抗細菌感染的能力。)「我還是相信開帝拔癲沒有錯。假使時光倒流，我還是會開這種藥。但事實是，假如黎亞父母照醫師指示，給她服用帝拔癲，就會害她得敗血性休克。」

「黎亞的父母認為問題是服藥過多引起的。」

哈其森醫生說：「這麼講，雖不中亦不遠矣。」

我盯著他看。

他說：「回去美熹德，告訴那些人，害死黎亞的不是她的父母，而是我們。」

在開車回美熹德的路上，我一直靜不下心來。我知道黎亞得了敗血病，但我一直以為她的癲癇是造成敗血性休克的罪魁禍首。我心想，李氏夫婦說得一點都沒有錯，黎亞服的藥正是致病的原因！

當天晚上，我將哈其森醫生的說法轉告尼爾和珮姬。一如往常，兩人追求真理的渴望壓過了維護自己名譽的私心——假如兩人有這私心的話。兩人立刻跟我要了一份黎亞病歷的影本，一起坐在比爾的沙發上，翻查第五冊病歷尋找證據，證明黎亞在美熹德中心時已有敗血病，而兩人在急救的慌亂中忽視了這一點。兩人以彼此才懂的語言輕聲交談（「鈣3.2」，「血小板29,000」，「血紅蛋白8.4」），看起來就像是（事實上也是）耳鬢廝磨的情侶在情話綿綿。

「我一直以為黎亞是在山谷兒童醫院插上一大堆塑膠管時才罹患敗血病，但也許不然。在這裡就已經出現一些症狀了。」珮姬說。

尼爾：「我也這麼以為。假如她在美熹德中心時我判斷她得了敗血症，我會給她做肺部穿刺。我沒有開抗生素給她，是因為除了最嚴重那次發作外，她每次就診時都沒有感染敗血病。她每一次住院都是因為癲癇發作，而那次顯然是她生平最嚴重的發作。我先把她情況穩定下來，再為她安排救護車，接著在所有的檢查結果出來之前，我就回家了。」他聽起來沒有為自己辯解的意味，只有求知若渴。

佩姬和尼爾回家後，我問比爾，他是否認為尼爾沒能看出黎亞的敗血病並加以治療，是犯了技術上的錯誤，儘管哈其森醫生相信，她被送到美熹德中心急診室之前，命運大概就已經定了，即使她未曾感染敗血症，日益惡化的癲癇最後還是會損害大腦。

比爾說：「尼爾已經盡人事了，他也檢查的很仔細。若說尼爾有錯，那是因為每個醫生都會犯錯。假如今天換作是一個首次上門求診、活蹦亂跳的小孩，我保證他一定會做敗血症檢查，而且也一定能診斷出來。但今天這個小孩是黎亞。美熹德中心的所有人都只會注意到她的癲癇。黎亞就是癲癇的代名詞。」

對美熹德中心的住院醫師而言，黎亞就等於癲癇。那些在急診室裡心驚膽戰的夜晚讓他們永遠記住如何插針、打點滴或做靜脈造口術。他們談到黎亞時總是用過去式。事實上，尼爾和珮姬也經常說到「黎亞的死」，或「可能是什麼害死了黎亞」，或「黎亞的死因」等。哈其森醫生也一樣。他曾問我：「當黎亞死時，是和寄養父母在一起嗎？」儘管我提醒他黎亞還活著，五分鐘後他又說：「不遵醫囑和她的死一點關係都沒有。」這不純粹是因為他年事已高，而是他因為承認失敗。黎亞對她的醫生而言，無異已經夭折（然而，對於照顧黎亞的社工而言，她絕對沒有死），因為他們曾拍胸脯保證，只要對症下藥，一定能藥到病除，現在卻不得不收回這番保證。

我曾問尼爾，他是否希望自己當初採取了不同做法。他的回答正如我所料，不把重點放在他和李氏夫婦的關係，而是他用藥的選擇上。他說：「我希望我們能早點用帝拔癲。使用一種藥物會比併用三種藥更容易讓他們接受，但願我當時能接受這樣的事實，儘管三管齊下可能是最合適的醫療手段。」

接著我問：「你寧願從未遇上黎亞嗎？」

「噢，不，不，不！」他回答得斬釘截鐵，讓我吃了一驚。「也許有一度我會回答是，但回頭一想就不然了。黎亞讓我學會，面對深重的文化隔閡，你只能全力以赴，假如結果仍不盡理想，你也只能接受，而非執著於完美。你得放棄成事在我的心態。這對我來說是門功課，但我試過了。我想，是黎亞讓我變得不那麼固執。」

我下一回碰到弗雅的時候，也問她是否從遭遇中學會什麼。她說：「沒有，我什麼也沒學到。我只覺得困惑。」當時她正在餵黎亞吃東西，她一湯匙一湯匙地把蔬菜泥餵進黎亞呆張著的嘴，黎亞發出吸奶般的聲音。「我不明白醫生怎能說她會像這樣過一輩子，而又治不好她。他們怎麼能預知未來，卻不知道如何改變未來？我就是不明白。」

「那麼，妳認為黎亞的未來會怎樣？」我問。

弗雅說：「這些事我全都不懂，我不是醫生，也不是端公。但也許黎亞會一直這樣病下去，而我一想到這裡就哭個不停。黎亞是我生的，我會一直盡心盡力照顧她。但是等我和她爸爸都走了，誰來照顧她？黎亞的姊妹都愛她，但就算她們愛她，或許也沒有辦法照顧她。也許她們需要用功讀書或努力工作。我一想到她們把黎亞送給美國人就要哭了。」

弗雅默默流淚。美罌抱著她，輕輕撫摸她的頭髮。

她繼續說：「我知道美國人把黎亞這樣的小孩放在什麼地方。我很久很久以前在弗瑞斯諾看過這樣的地方，他們有一回就把黎亞帶到那裡。」（弗雅想到的是為身心障礙兒童開設的長期看護中心，黎亞到寄養家庭之前，曾短暫住在那裡，那時她的服藥有人監督，較為穩定。）「那裡像是給死人住的。小孩可憐又可悲，不停哭鬧。有一個小孩頭很大，身體很小。其他小孩雙腿都萎縮了，就一直趴在地上。這些我都看過。假如美國人把黎亞帶到那種地方，她會想一死了之，但又死不了，只會活受罪。」

弗雅用手背來回抹去臉頰上的淚水，動作快又粗魯。接著她輕輕抹淨黎亞的嘴，然後慢慢搖晃她。她說：「我心裡很難受。我經常想，假如我們今天仍然在寮國，而不是在美國，也許黎亞就不會落到今天這樣。醫生都很博學多聞，你們那些高高在上、了不起的醫生，但也許他們給錯了藥，讓她病得那麼重。假如是在寮國，而惡靈讓她病的那麼重的話，我們就懂得到林子裡摘草藥來治她的病，也許她就可以開口講話了。但是今天這病在美國發生，是美國人把她變成這個樣子，而我們的草藥也救不回來了。」

但假如黎亞仍在寮國，她也許會因為癲癇重積狀態得不到醫治，而在嬰兒期的早期就夭折了。美國的醫學既保住她的性命，又要了她半條命。我不知道何者對她的家庭傷害更大。

和弗雅聊過之後，我反覆回想整段故事，想著是否曾有什麼轉機能讓故事走向不同的結局。儘管哈其森醫師的話修正了最後一章，卻也沒有人能否認，假如一開始李氏夫婦便給黎亞服用抗抽搐藥物，也許她當時就能過著幾近正常的生活，甚至持續至今日。我們不清楚的是，假如有人要為這事負責，那會是誰。假如尼爾早點開帝拔癲的話，事情會如何演變？假如不把黎亞交給寄養家庭撫養，而由他安排家訪護士到李家餵藥的話，事情會如何發展？假如他找到馬標耀或瓊納斯，或其他能自由穿梭在兩種文化間的苗族頭目來居中協調，從而減少猜忌，讓李氏夫婦遵守醫囑，事情又會如何？

某天我坐在美熹德中心的自助餐廳，向丹提起這一連串的「假如當初」。他對帝拔癲的興趣還不及對口譯員，然而他相信李氏夫婦和醫師之間的鴻溝是無法跨越的，而且沒有什麼能夠撼動最後的結果。他說：「在我碰到黎亞之前，我以為只要坐得夠久、談得夠長，什麼問題都可以迎刃而解。但是就算我們可以和李氏夫婦一直說到我們臉色發青，甚至可以請來最好的翻譯，陪他們去上醫學院的課，他們還是照樣堅持他們的做法才是對的，而我們都錯了。」丹緩緩攪動半溫半冷的可可，他已經值了一個晚上的大夜班。「黎亞的病例，讓我在看這個世界時，不再那麼理想主義。」

而鴻溝果真是無法跨越的嗎？我著了魔般不斷回想黎亞仍在嬰兒期時，李氏夫婦與美熹德中心的初次接觸，當時沒有口譯員在場，而黎亞的癲癇也被誤診為肺炎。假如急診室的住院醫師一開始就沒有「像獸醫一樣醫」，而是想辦法贏得李氏夫婦的信賴（或至少不要毀了兩人的信任），找出兩人相信什麼、害怕什麼、希望什麼的話，事情又會如何？珍妮曾經請醫生由自己的角度來述說事發經過，但沒有一個醫生肯說。馬丁也試過，但已經晚了好幾年。

當然，李氏夫婦的觀點對醫師而言是無法理解的，反之亦然。正如馬標耀向我指出的，苗族文化不具備笛卡爾精神。同時，世上也沒有什麼能比西方醫學更笛卡爾。企圖從黎亞的病歷來了解她和她的家人（這正是我花了數百小時所做的事），就像為了解構十四行情詩而把詩文分解為一連串的三段論命題。然而，對於那些住院醫師和自黎亞三個月大起便一直照顧她的小兒科醫師而言，唯一能打開黎亞世界的鑰匙，就是她的病歷。每個住院醫師都努力釐清一連串他們的語言無法表達的問題，於是病歷愈寫愈長，最後成了超過四十萬字的長篇大論，每一個字都反映作者的聰明才智、專業訓練和善意，但沒有一個字提到李氏夫婦對女兒這場大病的看法。

幾乎我所讀過的每一篇論及跨文化醫學的文章，都引用了一套問題組合，其中包含八個問題，目的是引出病患的「解釋模式」。問題的設計者是哈佛醫學院社會醫學系主任暨心理學家及醫學人類學家凱博文（Arthur Kleinman）。我頭幾次讀到時，這些問題看來如此淺顯易答，以至於我幾乎未曾留意，但在看了將近五十次時，我開始想，正如許多淺顯易懂的事情，這些問題也許是天才的傑作。我不久前決定致電凱博文，告訴他，在黎亞初次發作之後，在以任何藥物治療之前，或李氏夫婦拒絕、責怪藥物治療之前，假如兩人的意見能被好好地翻譯，並且能夠安心自在地回答，我認為兩人會如何回答他的問題。而這些問答內容就是：

1. 你如何描述你的問題？
   惡靈抓住你，你就倒下。
2. 你認為造成問題的原因是什麼？
   靈魂嚇跑了。
3. 你認為問題是如何開始的？

黎亞的姊姊葉兒大力甩門，黎亞的靈魂被嚇得逃了出去。

4. 你認為這場病造成什麼結果？病是如何發作的？
這病讓黎亞渾身發抖，然後倒下。發病的原因，是被惡靈抓住。

5. 病有多嚴重？病期是長是短？
你為什麼問我們這些問題？假如你是好醫生，應該知道答案。

6. 認為病人應當接受什麼樣的治療？你最希望她從這個治療中得到怎樣的療效？
你應該開給黎亞一周的藥，但不可以長過一周。她好了之後就應該停止用藥。你不可以取出她的血，或從脊椎抽取液體。黎亞應當在家裡服用我們苗族的藥方，並且要殺雞宰豬獻祭。我們希望黎亞能好起來，但我們不確定我們真的希望她永遠不再發抖。她因為發抖，在我們文化中享有崇高地位，而她長大後，也許可以做端公。

7. 這場病帶來什麼重大問題？
我們看到黎亞生病，心裡難受，而且這使我們很氣葉兒。

8. 這病最讓你害怕的是什麼？
黎亞的靈魂不再回來。

我以為凱博文會認為這些回答太過古怪，不知該說什麼。（我把這份問答拿給尼爾和珮姬看，兩人說：「李先生李太太在想什麼？」）但我每說出一個答案，他都熱情地叫道：「沒錯！」沒有哪句話讓他驚訝，他只覺得欣慰。在他眼中，一個醫生所能遇上最令人著迷的病人，當屬黎亞。而最出色的父母，則非李氏夫婦莫屬。

接著我告訴他事情的後續發展：李氏夫婦不願配合抗抽搐治療、寄養家庭，以及最後神經系統癱瘓，並且問他，假如時光倒流，是否可以提供黎亞的醫生任何建議。

他簡單明瞭地說：「有三點建議。第一，拿掉『不遵』這個詞。這是個令人討厭的詞彙，意味著道德權威。你不希望將軍向你發號施令，你要的是對等交談。第二，不要以脅迫的方式解決問題，想想居間協調的途徑。找個苗人社群的成員，或醫學人類學家，讓他來幫你協商。記住，採取協調手段就像談離婚，需要雙方都妥協。判斷什麼是必要的，並願意在小事上退讓。第三，你必須明白，這個苗族病患及其家屬的文化對這件病例具有重大影響，生物醫學文化的影響也同樣深遠。假如你看不清自己的文化裡也有一套維護自身利益、感情和偏好的模式，如何奢望自己能好好和別人的文化打交道？」

18 要命還是要靈魂？ THE LIFE OR THE SOUL

假如黎亞的醫生是凱博文，而非尼爾和珮姬，她今天是否就能夠走路、說話？我不知道。然而我開始相信，她的人生不是毀於敗血性休克或不遵醫囑的父母，而是跨文化誤解。

黎亞的病例（或說「故事」，想必凱博文會這麼說，他相信每一種疾病都不是一連串病徵，而是一則人生故事），只是我過去幾年來聽聞的上百件苗人病例中的一例。大部分病例都沒有好結局。病例可能是扭曲的，因為醫生和病人對失敗案例的記憶比對成功個案的印象更為鮮明，不論是自己的失敗，或他人的失敗。然而成與敗的懸殊比例，還是讓人看了心驚膽戰。

聖地牙哥有個小孩天生兔唇，醫生徵求父母同意動手術修補，提到手術很簡單，但也脅迫說，小孩若不動手術，將來會遭社會排擠。結果父母竟抱著小孩逃走。原來幾年前，這家人從寮國逃往泰國途中，父親以石頭打下一隻鳥，他的手法並不俐落，以至於鳥死前受了苦。鳥兒陰魂不散，造成孩子兔唇。拒絕接受懲罰是十分可恥的。

密西根州有個小孩患有視網膜母細胞瘤，這是一種長在眼睛的惡性瘤。醫生打算摘除眼睛，以防止癌細胞擴散，向父母徵求同意。父母倉皇逃出密西根州。兩人很篤定，兒子一旦動了手術，將生生世世帶著殘缺的身體輪迴。

明尼蘇達州有個小孩脊椎變形，醫生向父母徵詢許可動矯正手術。小孩在泰國難民營出生時，有個端公告訴父母，這小孩擁有領袖命格，並警告父母，孩子的身體一有變，會剋死父母。孩子的父母勉為其難答應動手術，幾天後，刀還未開，父親過世了，母親抱著兒子逃出明尼蘇達州。

美熹德有個婦人自行產下五個小孩，過程十分順利。她懷第六胎時在分娩的最後階段來到醫院。護士看到臍帶已經整條脫出（嬰兒的頭若壓到臍帶，有致死之虞），便強迫她以手掌、膝蓋著地，跪在地上，並將嬰兒的頭塞回產道，以紓解對臍帶的壓力，同時高聲喊著要她丈夫簽下剖腹生產同意書。丈夫為情勢所逼，勉強同意，但當他太太準備接受手術時，嬰兒卻從產道自然出生了。當時沒有口譯員在場，父母相信護士想傷害嬰兒，因為護士認為苗族難民的小孩太多了，而醫生則想靠手術賺錢。這個母親決定日後都在家裡自行生產。

當然也有好的結果，但大部分不是小兒科的病例。以下是幾個例子：

一個年輕的現役軍人剛抵達美國，在暫時安身的加州軍事基地的浴室上吊，試圖自殺。接下來幾天，他被隔離在病房裡，接受美式伙食，並被迫接受全身健康檢查，包括驗血。他不吃不睡。最後，醫生停止驗血，給他苗族食物，他才肯進食。他們找來一個苗人陪他過夜，他才肯入睡。當他們知道他擔心自己沒有能力養育小孩，便向他解釋難民福利金的運作方式，並讓他看未來居所的照片。後來他和家人在愛荷華平安定居。

美熹德有個中年男子因感染住院，口譯員代他填寫入院護理管理表格時，詢問他要是過世了，是否願意捐贈器官。該男子認為醫生打算害死他，並取走他的心臟，因而怒不可遏，宣布要立刻離院。口譯員設法安撫他，保證醫生只是出於善意詢問。男子在數日後康復出院。醫院中有個頗富同情心的主管捲入了另一個苗族病患的類似誤會中，於是成功爭取將器官捐贈同意欄從表格中除去。

舊金山的醫院社工法爾（Francesca Farr）被公共衛生部派去探視一個不肯服用抗結核藥的肺結核病人，有口譯員陪同。法爾才剛向懷胎八月的病人開口，口譯員就打斷她：「不，不。妳應當和她的先生談。」法爾就問丈夫，為何不希望太太服藥。口譯員說：「不，不。先別問這個。首先妳得祝福他。」法爾於是祝福這個先生，願他的小孩健健康康、無病無痛，家裡五穀豐收，家人永不分離，同胞永不受戰火蹂躪。聽了她這麼說，先生緊握的拳頭這才鬆開來。口譯員說：「現在，妳可以問他為什麼他太太不吃藥了。」法爾問了。先生回答說，假如她吃了藥，小孩生下來會缺手缺腳。法爾摸摸病患的肚子，告訴先生，假如嬰兒缺手缺腳，她肚子不會這麼大，嬰兒也不會踢媽媽的肚子。先生點點頭，走到另一個房間，回來時手裡拿著一只大瓶子，將瓶裡的東西倒進法爾手裡，並表示他太太會吃藥。

最後這則案例尤其值得注意，因為法爾做了幾件美熹德中心通常不會做，更從未對黎亞做過的事。她登門拜訪。她帶著一個有能力又有自信的口譯同行。她將這個口譯員視為文化仲介者（這代表兩人關係平等，但在這起案例中，文化仲介者地位較高），而不僅是翻譯者（地位低於社工）。她在這個家庭的信仰體系內使力。她沒有把自己的信仰體系（包括女性主義者被迫和先生而非太太打交道所可能感到的不滿）帶入協調中。她不威脅、不批評，也不沒擺出施恩的態度。她對西方醫學幾乎隻字未提。她完全順勢而為。

此外，法爾喜歡苗人。應該說，她愛苗人。在我所認識的人之中，能夠成功和苗族病人、顧客或研究對象打交道的，都擁有這項特點。丹說，過去十年他所見過最令人欽佩的人當中，十個有七、八個是苗人。珍妮告訴我，假如她的房子失火，她第一個會搶救的，是弗雅為她織的繡衣（這件繡衣依然懸掛在她伴侶餐桌上方的顯眼處）。蘇姬說，她和苗族顧客來往之後，美國人在她眼中顯得無趣。人類學家克里斯托和康克古如此醉心於苗族文化，以至於他們的民族學評論雖然在學術上無懈可擊，有時讀起來卻像情書。

尼爾和珮姬也喜歡苗人，但不到愛的程度。兩人大可以只為中產階級白人看診，這些人總是按時吃藥，保險公司也準時付費。但兩人樂於助人，且不求回報，因此反其道而行。兩人的抉擇表現出高尚的道德，然而一旦病人踩到不遵醫囑的那條線，使兩人無法好好行醫時，文化多元性便不再是美麗的妝點，而是令人厭惡的障礙。尼爾和珮姬都是優秀的醫生，但根據凱博文的定義，醫生要能顧及心理社會學和文化的層面，找出疾病的脈絡和意義，因此兩人是有缺點的治療者，至少在照顧黎亞的前幾年是如此。

然而，愛不是小兒癲癇發作的病源或病理診斷，愛是無法教授的。愛只能是付出（我相信尼爾和珮姬現在都愛弗雅）。沒有愛，醫生如何能妥善照顧苗族病患？

畢里雅圖這個苗族的醫療管理人員撰文談論精神健康問題，寫作的方式彷彿那是傳統的肝病。他提出一些建議，可想而知，幾乎所有建議都是文化上的，而非醫學上的，如為了改善苗人的醫療品質，最好安排女醫師看女病人，男醫師看男病人。所有決定都要讓病人家屬參與。僱用擁有雙語能力，且能適應兩種文化的口譯員。為了說服苗人接受必要的手術，或在他們已經同意的情況下為了讓手術順利成功，最好取得病患家屬與社群領袖的支持。儘量少抽血。允許病患的親友廿四小時皆可探病。允許在醫院裡舉行巫術儀式。為了增進精神健康，鼓勵病患從事紡織、音樂、舞蹈與製作銀器之類的傳統藝術。承認苗人在寮國軍事行動中對美國的貢獻。以二次移民的方式促成氏族團圓。小心不要削弱父親在苗族家庭中的權威。給難民更多自助的機會。不要對苗人大驚小怪。

畢里雅圖說，最重要的（許多人也這麼主張），是採行雙管齊下的療法，也就是併用西方的對症療法與苗族的傳統療法，或是正如李納高所說的，「接受一些醫學治療，接受一些醫靈的儀式」。凱博文評論道，醫生和疾病誓不兩立，傳統療法卻和病痛和解。他相信雙管齊下的療法可以增進醫生與病人的互信，因為心理因素會深切影響生理病痛，而這麼做確實可以改善病情。李氏夫婦以草藥、施行於皮膚的療法及牲畜獻祭來治療黎亞的病，這些傳統療法和黎亞的西醫療程是平行的，不會互相干擾。尼爾和珮姬不太知道這些傳統療法（例如黎亞胸口出現的刮痧紅斑），也從不過問，當然更不會推薦這些療法。兩人從未想到效法紐約林肯醫院的小兒科醫師艾斯特維（Luis Estevez）。這個醫師將波多黎各裔和多明尼加裔病人轉診給薩泰里阿教大祭司，就像他也會轉診給眼科醫師一樣。兩人也不會效法皇后區艾姆赫斯特醫學中心（Elmhurst Hospital Center）的精神科醫師寇拉茲（Yasmin Collazo），她讓墨西哥民俗醫者（curandero）在醫院裡為思覺失調的病人舉行淨身儀式。寇拉茲醫師表示，病人接受民俗醫者的治療後，會更願意服用抗精神病藥物，因為病人相信民俗醫者已經將藥物變聖潔了。

畢里雅圖寫道：「既然苗族療法絕不至於造成傷害，還可能幫助病患，便應認真考慮融入療程。」不幸的是，他的第一個假設並非完全正確。有些苗族民俗療法會用上砒霜、鉛和鴉片。不過端公的介入永遠都是安全的，因為端公的治療完全是形而上的。有許多人（包括畢里雅圖、蘇姬、康克古和法國人類學家勒摩恩）相信，由於苗族文化不具備身心二分的觀念，也因為許多苗族難民的疾病都帶有心理因素，端公便成了治療過程中理想的合作夥伴。的確，根據康克古的說法，沒有人比端公更有資格為醫學與靈學的鴻溝架起橋樑：

巫師自始至終都是不可或缺的中間人。他們天賦異稟，能找到入口，來往穿梭於天地之間。他們能言善道。巫師的特殊稟賦和使命是化對立為和諧，結合物質世界和道德世界，使之成為有意義的整體，因此經常與一些典型的連接物聯結，如梯子、橋樑、繩索，還有向下扎根、向上發枝的大樹……

巫師特有的責任，是頌揚並促成這兩個世界的機緣，並將之發揚，使兩個世界遙相呼應。也許這就是巫師並不排斥西醫處方和生理治療的原因。這些醫療形式並不會和巫醫操作的符號及管理的信仰正面衝突。我在班維乃難民營時，確實曾在茅屋裡的巫師祭壇上看到處方藥罐，那一點都不突兀……

他們認為這兩種醫療模式，即自然與超自然，其實是相輔相成，而非相互牴觸。

康克古應該清楚這一點。他自己得了登革熱時，就當過端公的病人。他描述了自己所接受的召魂儀式，當時他在班維乃結交的大多數朋友都在場觀看。他認為召魂儀式的確有恢復健康的療效，因為這是場如喜事般歡欣又溫馨感人的戲劇，「洋溢著關懷與善良」。

勒摩恩也評論道，與其說端公是祭司，不如說是精神科醫師。然而這中間有重大差異：

我比較端公的作法和精神治療，注意到心理分析師藉由觸痛患者的傷處來刺激對方自我剖析，苗族巫師則提供完全不涉及患者個人隱私的解釋。患者總會是受到外力攻擊，或只是靈魂因意外而出走的受害者。巫師辨認出病人的處境，加以克服，病人就恢復健康了。巫醫從不會把病人的歉疚與所受的苦聯結起來。

讀到這段文字，我想到苗人面對威脅和批評時往往會反擊或逃避，這樣的策略運用在醫學上，就成了各種不遵醫囑。端公不處理病人的歉疚，可說完全投合苗人的脾胃。醫生常說，「假如你不吃藥、不接受手術、下周二不來看，你會後悔。」這些話卻違背苗人的性情。

一九八〇年代中期，弗瑞斯諾的「中加州民族服務局」(Nationalities Service of Central California)得到聯邦政府一筆十萬美元左右的短期經費，用來建立所謂的「結合苗族醫者和西方精神健康機構的整合式精神健康服務」。該計畫雇用了八個端公當顧問，治療了兩百五十個病患，其中大多數病人的問題都超越一般精神健康的範圍。計畫的報告說明了十八項醫病法術，包括驅除惡靈、斬斷開現世與死後世界的糾葛、平息灶神的怒氣。這可說是用美國納稅義務人的錢所做過最讓人驚訝的報告。報告的結論是，「有時光憑法術便足以治病。其他情況下，施行法術後，病人比較願意接受醫生建議的療程，例如合格醫療機構所安排的手術或藥物治療。」以下是這份報告的兩個病例概述，兩者訴求不同的解決之道，卻一樣成功：

三號病例

主訴／症候——膽囊問題：病患從右胸到背部一帶感到劇烈疼痛。病患表示除了休息靜養之外，無法從事任何活動。

診斷：合格醫師診斷為需要開刀治療的膽囊問題。診斷後徵詢端公意見。

治療計畫：端公作法將治癒的力量轉移到水，再用這水洗滌疼痛部位，消除疼痛。若疼痛不減，病人才能接受他的病不是靈學問題，轉而求助醫生，並同意手術。

結果：手術十分成功，病人表示病痛痊癒。

九號病例

主訴／症候：病患陰莖腫大長達一個月。病患表示，接受過合格醫師的治療，但是治療只能間歇消除腫脹和疼痛。

診斷：端公斷定病患得罪了河中的靈。

治療計畫：端公召請守護靈治病解痛。端公拿一碗水，以口含水，噴在患部。向被冒犯的靈上五炷香，以解除疼痛、消除紅腫。

結果：法術後病人大有起色。

十四個月後，這項計畫的經費停止了，就我所知，這是衛生暨人道服務局第一次也是最後一次資助陰莖驅魔術。然而，在許多不那麼玄奧的事情上，這個醫療機構似乎能認清現實，那就是自一九九〇年以來，美國的人口成長有一半以上來自移民及其子女，而大多數移民即使能夠上醫院求診，並且付得起醫療費，也可能發現主流醫療在文化上和自己格格不入。世上最普及的醫學教科書《默克診療手冊》(*Merk Manual of Diagnosis and Therapy*)在一九九二年發行的版本中，首次收錄「醫學的跨文化議題」一章。在全書兩千八百四十四頁中，本章只占三頁，而且並未與「病人遵囑性」相互參照，事實上該章獨立於任何章節之外。然而，「邪靈攻擊」、「出神狀態」和「文化相對論」這些字眼光是印在這本教科書上，就獲得了正統地位。只要《默克診療手冊》帶頭，其他書籍就能安心跟進，不必擔心被當做異端。

十年前，幾乎沒有任何醫學院或住院醫師的實習課程涵蓋跨文化訓練。一九九五年，全國性的精神科住院醫師訓練指導原則破天荒提出受訓練者必須學會評估文化對病人的影響。一九九六年，美國家庭醫學學院通過一套「文化敏感度與適性醫療之核心課程大綱建議」。作者提出的諸多教材中，有一項名為「巴法巴法」(BaFá BaFá)的模擬遊戲。遊戲參與者分成兩組，每組各有一套風俗習慣、傳統與禁忌，成員在遊戲中依照自身組別的文化標準行事，必然會產生誤會，甚至得罪彼此。遊戲結束後，兩組成員討論種族優越感的陷阱，但在討論之前，每一組人都難免確信自己的文化比較優越。

今日，大多數醫學院學生至少都約略接觸過跨文化議題，部分學生則有更多了解。威斯康辛大學最近發展出一套「多元文化整合課程」，包括專題討論、小組討論、個案研討會、學生訪談、角色扮演和實地拜訪。在哈佛大學，所有一年級新生都要修一門課「病人、醫生、我」(而非「醫生、病人、我」，順序之差頗有深意)，學生要學習如何和口譯員合作，研究凱博文的八大問題，並思考這類難題：「美國的小兒科醫師真有能力為剛來到美國的東南亞裔新生兒父母清楚解釋手術同意書嗎？」以及「當病人和治療師出身不同種族時，使用精神治療是否符合倫理？」有些住院醫師的學程也遵循相同方向發展。在舊金山總醫院，所有家醫科的住院醫師都必須在難民診所輪值，這間診所自一九七九年以來，已為兩萬多個使用數十種語言的難民提供健康檢查（成功說服苗族先生讓妻子服用抗肺結核藥物的社工法爾，就是在這裡工作）。住院醫師的訓練手冊裡，除了有B型肝炎、庫利氏貧血與腸內寄生蟲的簡介之外，還包括一篇評估東南亞難民經歷大規模暴力與折磨所導致症狀的文章，以及一套與口譯員共事的指導原則，這部分長達八頁，含有比較越南人、柬埔寨人、寮國人與苗人的表格。

醫學界的佼佼者推行這些崇高理想，固然是好事，但像美熹德這樣的小地方能夠得到多少影響？我後來發現，比我預期的要多了許多。一九九六年，美熹德郡衛生部引進一個奠基於西雅圖的跨文化教育課程，叫做「為鴻溝搭起橋樑」，為部門的護士、行政和口譯人員培養宣導技巧和「文化資能」。衛生部也拍了一支教育短片，在當地的苗族有線電視頻道播映，內容包括美熹德中心介紹與苗語發音的常見問答，如「醫生為什麼這麼無禮」等等。在美熹德中心，一個五十五歲的苗人因為家人折騰了三天才同意開刀，差點死於胃穿孔。他在醫院待了兩個多月，每個住院醫師不是照顧過他，就是曾經在走廊上辯論他的病例。他讓醫生開始關注這些問題：端公可以像神職人員一樣領取許可證，到美熹德中心探視病人嗎？苗人可以當文化仲介者嗎？假使美熹德中心雇用有證照的口譯員，而不是請實驗室助理或護士助手從旁翻譯（這項計畫由於所費不貲，已遭拒絕），就能縮短住院時間，並因此減低醫藥費嗎？（最後這個問題特別引人關切，因為管理式照護特別耗用醫療資源，也影響轉診，而由於這可能造成赤字，郡政府也十分緊張，甚至打算將醫院租給一家大型醫療保健公司。）

然而改變並不容易，尤其當你也參與其中的時候。醫學院的學生會讀到，理想的「醫生—病人—口譯員」關係就像直角三角形，病人和口譯員構成斜邊。然而，教科書講的是一回事，當你值了廿四小時的班，還得面對一屋子比手畫腳的苗人時，是否還能想到這個直角三角形，那又是另外一回事了。當我聽說美熹德中心這次的跨文化努力時，我想起曾在那裡遇見一個得了胃癌的苗族老婦人。她的家人聽不懂住院醫師的英語，也看不懂醫生畫的消化系統圖，因此不同意開刀。我以為住院醫師會努力找一個稱職的口譯員，卻發現他在教師圖書館裡埋首研究四篇內容大同小異的胃癌論文。我也想起在一場併發症及死亡病例研討會上，丹提出一個因中風而昏迷不醒的苗族中年婦人病例。她的家人在病床邊暴動，要求拔掉她的點滴管和鼻胃管，並讓端公進入加護病房（美熹德中心同意了，但最後還是未能救活婦人）。丹一把討論導向文化議題，住院醫師就會拉回來，辯論哪種藥方抗高血壓的效果比較好。

就是這種思維模式產生了扁平化思考的醫生、有頭無心的形式主義者，碰上問題只知開方下藥、做斷層掃描、縫合、固定、切除、麻醉，或者解剖驗屍，卻不願意溝通。幸好大部分現實生活中的醫生，包括美熹德中心的醫生在內，都不是機器人。然而他們似乎過度依賴凱博文所謂的「生物醫學的文化」，而且有些短視（這個詞彙由他口中說出來，聽起來就像蝦夷族或南美韋唯族文化一樣怪異）。他們對這文化下的工夫並不會使他們抗拒大原則的改變，而且剛好相反，一旦臨床實驗證明有效，他們就會迫不及待地擁抱新的藥物、技術與治療程序。然而，他們可能無法認同凱博文的八大問題，(「但疾病不是惡靈引起的，我為什麼要陷在別人的幻想裡？」)也不見得能接受他所提出的另一項看法，那就是醫生的工作內容應該包含運用民族學方法(「但我不是人類學家，我是腸胃科醫師！」)。這類醫生儘管在開車時聽著醫學終身教育的錄音帶，意圖跟上每一種能讓診療結果更理想的新療法，跨文化醫學在他們眼中卻像是一種政治哄騙，一種對理性的侮辱，而非可能救人一命的療法。

我書桌前的牆上掛了許多黎亞與她家人的照片，還有兩篇影印的文章。有一次我心情惡劣，分別給兩篇文章加了標題：「苗人之道」與「美國之道」。題上「苗人之道」的文章影印自弗瑞斯諾心理衛生報告，概述了端公成功醫治病人腫脹陰莖的過程。題上「美國之道」的，則來自《美國醫學協會學報》(*Journal of the American Medical Association*)，是〈醫生也有感情〉這篇論文的摘文。作者是哈佛醫學院的教授齊恩(William M. Zinn)。他提到，醫生忙於「分身乏術」、「保持醫病距離」，或是處理自己對病人發脾氣的愧疚，因而有忽視自身情緒之虞。假如你是醫生，怎麼判斷自己也有了情緒？齊恩博士在文中提供了一些訣竅：

> 大部分的情緒都會引起生理反應。腹部緊繃、異常出汗可能與焦慮有關。全身肌肉緊繃或是緊咬牙關可能代表憤怒。從下腹麻刺感或勃起反應可察知性亢奮。結膜充血或胸口鬱悶表示憂傷。

我第一次讀到這篇文章是在比爾家。每天晚上我等著他從美熹德中心回來時，會不時翻閱他的舊人類學課本，瀏覽成堆的醫學期刊，心想究竟何者更為艱澀。我記得我坐在一張破爛的沙發上，心想假如我的苗人朋友聽說美國醫師必須讀過文章才能學會分辨自己是否在生氣，絕不會再去美熹德中心看病。比爾拖著沉重的步伐回來，值了卅三小時的班之後，累到幾乎癱了。我把這篇如今貼在我家牆上的文章念給他聽。我們都笑翻了，聲音大到可能會吵醒那戶砸毀電視跳吉格舞的基本教義派鄰居。

比爾向我保證，他和他的情緒向來關係密切，不需要靠發汗和結膜充血來分辨自己是否感到焦慮或憂傷。我也相信。比爾是老派的全科醫師，那種為了消除緊張，會走進美熹德中心的育嬰室，抱起嚎啕大哭的嬰兒來回踱步，直到嬰兒安靜下來的醫生。但我認為齊恩博士的說法恐怕沒錯。從美國的醫學教育看來，這門學科相當有效率地讓醫學院學生與自己的情緒一刀兩斷。這段切斷情緒的歷程從入學的第一天就開始了。每個學生第一天上課就會拿到一把解剖刀，用來解剖他或她分配到的屍體。屍體的綽號是「理想的病人」，既殺不死，也不會抱怨，更不會告上法院。第一刀總是最難，三個月後，這些學生就會滿不在乎地將割下的人體脂肪碎片丟進垃圾桶，彷彿那是牛排碎肉。這種讓情感長出厚繭的做法確有其必要，至少傳統上是這麼說的，因為若不練就這份本事，醫生長期接觸痛苦與絕望，很快就會情緒崩潰。情感抽離是醫生工作的一部分。醫生之所以不能為親戚看病，是因為情緒會妨礙行醫。接受心內直視手術的病人頭部之所以要遮起來，除了一般的消毒考量，也因為不希望病患的個別身分影響醫生。當黎亞帶著無法恢復的腦傷從弗瑞斯諾轉診回來時，尼爾之所以避不見面，也正是因為他無法承受這樣的壓力。

史丹佛醫學院秉持令人敬佩的勇氣，試圖對抗這股潮流，在第一個學期就告訴學生，他們或許具備了無比的同理心，但假如他們屈從於常態，這份同理心將在四年的醫學院生活與住院第一年持續消磨。曾有驚駭的學生問道：「這會帶來什麼改變？」教授回答：「你的技巧會變得更加純熟，但還沒開始行醫，就會把你現有的不當一回事。」

史丹佛和幾間醫學院正試著找回所謂的「全人醫療」，在這種模式裡，醫生帶著完整的人性來到醫院（而不僅是高分通過醫學院入學考試的那一部分），病人則被視為完整的個體（而不僅是四一六號病房的盲腸）。這不是什麼創新的模式，事實上，這正是往昔所有醫生一直被傳授的觀念。正如奧斯勒（William Osler）所說（或者該說，據說他曾這樣說）：「不要問人得了什麼病，卻要問這病找上什麼病人。」一九九二年至九五年間，醫學院大三學生中選擇當全科醫師（內科醫師、一般小兒科醫師以及家庭醫師）的比率幾乎呈倍數成長，而此一趨勢或許有助於再度推廣奧斯勒的觀念。有些人做這些選擇，是受了經濟因素的影響（基層醫療較為便宜，因此管理式照護計畫喜歡基層醫療多於專科醫療），但有些人確實滿懷理想。假如有更多奧斯勒型的全科醫師，苗人和其他處境相似的人將受惠良多。人類學家基爾頓（Elizabeth Kirton）引用她認識的苗族病人為例：病人在被轉診給專科醫生進一步治療時，並未要求醫師幫他找一個醫術高明或名聲響亮的醫師，他問的是：「你知道有哪個醫生願意關心我、愛我嗎？」

我擅自為齊恩博士的文章下「美國之道」的標題，或許並不公平。幾年前，我對苗人抱著更浪漫的幻想（但不如現在這般欽佩苗人），有一回我在醫療保健研討會上和明尼蘇達州的流行病學專家聊天。我一知道她曾經照顧過苗人，就開始感嘆西方醫學界的麻木不仁。流行病學專家以銳利的目光看著我，說：「西方醫學能拯救人命。」是的，我必須不斷提醒自己這一點。就是這些冷冰冰、線性、笛卡爾式、非苗族式的思考治癒了我父親的結腸癌，拯救了我和我先生的不孕，而且假如黎亞一開始就服用抗抽搐藥物，也可能免於腦傷。康克古的醫療保健哲學觀是一種互動形式，而非單向關係，但他忽略了一個事實，無論是好是壞，西方醫學就是單方的。醫師忍受醫學院生涯和住院實習生活，為的就是學到病人所沒有的知識。除非醫學界的文化有所改變，否則要他們思考（借用法爾的話）「我們對現實的看法只是一種看法，不是現實本身」恐怕已是強人所難，更遑論接受。然而，我認為有一項要求絕不過分，那就是要求他們認清病人的現實，避開某個美熹德衛生部員工未能注意的盲點。對於一個相信萬物有靈的家庭，該員工竟然為這家庭的孩子寫下這樣的紀錄：

姓名：李黎亞
主要語言：苗語
種族：苗人
宗教：無

醫治康克古的端公或許能自在往來天地之間，穿梭自然與超自然兩界，在醫學與靈學間來去自如，凡夫俗子卻難以做到。某天晚上我邀請比爾和蘇姬在「紅鰭笛鯛海鮮石窟」餐館共進晚餐，便領略了這樣的跨界有多麼困難（自上次與瓊納斯共進晚餐後，「酒桶與切肉刀」就成了我的拒絕往來戶）。儘管比爾和蘇姬早已聽聞彼此，但從未謀面。我想兩人都是和平軍團的老將，也都和苗人相處過（比爾是醫生，蘇姬是心理治療師），應該會有許多共同點。

我們一邊吃魚，一邊討論苗族的宗教，蘇姬在這方面頗有心得。她主動說出，她有一回告訴美熹德中心的醫生，她認得一個端公可以直通天界。醫師回她一句：「這麼說來，我也可以直通生物化學。」儘管蘇姬的立場鮮明，比爾看起來並未發怒。

上甜點的時候，我們進一步談到黎亞的病例，也泛泛談論了跨文化小兒科醫學。比爾說：「你必須為最脆弱的人爭取利益。而在這情況下，這人就是那小孩。這小孩的利益比她父母的信仰重要。就算她父母反對，你也必須做對這小孩最有利的事。假如她死了，她就不會有機會在二十年後決定是要接受或背離父母的信仰，因為她就要死了。」

蘇姬尖刻地回道：「你做這一行，就得面對這樣的事。」

比爾說：「就算我不是醫生，我也會這樣想。我會認為我得照顧好我的兄弟。」

「你這是獨裁。要是你碰上一個家庭相信這病跟靈魂有關，拒絕動手術，你要怎麼辦？要是他們認為，一旦她手術失敗死了，會永世不得超脫，你要怎麼辦？何況，死也許不是那麼大不了的事。命和靈魂，哪個比較重要？」

「我不跟妳抬槓。命重要。」比爾說。

「靈魂重要。」蘇姬說。

19 獻祭 THE SACRIFICE

早在詩臾化身紅螞蟻狠咬惡靈的睪丸之前，他已經在巫師門下習藝三年。他學會隨心所欲地變換身形、手刃惡靈、如風一般飛翔、治百病、起死回生。當時各種疾病橫行於世，人間迫切需要詩臾來行醫救苦。

世間一切病痛是這樣來的。邪神霓翁（Nyong）的妻子下了一顆蛋，大如豬圈。這顆巨蛋經過三年遲遲未孵化。霓翁的父親對著巨蛋唸咒，聽到蛋裡有許多惡靈發出嘈雜的聲音回應。他命令霓翁燒了蛋，但霓翁不從，於是蛋爆裂開來，竄出許多惡靈。惡靈破蛋而出後，做的第一件事就是吃下霓翁之妻，連骨頭、頭髮、睫毛也不放過。依舊飢腸轆轆的惡靈接著追殺霓翁。住在天上的霓翁打開通往人間的大門。大門一開，惡靈紛紛穿門而出。他們和水牛一樣大，和火一樣紅，身後拖著火花。霓翁保住了命，但從那時起，人間眾生便嘗盡生老病死之苦。

詩臾和眾多惡靈奮戰多年，讓病人恢復健康。在身邊佐助他的，是一匹生翅的飛馬、一碗聖水、一套治病法器，還有一班與他親近的靈。某天，霓翁謀害了詩臾的男嬰，並誘騙詩叟吃下親生骨肉。詩叟察覺後痛不欲生，驚恐萬分，便遠離人間，爬上天梯，穿過天門，來到天上。為了替兒子報仇，他刺傷霓翁的雙眼。失去雙眼而憤恨難消的霓翁如今住在天上的一座山腳下，詩叟則住在山頂的石窟，身邊圍繞著與他親近的靈。

詩叟再也不曾返回人間，但他也沒有放任病痛、死亡肆虐。他爬上天梯，將聖水含入口中，使勁噴出，聖水灑落在他的治病法器上：一把劍、一面鑼、一具響器、一對響鈴。這些工具破成碎片，落到人間。任何被聖水灑到，或撿到法器碎片的人，就會被選為端公，成為醫靈的主人。如今天門不為端公以外的凡人開啟，端公若要尋找病患失散的靈魂，會請來與詩叟親近的靈，騎上詩叟的飛馬，登上天梯，穿過天際。為了騙過一路上可能遇見的惡靈，端公假裝自己就是詩叟，於是獲得這位醫祖一部分的聰慧、勇氣和偉大。

為黎亞作法治病的端公帶著自己的法器：劍、鑼、響器與響鈴，也帶來他的飛馬。這匹飛馬是一條三公尺長、廿五公分寬的木板，只要接上一對榫頭與木板榫眼相符的椅腳，就成了板凳。對擠滿李家客廳的人而言，這條板凳不是家具，也不是象徵，而是一匹真正的飛馬。就好比對於虔誠的天主教徒而言，無酵餅和葡萄酒不是基督血肉的象徵，而是真實的聖體、寶血。

李氏夫婦在天亮前便已起床。弗雅告訴我：「我們必須趁著一大早天氣涼爽時舉行醫病儀式，這時候比較能夠召回靈魂。另外，假如天氣變熱，豬就會疲倦死去。」（我心想，豬反正都要宰掉，接著我才明白，死豬不能獻祭。）我到達李家時，太陽正冉冉升起，透過面向東十二街的門，在李家客廳灑下一道道柔和的白色光束。地上已經鋪好兩塊半透明塑膠油布，覆蓋磨薄的地毯，以防豬（或者該說那些豬，當天李家要為全家人殺一頭小豬，為黎亞殺一頭成豬）的血濺在地毯上。李氏夫婦前一天在當地農場買來這對豬，付了兩百廿五美元，這錢一部分是從福利金裡省下來的，一部分是親朋好友樂捐的。

電爐上，三只大鋁鍋燒著水，準備用來燙去豬毛。在弗雅從寮國帶來的研缽和杵旁邊，擺著一袋袋李氏夫婦和親友種的新鮮蔬菜和藥草，要用來烹調傳統的節慶菜餚：將豬絞肉和蔬菜包在米紙裡，用自家種的蔬菜燉豬骨和豬肉，剁碎的小腸、肝臟、心臟和肺臟（就是美嚳所謂的嘟嘟湯），生豬血凍、燉雞，兩種胡椒調味料，還有飯。苗族有句諺語說：「座上有嘉賓，清淡的菜像肉一般美味，白開水也可媲美佳釀。」但是能有嘉賓再加上佳餚，才是再好也不過。在端公儀式後擺上的筵席，會持續到三更半夜。

今天一大早，納高就用一種特殊的紙張打孔機裁出一疊冥錢，這疊冥錢是用來買豬的靈魂，並結清其他靈界的帳。奶油色的冥錢厚厚一疊，邊緣剪成扇貝形，放在端公祭壇旁的地毯上。端公的祭壇象徵詩曳的岩窟。在寮國，要製作祭壇必須找到一對外形完全相同的樹，一株留在原地，另一株則用斧頭朝日落的方向砍下。在這裡，祭壇是一張粗製的木桌，上面鋪著《美熹德太陽星報》體育版。一張寫著九十天免付頭期款的冰箱廣告上陳列著端公的法器，也就是詩曳用過的那套法器：一把裝飾著紅白兩色飾帶的短劍，一面古老的鐵鑼，一端綁有襯墊、以黑布裹起的猴骨鑼槌，一只手鼓大小的鐵圈，鐵圈上串著叮噹作響的鐵片，兩只響鈴，還有狀似甜甜圈、裝有鐵珠的銅製響器。法器旁邊擺一只塑膠碗，裝著米和一顆生蛋，這是要獻給與詩曳親近的靈。三個保麗龍咖啡杯和一只白色瓷碗，碗裡盛著聖水，要是惡靈追逐端公，端公的靈魂就可以跳進這個碗所代表的湖裡。祭壇前擺著一支未點燃的蠟燭，燭光會照亮端公即將神遊的不可見世界。

我讀過許多民族學論文探討端公所擁有的權力與影響力，但從沒想過有一天會親眼目睹這個超自然界的代言人、為靈魂協商的重要人士、與惡魔對抗的卓越鬥士（這些是我所讀到的各式尊稱），而他就坐在電視機前看著小熊維尼的卡通。這個端公名叫李朝高，腳趿藍色夾腳拖鞋，身穿黑色長褲和畫著熊貓的白色T恤。熊美瞿告訴我，端公靈魂出竅並前往不可見世界時會全身抖動，耗用許多精力，因此大多骨瘦如柴。李朝高的確很瘦，外貌看來有四十多歲，精瘦而結實，五官突出，神情嚴峻。收作法費用有違他的道德良心，尤其向同宗的李家收錢更是如此。儘管有些家庭會主動塞錢給他，他還是得靠公共救助度日。但他還是會收到一定形式的報酬，獻祭的豬頭和右前蹄都歸他所有。吃完豬肉以後，他會把豬下巴放在公寓外風乾，接著收到架子上，和其他豬下巴擺在一起。在苗族曆法的年底，他會舉行儀式，焚燒這些豬下巴。這些為人類犧牲性命的豬隻靈魂，就可以卸下代替人類靈魂的責任，也才能投胎轉世。在寮國，李朝高會在火坑裡焚燒豬下巴，在美熹德則使用拋棄式的火雞烤盤。接著他把焦黑的殘骸掛在城外的樹上，豬的靈魂曾經飛越的天空下。

繼小豬之後，淡褐色的母豬被抬進客廳，放在塑膠油布上，端公著手進行第一項儀式，為李家祈求未來一年的健康平安。李家人被人群簇擁在客廳中央，端公頭上裹著一塊黑布，用一條線綁起豬脖子。豬輕聲呻吟。接著他把線拉往李家人身上，將一家人緊緊綑在一起，豬隻的靈魂就和牠要保護的靈魂連在一起了。在端公眼中，人的靈魂由三個部分構成，其中一部分在人死後會守在墳前，一部分會前往死者的國度，一部分會投胎轉世。

這三部分都會在儀式中獲得庇祐。接著他割開豬的喉嚨，動刀的不是端公，而是李家的表親，因為端公要向這動物索取無價的禮物，自然得和牠保持良好關係。

若在寮國，儀式得在李家的住屋裡舉行，納高和弗雅興建的房舍不止是為了讓家人遮風避雨，也是為了讓親善的家神安居。最大的家神住在主柱裡，也就是李家兒子胎盤所埋處的上方。祖宗的靈魂則住在四根邊柱裡。財神住在山頂方向的牆面，掌管六畜的神靈住在山腳方向的門上，此外還有神靈住在兩口灶裡。家中每個人都能感受到神靈的存在。在我看來，要在東十二街三十七號A棟的公寓裡營造神聖氛圍似乎極不容易，因為這裡沒有柱子、爐灶，而且據李氏夫婦所說，也沒有善神，因為這裡是租來的。電視轉成靜音。距祭壇一公尺半處，牆的另一邊，冰箱正嗡嗡作響，冰箱裡有一箱百威啤酒，端公稍後會喝掉其中一罐。在善神進出的前門左邊，有一箱特大號紙尿布。門開著。這讓我有點擔心。要是美國鄰居恰巧路過，看到一頭死豬躺在地板上，九個人被麻繩綁在一起，不知作何感想？

當端公準備下一場儀式時，李家親戚中的壯丁把死豬扛到停車場。幸好停車場在公寓大樓的後方，從大街上看不到。他們先把滾燙的開水倒在屍體上，再用刀子刮豬皮，接著熟練地剖開豬腹，取出豬內臟，將不要的雜碎丟進廢棄的清潔劑桶子裡。他們剖開小腸，將小腸捲起，然後用園藝水管沖洗豬肚。血水上漂浮著一撮撮豬毛與碎肉末，像小溪流過整個停車場。成、梅、葉兒、楚和麥興致勃勃地看著，一點都不驚訝。他們就像在農場長大的小孩，對死並不陌生，或許也真的可以動手殺豬。他們在八歲前就學會如何殺雞拔毛，而年紀較大的孩子也會幫父母殺豬。

當我們回到公寓，我立即感受到氣氛大為不同。藉著某種無法解釋的巫術靈通（我一直無法明白是如何發生的），屋內的不祥之氣已完全除淨。每個人都感受到氣氛變了。李家小孩從停車場說說笑笑地走回來，一進門便安靜下來。電視關掉了。祭壇上點起蠟燭。公寓裡點了一炷香，為神靈指路的裊裊輕煙飄盪在整個空間。端公穿上靛青色袖口的黑色絲袍與紅色腰帶，光著腳，脫下所有不稱頭的美式衣物，而他的內在，也就是被選為通靈者的特質，此時表露無遺，顯得耀眼而堅實。我明白自己先前低估了他。

現在輪到黎亞了。弗雅和納高認為醫療法術可能無法治癒她。有個端公告訴兩人，西藥對她造成的傷害是無法復原的。假如問題出在靈魂，兩人屢次請端公作法，應該早已恢復她說話的能力。然而她的身體目前仍存在著某種程度的疾病。兩人希望端公可以讓黎亞快樂些，好讓她不再在夜裡哭泣。在這些年多次徒勞無功的獻祭之後，李家仍不放棄一絲絲微弱的機會，希望能找回黎亞的靈魂。如果霸占黎亞靈魂的惡靈接受了替死豬隻的靈魂，黎亞就能恢復健康。

弗雅坐在客廳中央一張紅色的鐵製摺疊椅上，身穿黑色長褲、藍黑色短上衣，雖是美國服飾，配色卻與端公的衣服相同，都是傳統的苗族色。一綹亮麗的黑髮垂在背上。黎亞坐在她大腿上，光著兩隻腳，身上穿著條紋馬球襯衫，還包著尿布。弗雅讓黎亞的頭靠著自己的脖子，輕撫她的頭髮，在她耳邊低語。黎亞全身與母親的軀體曲線完全貼合，就像新生兒。

端公把一疊冥錢放在黎亞馬球襯衫的肩頭，希望為黎亞過期失效的簽證辦理續簽。黎亞的表哥抓著一隻褐色的雞在空中揮舞，這隻雞將成為黎亞的喊魂禮祭品。這也是黎亞在嬰兒期的安魂術。雞煮熟了之後，便可用來判斷黎亞的靈魂是否已經歸來。兩腳僵硬、兩眼變硬、舌頭上捲、頭蓋骨呈半透明等，都是好徵兆。雞爪應是最重要的徵兆。一隻與其他三趾都不相似的腳趾（就像是無法遵守組織倫理，因而無法融入苗族社會的苗人）象徵著不和諧和不平衡。表哥對雞唱出：

我希望你的腿好
我希望你的眼好
我希望你的舌好
我希望你的喙好
我希望你頭腦清醒

黎亞身邊圍繞著全家人和二十多個親戚。他們的關切與擔憂全集中在她動也不動的軀體上，彷彿放大鏡會聚光，直到燒起。蒂曾說：「黎亞知道如何愛人，以及如何被愛。」不論她失去什麼，黎亞還是知道如何被愛。

弗雅親親黎亞的鼻子說：「妳看起來很快樂！」

表哥的一個兒子把雞拿進廚房，迅速斬斷雞脖子，把噴出的鮮血甩入垃圾袋。

黎亞的豬個頭較大，顏色也較黃，已被扛到客廳裡，豬蹄以麻繩綁起。由於黎亞是女生，所以她的豬是公豬，雙方的靈魂結合也是一種婚姻形式。豬躺在塑膠油布上，一邊呼呼噴著鼻息，一邊掙扎。端公在豬脖子上綁一條繩子，接著用繩子纏繞緊緊相貼的弗雅和黎亞，讓黎亞的靈魂和豬的靈魂及母親的靈魂繫在一起。他繞著豬和弗雅、黎亞走了許多圈，手裡大聲搖著響器，讓黎亞的靈魂不論在何方都能聽見。接著他一再敲鑼，召來與他親近的靈。最後，他把水牛角製成的兩瓣筊擲到地上，看看靈是否已經聽見。兩瓣筊落地時都是平面朝上代表否。一瓣平面朝上，一瓣平面朝下，代表答案並不明確。兩辦筊都是平面朝下時，端公便知道他的靈已經聽到主人的召喚。

豬送給黎亞無價的禮物，因此將取得報酬。端公從祭壇旁邊地上拿起厚厚一疊冥錢，放在豬身上。他蹲了下來，輕聲向豬解釋道，牠的犧牲將會換來報酬，而且一到年底靈魂就可卸下責任。他再度把筊擲到地上，看看豬是否接受。筊顯示許可，他謝謝豬，將麻繩從豬的脖子和弗雅、黎亞身上解開，然後揮舞短劍，將黎亞的疾病割斷。接著，他從祭壇上拿起一只杯子，將水倒進嘴裡，噴出來，然後像詩曳一樣發出顫音。

嚕嚕嚕。

嚕嚕嚕。

他說：「這些是金水、銀水，可以洗淨疾病。」

嚕嚕嚕。

廚房傳來磨刀聲。

兩個壯丁把豬抬到一對摺疊椅上。三個壯丁按住豬。一個親戚拿刀刺進豬脖子。豬發出一陣淒厲的慘叫，身體劇烈扭動。另一個親戚拿著不銹鋼碗接豬血，但還是有許多鮮血噴濺在塑膠油布、地毯和我們的腳上。端公將冥錢浸在血流中。冥錢染上無法洗去的鮮血，代表這些錢屬於這隻獻身的豬。端公一一叫喚靈的名字，用冥錢上的血濡濕響鈴，再用響鈴觸摸黎亞的背。現在黎亞也染上了血，任何想對她不利的惡靈都無法碰觸她了。

端公洗掉更多的病痛。

嚕嚕嚕。

接著他取走黎亞肩膀上的冥錢，放在豬的側腹。

黎亞背上染了豬血，無論她走到世上任何角落，甚至數百里遠的地方，都會被認為是需要治療的小孩。此時她已不需要留在端公的視線範圍內，因此弗雅將她抱到臥室，輕輕將她放在雙人床上，拿一面從寮國帶來的藍色毛毯墊在她腳下，打開電風扇。黎亞的目光注視著上方，沒人知道她看到了什麼。她柔亮的頭髮在微風中飄揚。

現在端公已經準備好做這次任務中最危險的工作。他站在板凳前，將頭巾的一部分垂到臉上，把視線完全遮住。頭巾垂下，他看不見這個世界，卻能感知到不可見的世界。面罩，加上焚香的煙，鑼聲與響器聲此起彼落，有如催眠，加上端公不斷重複的動作，這一切都能幫助他進入癲狂的靈魂出竅。在寮國，他也許會用到鴉片，但那並非必要。只要與他親近的靈出現了，他便能夠憑意志跨越疆界。

端公坐在詩曳的飛馬上，兩腳在地毯上時而交叉、時而岔開，有節奏地蹬腳。他右手拿著響器，左手戴著響鈴，應和著馬具鈴鐺的叮噹響聲。此時他的助手，一個戴著飛行員墨鏡的年輕人敲著鑼，告訴四方神靈，旅程已經開始。半個多小時後，助手把手搭在端公的腰際，端公一拍不差地立起身子，向後跳到板凳上。所有與他親近的靈都下凡相助了。沒有他們幫忙，他可能無法這樣輕巧地躍起。

在這個關口，端公正冒著生命危險。他的靈魂出竅遠遊，假如他在還魂之前摔下來，就會一命嗚呼，沒人救得了他，就算是世界上法力最強的端公也辦不到。就算他沒摔下來，也可能在路途上遇到索命的惡靈，而他需要用上所有力量與機智來擊退對方。

端公開始快馬奔馳。他時而在馬上，時而在地上，時而與馬合一，發出嘶嘶馬鳴。他以小調大聲吟唱，唱著苗語、漢語夾雜的古老咒文。即使是李氏夫婦也無法明白他在唱些什麼，但兩人知道，他正和親近的靈交談，並和惡靈商量，要求惡靈釋放黎亞的靈魂。

公寓前門已關上了一陣子，房間裡非常熱，又密不透風，空氣中充滿濃濃的煙。鐵鑼聲鏗鏘作響。響器叮噹響。某個人潑水冷卻板凳的榫頭。現在飛馬飛上了天梯。天門開啟，端公就在霓翁家門外，正攀上山嶺，前往詩曳的岩窟。

端公前往天界時，抓著雞在空中揮舞的表哥，也就是喊魂者，打開前門，面向大街。他腳下有張小桌子，上面擺著祭祀的雞、米飯、一只雞蛋和一炷燃燒的香。他右手拿著一對筊，左手拿著響器，不時把筊或響器擲在地上，藉著筊以及響器鐵片落地的位置來判斷喊魂是否大功告成。

我在呼喚妳。
我在呼喚妳。
他對黎亞的靈魂吟唱。
我有顆雞蛋給妳，

我有碗飯給妳，
我有隻雞給妳，
我備妥一切等待妳。

公寓裡正在燒冥錢，把冥錢送到不可見的世界。鑼聲大作。端公的飛馬放蹄奔跑，愈跑愈快。喊魂者向外看著東十二街，並且吟唱：

妳在何方？
妳去何處？
妳去找妳的兄弟？
妳去找妳的姊妹？
妳去找妳的表親？
妳正看著花？
妳魂在寮國？
妳魂在泰國？
妳魂在太虛？
妳去了太陽？
妳去了太陰？
回到妳的家吧！

回到妳母親身邊！
回到妳父親身邊！
回到妳姊妹身邊！
回到妳兄弟身邊！
我在呼喚妳！
我在呼喚妳！
穿過這扇門回家吧！
回到妳家人身邊吧！
回家吧！
回家吧！
回家吧！
回家吧！
回家吧！
回家吧！
回家吧！

十五周年版後記

AFTERWORD TO THE FIFTEENTH ANNIVERSARY EDITION

《惡靈抓住你，你就倒下》在十五年前出版，而此刻距離我首次踏進李家在美熹德東十二街三十七號的公寓，已超過廿四年。一九八八年五月十九日，我在線圈筆記本寫下：

赤足的母親輕輕搖晃安靜的小孩
尿布、毛衣、手腕上的細線
就像嬰兒，可是她好大
母親親親她、摸摸她

當時我並不知道，那個安靜的孩子會為我帶來何等衝擊。

令人驚訝的是，黎亞還活著。大部分植物人會在六個月內死亡，其他則多半不超過五年，幾乎都死於療養機構。黎亞的家人在家照顧她的時間卻是五年的五倍。她曾經是我見過最漂亮的孩子。現在的她面容憔悴。她的皮膚曾經非常光滑柔嫩，我能理解為何弗雅會不斷撫摸她，然而她的肌膚現在變得乾燥灰黃，手指也僵硬蜷曲。不過她依然乾淨。弗雅老了，雖然沒有人知道她真正的年紀，畢竟她也不知道自己是何時出生。她變得虛弱，幾個女兒擔下照顧黎亞的工作，楚幫忙最多。過去為黎亞準備食物、餵食要花上兩個多小時，然而在她多次吸入食物碎片，引發吸入性肺炎之後，她的家人終於同意幫她裝上鼻胃管。現在一餐只要十分鐘就能解決，可是幫黎亞洗澡、穿衣服、換尿布、抽痰、在半夜安撫她，還是要花費不少心力。黎亞的家人每年舉辦烤肉派對慶祝她的生日，一年也會邀請端公來訪一至兩次，並宰殺動物獻祭，但不是為了治癒黎亞，而是希望減輕她每日的苦難。

黎亞只剩腦幹仍正常運作，但我相信她擁有某種程度的意識，或者至少擁有感官記憶。我曾在弗雅和表親一同出門的期間造訪李家，楚前晚與黎亞同床，說她在夜裡啜泣了數小時。黎亞知道少了什麼，我想是母親的熟悉氣味，還有她的聲音和身體輪廓。

每次拜訪李家，我都知道黎亞沒有意識到我的存在（我第一次與黎亞見面，是在她神經系統崩毀的一年半以後），然而我卻能強烈意識到她的存在，不知道為何，我們之間產生了某種連繫。在我們見面前，我以為黎亞（這個不會說話、笑、思考、工作，或者在我的字典裡可說是「沒有貢獻」的人）需要的只是憐憫，她的存在卻沒有多少價值。若她還算是人，也只是不完整的人。然而，她讓我知道事實並非如此。她對身邊的人意義如此重大，我怎麼能說她沒有價值？她改變了我的家庭生活、我的寫作生涯、我的思維，甚至可能還影響了讀過她故事的人，我怎麼能說她毫無貢獻？

大家總是劈頭就問：「黎亞還活著嗎？」接著問：「其他人後來怎麼了？」我原本預期這個患有癲癇的苗族學步幼童大概只能吸引到十七個讀者（根據我的預付版稅判斷，出版社也是這麼想的），想不到直到現在我還是經常收到關於此書的來信或是電子郵件，我一直都很高興有人在乎書中這些至今對我仍具有重大意義的人。

李納高在二〇〇三年死於充血性心臟衰竭，他的家人至今仍未擺脫喪親之慟。納高過世數年後，梅寫信給我，她寫道：「我記得小時候常哭著回家，因為其他小孩取笑我，或欺負我。爸爸總說，在人生路上，我一定會遇到對我不好的人，而我只要祈禱自己絕不會變得跟他們一樣。我也會遇到對我很好的人，我要從每個人身上學習一點長處，變成更好的人。」如果納高還活著，他會看見自己和弗雅撫養的家人接受了良好教育，成為勤勉善良的人。除了最年長的兩個女兒綢兒跟卓雅（她們抵達美國時已經十多歲了），黎亞的手足全上過大學。盼是學生，正是牙醫，葉兒[1]是牙醫助理，楚在寮國的公共事務處工作，麥在監獄工作，梅是「凱薩醫療機構」的臨床衛生講師。梅在凱薩的「納帕-索拉諾倫理委員」任職，在病患家屬與醫師的意見僵持不下時出面協調，扮演的角色與十二歲時幾無二致（黎亞到美熹德社區醫學中心看病時，十二歲的她便擔任父母的翻譯和中間人），只差在病患與家屬常不是苗人。她在面試這份工作時說：「我告訴他們，在踏入這個領域前，我常責怪醫生，認為是醫生讓父母過得這麼辛苦。我每天在家，只看到父母盡一切所能要讓黎亞好起來。來到這裡以後，我發現不該怪任何人。」黎亞的手足全住在北加州，離彼此都只有一小時車程，其中五人已婚。弗雅現在有廿九個孫子孫女：弘、札、豐、誠、茱莉、朵西、珊迪、克莉西、丹尼、艾希莉、美樂蒂、雷斯理、西恩、史蒂芬妮、凱倫、卡塔莉娜、道、尚恩、克莉絲汀、山姆、凱特琳、斯凱、米凱拉、費倫、莎佛拉、昆倫、伊利亞、艾雷克斯理、侑莉，最年長的卅一歲，最年幼的三歲，還有三個曾孫：泰坦、卡倫、托潘加。

帶領我認識苗族文化的四個重要領路人還住在中央谷地。馬標耀離開明尼蘇達學院的工作，不再為苗族成年學生提供諮詢，改搬到沙加緬度，轉行做金融服務和市場行銷。他說：「朋友問我為什麼要從商。我告訴他們，幾個畢業的學生給我看他們上大學前工作所拿到的薪資支票，薪水竟然比現在還高。我開始做噩夢、失眠。我們承諾讓學生看見更好的未來，然而，那個未來既沒有夢想，也沒有錢。現在我幫人賺錢，再也不做噩夢了。」永不歇息的馬當（現在他比較喜歡別人叫他唐，因為許多美國人喜歡拿他的名字開玩笑）在醫院與法院擔任口譯員，這幾年來，他也積極參與東南亞裔美籍專業人士協會，為苗人當說客，讓更多當地人進入美熹德的加州大學新校區工作。他也幫苗族從政者助選，擔任美國紅十字會義工。他說：「像我這種運氣夠好，來到這個國家前就上過大學的人，一到這裡就會為自己的同胞服務，我們就這樣奉獻終生。」瓊納斯完成碩士學業，也拿到博士學位。他拿到加州的法語、寮語、苗語、數學教師證書，也參與一套兩冊的苗語課本編寫。他在美熹德社區大學教授苗語，並主持國際學生事務，曾被評選為最傑出教職人員。他說：「我感覺到我的人生時鐘滴答地響著，催促我完成能在有生之年做到的事情。」一到周末，他就跟馬當一起騎摩托車上四十九號高速公路，到謝拉山麓兜風散心。

熊美罌（現在她冠上夫姓，變成李美罌）住在沙加緬度。一九八八年，我們第一次在美熹德市中心的曼谷餐廳碰面，從民主進步談到苗族青少年的文化態度，一路聊到她過世的父親禁止孩子在美國人行道上吐口水。我知道她不會一直當打字員。美瞿扛著一份全職工作和養育四個小孩的責任，在周末和晚間上學讀書，最後拿到學士與碩士學位。然後她擔任「苗族女性文化遺產協會」的執行長，這個組織提供苗族家庭社會與健康服務，數年下來，她在當地跟全國都是獨當一面的苗族領袖。現在她繼續擔任協會顧問，也是該協會口譯員訓練計畫「世界橋樑」裡最頂尖的訓練員。二〇〇一年，美瞿贏得「全國苗族女性領導獎」，這個獎項頒給每年最能夠提升苗族女性地位的人士。二〇〇五年，她榮獲「羅伯特·伍德·強生基金會社區健康領導獎」，她的組織也得到十萬美元以上的獎金，以表揚該組織「克服極大阻礙」，改善了當地的醫療照護。美瞿曾是苗族小姐選美亞軍，她女兒青出於藍，在十八歲當上苗族國際小姐（據主辦單位所說，這場盛會是受到一個苗族故事啟發，故事主題是一個男子想要尋找「全宇宙最美麗的女性」）。

黎亞的醫生全都離開美熹德了。他們全都沒有賺大錢，也沒有忘記自己踏入家醫科或是小兒科是為了服務弱勢族群。比爾在北卡羅來納州一間小小的鄉間診所工作了十五年，他說現在的他「只是個家庭醫師，照顧愈來愈多的年長病患，和他們一起變老」。丹在奧勒岡州中部的藍領小鎮開了一家診所，身為老闆，他可以很奢侈地跟每個病患相處半個多小時（而不是美熹德社區醫學中心的區區十五分鐘）。他說他有足夠的時間，可以「問問他們狀況如何，確認每個人都定時接受X光、大腸鏡檢查，即使病患只是來為大拇指換藥」。他熱心推動「以病患和家庭為中心的醫療」，主張讓病患與家屬正式參與醫療過程的每個階段，從給藥方式到候診間設計等各種事宜，醫生都應詢問病患和家屬有什麼期望（丹說，那「通常和我們以為他們所想要的相去甚遠」）。丹相信這種做法可以減少醫療失誤，帶來更好的成效，降低開銷，降低病人受苦的風險，也讓愈來愈多醫生懂得聆聽。

尼爾跟佩姬數年來不時拜訪丹，羨慕他的工作與生活，也搬過去加入丹的行列。兩人仍幾乎每天運動，跑步、騎腳踏車、爬山、打網球或游泳，如尼爾所說，「好好流一身汗，讓精神舒暢」。尼爾在許多路跑比賽中獲得超越年齡層的好成績（當然了，運動競賽對他來說不是新鮮事。上回見面，他若無其事提起一件多年來不曾在我的採訪中透露的事：他曾為加州大學柏克萊分校校隊投出一場無安打比賽）。長子托比小時候得過白血症，現在任職耐吉公司，剛完成鐵人三項來慶祝他病癒二十周年。尼爾與佩姬仍常常想起黎亞，也會聊到她的事。他說：「如果重來一次，而我們仍只擁有當時的資源，沒有更好的醫療技術和口譯，我們大概還是會做出同樣的決定。不過，當了這麼久的小兒科醫師，我們也許不會再像當年那樣給她的家人那麼多壓力。我們認為結果終究不會有什麼改變。」

尼爾與佩姬服務了廿二年的醫院（在那裡，納高認為自己被迫簽署文件承認黎亞將在兩小時內死亡，於是「綁架」了她）出乎意料地成了跨文化創新的發源處，還曾登上《紐約時報》及《舊金山紀事報》，更成為全國許多跨文化計畫的典範。美熹德社區醫學中心後來更名為「沙特美熹德醫療中心」（Sutter Merced Medical Center），現在則是「美熹德慈善醫療中心」（Mercy Merced Medical Center），並於二〇〇九年設立了全國第一套正式的巫醫制度，有計畫地將端公導入醫療。美熹德市中心的「健康之家」是與醫院合作的社福機構，幫助苗族和其他少數民族病患不再覺得自己處於弱勢。機構安排了一個名為「療癒夥伴」的訓練計畫，讓當地的端公花四十個小時參觀手術房、使用顯微鏡、了解血液檢測，整體來說就是接觸過往在苗族病患眼中最神祕的醫療技術。端公結業後會得到一枚徽章，接著便能像其他神職人員一樣自由進出病房。慈善醫療中心的PC－369政策指定了九種可以在病床邊施行的儀式，包括念頌四種能夠減輕失血、內傷、燒燙傷、昏迷情形的祝詞，以及穩固靈魂、強健體魄或為手術預作準備的三種繫繩儀式，還有兩種喊魂禮，一種用來喚回病患的靈魂，另一種用來喚回死者的靈魂。不過，醫院內還是不能宰殺動物獻祭（太血腥），也不能使用鑼、響器、響鈴（太吵）。目前也仍禁止焚香和燒紙錢，不過健康之家希望日後若能將病患移到沒有裝設煙霧警報器的房間，就可以舉行這些儀式。

已經有一百多個巫醫接受療癒夥伴的訓練。端公在苗族社群裡享有崇高地位，他們獲准進入醫院服務一事也在外界的苗族社群間獲得很大的迴響。醫院內儘管仍可見到麻煩案例，但已經少了許多，也不再那麼悲慘，這不止是健康之家的努力，也因為如今大部分苗人都能使用兩種語言，也習慣了兩種文化，不再那麼倚賴口譯員（儘管尋找專業口譯員已不是難事），也更願意相信醫生。就連許多年長的苗人，無論住在美熹德或別處，也不再那麼懷疑現代常見的醫療。弗雅仍在後院種草藥，但她也會吃胰島素治療糖尿病，在孩子生病時要孩子去看醫生。

慈善醫療中心對文化議題的關注影響了全國各地。全國最大的醫療評鑑機構「聯合委員會」在二〇〇七年的報告中提到，有六十所醫院提供口譯服務（面談或透過電話），七十五%以上的院所「透過宗教或精神上的服務、飲食服務、心理與社工服務回應不同文化的需求」。用來描述文化敏感度的醫療術語變化得如此之快，可能一眨眼，你就錯過了最新的用詞。過去幾年來，「文化資能」(Cultural Competence)的概念飽受批評，批評者認為，這個概念暗示了某人能夠像學打網球那樣經由學習而熟知他人的文化，而且這個概念容易變成凱博文所批評的，只是套用「一連串的守則來對待特定族裔背景的病患」。換句話說，過去對病患的文化、族裔毫不在意的醫生，現在很可能落入只用這些術語來理解病患的風險。「文化謙遜」（Cultural Humility）指的是，醫生能夠理解自己是帶著自己的整套文化（也就是種族背景和醫療文化背景）來到病床前，而這文化並沒有比病患的文化更優越。「文化回應」（Cultural Responsiveness）鼓勵醫生傾聽病患的心聲，並從病患所屬文化的角度，以及不受刻板印象束縛的個人角度給予適切回應。如果這些強調跨文化溝通的醫療改革聽起來像小烏龜努力爬上政治正確的高塔，或有成效上的疑慮，請別忘記，在醫生開始思考為何那麼多跨文化病例沒有好結局之前，苗族病患（以及有其他文化背景的病患）過得多麼辛苦。對於這些強調跨文化溝通的醫療改革，我唯一的顧慮只是這些概念顯然比較符合自由派醫生的想法，保守派的醫生可能因此心生抗拒。然而，無論選擇哪些用詞，治療來自陌生文化病患的能力，背後不該有政治考量，而是要以人性、救命手段為出發點。

《惡靈抓住你，你就倒下》是一本在一九九〇年代敘述一九八〇年代的書（李家在一九八〇年抵達美國，黎亞在一九八二年出生，一九八六年神經系統受到重大傷害），儘管這聽起來像是我女兒用來形容過時社論的評語，但如果你知道有多少人完全忽略了書中的日期，或是以為在那之後什麼都沒變，一定會感到驚訝。苗族文化在美國的發展並未停滯，時至今日，苗族家庭大多已經在美國待了三十年以上，孩子在這裡受教育，英語可能說得比苗語好。要是有人讀過這本書之後，遇到苗族年輕人時還以為對方的行為舉止會跟李納高一樣，我真的會發狂（如果我是在美國長大的苗族青年，恐怕會更受不了）。

第一波苗族難民潮在一九七〇年代中期抵達美國，其中大部分的人擁有同樣的宗教信仰（泛靈信仰）、同樣的職業（農民或軍人）、同樣的經濟狀況（貧窮），有同樣的教育背景（極少或沒有）。目前住在美國的廿六萬個苗人已經無法用這些方式來歸類。這個數字近年來增加不少，並不是因為有新移民加入[2]，而是因為苗人早婚，拉近了世代之間的距離，且家族仍相當龐大。苗人有的是泛靈信仰者，有的是基督徒，職業從接受社會福利補助（雖然對公共救助的依賴已經降低）到擔任州議員都有，其中包括數不盡的醫生和商人，以及少數的饒舌歌手跟喜劇演員。雖說貧困者仍占四分之一以上，將近半數的移民已擁有自己的房子。政治影響力也不容小覷，二〇〇八年，「苗族全國領導網絡」（Hmong National Leadership Network）透過網路號召一千八百多個氏族領袖和活躍分子集結在史塔克頓市政廳，要求政府修正《愛國者法案》。在越戰期間，苗人在寮國為美國打仗，而根據該法案的定義，苗人在寮國的軍事行動被視為「違反當地法律」的反政府活動，因此該法案把許多苗人歸類為恐怖分子。兩星期不到，布希總統就順應民意，將苗族排除在該法案外，此後這些人便能合法求職、考駕照及申請居留權時。

雖然經歷這些轉變，美籍苗人骨子裡依舊是苗人。或許父母比較少跟小孩說起傳統的苗族故事，也不太教女兒刺繡了，而當這些苗人小孩長大，可能也不太想住在父母隔壁，但大部分的祖父母、曾祖父母依然住在子女家中，而不是搬去退休社區或安養院。在苗族社群中，互助組織依舊能夠凝聚族人，氏族組織依然完整，獻祭儀式也並未消失，或許並不是每個人都會舉行，但在人生最重要的關鍵時刻（出生、結婚、死亡），傳統儀式還是非常普遍。馬當相信苗人社群少若了傳統就會凋零。他說：「將兩棵植物連根拔起，其中一棵甩去根上的土壤，另一棵則留下土壤，再把兩者種在新盆子裡，妳覺得哪一棵能夠活下來？」馬當或許擺脫了名字裡的苗語發音，但苗族根源依然強韌。

以前我為苗人移居美國後受到的種種虧待感到憤怒，常常幻想苗人要是繼續待在寮國或泰國，可能會過得更好，或者住在法屬幾內亞那樣的荒野，至少可以繼續務農，不受打擾。但現在的我不那麼篤定了。我相信弗雅、納高及這一世代的苗族難民不可能重建戰前在寮國村寨那種心靈富足的生活。那一代的苗人就這樣成了犧牲品。不過，我也相信李家的孩子絕不會離開加州的家，拋棄自己受教育、辛勤工作所買（或租）下的住處，回到胡亞綏的小木屋（有些人還是在那裡出生的）。

我從苗族朋友最常聽到的抱怨不是想要離開美國，而是他們希望別人不要總是忽略他們，或忘了他們來到美國的原因。馬當說：「在美熹德大街上，你會看到貌似醉漢的苗族男子，他們的穿著不夠整齊，走路姿勢不好看。可是他們不是酒鬼。他們是救了美國人性命、身受重傷的英雄。有時我們折損一百條苗人的性命，就為了拯救一個被擊落的美國飛行員，或搬回罹難者的遺體。你沒辦法在一夜之間教會美國人這些事，但我們一定要反覆教育。」

可是如果美國人只有在發生壞事的時候才會聽到苗族的事，要怎麼教育？近幾年來「苗族」曾三度登上頭版新聞。第一次是二〇〇四年，一個叫做王在碩的苗族獵人在威斯康辛州北部對八個白人獵人開槍，殺死其中六人。媒體試著從苗族文化中找出王在碩犯案的理由，也就是說，因為王在碩是苗人，所以他犯下這案子。這種論調真是太瘋狂了。如果各位跟我一樣，在一九八八年跟數十個苗人聊過，每個人都對你說他們不相信美國醫生，你可以合理推測這跟他們的文化有關。但假如一個苗人犯下其他苗人未曾犯過的罪，那怎麼能歸咎於文化，而非其他可能性更高的因素，比如壓力、攻擊性人格、心理疾病，或其他讓人大開殺戒的動機？兩年後，同樣在威斯康辛州的樹林裡，一個叫做詹姆斯的獵人一刀捅死名叫王彰的苗族獵人，沒有人說「他會犯案是因為他是白人」。

二〇〇七年也有一條關於苗族的新聞：苗族名人王寶將軍因為據稱密謀推翻寮國政府而遭逮捕（告訴在二〇〇九年撤銷，他在二〇一一年過世），即使有美國人沒讀到王寶可能打算購買AK47步槍和刺針飛彈的報導，在獵人凶殺案之後也沒看到威斯康辛州開始販賣的「殺一個苗人，救一頭鹿」保險桿貼紙，那麼，二〇〇八年克林・伊斯威特執導的電影《經典老爺車》上映後，終究還是會聽到「苗族」一詞。電影裡那個頑固的韓戰老兵和苗族鄰居發生了許多趣事，這部電影在美籍苗族圈子引起各種迴響。一方面，電影裡有超過二十個苗族角色，全都由苗族演員演出。另一方面，電影中充斥文化錯誤，如苗族老太太不嚼檳榔，所以不會吐棕色口水；葬禮賓客不會穿傳統苗服，只有新郎新娘會穿，或在年節慶祝時才會出現；還有，喊魂者站在門邊，而不是起居室中央。我一點也不意外，電影中「女孩上大學，男孩進監獄」這句台詞並未紅起來。一個苗族影評家指出，該部電影把苗族描繪成「幼兒化的社群，無法保護自己，並且嚴重缺乏在美國獲取成功的手段」。

我的朋友盧布朗（Adrian Nicole Leblanc）是我最喜歡的非虛構作家，有一回她語重心長地跟我說：「唯獨記者這份工作，知道的永遠比在場其他人更少。」在李家公寓的我，確實如此。我以前訪問完弗雅跟納高之後，常把租來的車停在東十二街的路燈下，跟美噐聊到半夜，聽她解釋我沒有捕捉到的微妙文化差異。在小房間裡聽馬標耀告訴我苗族文化不同於笛卡爾哲學的我確實也是如此。在美熹德社區醫學中心的餐廳裡，聽丹告訴我黎亞的病例摧毀了他的理想主義，那時的我還是如此。甚至當我獨自坐在紐約家中書桌前，身旁圍繞著數十本書籍、文章、論文，絕望地以為永遠無法完成這本書，即使完成，這些文字也永遠無法為我的所見所聞平反的我，也的確就是這麼一個「知道的比在場其他人更少」的記者。

在這本書的寫作過程中，有太多太多的錯誤和失敗。認識美罌之前，我挑錯口譯員，納閎為何大部分的苗族家庭總是無法清楚告訴我具體的時間。計畫開始幾個月後，我從紐約飛去美熹德，因為我聽說李家要請端公舉行儀式，到了現場才發現儀式是為了弗雅舉辦，而不是為了黎亞（幸好我參加了弗雅的儀式，否則隔年回去看黎亞的儀式時，我不會知道眼睛要看著哪裡）。最大的失敗發生在負責這個計畫的《紐約客》編輯離職後（我永遠感激他在離開雜誌社前接受我的提案），新上任的編輯對罹患癲癇的苗族幼兒興趣缺缺，在信中（把我的姓名都拼錯了）告訴我，她不需要這一則報導。（幸好如此。假如雜誌刊登我的報導，我永遠不會寫成這本書。事實上，在被新編輯拒絕之後，我又在這個計畫繼續投入五年光陰，正是因為我臉皮太薄，要是不繼續下去，就得要跟弗雅、納高、尼爾、佩姬說他們花在我身上的數百個小時都將付諸流水。我說不出這種話，於是寫了這本三百多頁的書。）

「我們沒有看見世界的原貌，只在世界中看見自己。」這句話可能出自《塔木德》或康德，也可能是莎莉．麥克林，無論是誰說的，這都是一句很有智慧的話。時至今日，我依舊不斷對抗這句話，深怕我不自覺地把自己的觀點當成唯一觀點。我知道在黎亞事件中衝突的雙方都掉入這個陷阱，但即使這個陷阱是本書最重要的主題，你也沒辦法輕易避開這個陷阱。我的電腦上方掛著一幅漫畫，那是齊格勒（Jack Ziegler）的作品，用簡單深刻的筆觸描述了這個陷阱及其難以輕易跨越的無奈：一隻青蛙仰望乳牛，表情訝異地說：「哇！這隻青蛙還真大、真醜！」乳牛俯視青蛙，表情一模一樣，說：「噁！這頭牛還真小！」我們都是青蛙或乳牛，在困惑中度過一生。同理心太難了，比憤怒困難，也比同情不易。

我想我現在比當時懂得稍微多一點，但這不代表我想重寫這本書。《惡靈抓住你，你就倒下》屬於它的時代。要是我把「智能障礙」改成「發育遲緩」（雖然我現在不會用「智能障礙」這個詞了），或是引用「數百個苗族學生」（！）在「網路聊天室」中的討論內容，那麼我就是犯了歷史學家口中「以今觀古」誤導讀者的錯誤（我開始寫這本書的時候，還沒有網際網路。書將要出版之際，網路還在萌芽。除了有小一部分是借用美髯丈夫的電腦完成，我的研究完全不靠網路）。「以今觀古」或許會成就一本好書，甚至比原版還要好，但就不會是這本書了。除了少數例外[3]，我一直不願修訂這個版本，因為我知道今日的我一旦干涉過去的我的作品，會推倒整本書的平衡。

如果是今天才從頭開始撰寫，我一定寫不出這本書。不可能。當時的我還有可能讀完幾乎所有與苗族有關的文字資料。那花了我整整四年。這件事若是現在來做，大概要花上好幾輩子的時間。美國的苗族開枝散葉，發展得如此蓬勃，我沒有能力將他們一一記錄下來，連想像或作夢都不可能。儘管我收到的苗族讀者來函多半給我正面意見，大部分的負面評價都是批評我說了一個不該由我來說的故事。我對於認同式政治沒有多少好感，我相信任何人都有權寫出任何人的故事。不過一旦立場互換，我一定會有同樣的不滿。這正是我三十年前的感受，當時女性的聲音比現在還要微弱，都被男性淹沒了。現在年輕的苗族作家開始出版著作，如編纂傑出文學選輯《橡樹林中的竹子》（*Bamboo Among the Oaks*）的馬玫能（Mai Neng Moua），還有寫出激烈悲情回憶錄《遲歸之人》（*The Latehomecomer*）作者楊嘉莉（Kao Kalia Yang）。我很樂意閉上嘴，聽這些人的聲音。希望《惡靈抓住你，你就倒下》的定位不是關於苗族的「那一本書」，而是描寫溝通與誤解的眾多書籍之一。

過去十五年來，我一直是旁觀者，興致也一直不減，專長倒是減弱不少，也所幸我只是業餘人士，倒免於讀一本本苗族學者的五百頁鉅作。我和李家的友誼儘管存在許多坑洞與誤解，卻從未被放到一邊。有段時期，楚從六號汽車旅館的夜班櫃枱將高中報告傳真給我，我挑出一些文法錯誤（她已經不需要其他幫助），回傳給她（我一直不能原諒梅八年級的語言藝術老師，那人在她描寫家人從寮國逃到泰國的文章後頭寫下「妳的一生真是多采多姿！但請注意動詞的過去式」的評語），她每次都會隨報告送上一封信，告訴我葉兒近來排球巡迴賽的成績，或卓雅小女兒的喊魂禮。楚及葉兒曾和朋友來麻州拜訪我，也曾在某天晚上一路開到佛蒙特州，只為了找一間還沒打烊的超市買蛋糕給我生日驚喜（她們不但買到蛋糕，還有氣球）。有一次我去加州拜訪李家，透過美瞿的翻譯，弗雅向我介紹在起居室地板上爬行的小娃娃，說是「外甥和外甥女」。我跟美瞿說兩人看起來年紀太小，不像弗雅的外甥跟外甥女。她說：「不是的。她把妳當成女兒。兩人是妳的外甥和外甥女。」

要是弗雅沒把我打扮成苗族新娘，天知道喬治會不會向我求婚？如果沒有弗雅這個榜樣（即使在法律上她是虐童者，我還是沒有見過這麼棒的母親），天知道我會成為怎樣的母親？她跟納高生了好多小孩，在李家可以一口氣看到各種育兒階段，完成以下縱向研究：如果妳整天抱著寶寶，寶寶一哭就抱起來，那孩子到了三歲、八歲、十歲、十二歲、十四歲、十六歲，會有怎樣的發展。我以為結果會是養出一窩被慣壞的小鬼，可是李家推翻了我的想法。有了自己的小孩以後，我不敢用苗族傳統背巾，（假使我把孩子甩到肩後，結果孩子被甩出去怎麼辦？）不過我十分仰賴我的Snugli背巾。受到弗雅的影響，我一路餵母奶，直到孩子都幾乎要上研究所了。

在我雙親過世後數年，納高也走了。他的葬禮持續了三天三夜。由於場地是美國的葬儀社，依規定不能在葬儀社內宰殺動物，不過他們用拖車送一頭長著巨大雙角的牛到停車場。一條長長的繩子繫住那頭牛，繩子尾端穿過後門，橫越大廳，牽入敞開的棺材中，綁上納高的手。之後那頭牛在別處獻祭，牛頭送回葬禮會場。牠會跟著其他幾頭親友購買的牛隻一起陪伴納高走過死後的旅程。納高在當地社區頗受尊敬，葬禮會場擠滿悼亡的人潮，場內有六個蘆笙樂手和一面喪鼓。許多哀悼者哭號著擠在棺材四周，淚水甚至沾濕了納高的藍色絲質外衣。

我的雙親都採用火葬，也都要求哥哥跟我不要舉辦葬禮。母親的遺言強硬禁止我們看她的遺體。當我站在納高的棺材旁，拿一旁提供給哀悼者的整疊餐巾紙擦眼睛（普通的面紙擋不住大家的淚水），我覺得，我的文化好乾涸，這已經不是我第一次這麼想了。我們不知道如何哀悼，我們怕宣洩出來不得體，把情感哽在喉嚨裡。

如果不是一個多月前發生的某件大事，納高的死會讓我更悲痛。我受邀到加州大學戴維斯分校談這本書（麥是那裡的學生）。我想到校方應該會想一道邀請美瑿、尼爾、佩姬，這樣我們可以一起在座談會上討論，弗雅跟納高也可以在優秀口譯員的陪同下登場。這個構想實現了。弗雅跟納高聽著麥對四百多個聽眾發表動人的演說，聽著尼爾啞著嗓子提到把黎亞帶離家人身旁送進寄養家庭時，他是多麼難熬，也聽見他說雖然他覺得別無選擇，但還是對他造成的傷害深感抱歉。

座談會之後，蒼老衰弱的納高走向尼爾。我第一次看見這兩人共處一室。我和李家以及醫生談話全都在不同的時間、地點。雖然弗雅早已原諒尼爾跟佩姬，可是我從沒聽過納高對兩人說句好話。然而，在那個午後，他直視尼爾的雙眼（在尼爾的記憶中，納高從來不曾這麼看著他），透過女兒的翻譯，告訴尼爾，現在他了解黎亞的醫生有多關心她。他向尼爾致謝。

在那一刻，在我們共赴晚餐之前，我聽到十五年前為這本書撰寫前言時所夢想聽到的：共同的語言。

A. F.

麻州西部，二〇一二年

1 讀者常會特別問起葉兒，擔心她的家人依舊責怪她甩上公寓大門，嚇跑黎亞的靈魂，引發她的「惡靈抓住你，你就倒下」。黎亞的癲癇不再發作，她的家人相信靈魂的問題與目前的植物人狀態無關，葉兒又是個人見人愛的孩子，她早就獲得了原諒。

2 唯一的重大例外發生在二〇〇四年至〇六年，當時美國收容了一萬五千多個來自泰國竹洞寺的苗族難民。

3 多年以來，我好想糾正幾個錯誤，失效的網址、拼錯的名字，很高興有機會這麼做。我在苗族歷史的章節〈魚湯〉裡稍作修改。最近的學者，鄒華陽（Robert Entenmann）、王富文（Nicholas Tapp）、李亞（Gary Yia Lee）針對我引用的一些作品提出有力的反論，像是坤西（Keith Quincy）曾被奉為經典的《苗族：一支民族的歷史》（*Hmong: History of a People*），還有他使用的舊資料來源。比如過去被視為苗族共主的Sonom，其實應該是西藏文化圈裡的嘉絨人（Gyarong）。因此我刪去了Sonom的段落。眼尖的苗族學者應該會注意到資料來源中的難民研究中心已經不存在了，該中心的收藏文件由明尼蘇達州立大學的移民歷史研究中心接收。

苗文拼音、發音與引文的注解…………i
引用出處注釋…………iii
參考書目…………xxx
致　謝…………xlvii

苗文拼音、發音與引文的注解
NOTE ON HMONG ORTHOGRAPHY, PRONUNCIATION, AND QUOTATIONS

根據人類學家羅伯特・庫帕（Robert Cooper）與其同僚收集的民間故事，苗語曾經有過文字，許多關於生命、死亡，以及由死亡到重生的旅程，都記錄在一本偉大的書中。可惜那本書被牛跟老鼠吃了。這本書消失之後，再沒有任何文字記述能夠像這本書一樣勝任記載苗族豐富文化的任務，苗語從此只有口語沒有文字。

這種狀況一直維持到十九世紀末期。當時出現了超過二十種的苗語書寫系統，傳教士和語言學家依照中國文字，或者泰文、寮文、越文、俄文字母創造苗文。還有一套很棒的書寫系統，擁有八十一個符號，稱為Pahawh Hmong（看起來有點像梵文）那是在一九五九年由楊雄祿（Shong Lue Yang）這位猶如救世主的苗族領袖發明，他從未學過其他語言。一直到現在，在寮國北部的反抗團體「昭發」（Chao Fa）還在使用這套系統，儘管軍力越來越少，他們仍舊以游擊戰形式與寮國境內的共產主義者對抗。

本書中的苗語字彙，我使用了最多苗族人士和語言學家接受的書寫系統：苗語通用拼音文字（Romanized Popular Alphabet，通常稱為RPA）。這套系統在一九五三年的寮國問世，發明者是三名兼具傳教士身分的語言學家林伍德・巴尼（Linwood Barney）、威廉・史莫利（William Smalley）、恩保羊（Yves Bertrais）。這套系統用羅馬拼音表現出所有的苗語發音，避開了變音符號（這對打字員而言是天大的福音）。如果你以為RPA能夠表示語音，那你可能會氣死。（比如說端公〔*txiv neeb*〕的真正發音大概是「tsi neng」，那麼，*v*跑到哪裡去了？*b*呢？*ng*是從哪裡來的？）然而，如果你把RPA視為符號，這套系統真的是相當精巧，而且沒有看起來那麼困難。

苗語是單音節語言（除了複合字），而且跟很多亞洲語言一樣，屬於音調語言。也就是說，一個字的意義不能單看母音和子音，也要考慮音調的抑揚頓挫。RPA最獨特的一

點就是這些音調是由字的最後一個子音來表現。（除了沒有起伏的平音，這類音沒有末尾的子音。）大部分的苗語字彙是以母音做結，所以最後的子音一定是音調標記，不需要發音。

舉例而言，惡靈（*dab*）的發音是「da」。（最後的*b*代表高揚後平抑的音調。沒有親耳聽過，很難駕馭音調，所以在這裡我會跳過範例中其他字詞的說明。）*Paj ntaub*字面上的意義是「花布」，意指刺繡，發音則是「pa ndow」。*Qaug dab peg*字面上的意義是「惡靈抓住你，你就倒下」，就是苗語中的癲癇，發音則是「kow da pay」。

RPA發音系統還有其他許多變化，大部分複雜到難以在此描述。我只提出三種。第一個是聽起來像*s*的*x*。另一個是以雙母音來代表鼻音，發音類似英文「sing」字尾的*ng*。（這兩種變化再加上結尾的子音不發音的原則，就能解釋為什麼*txiv neeb*的發音是「tsi neng」。）第三個變化是，*w*其實是母音，發音類似法文的*u*。舉例來說，看似怪異的*txwv*（類似丟沙包的兒童遊戲）發音大概是「tsu」。

為了方便美國人念出發音，美國的苗人不會使用RPA來標注名詞。首字母大寫名詞的發音往往與其拼法十分相似，比方說「Hmong」這個字（RPA則拼成Hmoob），一般人會直接念成「Mong」，但其實字首有一個幾乎聽不出來的送氣音。「李黎亞」（Lia Lee）用RPA來拼的話就是Liab Lis，發音很簡單，就是「Leea Lee」。

有兩個主要的苗族族群住在寮國跟泰國，分別是白苗跟青（或是綠）苗。這兩個族群各自偏好使用白色和靛青做為裙子的顏色。他們的方言很相似，只是發音有些微差異。在這本書中，我使用的是白苗語的拼法。

我在書中如實引用了與苗族人士的對話。也就是說，講英語的苗人所說的話是逐字引用，不懂英語的苗人所說的話則是由熊美罌的口譯後我再記下，她會一句一句翻譯他們的意見。這樣的做法對瓊納斯．范蓋伊跟馬標耀這幾位受過高等教育的苗人來說，產生了一些矛盾的影響，他們的英語語法帶有一些個人的獨特習性，因此看起來好像沒有納高、弗雅等人「完美」，因為後者的發言是透過在美國受教育、使用正統文法的口譯過濾。然而我覺得若把美罌的翻譯改成比較糟的英文，或是美化苗人自己說出的英文，只會更糟，前者當然不用考慮，後者等於是讓讀者失去機會欣賞苗語、法語，或是其他語言使用者的英語質感，獲得的體驗也比我這個聆聽者更少。

引用出處注釋
NOTES ON SOURCES

就形式與意圖而言，本書與第二章開頭描述的魚湯頗為類似。苗人在烹調魚湯或說寓言故事時，總會從許多地方取得材料，我自己的魚湯也同樣兼容並蓄。

李黎亞的資料大半來自訪談而來（書中提到黎亞的所有部分，全都倚靠那些訪談資料，因此下述的分章注釋將不再重複指出受訪者的身分）。

家族成員：楊弗雅、李納高、李梅、李楚。養父母：蒂．柯達和湯姆．柯達。

美熹德社區醫療中心: 泰瑞莎．加拉漢、班尼．道格拉斯、尼爾．恩斯特、哈特維、艾芙琳．馬索、丹．墨非、佩姬．費爾普、葛蘿莉亞．羅德里奎茲、戴夫．施奈德、史提夫．塞格斯壯、比爾．塞維奇、莎倫．葉慈。

山谷兒童醫院：泰瑞．哈其森。

美熹德郡衛生部：艾菲．邦奇、侯柯亞、馬丁．基爾高爾、李綺雅。兒童保護中心：珍妮．希爾特。

謝爾比特殊教育中心：賽伯．戴維斯、桑妮．利柏特。

除了訪談資料以外，我也引用了黎亞在各單位機構的檔案及病歷紀錄：美熹德郡衛生部、兒童保護中心（包括在加州最高法院的判決）、山谷兒童醫院、美熹德社區醫療中心，以及她母親在美熹德社區醫療中心的病歷（在本書完稿後，美熹德社區醫療中心由非營利集團沙特醫療接手，醫院更名為沙特美熹德醫療中心）。

和下列幾位人物的對話，幫助我了解苗族文化的各個層面：杜威．康克古、艾瑞克．克里斯托、侯柯亞、Annie Jaisser、Luc Janssens、李綺雅、Linda Lee、李梅、李納高、李楚、李逢、馬標耀、馬瓊、馬當、馬起、Lao Lee Moua、馬怡亞、Court Robinson、Long Thao、陶百福、Lee Vang、Peter Vang、瓊納斯．范蓋伊、蘇姬．華勒、熊約翰、Mayko Xiong、熊美罌、Xay Soua Xiong、熊雅桃和楊弗雅。

過去二十年來出版了許多與苗人有關的著作，所幸有明尼蘇達大學難民研究中心出版的三本苗族研究參考書目和一本評論難民出版著作的期刊，讓我得以不在苗學研究的迷宮中失去方向。

在此我想特別舉出三本將在分章注釋反覆出現的著作，這三本著作令我受惠良多，我也格外珍惜。

Keith Quincy的《苗：民族的歷史》（*Hmong: History of a People*）淺顯易懂又包羅萬象，是我不可或缺的歷史參考資料。

我對苗人特質的了解主要來自薩維納的《苗族史》（*Histoire des Miao*），這是一本民族學與語言學的專書，可惜絕版已久，作者薩維納是仁慈的法國傳教士，曾在寮國和越南北部傳教。該書的譯文由我個人自譯。

最後，我發覺自己不斷重溫查爾斯．強生的《苗語故事：寮國苗族之民間傳說及神話故事》，既是為了尋找靈感，也是為了享受閱讀樂趣。這是一本口述文學的選集，包含一篇介紹苗人文化的精彩導言，以及許多解說詳細的注釋。本書是由一個語言學教授集結成冊，他也是明尼蘇達州第一個苗人家庭的援助者。

在以下注釋中，當首次提及某部著作時，我會列出作品全名，再次提及時則使用簡稱，自三一三頁以後的參考書目，收錄所有引用資料的完整出處。

CHAPTER 1 —— 誕生

本章所提及的苗人習俗，多半來自楊弗雅、李綺雅、馬標耀、馬瓊、馬勞理、馬怡亞、和熊約翰的訪談資料。

有關苗人巫師的敘述引用尚．摩丹的〈A Hmong Shaman's Séance〉、杜威．康克古等人合著的《I Am a Shaman: A Hmong Life Story with Ethnographic Commentary》，以及查爾斯．強生編著的《苗語故事：寮國苗族之民間傳說及神話故事》（我引用的是一九八三年的版本，該書在一九九二年出了新版）。後兩本著作也談及苗人預防不孕和治療不孕的傳統方法。

苗人懷孕、生產、及產後的習俗引用王高等人合著的《Hmong Concepts of Illness and Healing with a Hmong/English Glossary》、Gayle S. Potter與Alice Whiren合著的〈Traditional Hmong Birth Customs: A Historical Study〉、Ann Bosley的〈Of Shamans and Physicians: Hmong and the U.S. Health Care System〉，以及喬治・史考特二世的〈Migrants Without Mountains: The Politics of Sociocultural Adjustment Among the Lao Hmong Refugees in San Diego〉。史考特二世的專題論文為許多題材提供了豐富資訊。胎盤是苗人的第一件與最好的外衣一事，引用自查爾斯・強生的《苗語故事：寮國苗族之民間傳說及神話故事》，苗人死後旅程的記載出自Ruth Hammond的〈Tradition Complicates Hmong Choice〉。

苗人氏族系統的背景資料引自TouFou Vang的〈The Hmong of Laos〉和提摩西・丹尼根的〈Segmentary Kinship in an Urban Society: The Hmong of St.Paul Minneapolis〉。

研究苗人健康的先驅畢里雅圖有一些著作，具體描述苗人對失魂疾病的看法，這些著作分別是〈Causes and Treatment of Hmong Mental Health Problems〉、〈Hmong Beliefs About Health and Illness〉、〈Guidelines for Mental Health Professionals to Help Hmong Clients Seek Traditional Healing Treatment〉等論文，以及專書《Hmong Sudden Unexpected Nocturnal Death Syndrome: A Cultural Study》。除此之外，與此題材有關的參考資料還有Xoua Thao的〈Hmong Perception of Illness and Traditional Ways of Healing〉、基爾頓的〈The Locked Medicine Cabinet: Hmong Health Care in America〉、Nusit Chindarsi的《The Religion of the Hmong Njua》、Ann Bosley的〈Of Shamans and Physicians〉、Kou Vang等人合著的《Hmong Concepts of Illness and Healing》和查爾斯・強生的《苗語故事：寮國苗族之民間傳說及神話故事》。關於嬰兒失魂和安魂繩的描寫，則是參考艾瑞克・克里斯托的〈Buffalo Heads and Sacred Threads: Hmong Culture of the Southeast Asian Highlands〉、漢彌爾頓－瑪麗特的〈Hmong and Yao: Mountain Peoples of Southeast Asia〉，以及Paul Lewis與Elaine Lewis合著的《People of the Golden Triangle》。

嬰兒的喊魂儀式引自Nusit Chindarsi的《The Religion of the Hmong Njua》，以及Gayle S. Potter與Alice Whiren合著的〈Traditional Hmong Birth Customs〉。

CHAPTER 2——魚湯

法文教授Luc Janssens告訴我魚湯的故事。

我對苗人歷史從遠古至二十世紀初的歷史摘要得感謝Keith Quincy的《Hmong: History of a People》(我主要仰賴一九八八年的版本，該書在一九九五年推出修訂新版)。

薩維納的《Histoire des Miao》給了我許多想法。

其他幫上忙的苗人歷史著作包括：尚・摩丹迷人的《History of the Hmong》、威廉・葛德斯堪稱典範的苗族人類學研究《Migrants of the Mountains: The Cultural Ecology of the Blue Miao (Hmong Njua) of Thailand》，以及雨果・博那茲克的《Akha and Miao: Problems of Applied Ethnography in Farther India》、Sucheng Chan的《Hmong Means Free: Life in Laos and America》，還有Yang See Koumarn與G. Linwood Barney合著的〈The Hmong: Their History and Culture〉。

有關「Miao」、「Meo」、「Hmong」等字詞的使用背景引自上述的參考資料（以博那茲克的著作最為詳盡），另有楊道的《Hmong at the Turning Point》和羅賓斯的《The Ravens: The Men Who Flew in American's Secret War in Laos》。

關於人類學家庫柏的段落引自庫柏個人著作《Resource Scarcity and the Hmong Response》。

CHAPTER 3——惡靈抓住你，你就倒下

Delores J. CabezutOrtiz的《Merced County: The Golden Harvest》記載了湯尼・科維歐如何因自身的癲癇病症遭到耶穌會拒絕。馬標耀告訴我苗人想在美熹德替科維歐舉行招魂儀式。

有關如何成為端公，參見杜威・康克古的《I Am a Shaman》、傑克・勒摩恩的〈Shamanism in the Context of Hmong Resettlement〉、布魯斯・索帕塢・畢里雅圖的〈Traditional Hmong Beliefs〉，以及凱薩琳・科漢培拉的〈Description and Interpretation of a Hmong Shaman in St. Paul〉。

有關苗人父母如何對待小孩，參見博那茲庫的《Akha and Miao》、Nusit Chindarsi的《The Religion of the Hmong Njua》、Brenda Jean Cumming的〈The Development of Attachment in Two Groups of Economically Disadvantaged Infants and Their Mothers: Hmong Refugee and CaucasianAmerican〉、E.M.NewlinHaus的〈A Comparison of Prozemic and Selected Communication Behavior of AngloAmerican and Hmong Refugee MotherInfant Pairs〉、Charles N. Oberg等人的〈A CrossCultural Assessment of MaternalChild Interaction: Links to Health and Development〉，以及溫娣・華克莫法的《The Other Side of the Asian American Success Story》。

美熹德社區醫療中心的資訊由Vi Colunga、Arthur DeNio、Doreen Faiello、Ed Hughell、Liz Lorenzi、Betty Maddalena、Marilyn Mochel、丹・墨非、Theresa Schill、比爾・塞維奇、Betty Wetters和Janice Wilkerson提供。

美熹德的苗人人口估算是依據一九九〇年人口普查結果推測出來的，該次普查試圖將來自泰國的新難民、來自美國他州的二次移民，以及新生人口（使用的是苗人的生育率，而非美國人的）等變項都納入考慮。加州財政局的人口研究中心和美熹德社會服務局的Rhonda Walton提供了協助。

本章及其他章節中，有關癲癇的醫學資訊來自我對波士頓兒童醫院的神經科醫生Elizabeth Engle與美熹德社區醫療中心的尼爾・恩斯特和佩姬・費爾普所做的訪談。我找到的以下著作也提供了協助，包括Owen B. Evans的《Manual of Child Neurology》、Orrin Devinsky的《A Guide to Understanding and Living with Epilepsy》、Robert Berkow編著的《The Merck Manual of Diagnosis and Therapy》、Alan Newman的〈Epilepsy: Light from the Mind's Dark Corner〉、Jane Brody的〈Many People Still Do Not Understand Epilepsy〉。Eve LaPlante在《Seized: Temporal Lobe Epilepsy as a Medical, Historical, and Artistic Phenomenon》中討論癲癇與創造力的關連，Owsei Temkin在其佳作《The Falling Sickness: A History of Epilepsy from the Greeks to the Beginnings of Modern Neurology》中記載了癲癇病症的歷史。有關希波克拉底（Hippocrates）的引文取自Richard Restak在《The Brain》中引自《On the Sacred Disease》的文字，有關杜斯妥也夫斯基的引文取自《白癡》。

CHAPTER 4——醫生吃人腦嗎？

苗人陶瑁造訪班維乃難民營一事記載在〈Hmong Medical Interpreter Fields Questions from Curious〉以及Marshall Hurlich等人合著的〈Attitudes of Hmong Toward a Medical Research Project〉。

苗人治病重視禁忌以及端公與西醫的差別可參考查爾斯・強生的《苗語故事：寮國苗族之民間傳說及神話故事》、杜威・康克古等人合著的《I Am a Sbaman》、Ann Bosley的〈Of Shamans and Physicians〉、伊麗莎白・基爾頓的〈The Locked Medicine Cabinet〉、John Finck的〈Southeast Asian Refugees of Rhode Island: CrossCultural Issues in Medical Care〉、Joseph Westermeyer與Xoua Thao合著的〈Cultural Beliefs and Surgical Procedures〉、Marjorie Muecke的〈In Search of Healers:Southeast Asian Refugees in the American Health Care System〉、Scott Wittet的〈Information Needs of Southeast Asian Refugees in Medical Situations〉，以及畢里雅圖的〈Hmong Refugees:Some Barriers to Some Western Health Care Services〉和〈Hmong Attitudes Towards Surgery:How It Affects Patient Prognosis〉。有關病症緣由的資料亦可參見第一章注釋中提及的畢里雅圖著作。

施行於皮膚的亞洲療法可參見Donna Schreiner的〈Southeast Asian Folk Healing〉、Lana Montgomery的〈Folk Medicine of the Indochinese〉，以及Anh Nguyen等人合著的〈Folk Medicine, Folk Nutrition, Superstition〉。侯柯亞、李綺雅、Chong Moua和楊弗雅也為我講解了這些療法。

法國醫師尚皮耶・維倫在《自由的未竟之路》中講述南耀難民營傷寒大流行一事。凱薩琳・培克把她在伐納尼宏的研究寫在〈Medicinal Ethnobotany of Hmong Refugees in Thailand〉一文中。杜威・康克古在班維乃難民營推行環境衛生計畫一事，記載在〈Health Theatre in a Hmong Refugee Camp: Performance, Communication, and Culture〉中，在記載與苗人相處情況的文獻中，這是我最喜愛的一本。

CHAPTER 5——依照指示服藥

我在奧利佛．薩克斯的《偏頭痛》中首次接觸到「靈魂劇痛」一詞的概念。

有關抗抽搐藥物副作用的描述，引自Orrin Devinsky的《A Guide to Understanding and Living with Epilepsy》、Warren Leary的〈Valium Found to Reduce Fever onvulsions〉，以及《Physicians' Desk Reference》（我在書中使用的是一九八七年的版本，因為出版年代與黎亞的病例時間大致相近）。波士頓兒童醫院的神經科醫生Elizabeth Engle認為，苯巴比妥藥物與智力障礙有關的研究並不確鑿。她相信此藥是安全藥品。

王亞尼的事是馬標耀、熊笛雅、Vishwa Kapoor和克羅斯告訴我的。Pablo Lopez的〈Hmong Mother Holds Off Police Because of Fear for Her Children〉一文中也有記載。

CHAPTER 6——高速皮質鉛療法

第四章注釋所提及的文獻資料，對本章的內容助益頗多。對苗人健康議題初探最有幫助的兩篇文章是Ann Bosley的〈Of Shamans and Physicians〉和伊麗莎白．基爾頓的〈The Locked Medicine Cabinet〉。

有關美國生活的謠言，畢里雅圖的《Hmong Sudden Unexpected Nocturnal Death Syndrome》和Marc Kaufman的〈Why the Hmong Spurn America〉均有提及。熊美瞿和Long Thao也告知我一些相關謠言。

侯柯亞、李綺雅、Linda Lee、李納高、馬標耀、馬瓊、馬當、馬起、Lao Lee Moua、Long Thao、陶百福、Lee Vang、Peter Vang、瓊納斯．范蓋伊、蘇姬．華勒、熊約翰、Xay Soua Xiong、熊雅桃和楊弗雅讓我了解苗人對醫師的觀感。約翰．艾爾曼、Steve Ames、拉寇兒．阿里亞斯、Doreen Faiello、羅傑．費夫、哈特維、Tim Johnston、馬丁．基爾高爾、Phyllis Lee、瑪莉．莫可斯、丹．墨非、凱倫．奧莫斯、佩姬．費爾普、戴夫．施奈德、史提夫．塞格斯壯、比爾．塞維奇、Barbara Showalter、羅伯．史默、Tom Sult、理查．威爾許和Fern Wickstrom讓我了解醫療工作者對苗人的觀感。

Alan M. Kraut針對移民的健康議題寫過一篇切實的歷史摘要〈Healers and Strangers:

Immigrant Attitudes Toward the Physician in America- A Relationship in Historical Perspective〉和一本翔實的專書《Silent Travelers: Germs, Genes, and the "Immigrant Menace"》。

在美熹德治療苗人病患面臨的考驗可參見〈Salmonellosis Following a Hmong Celebration〉、尼爾・恩斯特等人合著的〈The Effect of Southeast Asian Refugees on Medical Services in a Rural County〉，以及Doreen Faiello的〈Translation Please〉。

本章提及的苗英詞語字彙表是Thai Fang的《Tuabneeg Lubcev Hab Kev Mobnkeeg Rua Cov Haslug Hmoob: Basic Human Body and Medical Information for Hmong Speaking People》。

其他有關苗人健康議題的參考資料包括Scott Wittet的〈Information Needs

of Southeast Asian Refugees〉、凱薩琳・科漢培拉的〈苗人孩童醫療照顧衝突中的文化信仰與權力動態之分析〉、Marjorie Muecke的〈Caring for Southeast Asian Refugee Patients in the USA〉、Amos S. Deinard與提摩西・丹尼根合著的〈Hmong Health Care: Reflections on a SixYear Experience〉、Debra Buchwald等人合著的〈Use of Traditional Health Practices by Southeast Asian Refugees in a Primary Care Clinic〉、Roy V. Erickson與Giao Ngoc Hoang合著的〈Health Problems Among Indochinese Refugees〉、Agatha Gallo等人合著的〈Little Refugees with Big Needs〉，以及Rita Bayer Leyn的〈The Challenge of Caring for Child Refugees from Southeast Asia〉。

關於身心病可參見Joseph Westermeyer等人合著的〈Somatization Among Refugees: An Epidemiologic Study〉。

關於懷孕與生產可參見James M. Nyce與William H. Hollinshead合著的〈Southeast Asian Refugees of Rhode Island: Reproductive Beliefs and Practices Among the Hmong〉、Andrea Hollingsworth等人合著的〈The Refugees and Childbearing: What to Expect〉、Linda Todd的〈Indochinese Refugees Bring Rich Heritages to Childbearing〉、Peter Kunstadter的〈Pilot Study of Differential Child Survival Among Various Ethnic Groups in Northern Thailand and California〉、Helen Stewart Faller的〈Hmong Women: Characteristics and Birth Outcomes, 1990〉、Deanne Erickson等人合著的〈Maternal and

Infant Outcomes Among Caucasians and Hmong Refugees in Minneapolis, Minnesota〉，以及Deborah Helsel等人合著的〈Pregnancy Among the Hmong: Birthweight, Age, and Parity〉。

有關苗人的高生育率可參見Rubén Rumbaut與John R. Weeks合著的〈Fertility and Adaptation: Indochinese Refugees in the United States〉（本篇資料提供生育率統計數字）、溫娣・華克的〈The Other Side of the Asian Academic Success Myth: The Hmong Story〉、喬治・M・史考特二世的〈Migrants Without Mountains〉、〈Making Up for the Ravages of Battle: Hmong Birthrate Subject of Merced Study〉，以及Donald A. Ranard的〈The Last Bus〉。

有關美國白人和黑人生育率的資料引自美國人口調查局的人口統計部門。請留意「生育率」一詞並非指一群不同年齡的婦女在某一段時間內的平均育兒數，而是指她們在總生育年齡期間的平均育兒數。前項的統計數字會較低，因為該項統計會納入所有尚能生育的婦女。

CHAPTER 7———歸政府所有

有關檢舉虐童的資訊來自〈Child Abuse Laws: What Are Your Obligations?〉和「兒童虐待與忽視國家資料庫」（National Clearinghouse on Child Abuse and Neglect）。宗教自由與提供孩童醫療照護的法律義務之間的衝突可參見Martin Halstuk的〈Religious Freedom Collides with Medical Care〉、David Margolick的〈In Child Deaths, a Test for Christian Science〉、〈Court Says Ill Child's Interests Outweigh Religion〉、James Feron的〈Can Choosing Form of Care Become Neglect?〉，以及Caroline Fraser的〈Suffering Children and the Christian Science Church〉。凱薩琳・科漢培拉的〈Analysis of Cultural Beliefs and Power Dynamics〉是從苗人觀點看待此問題的犀利研究。

羅伯・傑克森法官針對父母讓孩童成為烈士所做的判決引自《Prince v. Massachusetts》，321 U.S. 158, 170 (1943)。

Linda Greenhouse的〈Christian Scientists Rebuffed in Ruling by Supreme Court〉和

Stephen L. Carter的〈The Power of Prayer, Denied〉探討《McKown v. Lundman》的案例。

非營利組織CHILD（Children's Healthcare Is a Legal Duty）提供了有助益的背景資料，組織創辦人Rita Swan原為基督科學教會信徒，其子十六歲死於腦膜炎。

CHAPTER 8——弗雅與納高

關於苗人禮儀的資料，我參考了查爾斯．強生的《苗語故事：寮國苗族之民間傳說及神話故事》、Don Willcox的《Hmong Folklife》，以及〈Social/Cultural Customs: Similarities and Differences Between Vietnamese—Cambodians—H'Mong—Lao〉。

苗族公主把救命恩人誤認成餓鷹的故事引自查爾斯．強生的《苗語故事：寮國苗族之民間傳說及神話故事》。高傲的官員變成老鼠的故事引自葛德斯的《Migrants of the Mountains》。Keith Quincy的《Hmong》提到寮國官員一出現，苗人就被迫伏地爬行。

苗人畫分年月日的傳統方式，可參見葛德斯的《Migrants of the Mountains》、Yang See Koumarn與G. Linwood Barney合著的〈The Hmong〉、查爾斯．強生的《苗語故事：寮國苗族之民間傳說及神話故事》，以及Ernest E. Heimbach的《White Hmong-English Dictionary》。

關於苗繡（paj ntaub），可參見Paul Lewis與Elaine Lewis合著的《Peoples of the Golden Triangle》、喬治．M．史考特二世的〈Migrants Without Mountains〉、Egle Victoria Žygas的〈Flower Cloth〉，以及Michele B. Gazzolo的〈Spirit Paths and Roads of Sickness: A Symbolic Analysis of Hmong Textile Design〉。

CHAPTER 9——半西醫半巫醫

傑克．勒摩恩的〈Shamanism〉和杜威．康克古等人合著的〈I Am a Shaman〉以認同口吻解釋苗人的動物獻祭。以下幾篇文章也談到其他宗教的獻祭儀式，主要談論薩泰里亞教的有Jeffrey Schmalz的〈Animal Sacrifices: Faith or Cruelty?〉、Richard N. Ostling的〈Shedding Blood in Sacred Bowls〉、Larry Rohter的〈Court to Weigh Law Forbidding

Ritual Sacrifice〉、Russell Miller的〈A Leap of Faith〉，以及Lizette Alvarez的〈A Once-Hidden Faith Leaps into the Open〉。

美熹德禁止屠殺動物一事記載在Ken Carlson的〈Hmong Leaders Seek Exemption〉和〈Sacrifice Ban Remains〉，以及Mike De La Cruz的〈Animal Slaughtering Not All Ritualistic〉和〈Charges Filed After Animal Slaughtering Probe〉。

畢里雅圖的《Hmong Sudden Unexpected Nocturnal Death Syndrome》一書解釋了讓病人改名以瞞過竊取靈魂的惡靈一事。

尼爾・恩斯特與佩姬・費爾普在〈Bacterial Tracheitis Caused by Branbamella catarrhalis〉一文討論黎亞氣管感染一事。

CHAPTER 10——戰爭

本章及其他章節引用薩維納講述故事的部分皆出自其著作《Histoire des Miao》。瓊納斯・范蓋伊告訴我苗語中山的詞彙有多麼豐富。尚・摩丹的《History of the Hmong》書中將寮國種族依聚落與海拔來畫分。喬治・M・史考特二世在〈Migrants Without Mountains〉一文中對苗人看待低地寮人的觀感提出微妙的論點。寮國苗族和自然世界關係緊密可參見艾瑞克・克里斯托的〈Buffalo Heads and Sacred Threads〉、Keith Quincy的《Hmong》、Paul Lewis和Elaine Lewis合著的《Peoples of the Golden Triangle》、Don Willcox的《Hmong Folklife》、查爾斯・強生的《苗語故事：寮國苗族之民間傳說及神話故事》，以及查爾斯・強生和Ava Dale Johnson合著的《Six Hmong Folk Tales Retold in English》。Christine Sutton編著的〈The Hmong of Laos〉和Yang See Koumarn與G. Linwood Barney合著的〈The Hmong〉對苗人傳統村寨生活也提供許多基礎背景資料。

苗語的擬聲詞描述引自語言學家馬莎・芮克莉孚出色的語言學研究〈TwoWord Expressives in White Hmong〉。芮克莉孚闡明她對那些字詞的翻譯並非定義，而是聯想含意，許多擬聲詞都可提供諸多聯想。

William Smalley的《Phonemes and Orthography》和〈Adaptive Language Strategies of the Hmong: From Asian Mountains to American Ghettos〉界定書寫文化和口語文化中

的文盲，十分有趣。W. J. Ong的《Orality and Literacy: The Technologizing of the Word》指出詞語在口語文化中的神奇力量。

鴉片的資料可見Sucheng Chan的《Hmong Means Free》、Alfred W. McCoy的《The Politics of Heroin: CIA Complicity in the Global Drug Trade》、楊道的〈Why Did the Hmong Leave Laos?〉、Ken Hoffman的〈Background on the Hmong of Laos〉、W. R. Gedde的《Migrants of the Mountains》、庫柏的《Resource Scarcity》、羅賓斯的《群鴉》、Yang See Koumarn與G. Linwood Barney合著的〈The Hmong〉、Paul Lewis和Elaine Lewis合著的《Peoples of the Golden Triangle》，以及Keith Quincy的《Hmong》。放蕩苗女的墳上長出罌粟花的傳說出自Quincy的著作。

上述許多著作也提及苗人的遷徙習性，Nusit Chindarsi的《The Religion of the Hmong Njua》也有論及。最詳盡的資料引自Cheu Thao的〈Hmong Migration and Leadership in Laos and in the United States〉。Ray Hutchison的《Acculturation in the Hmong Community》對苗人遷徙是一種文化現象的說法，提出發人深省的反駁。

有關寮國戰爭的描述，多虧有瓊納斯．范蓋伊、軍史中心的Vincent Demma、空軍研究部的Yvonne Kincaid、作家Gayle Morrison，以及歷史學家Gary Stone的幫忙。

在研究戰爭的許多文獻資料中，有三部非學術著作值得特別提及。首先是漢彌爾頓－瑪麗特的《悲劇的群山：苗人、美國人以及寮國的祕密戰爭，一九四二至一九九二》，這本雄心勃勃的著作是對苗人感興趣者的必讀讀物。由於作者偏袒王寶將軍的寫作立場，以及對生化武器黃雨的指控並非完全客觀，因此在學術圈有不少爭議。不過，漢彌爾頓－瑪麗特在書中引用的大量見證報導，和她對苗人的熱情依舊是無與倫比的。其次是羅賓斯的《群鴉》，該書詳盡記載中情局在寮國戰爭期間召募美國空軍飛行員一事。我自此書引用了許多篇幅。最後一本書是Roger Warner的《Back Fire: The CIA's Secret War in Laos and Its Link to the War in Vietnam》，此書僅著眼戰爭中的幾個關鍵人物，多半是美國人，但書中所講述的王寶將軍事蹟，是其他書中不曾見過的。Warner的這本書曾多次再版，但書名屢次更動，如《Shooting at the Moon: The Story of America's Clandestine War in Laos》。

我對戰爭的了解也多仰賴前述的許多著作，尤其是Keith Quincy的《Hmong》、楊道

的《Hmong at the Turning Point》、尚·摩丹的《History of the Hmong》，以及伊麗莎白·基爾頓的〈The Locked Medicine Cabinet〉。關於戰時衝突的歷史，最不易導致混淆的摘要就屬Joan Strouse的〈Continuing Themes in U.S. Educational Policy for Immigrants and Refugees: The Hmong Experience.〉。我也引用了Victor Marchetti與John D. Marks合著的《The CIA and the Cult of Intelligence》、Stan Sesser的〈Forgotten Country〉、Tom Hamburger與Eric Black合著的〈Uprooted People in Search of a Home〉、Donald A. Ranard的〈The Hmong: No Strangers to Change〉、W. E. Garrett的〈No Place to Run〉、Clark Clifford的《Counsel to the President》、William E. Colby的《testimony to the House Subcommittee on Asia and the Pacific, April 26, 1994》、Toby Alice Volkman的〈Unexpected Bombs Take Toll in Laos, Too〉，以及Henry Kamm的〈DecadesOld U.S. Bombs Still Killing Laotians〉。

《American Foreign Policy,1950–1955:Basic Documents; American Foreign Policy: Current Documents, 1962》、〈Text of CeaseFire Agreement Signed by Laotian Government and the Pathet Lao〉，以及《Dictionary of American History》幫助我破譯寮國和越南的國際協議。

我引用了以下幾篇當時的報導：Hugh Greenway的〈The Pendulum of War Swings Wider in Laos〉、Don Schanche的〈The Yankee 'King' of Laos〉、〈Laos: The Silent Sideshow〉、Michael T. Malloy的〈AntiCommunists Also Win Battles in WarTorn Laos〉、〈Reds' Advance in Laos Menaces Hill Strong holds of Meo Tribe〉、Henry Kamm的〈Meo General Leads Tribesmen in War with Communists in Laos〉、Robert Shaplen的〈Letter from Laos〉、Nancy Shulins的〈Transplanted Hmong Struggle to Adjust in U.S.〉，以及〈Rice in the Sky〉。

頌揚王寶將軍的中情局影片是《Journey from Pha Dong》，劇本由Vang Yang所寫。

Roger Warner的《Back Fire》、Victor Marchetti與John D. Marks合著的《The CIA》，以及Alfred W. McCoy的《The Politics of Heroin》檢視了寮國戰爭中鴉片所扮演的角色，美國公共電視網的「前線」節目亦同。「前線」和McCoy記述了中情局和鴉片交易的緊密關係，Warner則認為此二人的主張過於誇大。

漢彌爾頓－瑪麗特的《悲劇的群山：苗人、美國人以及寮國的祕密戰爭，一九四二至一九九二》和Sterling Seagrave的《Yellow Rain: Chemical Warfare—The Deadliest Arms Race》指出生化武器黃雨確實存在。持相反觀點的論文則有Lois Ember的〈Yellow Rain〉、Thomas Whiteside的〈The Yellow Rain Complex〉，以及Thomas Seeley等人合著的〈Yellow Rain〉。

CHAPTER 11——生死關頭

尼爾．恩斯特和佩姬．費爾普幫助我弄懂本章和其他章節提及的醫藥資訊。Elizabeth Engle、Robert Kaye，特別是Fred Holley幫我釐清了許多晦澀之處。Sherwin B. Nuland的《How We Die: Reflections on Life's Final Chapter》讓我明白什麼是敗血症休克，Robert Berkow的《The Merck Manual》解釋什麼是瀰漫性血管內凝血。

CHAPTER 12——逃亡

李梅寄了她的自傳作業給我。

George Dalley、Randall Flynn、Bob Hearn、Tony Kaye、馬標耀、瓊納斯．范蓋伊和Jennifer Veech等人都協助我找尋李家村寨胡亞綏的確切位置，並確認村名的拼法。最後是由李楚拍案定論。有關寮國地理的參考資料，包括寮國國土局出版的十萬分之一比例尺地圖，以及《Laos: Official Standard Names Approved by the United States Board on Geographic Names》。

楊道、保羅．迪雷、Dennis Grace、Bob Hearn、Marc Kaufman、馬標耀、馬當、馬起、Court Robinson、Hiram Ruiz、Vang Pobzeb、瓊納斯．范蓋伊、熊美罌、Xay Soua Xiong和熊雅桃為我澄清戰後寮國和越國各方面的情況。

第十章許多注釋提及的參考資料都很有助益。Stan Sesser的〈Forgotten Country〉，以及楊道的《Hmong at the Turning Point》、〈Why Did the Hmong Leave Laos?〉記載了苗人在戰後寮國的命運。本章引用總理溥瑪親王對寮國清算的意見，出處的譯作有許多，

包括楊道的《Hmong at the Turning Point》、Keith Quincy的《Hmong》和Roger Warner的《Back Fire》。漢彌爾頓－瑪麗特的《悲劇的群山》引述了永珍國內服務（Vientiane Domestic Service）電台廣播對苗人撤營逃亡的說辭。有關寮國國家解放聯合陣線的背景資料，引自Marc Kaufman的〈As Keeper of the Hmong Dream, He Draws Support and Skepticism〉、Ruth Hammond的〈Sad Suspicions of a Refugee Ripoff〉，以及Seth Mydans的〈California Says Laos Refugee Group Has Been Extorted by Its Leadership〉。

以下資料幫助我重建苗人徒步逃亡泰國的經歷：Henry Kamm的〈Meo, Hill People Who Fought for U.S., Are Fleeing from Laos〉、May Xiong與Nancy D. Donnelly合著的〈My Life in Laos〉、David L. Moore的《Dark Sky, Dark Land: Stories of the Hmong Boy Scouts of Troop 100》、Arlene Bartholome的〈Escape from Laos Told〉、Dominica P. Garcia的〈In Thailand, Refugees' 'Horror and Misery'〉，以及Matt Franjola的〈Meo Tribesmen from Laos Facing Death in Thailand〉。苗人的葬禮習俗在Kou Vang的《Hmong Concepts of Illness and Healing》中有詳細記載。以色列孩童被母親失手悶死的故事寫在Roger Rosenblatt的《Children of War》一書裡。

有關泰國難民營和難民方針，我查閱了David Feith的《Stalemate: Refugees in Asia》、Lynellen Long的〈Refugee Camps as a Way of Life〉、《Ban Vinai: The Refugee Camp》、Court Robinson的〈Laotian Refugees in Thailand: The Thai and U.S. Response, 1975 to 1988〉、尚皮耶・維倫的《Les naufragés de la liberté》、Henry Kamm的〈Thailand Finds Indochinese Refugees a Growing Problem〉、Donald A. Ranard的〈The Last Bus〉、Marc Kaufman的〈Why the Hmong Spurn America〉、Joseph Cerquone的《Refugees from Laos: In Harm's Way》，以及Jim Mann與Nick B. Williams, Jr.合著的〈Shultz Cool to New Indochina Refugee Effort〉。引用杜威・康克古的篇幅出自〈Health Theatre〉。

有關苗人自願或非自願被遣返寮國的資料，Marc Kaufman的〈Casualties of Peace〉和Lionel Rosenblatt在一九九四年四月二十六日向美國亞洲和太平洋事務小組委員會提出的證詞，是立場較為中立的兩篇文章。

有關全球難民議題，資訊最可信的參考資料是年刊《World Refugee Survey》，由美

國華盛頓特區的美國難民委員會出版。我從本刊物引用許多文字和圖片。

詩叟的故事出自查爾斯·強生的《苗語故事：寮國苗族之民間傳說及神話故事》。我把故事簡化許多，但盡可能不背離強生本人由Pa Chou Yang口中聽來的內容。

CHAPTER 13——代號X

有關苗人新年的描述，參見Kou Vang的《Hmong Concepts of Illness and Healing》和葛德斯的《Migrants of the Mountains》。凱薩琳·科漢培拉的〈Analysis of Cultural Beliefs and Power Dynamics〉幫助我了解苗人對預告死亡的禁忌，與侯柯亞、李綺雅、馬瓊和Long Thao的對談也幫了忙。

CHAPTER 14——民族大鎔爐

先前提過的數則參考資料對於初探苗人在美經歷提供了格外易懂或有趣的起點。〈Migrants Without Mountains〉，史考特二世這篇談論聖地牙哥苗人的專題論文，是我讀過最出色的苗人文化適應研究。《Hmong Means Free》，Sucheng Chan這本書中有長篇歷史敘述和訪談集，網羅了加州五個苗人家族的口述歷史，但她舉的例子太偏重改信基督教的信仰經歷。《Acculturation in the Hmong Community》是Ray Hutchison研究威斯康辛州北部苗人的專書，對該書對許多刻板印象提出深刻異議。其他有用的概要資料有提摩西·丹尼根等人合著的〈Hmong〉和Sanford J. Ungar的《Fresh Blood: The New American Immigrants》。《The Hmong Resettlement Study》這本全面性的政府報告書中有寶貴的資訊、訪談，和對難民計畫的改進建議。

Edward Avery神父、Toyo Biddle、Loren Bussert、Yee Chang、艾瑞克·克里斯托、保羅·迪雷、提摩西·丹尼根、法蘭西絲卡·法爾、Tim Gordon、Glenn Hendricks、Marc Kaufman、Sue Levy、馬標耀、馬當、Ron Munger、George Schreider、Peter Vang、瓊納斯·范蓋伊、Doug Vincent、熊約翰和熊美嬰提供了有用的背景資料。

福特車廠的美國化課程引自Stephen Meyer的《The Five Dollar Day》、Stephan

Thernstrom的〈Ethnic Groups in American History〉、和Joan Strouse的〈Continuing Themes in U.S. Educational Policy〉。傑克・勒摩恩的〈Shamanism〉談論了苗人抗拒同化一事。Marc Kaufman的〈Why the Hmong Are Fleeing America's Helping Hand〉記載了王寶將軍要求美國政府給予苗人土地一事，以及我在本章中所談到的文化適應。Eric Martin的〈Hmong in French Guyana: An Improbable Gamble〉討論了南美人安置一事，Bruce Downing、Daniel Taillez神父和楊道提供進一步的細節資料。

處理難民移居的官僚作風寫在Richard Lee Yamasaki的〈Resettlement Status of the Hmong Refugees in Long Beach〉和Robert E. Marsh的〈Socioeconomic Status of Indochinese Refugees in the United States:Progress and Problems〉。苗人抱怨美國政府的適應研究出自Woodrow Jones, Jr.與Paul Strand合著的〈Adaptation and Adjustment Problems Among Indochinese Refugees〉。Ruth Hammond的〈Tradition Complicates Hmong Choice〉和Joseph Westermeyer的〈Prevention of Mental Disorder Among Hmong Refugees in the U.S.: Lessons from the Period 1976–1986〉記述試圖讓苗人改信基督教一事。Westermeyer的文章也對分散苗人難民一事採批判觀點，Stephen P. Morin的〈Many Hmong, Puzzled by Life in U.S., Yearn for Old Days in Laos〉、Simon M. Fass的〈Through a Glass Darkly: Cause and Effect in Refugee Resettlement Policies〉，以及Frank Viviano的〈Strangers in the Promised Land〉都有類似的看法。

愛荷華州費爾菲爾德市楊家所遭遇的悲慘事件，記載在Calvin Trillin的〈Resettling the Yangs〉和Wayne King的〈New Life's Cultural Demons Torture Laotian Refugee〉。

給東南亞新進難民的生活守則出自〈Your New Life in United States〉。刻畫苗人形象的報紙社論出自Seth Mydans的〈California Says Laos Refugee Group Has Been Extorted〉、Frank W. Martin的〈A CIA Backed Guerrilla Who Waged a Secret War in Laos Puts Down Roots in Montana〉、Nancy Shulins的〈Transplanted Hmong Struggle to Adjus〉、Stephen P. Morin的〈Many Hmong〉，以及Susan Vreeland的〈Through the Looking Glass with the Hmong of Laos〉。對「原始」一詞寫給報紙的憤怒抗議信出自Paul Pao Herr的〈Don't Call Hmong Refugees 'Primitive'〉。

「Bangungut」是一些歇斯底里的社論用來指涉猝死症的用詞。這種病狀原先被

稱為夜間猝死症，直到數起白天猝死病例發生後才拿掉夜間二字，可參見傑克・勒摩恩和Christine Mougne合著的〈Why Has Death Stalked the Refugees?〉、畢里雅圖的《Hmong Sudden Unexpected Nocturnal Death Syndrome》、Ronald Munger的〈Sudden Death in Sleep of Asian Adults〉和〈Sudden Death in Sleep of LaotianHmong Refugees in Thailand:A CaseControl Study〉，以及Ronald Munger與Elizabeth Booton合著的〈Thiamine and Sudden Death in Sleep of SouthEast Asian Refugees〉

參議員辛普森將苗人描述為「最難消化的團體」引自杜威・康克古的〈Health Theatre〉。有關苗人的謠言記載在查爾斯・強生的〈Hmong Myths, Legends and Folk Tales〉和Roger Mitchell的〈The Will to Believe and AntiRefugee Rumors〉。

排苗的破壞與暴力行為案例出自Tom Hamburger與Eric Black合著的〈Uprooted People〉、Eddie A. Calderon的〈The Impact of Indochinese Resettlement on the Phillips and Elliot Park Neighborhoods in South Minneapolis〉、David L. Moore的《Dark Sky, Dark Land》、Stephen P. Morin的〈Many Hmong〉、Margot Hornblower的〈'Hmongtana'〉、Dennis R. Getto的〈Hmong Families Build New Lives〉、Richard Abrams的〈Cross Burnings Terrify, Bewilder Hmong〉、〈Slaying of Boy Stuns Refugee Family〉、Jane Eisner的〈Hearings on Attacks on Asians〉、William Robbins的〈Violence Forces Hmong to Leave Philadelphia〉，以及Marc Kaufman的〈Clash of Cultures: Ill Hmong Rejects Hospital〉和〈At the Mercy of America〉。

喬治・M・史考特二世的〈Migrants Without Mountains〉解釋了為何有些苗人難民打不還手。Amy Pyle的〈Refugees Allegedly Threaten Welfare Workers〉報導了弗瑞斯諾的憤怒苗人揚言殺人一事。〈Hmong Sentenced to Study America〉和Jack Hayes的〈Ching and Bravo Xiong, Laotian Hmong in Chicago〉報導了苗人攻擊一名美國駕駛的事。苗人的刑罰體系在查爾斯・強生的《苗語故事：寮國苗族之民間傳說及神話故事》一書中有所描述。苗人王朝萬自殺一事記載在Shirley Armbruster的〈Hmong Take Root in Fresno〉。

《The Hmong Resettlement Study》和Cheu Thao的〈Hmong Migration and Leadership〉對二次移民提供了有用的背景資料。Don Willcox的《Hmong Folklife》中提及，提摩西・丹尼根觀察到企圖加入其他氏族的苗人被稱做蝙蝠。加州中央山谷的苗

人資料來自John Finck的〈Secondary Migration to California's Central Valley〉、Mike Conway的〈The Bill Stops Here in Refugee Policy〉、David Abramson的〈The Hmong: A Mountain Tribe Regroups in the Valley〉，以及Kevin Roderick的〈Hmong Select San Joaquin to Sink Roots〉。驚人的農業計畫出自明尼蘇達州荷馬市於一九八二年提出的訓練計畫，引自《The Hmong Resettlement Study》一書。杜威．康克古談論苗人的組織倫理引自〈Establishing the World: Hmong Shamans〉。

美國各州政府鼓勵苗人和其他難民族群經濟獨立的計畫，引自難民安置辦公室出版的以下刊物：Teng Yang等人合著的《An Evaluation of the Highland Lao Initiative: Final Report》、《Evaluation of the Key States Initiative》，和難民安置計畫的年度報告《Reports to the Congress》。Simon M. Fass的〈Economic Development and Employment Projects〉是理解一九八〇年代苗人發展情況的良好資料。Ruth Hammond的〈Strangers in a Strange Land〉用理性觀點看待社會福利金。喬治．M．史考特二世的〈Migrants Without Mountains〉提到苗人不願升職以領導同僚。Charlie Chue Chang和Nouzong Lynaolu提供苗人在全國的發展情況資料，Yang Wang Meng基金會提供了苗人的職業分布資料，Robin VueBenson提供了電子資源。VueBenson是線上學術刊物苗人研究期刊的創辦編輯人（網址：www.hmongstudies.org/HmongStudiesJournal）。

福利金統計資訊是根據明尼蘇達州社會服務部、威斯康辛州健康與社會服務部和加州社會服務部所提供的資料。這些數據都是估計值。

《The Hmong Resettlement Study》和羅賓斯的《群鴉》記述了中情局在寮國立下「承諾」一事。Lue Vang與Judy Lewis合著的〈Grandfather's Path, Grandfather's Way〉將經濟不獨立的人比喻成等待剩飯的狗。

關於精神健康的研究，我查閱了Rubén Rumbaut的〈Mental Health and the Refugee Experience: A Comparative Study of Southeast Asian Refugees〉、Perry M. Nicassio的〈Psychosocial Correlates of Alienation:Study of a Sample of Indochinese Refugees〉、Joseph Westermeyer的〈Acculturation and Mental Health:A Study of Hmong Refugees at 1.5 and 3.5 Years Postmigration〉，以及Westermeyer等人合著的〈Psychosocial Adjustment of Hmong Refugees During Their First Decade in the United States〉。我

也參考了Elizabeth Gong-Guy的《California Southeast Asian Mental Health Needs Assessment》和畢里雅圖的〈Understanding the Differences Between Asian and Western Concepts of Mental Health and Illness〉。

侯朵雅的詩作〈離鄉背井之慟〉，以及美國苗人難民覺得花、鳥、樹都與故鄉相異的觀察皆引自Don Willcox的《Hmong Folklife》。角色扮演的故事和前大隊指揮官王成功的故事皆出自Stephen P. Morin的〈Many Hmong〉。明尼蘇達大學在一九八二年所做的苗人社區調查和引自Tom Hamburger與Eric Black合著的〈Uprooted People〉，記載了苗人認為自己會在美國度過餘生的比例人數。雖然我沒找到更新的調查研究，但我相信這個人數會顯著增加，尤其是年輕苗人的部分。

莫力卡描述他在中南半島替難民做心理輔導，內容引自〈The Trauma Story: The Psychiatric Care of Refugee Survivors of Violence and Torture〉和James Lavelle的〈Southeast Asian Refugees〉。畢里雅圖等人合著的〈Mental Health and Prevention Activities Targeted to Southeast Asian Refugees〉對角色喪失有初步探討。

苗族少年殺害德國觀光客的故事，記載在Seth Mydans的〈Laotians' Arrest in Killing Bares a Generation Gap〉。喬治・M・史考特二世的〈The Hmong Refugee Community in San Diego: Theoretical and Practical Implications of Its Continuing Ethnic Solidarity〉提到艱苦生活增強了苗人的自我認同。

CHAPTER 15——黃金與爐渣

Robert Berkow的《The Merck Manual》和Lawrence K. Altman的〈Quinlan Case Is Revisited and Yields New Finding〉幫助我理解什麼是植物人狀態。喬治・M・史考特二世的〈Migrants Without Mountains〉提到苗人父母對不健全的孩子格外關愛。

CHAPTER 16——他們為何挑上美熹德？

下述文獻提供了美熹德的歷史、種族結構和經濟的背景資料：《Merced Sun-Star

Centennial Edition》、〈A Chronicle in Time〉、Gerald Haslam的〈The Great Central Valley: Voices of a Place〉、Delores J. CabezutOrtiz的《Merced County》、Kevin Roderick的〈Hmong Select San Joaquin〉，以及美熹德商會、美熹德經發會、美熹德寮人家庭社區等提供文學資料和資訊。Dan Campbell、Burt Fogleburg、貞・哈伍德、Luc Janssens、傑夫・麥克馬恩、Kai Moua、Cindy Murphy、羅伯・史默和Debbie Vrana也提供了有用的基本資料。Rosie Rocha從《美熹德太陽星報》找出多篇文章。

有關苗人音樂和樂器可參見Amy Catlin的〈Speech Surrogate Systems of the Hmong: From Singing Voices to Talking Reeds〉、Don Willcox的《Hmong Folklife》、查爾斯・強生的《苗語故事：寮國苗族之民間傳說及神話故事》、Megan McNamer的〈Musical Change and Change in Music〉、Rick Rubin的〈Little Bua and Tall John〉、Mike Conway的〈Recording the Ways of the Past for the Children of the Future〉，以及〈New People/Shared Dreams: An Examination of Music in the Lives of the Hmong in Merced County〉。

馬當的故事部分細節取自Frank Viviano的〈Strangers in the Promised Land〉和Arlene Bartholome的〈Future Is Uncertain for Area Refugees〉。馬當和瓊納斯・范蓋伊告訴我王寶買果園的計畫。傑夫・麥克馬恩提供一九七七年六月七日和二十一日的美熹德郡政府針對購買案的會議紀錄，其內容也刊載在〈Laotians Drop Ranching Plan〉。《美熹德太陽星報》報導苗人湧入的頭條新聞刊登於一九八三年一月二十一日、一九八二年十月二十日和一九八三年五月十一日。引用史坦貝克小說的部分出自《憤怒的葡萄》。

有關美熹德的經濟和福利情形的許多有用資料由Andrea Baker和Rhonda Walton提供，Jim Brown、約翰・卡倫、麥可・海德、Bev Morse、葛蘿莉亞・羅德里奎茲、Van Vanderside、Houa Vang和Charles Wimbley也有所貢獻。加州財務部和人口統計資料中心也提供協助。Ron Dangaran、Jean Moua和Terry Silva提供美熹德的學校資料；Joe Brucia、Randy Carrothers、Charlie Lucas、Pat Lunney和Rick Oules提供美熹德的犯罪資料；約翰・麥克當尼爾和Margaret Ogden提供駕照筆試的資料。〈Gang Pak〉有美熹德年輕人幫派的資料。Pat McNally和Daniel Silva合著的〈Asians, Game Laws in Conflict〉記載了苗人捕獵和抓魚。Mark Arax的〈A Final Turf War〉記載了為中情局效力的張卓展葬在托爾豪斯墓園一事。

有關苗人教育最權威的參考資料是溫娣・華克莫法的〈The Other Side of the Asian American Success Story〉，亦可參見溫娣・華克（即溫娣・華克莫法）的〈The Other Side of the Asian Academic Success Myth〉、Rubén Rumbaut與Kenji Ima的《The Adaptation of Southeast Asian Youth: A Comparative Study》、Donald A.Ranard的〈The Hmong Can Make It in America〉、Chia Vang的〈Why Are Few Hmong Women in Higher Education?〉、喬治・M・史考特二世的〈Migrants Without Mountains〉、Miles McNall與提摩西・丹尼根合著的〈Hmong Youth in St. Paul's Public Schools〉，以及Susan Dandridge Bosher的〈Acculturation, Ethnicity, and Second Language Acquisition: A Study of Hmong Students at the Post secondary Level〉。

MalekMithra Sheybani的〈Cultural Defense: One Person's Culture Is Another's Crime〉討論了苗人搶婚。更多苗人婚俗可參見T. Christopher Thao的〈Hmong Customs on Marriage, Divorce and the Rights of Married Women〉，以及William H. Meredith與George P. Rowe合著的〈Changes in Lao Hmong Marital Attitudes After Immigrating to the United States〉。

保羅・迪雷、凱倫・奧莫斯、Court Robinson、和瓊納斯・范蓋伊告訴我一些「不同倫理準則」的案例（他們提到這些案例是為了表達美國人和苗人倫理系統的差別，並非輕視苗人的倫理系統）。查爾斯・強生的《苗語故事：寮國苗族之民間傳說及神話故事》和Ruth Hammond的〈Strangers in a Strange Land〉也探討了苗人的倫理系統。

Roy Beck在〈The Ordeal of Immigration in Wausau〉中提到威斯康辛州的沃索市有苗人大量湧入，儘管沃索市所面臨的問題與美熹德相彷，但在我看來Beck的文字煽動人心且立場排苗。

CHAPTER 17——八大問

凱博文的八大問在很多地方都出現過，儘管內容略有出入。最早的版本出現在凱博文等人合著的〈Culture, Illness, and Care: Clinical Lessons from Anthropologic and Cross-cultural Research〉。本章的八大問是我透過電話向凱博文詢問而來。

CHAPTER 18——要命還是要靈魂？

跨文化與跨社會醫學的研究相當豐富，而且增加快速。對此議題感興趣的讀者，我推薦凱博文的幾本著作，其中《Patients and Healers in the Context of Culture》和《The Illness Narratives: Suffering, Healing, and the Human Condition》兩本，在前文已經引用過，另有其他相關主題的著作也十分值得一讀。

關於跨文化醫療議題的入門讀物，我推薦Shotsy C. Faust的〈Providing Inclusive Healthcare Across Cultures〉、Debra Buchwald等人合著的〈The Medical Interview Across Cultures〉、Karen Olness的〈Cultural Issues in Primary Pediatric Care〉，以及Daniel Goleman的〈Making Room on the Couch for Culture〉。若想更深入了解此議題，可進一步閱讀 Robert C. Like等人合著的〈Recommended Core Curriculum Guidelines on Culturally Sensitive and Competent Health Care〉這本出色的跨文化研究指南。

為本章內容貢獻諸多想法與細節的有：哈佛醫學院的Daniel Goodenough與凱博文、史丹佛醫學院的Ronald Garcia與Gary Lapid、舊金山總醫院難民診所的Shotsy Faust與Chloë Wurr、美國家庭醫師學會的Gerald Hejduk、Robert Berkow與William R. Harrison合著的《Merck Manual》、Simulation Training Systems 的Garry Shirts、太平洋醫學中心CrossCultural Health Care Program的Ira SenGupta、美熹德社區醫療中心的丹・墨非，以及美熹德郡衛生部美熹德難民健康計畫的Marilyn Mochel。本章提出的許多主題，來自我在史丹佛醫學院旁聽「Psychosocial Aspects of Illness」課程，以及在史丹佛解剖實驗室實習時獲得的啟發。

本章一開始簡述的苗人病例，或者引自演講內容，或者來自與Tuan Nguyen、Long Thao、馬標耀、羅傑・費夫、熊雅桃、Thomas Bornemann、Doreen Faiello和法蘭西絲卡・法爾等人的對談。

畢里雅圖對改善苗人健康的建議出自〈Hmong Refugees〉、〈Hmong Attitudes Toward Surgery〉、〈Mental Health and Prevention Activities〉、〈Guidelines for Mental Health Professionals〉、〈Prevention of Mental Health Problems〉，以及《Hmong Sudden Unexpected Nocturnal Death Syndrome》。本章提及的苗英詞語字彙表是Thai Fang的

《Tuabneeg Lubcev Hab Kev Mobnkeeg》。

Pam Belluck的〈Mingling Two Worlds of Medicine〉記載了紐約市醫生與民俗醫者共事的過程。關於對巫醫的觀察出自杜威・康克古等人合著的《I Am a Shaman》和傑克・勒摩恩的〈Shamanism〉。清潔媽媽的淨化詩出自杜威・康克古的〈Health Theatre〉。找端公治療膽囊、陰莖和其他病症的精神健康計畫引自Kou Vang的《Hmong Concepts of Illness and Healing》。蘇姬・華勒將她與端公共事的經歷寫在〈Hmong Shamans in a County Mental Health Setting: A Bicultural Model for Healing Laotian Mountain People〉一文中。

「Community-Based Patient-Doctor I」的課程綱要，是我從哈佛醫學院一九九六年的課程「Patient-Doctor I」中轉載下來的。舊金山總醫院的〈Refugee Clinic Orientation Manual〉一文也有豐富案例。

教導醫生如何認識個人情緒問題的文章是威廉・M・齊恩的〈醫生也有感情〉。Esther B. Fein的〈Specialty or General Practice: Young Doctors Change Paths〉指出醫院學學生選擇全科的統計數據。

CHAPTER 19——獻祭

對苗人治病儀式的描述與詮釋可參見杜威・康克古的〈Establishing the World〉、杜威・康克古等人合著的《I Am a Shaman》、艾瑞克・克里斯托的〈Buffalo Heads and Sacred Threads〉、凱薩琳・科漢培拉的〈Description and Interpretation of a Hmong Shaman〉、傑克・勒摩恩的〈Shamanism〉、尚・摩丹的〈A Hmong Shaman's Séance〉、Kou Vang的《Hmong Concepts of Illness and Healing》、Don Willcox的《Hmong Folklife》，以及蘇姬・華勒的〈Hmong Shamanism〉。最為詳盡的研究是Guy Moréchand的《Le chamanisme des Hmong》。端公的儀式可在《Between Two Worlds: The Hmong Shaman in America》中看到，此紀錄短片的製作人是Taggart Siegel和杜威・康克古。

杜威・康克古、Say Hang、馬標耀、Chong Moua、蘇姬・華勒、熊美瞿和Mayko Xiong也提供了有用的背景資料。

有關詩叟神話有許多版本。詩叟故事的起頭部分，我採用查爾斯・強生在《苗語故事：寮國苗族之民間傳說及神話故事》的描述，至於詩叟後來的英勇事蹟，我採用凱薩琳・科漢培拉的〈Description and Interpretation of a Hmong Shaman〉、畢里雅圖的《Hmong Sudden Unexpected Nocturnal Death Syndrome》、Kou Vang的《Hmong Concepts of Illness and Healing》、Keith Quincy的《Hmong》，以及尚・摩丹的〈A Hmong Shaman's Séance〉等人的說法。

十五周年版後記

在本書後記中有關親自訪談、電話訪談或電子郵件訪談的部分，我要感謝Candice AdamMedefind、尼爾・恩斯特、李梅、熊美瞿、馬標耀、馬當、Mai Neng Moua、Palee Moua、丹・墨非、Karen Roth、比爾・塞維奇、瓊納斯・范蓋伊和Lee Pao Xiong。我要感謝Laura Marris的協助資料驗證。對於在本書出版十五年後仍持續提供協助與友誼的所有李家人，我深切感激。

有關植物人的預後資料引自《The Merck Manual》第十九版。

美熹德社區醫學中心的跨文化創新可參見Patricia Leigh Brown在《紐約時報》刊載的〈A Doctor for Disease, a Shaman for the Soul〉、Laurie Udesky在《舊金山紀事報》刊載的〈Modernity: A Matter of Respect—Training Hmong Shaman in the Ways of Western Medicine Is Saving Lives in Merced〉、Barbara Anderson在《Fresno Bee》刊載的〈Hmong Shamans Help at Valley Hospitals〉，以及美國衛生及人力資源部的醫療照護暨品質研究所（AHRQ）發表的〈Use of Spiritual Healers Reduces Cultural Misunderstandings and Conflicts and Increases Satisfaction Among Hospitalized Hmong Patients〉。

美國醫療機構評鑑聯合委員會發表的〈Hospitals, Language, and Culture: A Snapshot of the Nation〉記述了在六十家美國醫院調查文化和語言服務的結果。Arthur Kleinman與Peter Benson合著的〈Anthropology in the Clinic: The Problem of Cultural Competency and How to Fix It〉（刊登於PloS Medicine）對文化資能的觀念提出極具說服力的論述。

有關苗人人口的統計數據引自二〇一〇年美國人口普查資料。亞美公義促進中心（Asian American Center for Advancing Justice）的〈A Community of Contrasts: Asian Americans in the United States: 2011〉是非常有用的社會經濟統計學目錄書。想知道更多美國苗人文化，可參考Chia Youyee Vang的《Hmong America: Reconstructing Community in Diaspora》，Paul Hillmer的《A People's History of the Hmong》更是必看的讀物。Erica Perez在《Milwaukee Journal Sentinel》上刊載的〈Provision of Patriot Act Treats Hmong as Terrorists〉探討了《愛國者法案》對美國苗人影響的文章。我引用的影評是Ly Chong Thong Jalao在《Journal of Southeast Asian American Education & Advancement》第五期所刊載的〈Looking Gran Torino in the Eye〉。

近來學者的著作促使我更正書中有關苗人歷史的部分（像是地理發源、「Miao」字由來，以及Sonom國王的傳說），包括Nicholas Tapp在《Hmong/Miao in Asia》刊載的〈The State of Hmong Studies〉、Robert Entenmann在《Hmong Studies Journal》第六期刊載的〈The Myth of Sonom, the Hmong King〉、Gary Yia Lee在《Hmong Studies Journal》第八期刊載的〈Diaspora and the Predicament of Origins: Interrogating Hmong Postcolonial History and Identity〉、Nicholas Tapp在《Hmong Studies Journal》第十一期刊載的〈Perspectives on Hmong Studies〉，以及Gary Yia Lee在個人網站上與Nicholas Tapp合著的〈Current Hmong Issues: 12point statement〉。

年輕苗人作家所寫的回憶錄和小說中，我最喜愛的有楊嘉莉的《遲歸之人》（The Latehomecomer: A Hmong Family Memoir），作者出生於泰國班維乃難民營，她所描繪的寮國戰後年代與在難民營的生活，遠比我在書中提及的更加全面。還有馬玫能主編的《橡樹林中的竹子》（Bamboo Among the Oaks: Contemporary Writing by Hmong Americans）。美國苗人作家圈共同編纂的《How Do I Begin? A Hmong American Literary Anthology》書中由Burlee Vang撰寫的簡介，對美國苗人文學進展的認識很有助益。我也很喜歡《Paj Ntaub Voice》這本苗人文學與藝術的期刊。

苗文拼音、發音與引文的備忘錄

有關苗人那本偉大鉅作被牛和老鼠吃了的民間故事出自羅伯特・庫帕等人合著的《The Hmong》。

Shong Lue Yang發明的書寫系統在William A.Smalley的〈The Hmong 'Mother of Writing': A Messianic Figure〉和Gary Yia Lee與William A. Smalley合著的〈Perspectives on Pahawh Hmong Writing〉中有概述。若想知道更詳盡的資料，可參見史墨利等人合著的《Mother of Writing: The Origin and Development of a Hmong Messianic Script》以及Chia Koua Vang等人合著的《The Life of Shong Lue Yang: Hmong "Mother of Writing》。

有關苗語通用拼音文字（Romanized Popular Alphabet）的資料引自Glenn L. Hendricks《The Hmong in Transition》一書中〈A Note on Hmong Orthography〉篇章。我也參考了瓊納斯・范蓋伊為他在美熹德社區大學開的苗語課自行編寫的未出版資料。

我參考了兩本有用字典：綜合類字典是Ernest E. Heimbach的《White Hmong-English Dictionary》，基礎類字典是Brian McKibben的《English- White Hmong Dictionary》。

如果你想跟苗人透過電話交談又需要口譯員，AT&T電信公司的語言專線服務（800-6288486）提供付費服務。

參考書目
BIBLIOGRAPHY

Abrams, Richard. “Cross Burnings Terrify, Bewilder Hmong.” *Sacramento Bee*, March 3, 1988.
Abramson, David. “The Hmong: A Mountain Tribe Regroups in the Valley.” *California Living Magazine, San Francisco Examiner*, January 29, 1984.
Altman, Lawrence K. “Quinlan Case Is Revisited and Yields New Finding.” *New York Times*, May 26, 1994.
Alvarez, Lizette. “A Once-Hidden Faith Leaps into the Open.” *New York Times*, January 27, 1997.
American Foreign Policy, 1950– 1955: Basic Documents. Washington, D.C.: Department of State, 1957.
American Foreign Policy: Current Documents, 1962. Washington, D.C.: Department of State, 1966.
Arax, Mark. “A Final Turf War.” *Los Angeles Times*, June 14, 1992.
Armbruster, Shirley. “Hmong Take Root in Fresno.” In “The Hmong: A Struggle in the Sun,” *Fresno Bee*, October 9–12, 1984.
“Bangungut.” *New York Times*, June 7, 1981.
Bartholome, Arlene. “Escape from Laos Told.” *Merced Sun-Star*, December 8, 1978.
——. “Future Is Uncertain for Area Refugees.” *Merced Sun-Star*, October 19, 1977.
Beck, Roy. “The Ordeal of Immigration in Wausau.” *Atlantic*, April 1994.
Belluck, Pam. “Mingling Two Worlds of Medicine.” *New York Times*, May 9, 1996.
Berkow, Robert, ed. *The Merck Manual of Diagnosis and Therapy*, 16th ed. Rahway, N.J.: Merck & Co., 1993.
Bernatzik, Hugo Adolf. *Akha and Miao: Problems of Applied Ethnography in Farther India*. New Haven: Human Relations Area Files, 1970.
“Between Two Worlds: The Hmong Shaman in America.” Taggart Siegel and Dwight

Conquergood, producers. Filmmakers Library, New York.
Bliatout, Bruce Thowpaou. "Causes and Treatment of Hmong Mental Health Problems." Unpublished lecture, 1980.
——. "Guidelines for Mental Health Professionals to Help Hmong Clients Seek Traditional Healing Treatment." In Hendricks et al., *The Hmong in Transition.*
——. "Hmong Attitudes Towards Surgery: How It Affects Patient Prognosis." *Migration World*, vol. 16, no. 1, 1988.
——. "Hmong Beliefs About Health and Illness." Unpublished paper, 1982.
——. "Hmong Refugees: Some Barriers to Some Western Health Care Services." Lecture, Arizona State University, 1988.
——. *Hmong Sudden Unexpected Nocturnal Death Syndrome: A Cultural Study.* Portland, Oreg.: Sparkle Publishing Enterprises, 1982.
——. "Prevention of Mental Health Problems." Unpublished paper.
——. "Traditional Hmong Beliefs on the Causes of Illness." Unpublished paper.
——. "Understanding the Differences Between Asian and Western Concepts of Mental Health and Illness." Lecture, Region VII Conference on Refugee Mental Health, Kansas City, 1982.
Bliatout, Bruce Thowpaou, et al. "Mental Health and Prevention Activities Targeted to Southeast Asian Refugees." In Owan, *Southeast Asian Mental Health.*
Bosher, Susan Dandridge. "Acculturation, Ethnicity, and Second Language Acquisition: A Study of Hmong Students at the Post-secondary Level." Ph.D. dissertation, University of Minnesota, 1995.
Bosley, Ann. "Of Shamans and Physicians: Hmong and the U.S. Health Care System." Undergraduate thesis, Division III, Hampshire College, 1986.
Brody, Jane. "Many People Still Do Not Understand Epilepsy." *New York Times*, November 4, 1992.
Buchwald, Debra, et al. "The Medical Interview Across Cultures." *Patient Care*, April 15, 1993.
——. "Use of Traditional Health Practices by Southeast Asian Refugees in a Primary Care Clinic." *Western Journal of Medicine*, May 1992.
Cabezut-Ortiz, Delores J. *Merced County: The Golden Harvest.* Northridge, Calif.: Windsor Publications, 1987.
Calderon, Eddie A. "The Impact of Indochinese Resettlement on the Phillips and Elliot Park Neighborhoods in South Minneapolis." In Downing and Olney, *The Hmong in the West.*

Carlson, Ken. "Hmong Leaders Seek Exemption." *Merced Sun-Star*, September 28, 1995.

——. "Sacrifice Ban Remains." *Merced Sun- Star*, December 2, 1995.

Carter, Stephen L. "The Power of Prayer, Denied." *New York Times*, January 31, 1996.

Catlin, Amy. "Speech Surrogate Systems of the Hmong: From Singing Voices to Talking Reeds." In Downing and Olney, *The Hmong in the West.*

Cerquone, Joseph. *Refugees from Laos: In Harm's Way*. Washington, D.C.: American Council for Nationalities Service, 1986.

Chan, Sucheng. *Hmong Means Free: Life in Laos and America*. Philadelphia: Temple University Press, 1994.

"Child Abuse Laws: What Are Your Obligations?" *Patient Care*, April 15, 1988.

Chindarsi, Nusit. *The Religion of the Hmong Njua*. Bangkok: The Siam Society, 1976.

"A Chronicle in Time." Merced, Calif.: Merced Downtown Association, 1995.

Clifford, Clark. *Counsel to the President*. New York: Random House, 1991.

Conquergood, Dwight. "Establishing the World: Hmong Shamans." *CURA Reporter*, University of Minnesota, April 1989.

——. "Health Theatre in a Hmong Refugee Camp: Performance, Communication, and Culture." *The Drama Review*, vol. 32, no. 3, 1988.

Conquergood, Dwight, et al. *I Am a Shaman: A Hmong Life Story with Ethnographic Commentary*. Minneapolis: Center for Urban and Regional Affairs, University of Minnesota, 1989.

Conway, Mike. "The Bill Stops Here in Refugee Policy." *Merced Sun- Star*, January 21, 1983.

——. "Recording the Ways of the Past for the Children of the Future." *Merced Sun Star*, November 11, 1988.

Cooper, Robert. *Resource Scarcity and the Hmong Response*. Singapore: Singapore University Press, 1984.

Cooper, Robert, et al. *The Hmong*. Bangkok: Art Asia Press, 1991.

"Court Says Ill Child's Interests Outweigh Religion." *New York Times*, January 16, 1991.

Crystal, Eric. "Buffalo Heads and Sacred Threads: Hmong Culture of the Southeast Asian Highlands." In *Textiles as Texts: Arts of Hmong Women from Laos*, edited by Amy Catlin and Dixie Swift. Los Angeles: The Women's Building, 1987.

Culhane-Pera, Kathleen Ann. "Analysis of Cultural Beliefs and Power Dynamics in Disagreements About Health Care of Hmong Children." M.A. thesis, University of

Minnesota, 1989.
——. "Description and Interpretation of a Hmong Shaman in St. Paul." Unpublished paper, Department of Anthropology, University of Minnesota, 1987.
Cumming, Brenda Jean. "The Development of Attachment in Two Groups of Economically Disadvantaged Infants and Their Mothers: Hmong Refugee and Caucasian-American." Ph.D. dissertation, Department of Educational Psychology, University of Minnesota, 1988.
Dao, Yang. *See* Yang Dao.（楊道這位頂尖的苗族學者選擇將自己的姓放在名前，這點與大多數在美國的苗人不同。）
Deinard, Amos S., and Timothy Dunnigan. "Hmong Health Care: Reflections on a Six-Year Experience." *International Migration Review*, vol. 21, no. 3, fall 1987.
De La Cruz, Mike. "Animal Slaughtering Not All Ritualistic." *Merced Sun-Star*, February 2, 1996.
* Unlike most Hmong in this country, Yang Dao, the leading Hmong scholar, has retained his name's traditional form by placing his clan name before his given name. Yang is his surname.
——. "Charges Filed After Animal Slaughtering Probe." *Merced Sun-Star*, March 21, 1996.
Devinsky, Orrin. *A Guide to Understanding and Living with Epilepsy*. Philadelphia: F. A. Davis, 1994.
Dictionary of American History. New York: Charles Scribner's Sons, 1976.
Downing, Bruce T., and Douglas P. Olney, eds. *The Hmong in the West: Observations and Reports*. Minneapolis: Center for Urban and Regional Affairs, University of Minnesota, 1982.
Dunnigan, Timothy. "Segmentary Kinship in an Urban Society: The Hmong of St. Paul-Minneapolis." *Anthropological Quarterly*, vol. 55, 1982.
Dunnigan, Timothy, et al. "Hmong." In *Refugees in America in the 1990s: A Reference Handbook*, edited by David W. Haines. Westport, Conn.: Greenwood Press, 1996.
Eisner, Jane. "Hearings on Attacks on Asians." *Philadelphia Inquirer*, October 4, 1984.
Ember, Lois. "Yellow Rain." *Chemical and Engineering News*, January 9, 1984.
Erickson, Deanne, et al. "Maternal and Infant Outcomes Among Caucasians and Hmong Refugees in Minneapolis, Minnesota." *Human Biology*, vol. 59, no. 5, October 1987.
Erickson, Roy V., and Giao Ngoc Hoang. "Health Problems Among Indochinese Refugees." *American Journal of Public Health*, vol. 70, September 1980.

Ernst, Thomas Neil, and Margaret Philp. "Bacterial Tracheitis Caused by *Branhamella catarrhalis.*" *Pediatric Infectious Disease Journal*, vol. 6, no. 6, 1987.
Ernst, Thomas Neil, et al. "The Effect of Southeast Asian Refugees on Medical Services in a Rural County." *Family Medicine*, vol. 20, no. 2, March/April 1988.
Evaluation of the Key States Initiative. Washington, D.C.: Office of Refugee Resettlement, U.S. Department of Health and Human Services, 1995.
Evans, Owen B. *Manual of Child Neurology.* New York: Churchill Livingstone, 1987.
Faiello, Doreen. "Translation Please." Unpublished paper, 1992.
Faller, Helen Stewart. "Hmong Women: Characteristics and Birth Outcomes, 1990." *Birth*, vol. 19, September 1992.
Fang, Thai. *Tuabneeg Lubcev Hab Kev Mobnkeeg Rua Cov Haslug Hmoob: Basic Human Body and Medical Information for Hmong Speaking People.* Pinedale, Calif.: Chersousons, 1995.
Fass, Simon M. "Economic Development and Employment Projects." In Hendricks et al., *The Hmong in Transition.*
——. "Through a Glass Darkly: Cause and Effect in Refugee Resettlement Policies." *Journal of Policy Analysis and Management*, vol. 5, no. 1, 1985.
Faust, Shotsy C. "Providing Inclusive Healthcare Across Cultures." In *Advanced Practice Nursing: Changing Roles and Clinical Applications*, edited by Joanne V. Hickey et al. Philadelphia: Lippincott-Raven, 1996.
Fein, Esther B. "Specialty or General Practice: Young Doctors Change Paths." *New York Times*, October 16, 1995.
Feith, David. *Stalemate: Refugees in Asia.* Victoria, Australia: Asian Bureau Australia, 1988.
Feron, James. "Can Choosing Form of Care Become Neglect?" *New York Times*, September 29, 1990.
Finck, John. "Secondary Migration to California's Central Valley." In Hendricks et al., *The Hmong in Transition.*
——. "Southeast Asian Refugees of Rhode Island: Cross-Cultural Issues in Medical Care." *Rhode Island Medical Journal*, vol. 67, July 1984.
Franjola, Matt. "Meo Tribesmen from Laos Facing Death in Thailand." *New York Times*, August 15, 1975.
Fraser, Caroline. "Suffering Children and the Christian Science Church." *Atlantic*, April 1995.

"Frontline: Guns, Drugs and the CIA." PBS broadcast, May 17, 1988.
Gallo, Agatha, et al. "Little Refugees with Big Needs." *RN*, December 1980.
"Gang Pak." Merced, Calif.: Merced Union High School District, Child Welfare and Attendance Office, 1993.
Garcia, Dominica P. "In Thailand, Refugees' 'Horror and Misery.' " *New York Times*, November 14, 1978.
Garrett, W. E. "No Place to Run." *National Geographic*, January 1974.
Gazzolo, Michele B. "Spirit Paths and Roads of Sickness: A Symbolic Analysis of Hmong Textile Design." M.A. thesis, University of Chicago, 1986.
Geddes, W. R. *Migrants of the Mountains: The Cultural Ecology of the Blue Miao (Hmong Njua) of Thailand*. Oxford: Clarendon Press, 1976.
Getto, Dennis R. "Hmong Families Build New Lives." *Milwaukee Journal*, August 18, 1985.
Goleman, Daniel. "Making Room on the Couch for Culture." *New York Times*, December 5, 1995.
Gong-Guy, Elizabeth. *California Southeast Asian Mental Health Needs Assessment*. Oakland, Calif.: Asian Community Mental Health Services, 1987.
Greenhouse, Linda. "Christian Scientists Rebuffed in Ruling by Supreme Court." *New York Times*, January 23, 1996.
Greenway, Hugh. "The Pendulum of War Swings Wider in Laos." *Life*, April 3, 1970.
Halstuk, Martin. "Religious Freedom Collides with Medical Care." *San Francisco Chronicle*, April 25, 1988.
Hamburger, Tom, and Eric Black. "Uprooted People in Search of a Home." *Minneapolis Star and Tribune*, April 21, 1985.
Hamilton-Merritt, Jane. "Hmong and Yao: Mountain Peoples of Southeast Asia." Redding, Conn.: SURVIVE, 1982.
——. *Tragic Mountains: The Hmong, the Americans, and the Secret Wars for Laos, 1942– 1992*. Bloomington: Indiana University Press, 1993.
Hammond, Ruth. "Sad Suspicions of a Refugee Ripoff." *Washington Post*, April 16, 1989.
——. "Strangers in a Strange Land." *Twin Cities Reader*, June 1– 7, 1988.
——. "Tradition Complicates Hmong Choice." *St. Paul Pioneer Press*, September 16, 1984.
Haslam, Gerald. "The Great Central Valley: Voices of a Place." Exhibition catalog, California Academy of Sciences, 1986.

Hayes, Jack. "Ching and Bravo Xiong, Laotian Hmong in Chicago." Unpublished editorial memorandum, *Life*, July 7, 1988.

Heimbach, Ernest E. *White Hmong- English Dictionary.* Ithaca: Cornell University, Southeast Asia Program Data Paper No. 75, 1969.

Helsel, Deborah, et al. "Pregnancy Among the Hmong: Birthweight, Age, and Parity." *American Journal of Public Health*, vol. 82, October 1992.

Hendricks, Glenn L., et al., eds. *The Hmong in Transition.* New York and Minneapolis: Center for Migration Studies and Southeast Asian Refugee Studies Project, University of Minnesota, 1986.

Herr, Paul Pao. "Don't Call Hmong Refugees 'Primitive.' " Letter to the editor, *New York Times*, November 29, 1990.

"HmongMedical Interpreter Fields Questions from Curious." *St. Paul Sunday Pioneer Press*, March 20, 1983.

The Hmong Resettlement Study, vols. 1 and 2. Washington, D.C.: Office of Refugee Resettlement, U.S. Department of Health and Human Services, 1984 and 1985. "Hmong Sentenced to Study America." *Modesto Bee*, July 1, 1988.

Hoffman, Ken. "Background on the Hmong of Laos." Unpublished memorandum, 1979.

Hollingsworth, Andrea, et al. "The Refugees and Childbearing: What to Expect." *RN*, November 1980.

Hornblower, Margot. " 'Hmongtana.' " *Washington Post*, July 5, 1980.

Hurlich, Marshall, et al. "Attitudes of Hmong Toward a Medical Research Project." In Hendricks et al., *The Hmong in Transition.*

Hutchison, Ray. "Acculturation in the Hmong Community." Green Bay: University of Wisconsin Center for Public Affairs, and Milwaukee: University of Wisconsin

Institute on Race and Ethnicity, 1992.

Jaisser, Annie. *Hmong for Beginners.* Berkeley: Centers for South and Southeast Asia Studies, 1995.

Johns, Brenda, and David Strecker, eds. *The Hmong World.* New Haven: Yale Southeast Asia Studies, 1986.

Johnson, Charles. "Hmong Myths, Legends and Folk Tales." In Downing and Olney, *The Hmong in the West.*

——. ed. *Dab Neeg Hmoob: Myths, Legends and Folk Tales from the Hmong of Laos.* St. Paul:

Macalester College, 1983.
Johnson, Charles, and Ava Dale Johnson. *Six Hmong Folk Tales Retold in English*. St. Paul: Macalester College, 1981.
Jones, Woodrow, Jr., and Paul Strand. "Adaptation and Adjustment Problems Among Indochinese Refugees." *Sociology and Social Research*, vol. 71, no. 1, October 1986.
"Journey from Pha Dong." Vang Yang, transcriber. Minneapolis: Southeast Asian Refugee Studies Project, University of Minnesota, 1988.
Kamm, Henry. "Decades-Old U.S. Bombs Still Killing Laotians." *New York Times*, August 10, 1995.
——. "Meo General Leads Tribesmen in War with Communists in Laos." *New York Times*, October 27, 1969.
——. "Meo, Hill People Who Fought for U.S., Are Fleeing from Laos." *New York Times*, March 28, 1978.
——. "Thailand Finds Indochinese Refugees a Growing Problem." *New York Times*, July 1, 1977.
Kaufman, Marc. "As Keeper of the Hmong Dream, He Draws Support and Skepticism." *Philadelphia Inquirer*, July 1, 1984.
——. "At the Mercy of America." *Philadelphia Inquirer*, October 21, 1984.
——. "Casualties of Peace." *Philadelphia Inquirer*, February 27, 1994.
——. "Clash of Cultures: Ill Hmong Rejects Hospital." *Philadelphia Inquirer*, October 5, 1984.
——. "Why the Hmong Are Fleeing America's Helping Hand." *Philadelphia Inquirer*, July 1, 1984.
——. "Why the Hmong Spurn America." *Philadelphia Inquirer*, December 31, 1984.
King, Wayne. "New Life's Cultural Demons Torture Laotian Refugee." *New York Times*, May 3, 1981.
Kirton, Elizabeth S. "The Locked Medicine Cabinet: Hmong Health Care in America." Ph.D. dissertation, Department of Anthropology, University of California at Santa Barbara, 1985.
Kleinman, Arthur. *The Illness Narratives: Suffering, Healing, and the Human Condition*. New York: Basic Books, 1988.
——. *Patients and Healers in the Context of Culture*. Berkeley: University of California Press, 1980.
Kleinman, Arthur, et al. "Culture, Illness, and Care: Clinical Lessons from Anthropologic and

Cross-Cultural Research." *Annals of Internal Medicine*, vol. 88, 1978.
Koumarn, Yang See, and G. Linwood Barney. "The Hmong: Their History and Culture." New York: Lutheran Immigration and Refugee Service, 1986.
Kraut, Alan M. "Healers and Strangers: Immigrant Attitudes Toward the Physician in America — A Relationship in Historical Perspective." *Journal of the American Medical Association*, vol. 263, no. 13, April 4, 1990.
——. *Silent Travelers: Germs, Genes, and the "Immigrant Menace"*. New York: Basic Books, 1994.
Kunstadter, Peter. "Pilot Study of Differential Child Survival Among Various Ethnic Groups in Northern Thailand and California." Study proposal, University of California at San Francisco, 1987.
Laos: Official Standard Names Approved by the United States Board on Geographic Names. Washington, D.C.: Defense Mapping Agency, 1973.
"Laos: The Silent Sideshow." *Time*, June 11, 1965.
"Laotians Drop Ranching Plan." *Merced Sun- Star*, July 22, 1977.
LaPlante, Eve. *Seized: Temporal Lobe Epilepsy as a Medical, Historical, and Artistic Phenomenon*. New York: HarperCollins, 1993.
Leary, Warren. "Valium Found to Reduce Fever Convulsions." *New York Times*, July 8, 1993.
Lee, Gary Yia, and William A. Smalley. "Perspectives on Pahawh Hmong Writing." *Southeast Asian Refugee Studies Newsletter*, spring 1991.
Lemoine, Jacques. "Shamanism in the Context of Hmong Resettlement." In Hendricks et al., *The Hmong in Transition*.
Lemoine, Jacques, and Christine Mougne. "Why Has Death Stalked the Refugees?" *Natural History*, November 1983.
Lewis, Paul and Elaine. *Peoples of the Golden Triangle*. London: Thames and Hudson, 1984.
Leyn, Rita Bayer. "The Challenge of Caring for Child Refugees from Southeast Asia." *American Journal of Maternal Child Nursing*, May/June 1978.
Like, Robert C., et al. "Recommended Core Curriculum Guidelines on Culturally Sensitive and Competent Health Care." *Family Medicine*, vol 28, no 4, April
1996.
Long, Lynellen. *Ban Vinai: The Refugee Camp*. New York: Columbia University Press, 1993.
——. "Refugee Camps as a Way of Life." Lecture, American Anthropological Association,

Chicago, 1987.

Lopez, Pablo. "Hmong Mother Holds Off Police Because of Fear for Her Children." *Merced Sun-Star*, January 12, 1988.

"Making Up for the Ravages of Battle: Hmong Birthrate Subject of Merced Study." *Merced Sun- Star*, November 16, 1987.

Malloy, Michael T. "Anti-Communists Also Win Battles in War-Torn Laos." *New York World-Telegram and Sun*, April 1, 1961.

Mann, Jim, and Nick B. Williams, Jr. "Shultz Cool to New Indochina Refugee Effort." *Los Angeles Times*, July 8, 1988.

Marchetti, Victor, and John D. Marks. *The CIA and the Cult of Intelligence*. New York: Alfred A. Knopf, 1974.

Margolick, David. "In Child Deaths, a Test for Christian Science." *New York Times*, August 6, 1990.

Marsh, Robert E. "Socioeconomic Status of Indochinese Refugees in the United States: Progress and Problems." *Social Security Bulletin*, October 1980.

Martin, Eric. "Hmong in French Guyana: An Improbable Gamble." *Refugees*, July 1992.

Martin, Frank W. "A CIA-Backed Guerrilla Who Waged a Secret War in Laos Puts Down Roots in Montana." *People*, August 29, 1977.

McCoy, Alfred W. *The Politics of Heroin: CIA Complicity in the Global Drug Trade*. Brooklyn, N.Y.: Lawrence Hill Books, 1991.

McKibben, Brian. *English-White Hmong Dictionary*. Provo, Utah: 1992.

McNall, Miles, and Timothy Dunnigan, "Hmong Youth in St. Paul's Public Schools." *CURA Reporter*, University of Minnesota, 1993.

McNally, Pat, and Daniel Silva. "Asians, Game Laws in Conflict." *Merced Sun-Star*, December 6, 1983.

McNamer, Megan. "Musical Change and Change in Music." In Johns and Strecker, *The Hmong World*.

Merced Sun- Star Centennial Edition. April 1, 1989.

Meredith, William H., and George P. Rowe. "Changes in Lao Hmong Marital Attitudes After Immigrating to the United States." *Journal of Comparative Family Studies*, vol. 17, no. 1, spring 1986.

Meyer, Stephen. *The Five Dollar Day*. Albany: State University of New York Press, 1981.

Miller, Russell. “A Leap of Faith.” *New York Times*, January 30, 1994.
Mitchell, Roger. “The Will to Believe and Anti-Refugee Rumors.” *Midwestern Folklore*, vol. 13, no. 1, spring 1987.
Mollica, Richard F. “The Trauma Story: The Psychiatric Care of Refugee Survivors
of Violence and Torture.” In *Post- traumatic Therapy and Victims of Violence*, edited by Frank M. Ochberg. New York: Brunner/Mazel, 1988.
Mollica, Richard F., and James Lavelle. “Southeast Asian Refugees.” In *Clinical Guidelines in Cross- Cultural Mental Health*, edited by Lillian Comas-Diaz and Ezra E.H. Griffith. New York: John Wiley & Sons, 1988.
Montgomery, Lana. “Folk Medicine of the Indochinese.” San Diego: Refugee Women’s Task Force. Moore, David L. *Dark Sky, Dark Land: Stories of the Hmong Boy Scouts of Troop 100.*
Eden Prairie, Minn.: Tessera Publishing, 1989.
Morechand, Guy. *Le chamanisme des Hmong*. Paris: Bulletin de l’Ecole Francaise d’Extreme-Orient, vol. 54, 1968.
Morin, Stephen P. “Many Hmong, Puzzled by Life in U.S., Yearn for Old Days in Laos.” *Wall Street Journal*, February 16, 1983.
Mottin, Jean. *History of the Hmong*. Bangkok: Odeon Store, 1980.
——. “A Hmong Shaman’s Seance.” *Asian Folklore Studies*, vol. 43, 1984.
Muecke, Marjorie. “Caring for Southeast Asian Refugee Patients in the USA.” *American Journal of Public Health*, vol. 73, April 1983.
——. “In Search of Healers: Southeast Asian Refugees in the American Health Care System.” *Western Journal of Medicine*, December 1983.
Munger, Ronald. “Sudden Death in Sleep of Asian Adults.” Ph.D. dissertation, Department of Anthropology, University of Washington, 1985.
——. “Sudden Death in Sleep of Laotian-Hmong Refugees in Thailand: A Case-Control Study.” *American Journal of Public Health*, vol. 77, no. 9, September 1987.
Munger, Ronald, and Elizabeth Booton. “Thiamine and Sudden Death in Sleep of South-East Asian Refugees.” Letter to the editor, *The Lancet*, May 12, 1990.
Mydans, Seth. “California Says Laos Refugee Group Has Been Extorted by Its Leadership.” *New York Times*, November 7, 1990.
——. “Laotians’ Arrest in Killing Bares a Generation Gap.” *New York Times*, June 21, 1994.

Newlin-Haus, E.M. "A Comparison of Proxemic and Selected Communication Behavior of Anglo-American and Hmong Refugee Mother-Infant Pairs." Ph.D. dissertation, Indiana University, 1982.

Newman, Alan. "Epilepsy: Light from the Mind's Dark Corner." *Johns Hopkins Magazine*, October 1988.

"New People/Shared Dreams: An Examination of Music in the Lives of the Hmong in Merced County." Exhibition brochure, Merced County Library, 1988.

Nguyen, Anh, et al. "Folk Medicine, Folk Nutrition, Superstitions." Washington, D.C.: TEAM Associates, 1980.

Nicassio, Perry M. "Psychosocial Correlates of Alienation: Study of a Sample of Indochinese Refugees." *Journal of Cross- Cultural Psychology*, vol. 14, no. 3, September 1983.

Nuland, Sherwin B. *How We Die: Reflections on Life's Final Chapter*. New York: Vintage, 1995.

Nyce, James M., and William H. Hollinshead. "Southeast Asian Refugees of Rhode Island: Reproductive Beliefs and Practices Among the Hmong." *Rhode Island Medical Journal*, vol. 67, August 1984.

Oberg, Charles N., et al., "A Cross-Cultural Assessment of Maternal-Child Interaction: Links to Health and Development." In Hendricks et al., *The Hmong in Transition*.

Olness, Karen. "Cultural Issues in Primary Pediatric Care." In *Primary Pediatric Care*, edited by R. A. Hoeckelman. St. Louis: Mosby
Year Book, 1992.

Ong, W. J. *Orality and Literacy: The Technologizing of the Word*. London: Methuen and Co., 1982.

Ostling, Richard N. "Shedding Blood in Sacred Bowls." *Time*, October 19, 1992.

Owan, Tom Choken, ed. *Southeast Asian Mental Health: Treatment, Prevention, Services, Training, and Research*. Washington, D.C.: National Institute of Mental Health,
1985.

Pake, Catherine. "Medicinal Ethnobotany of Hmong Refugees in Thailand." *Journal of Ethnobiology*, vol. 7, no. 1, summer 1987. *Physicians' Desk Reference*, 41st edition. Oradell, N.J.: Medical Economics Company, 1987.

Potter, Gayle S., and Alice Whiren. "Traditional Hmong Birth Customs: A Historical Study." In Downing and Olney, *The Hmong in the West*.

Pyle, Amy. "Refugees Allegedly Threaten Welfare Workers." *Fresno Bee*, March 27, 1986.

Quincy, Keith. *Hmong: History of a People*. Cheney, Wash.: Eastern Washington University Press, 1988.

Ranard, Donald A. "The Hmong Can Make It in America." *Washington Post*, January 9, 1988.

——. "The Hmong: No Strangers to Change." *In America: Perspectives on Refugee Resettlement*, November 1988.

——. "The Last Bus." *Atlantic*, October 1987.

Ratliff, Martha. "Two-Word Expressives in White Hmong." In Hendricks et al., *The Hmong in Transition*. "Reds' Advance in Laos Menaces Hill Strongholds of Meo Tribe." *New York Times*, April 3, 1961.

Report to the Congress. Washington, D.C.: Office of Refugee Resettlement, U.S. Department of Health and Human Services. Restak, Richard. *The Brain*. New York: Bantam, 1984.

"Rice in the Sky." *Time*, June 3, 1966.

Robbins, Christopher. *The Ravens: The Men Who Flew in America's Secret War in Laos*. New York: Crown, 1987.

Robbins, William. "Violence Forces Hmong to Leave Philadelphia." *New York Times*, September 17, 1984.

Robinson, Court. "Laotian Refugees in Thailand: The Thai and U.S. Response, 1975 to 1988." Unpublished paper.

Roderick, Kevin. "Hmong Select San Joaquin to Sink Roots." *Los Angeles Times*, March 18, 1991.

Rohter, Larry. "Court to Weigh Law Forbidding Ritual Sacrifice." *New York Times*, November 3, 1992.

Rosenblatt, Lionel. Testimony to the House Subcommittee on Asia and the Pacific, April 26, 1994.

Rosenblatt, Roger. *Children of War*. New York: Anchor Press, 1983:

Rubin, Rick. "Little Bua and Tall John." *Portland Oregonian*, July 22, 1984.

Rumbaut, Ruben. "Mental Health and the Refugee Experience: A Comparative Study of Southeast Asian Refugees." In Owan, *Southeast Asian Mental Health*.

Rumbaut, Ruben, and John R. Weeks. "Fertility and Adaptation: Indochinese Refugees in the United States." *International Migration Review*, vol. 20, no. 2, summer 1986. Rumbaut, Ruben, and Kenji Ima. *The Adaptation of Southeast Asian Youth: A Comparative Study*, vols. 1 and 2. San Diego, Calif.: Southeast Asian Refugee Youth Study, Department of

Sociology, San Diego State University, 1987.
Sacks, Oliver. *Migraine*. Berkeley: University of California Press, 1985.
"Salmonellosis Following a Hmong Celebration." *California Morbidity*, September 19, 1986.
Savina, F. M. *Histoire des Miao*, 2nd ed. Hong Kong: Imprimerie de la Societe des Missions-Etrangeres de Paris, 1930.
Schanche, Don. "The Yankee 'King' of Laos." *New York Daily News*, April 5, 1970.
Schmalz, Jeffrey. "Animal Sacrifices: Faith or Cruelty?" *New York Times*, August 17, 1989.
Schreiner, Donna. "Southeast Asian Folk Healing." Portland, Oreg.: Multnomah Community Health Services, 1981.
Scott, George M., Jr. "The Hmong Refugee Community in San Diego: Theoretical and Practical Implications of Its Continuing Ethnic Solidarity." *Anthropological Quarterly*, vol. 55, 1982.
——. "Migrants Without Mountains: The Politics of Sociocultural Adjustment Among the Lao Hmong Refugees in San Diego." Ph.D. dissertation, Department of Anthropology, University of California at San Diego, 1986.
Seagrave, Sterling. *Yellow Rain: Chemical Warfare— The Deadliest Arms Race*. New York: Evans, 1981.
Seeley, Thomas, et al. "Yellow Rain." *Scientific American*, September 1985.
Sesser, Stan. "Forgotten Country." *New Yorker*, August 20, 1990.
Shaplen, Robert. "Letter from Laos." *New Yorker*, May 4, 1968.
Sheybani, Malek-Mithra. "Cultural Defense: One Person's Culture Is Another's Crime." *Loyola of Los Angeles International and Comparative Law Journal*, vol. 9, 1987.
Shulins, Nancy. "Transplanted Hmong Struggle to Adjust in U.S." *State Journal*, Lansing, Mich., July 15, 1984.
"Slaying of Boy Stuns Refugee Family." *New York Times*, January 2, 1984.
Smalley, William A. "Adaptive Language Strategies of the Hmong: From Asian Mountains to American Ghettos." *Language Sciences*, vol. 7, no. 2, 1985.
——. "The Hmong 'Mother of Writing': A Messianic Figure." *Southeast Asian Refugee Studies Newsletter*, spring 1990.
——. *Phonemes and Orthography*. Canberra: Linguistic Circle of Canberra, 1976.
Smalley, William A., et al. *Mother of Writing: The Origin and Development of a Hmong Messianic Script*. Chicago: University of Chicago Press, 1990.
"Social/Cultural Customs: Similarities and Differences Between Vietnamese— Cambodians—

H'Mong— Lao." Washington, D.C.: TEAM Associates, 1980.
Strouse, Joan. "Continuing Themes in U.S. Educational Policy for Immigrants and Refugees: The Hmong Experience." Ph.D. dissertation, Educational Policy Studies, University of Wisconsin, 1985.
Sutton, Christine, ed. "The Hmong of Laos." Georgetown University Bilingual Education Service Center, 1984.
Temkin, Owsei. *The Falling Sickness: A History of Epilepsy from the Greeks to the Beginnings of Modern Neurology*. Baltimore: Johns Hopkins University Press, 1971.
"Text of Cease-Fire Agreement Signed by Laotian Government and the Pathet Lao." *New York Times*, February 22, 1973.
Thao, Cheu. "Hmong Migration and Leadership in Laos and in the United States." In Downing and Olney, *The Hmong in the West*.
Thao, T. Christopher. "Hmong Customs on Marriage, Divorce and the Rights of Married Women." In Johns and Strecker, *The Hmong World*.
Thao, Xoua. "Hmong Perception of Illness and Traditional Ways of Healing." In Hendricks et al., *The Hmong in Transition*.
Thernstrom, Stephan. "Ethnic Groups in American History." In *Ethnic Relations in America*, edited by Lance Leibman. Englewood Cliffs, N.J.: Prentice-Hall, 1982.
Todd, Linda. "Indochinese Refugees Bring Rich Heritages to Childbearing." *ICEA News*, vol. 21, no. 1, 1982.
Trillin, Calvin. "Resettling the Yangs." In *Killings*. New York: Ticknor & Fields, 1984.
Ungar, Sanford J. *Fresh Blood: The New American Immigrants*. New York: Simon & Schuster, 1995.
Vang, Chia. "Why Are Few Hmong Women in Higher Education?" *Hmong Women Pursuing Higher Education*, University of Wisconsin-Stout, December 1991.
Vang, Chia Koua, et al. *The Life of Shong Lue Yang: Hmong "Mother of Writing."* Minneapolis: CURA, University of Minnesota, 1990.
Vang, Kou, et al. *Hmong Concepts of Illness and Healing with a Hmong/English Glossary*. Fresno: Nationalities Service of Central California, 1985.
Vang, Lue, and Judy Lewis. "Grandfather's Path, Grandfather's Way." In Johns And Strecker, *The Hmong World*.
Vang, Tou-Fou. "The Hmong of Laos." In *Bridging Cultures: Southeast Asian Refugees in*

America. Los Angeles: Asian American Community Mental Health Training Center, 1981.
Viviano, Frank. "Strangers in the Promised Land." *San Franciso Examiner Image*, August 31, 1986.
Volkman, Toby Alice. "Unexpected Bombs Take Toll in Laos, Too." Letter to the editor, *New York Times*, May 23, 1994.
Vreeland, Susan. "Through the Looking Glass with the Hmong of Laos." *Christian Science Monitor*, March 30, 1981.
Walker, Wendy D. "The Other Side of the Asian Academic Success Myth: The Hmong Story." Ph.D. qualifying paper, Harvard Graduate School of Education, 1988.
Walker-Moffat, Wendy. *The Other Side of the Asian American Success Story*. San Francisco: Jossey-Bass, 1995.
Waller, Sukey. "Hmong Shamanism." Unpublished lecture, 1988.
——. "Hmong Shamans in a County Mental Health Setting: A Bicultural Model for Healing Laotian Mountain People." In *Proceedings of the Fifth International Conference on the Study of Shamanism and Alternate Modes of Healing*, edited by Ruth-Inge Heinze. Berkeley: Independent Scholars of Asia, 1988.
Warner, Roger. *Back Fire: The CIA's Secret War in Laos and Its Link to the War in Vietnam*. New York: Simon & Schuster, 1995.
——. *Shooting at the Moon: The Story of America's Clandestine War in Laos*. South Royalton, Vt.: Steerforth Press, 1996.
Westermeyer, Joseph. "Acculturation and Mental Health: A Study of Hmong Refugees at 1.5 and 3.5 Years Postmigration." *Social Science and Medicine*, vol. 18, no. 1, 1984.
——. "Prevention of Mental Disorder Among Hmong Refugees in the U.S.: Lessons from the Period 1976– 1986."
Social Science and Medicine, vol. 25, no. 8, 1987.
Westermeyer, Joseph, and Xoua Thao. "Cultural Beliefs and Surgical Procedures," *Journal of the American Medical Association*, vol. 255, no. 23, June 20, 1988.
Westermeyer, Joseph, et al. "Psychosocial Adjustment of Hmong Refugees During Their First Decade in the United States." *Journal of Nervous and Mental Disease*, vol. 177, no. 3, 1989.
——. "Somatization Among Refugees: An Epidemiologic Study." *Psychosomatics*, vol. 30, no. 1, 1989.
Whiteside, Thomas. "The Yellow-Rain Complex." *New Yorker*, February 11 and 18, 1991.

Willcox, Don. *Hmong Folklife.* Penland, N.C.: Hmong Natural Association of North Carolina, 1986.
Willem, Jean-Pierre. *Les naufrages de la liberte: Le dernier exode des Meos.* Paris: Editions S.O.S., 1980.
Wittet, Scott. "Information Needs of Southeast Asian Refugees in Medical Situations." M.A. thesis, Department of Communications, University of Washington, 1983.
World Refugee Survey. Washington, D.C.: U.S. Committee for Refugees.
Xiong, May, and Nancy D. Donnelly. "My Life in Laos." In Johns and Strecker, *The Hmong World.*
Yamasaki, Richard Lee. "Resettlement Status of the Hmong Refugees in Long Beach."
M.A. thesis, Department of Psychology, California State University, Long Beach, 1977.
Yang Dao. *Hmong at the Turning Point.* Minneapolis: WorldBridge Associates, 1993.
——. "Why Did the Hmong Leave Laos?" In Downing and Olney, *The Hmong In the West.*
Yang, Teng, et al. *An Evaluation of the Highland Lao Initiative: Final Report.* Washington, D.C.: Office of Refugee Resettlement, U.S. Department of Health and Human
Services, 1985.
"Your New Life in the United States." In *A Guide for Helping Refugees Adjust to Their New Life in the United States.* Washington, D.C.: Language and Orientation Resource Center, Center for Applied Linguistics, 1981.
Zinn, William M. "Doctors Have Feelings Too." *Journal of the American Medical Association,* vol. 259, no. 22, June 10, 1988.
Žygas, Egle Victoria. "Flower Cloth." *American Craft,* February/March 1986.

致 謝
ACKNOWLEDGEMENTS

Ib tug pas ua tsis tau ib pluag mov los yog ua tsis tau ib tug laj kab.

一根樹枝沒辦法做飯或築籬笆。

我要感謝以下幾位人士讓我得以完成這本書：

感謝比爾．塞維奇告訴我他的苗人病患故事，這是一切的開端，他是我寫作時的東道主、中間人、老師，以及宣傳人。

感謝Robert Gottlieb為我訂定故事初稿。感謝我的經紀人Robert Lescher永遠肯定我寫得出一本書。感謝Jonathan Galassi和Elisheva Urbas這兩個非凡的編輯在成書的每個階段都能見樹又見林。

感謝史丹佛大學的John S. Knight獎學金讓我得以在史丹佛醫學院學習，有機會旁聽一些醫學院的課程，加深了我的醫學知識和對醫生的認知。

感謝Michele Salcedo協助我蒐集初步的文字資料。感謝Michael Cassell、Nancy Cohen、Jennifer Pitts和Jennifer Veech核對事實論據的能力和用心。感謝出色研究者Tony Kaye解答難倒我多年的數百疑問。

感謝在各篇章出處注釋中提到的諸位人士願意傳承知識。

感謝美熹德社區醫療中心的醫生和護士給我幫助與指導，特別感謝丹．墨非。

感謝蘇姬．華勒把我引介給美熹德的苗人領袖。他們之所以信任我，都是因為她。

感謝美熹德苗人社群的成員願意跟我分享複雜的文化，我對他們致上懇切敬意。

感謝珍妮．希爾特，她的過世是莫大遺憾。

感謝拉寇兒．阿里亞斯、Andrea Baker、John Bethell、杜威．康克古、Jim Fadiman、Abby Kagan、馬丁．基爾高爾、李逢、Susan Mitchell、Chong Moua、馬當、Karla Reganold、戴夫．施奈德、Steve Smith、Rhonda Walton、Carol Whitmore、

Natasha Wimmer和Mayko Xiong的多方協助。

感謝Bill Abrams、Jon Blackman、Lisa Colt、Sandy Colt、Byron Dobell、Adam Goodheart、Peter Gradjansky、Julie Holding、Kathy Holub、Charlie Monheim、Julie Salamon、Kathy Schuler和Al Silverman閱讀部分或全部的書稿，給我評論和熱誠，這兩方面都很有幫助。感謝Jane Condon、Maud Gleason和Lou Ann Walker，他們是最可貴的友人，不僅讀了此書，還允許我長年不斷談論這話題。

感謝Harry Colt、Elizabeth Engle和Fred Holley細心地檢查書稿中的醫學描述正確性。感謝Annie Jaisser整理許多苗語並糾正我的苗語拼寫。感謝Gary Stone指正寮越戰爭的許多重要細節。若還有任何錯誤與缺漏，問題都出在我，而非他們。

感謝熊美瞿，她是我的口譯員、文化仲介者和友人，在難以跨越的文化鴻溝間架起橋樑。

感謝馬標耀和瓊納斯·范蓋伊這二位博學又寬厚的人，他們教導我何謂苗人。距我跟他們初次相見已有十年之久，但他們仍會解答我的問題。真希望大家都能有這般的導師。

感謝我的兄長Kim Fadiman，他在許多深夜應答接收傳真書稿，且不畏繁瑣地衡量用字遣詞，這點只有我能看到。他也將整部書稿大聲錄在錄音帶裡，好讓我四年前失明的父親能聆聽。

感謝我的母親Annalee Jacoby Fadiman和父親Clifton Fadiman，兩人用愛和以身作則教導我許多關於好報導和好寫作的知識。

感謝我的小孩Susannah和Henry帶給我的歡樂。感謝Monica Gregory、Dianna Guevara和Brigitta Kohli用想像力和溫柔來照料我的孩子，讓我得以安心寫作。

有三方人馬我虧欠甚多且難以償還。

首先是尼爾·恩斯特和佩姬·費爾普，這兩位醫師有罕見的高貴人格，花費了難以計數的時間幫助我弄清楚大多醫師可能寧願遺忘的病歷。兩人的勇敢和誠實給了我最大的鼓舞。

其次是李家的成員，他們歡迎我進入他們的家、生活和豐富文化，從而改變我對世界的觀點。李納高是有耐心又健談的指導者。楊弗雅是溫柔細心的引路人，有時也是我的父母代理人。李家所有的小孩我都感謝，格外要感謝楚，她在我研究後期幫了我無數

的忙，也成了我的友人。還有黎亞，她是這本書的重心，我只能說我真希望這世上的許多悲劇都能挽回，我常在深夜想起她的人生。

最後，我虧欠最多的是丈夫George Howe Colt，我將本書獻給他。不管在隱喻上或表面字義上，他都是我的一切。多年來，他打了許多電話查核論據，幫我歸檔無數的研究片段，在我工作時照料小孩，還有討論書中每一章節的轉折、文體、架構及重點。書中每一個字（除了本致謝詞）他都讀過至少兩遍，他的編輯功力也很高明。每當我感到沮喪，一想到他那麼在乎黎亞，就讓我相信其他人也會有同樣感受。要不是為了他，這本書永遠無法完成，我的人生也將是難以想像的黯淡。